Enciclop
copilului deștept

JR500
WEST JAPAN

Enciclopedia copilului deștept

LITERA mică

Train Your Brain

Prima ediţie publicată de Kingfisher, în 2008,
un imprint Macmillan Children's Books,
divizie a Macmillan Publishers Limited

Autori: Clive Gifford, Daniel Gilpin, Conrad Mason,
Helen Varley şi Cynthia O'Brien

Editura Litera
O.P. 53, C.P. 212, sector 4, Bucureşti, România
tel.: 021 319 63 90; 031 425 16 19; 0752 548 372
e-mail: comenzi@litera.ro

Ne puteţi vizita pe
www.litera.ro

Enciclopedia copilului deştept
ediţia a 2-a revizuită

Traducere din limba engleză:
Olivia Bîrsăşteanu

Editor: Vidraşcu şi fiii
Redactare: Georgiana Harghel, Ilieş Câmpeanu
Corectură: Georgiana Enache
Prelucrare copertă: Cornel Drăghia
Tehnoredactare şi prepress: Teodor Pricop, Bogdan Coscaru

Descrierea CIP a Bibliotecii Naţionale a României
GIFFORD, CLIVE
Enciclopedia copilului deştept: 2000 de întrebări şi răspunsuri ca să îţi antrenezi mintea / Clive Gifford, Daniel Gilpin; trad.: Olivia Bîrsăşteanu. – Ed. a 2-a, rev. – Bucureşti: Litera, 2015
ISBN 978-606-741-350-2

I. Gilpin, Daniel
II. Bîrsăşteanu, Olivia Carmen (trad.)

81'374.2:008(100):087.5=135.1

Tipărit la R.A. „Monitorul Oficial"

Cuprins

Cum folosești această carte

Este floare la ureche! Opțiunea unu: citești lista de întrebări ca să îți verifici singur cunoștințele. Opțiunea doi: dă pagina ca să citești totul despre subiectul respectiv – cercurile numerotate îți spun unde să te uiți ca să găsești răspunsul. Opțiunea trei: găsește răspunsurile la sfârșitul cărții. Acestea sunt cele trei moduri în care poți folosi această enciclopedie interactivă. Sau, pur și simplu, citești toată cartea de la cap la coadă.

1. Întrebările

Privește lista de întrebări din dreapta fiecărei pagini și vei găsi întrebările grupate pe trei niveluri de dificultate: nivelul 1 – ușoare, nivelul 2 – mai grele și nivelul 3 – dificile. Te-ai împotmolit? Există două căi de a afla răspunsul.

2. Citește totul despre ele!

Poți da pagina și vei citi totul despre subiectul respectiv. Caută numărul întrebării în cerculețele colorate – răspunsul este în acea casetă...

3. Răspunsurile

... poți căuta răspunsul la sfârșitul cărții. Caută subiectul și vezi dacă ai avut dreptate.

Indicii foto

Poți găsi indicii privind răspunsul în imagini. Privește și află răspunsul.

Test rapid

Paginile cu răspunsuri conțin și întrebările, așa că un prieten poate să îți pună întrebările rapid – altă cale de a te antrena.

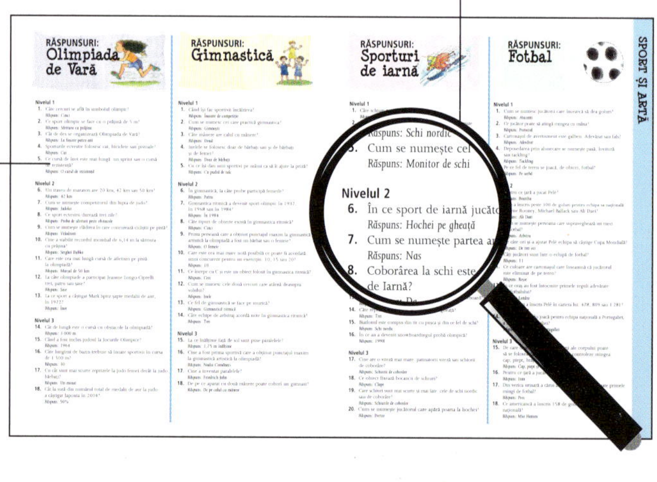

TESTUL UNU

Natură

ÎNTREBĂRI:

Pădurea tropicală umedă

Nivelul 1

1. Ce sunt broaștele: reptile sau amfibieni?
2. Reptilele au sânge rece sau sânge cald?
3. Ce fluviu care începe cu litera A este cel mai mare?
4. Cât de des plouă în pădurea tropicală umedă: zilnic, săptămânal sau lunar?

Nivelul 2

5. Pe ce continent crește copacul cinchona?
6. Ce fel de animal este un boa?
7. Ce plantă are cea mai mare floare din lume?
8. În care parte a pădurii tropicale umede trăiesc cele mai multe animale?
9. Cu ce se hrănesc plantele carnivore?
10. A ce miroase floarea de rafflesia?
11. Literele GREENIȚEM pot fi rearanjate pentru a forma numele cărui grup de copaci înalți?
12. În ce parte a lumii trăiesc broaștele otrăvitoare?
13. Bromelia este animal sau plantă?
14. Pielea unei broaște otrăvitoare conține destulă otravă cât să omoare un om. Adevărat sau fals?
15. Unde trăiește molia Atlas?

Nivelul 3

16. Șerpii sunt mai înrudiți cu broaștele sau cu șopârlele?
17. Cât de lat este fluviul Amazon la gura de vărsare: peste 300 km, peste 400 km sau peste 500 km?
18. Ce boală se tratează cu chinină?
19. Ce parte a corpului folosesc șopârlele geko pentru a apuca?
20. Unde cresc plantele numite epifite?

GĂSIȚI RĂSPUNSUL

Pădurea tropicală umedă

Pădurea tropicală umedă este cel mai bogat habitat natural. Aici trăiesc mai multe plante și animale decât în orice altă parte a lumii. În cea mai mare parte a pădurii tropicale plouă în fiecare zi. Combinația dintre apă și căldură face din acest habitat un loc plin de viață.

Coronament
8 11

Coronamentul este acoperișul pădurii tropicale, format din ramurile celor mai înalți copaci. Cele mai multe animale trăiesc aici, mâncând frunze, flori și fructe sau alte animale. Copacii foarte înalți, numiți emergenți, se ridică deasupra coronamentului.

Plante
13 20

Copacii din pădurile tropicale sunt ei înșiși plini de alte plante. Plantele cățărătoare, precum lianele și specii de ficus târâtor, le înconjoară trunchiul, iar ferigile și bromeliile cresc pe crengile lor. Aceste plante se numesc epifite.

Insecte
15

În pădurea tropicală trăiește cea mai mare molie din lume – molia Atlas, din pădurile tropicale din sud-estul Asiei.

Reptile
2 6 16 19

Reptilele sunt animale cu sângele rece, cărora le priește căldura din pădurea tropicală. Șerpii, precum boa și pitonul, vânează prada pe crengile copacilor, iar șopârlele geko aleargă pe trunchiurile copacilor, agățându-se cu degetele aplatizate care funcționează cam ca niște ventuze.

Amfibieni
1 12 14

Umezeala le priește amfibienilor cu pielea lipicioasă, precum broaștele otrăvitoare din America de Sud. Această broască are destul de multă otravă în piele cât să ucidă un om.

Râuri
3 17

Aproape toate marile fluvii ale planetei curg prin păduri tropicale. Printre ele, și cea mai mare apă curgătoare din lume, Amazonul. Acesta traversează o mare parte din continentul sud-american. Lângă gura de vărsare, în Brazilia, fluviul are o lățime de peste 300 km.

Plante şi animale
7 9 10

Plantele din pădurea tropicală folosesc animalele în moduri neobișnuite. Plantele carnivore atrag insecte în „urcioarele" lor cu picături de nectar, apoi le digeră. Rafflesia are cea mai mare floare din lume – 1 m diametru. Aceasta miroase a carne putrezită, atrăgând muștele care o polenizează.

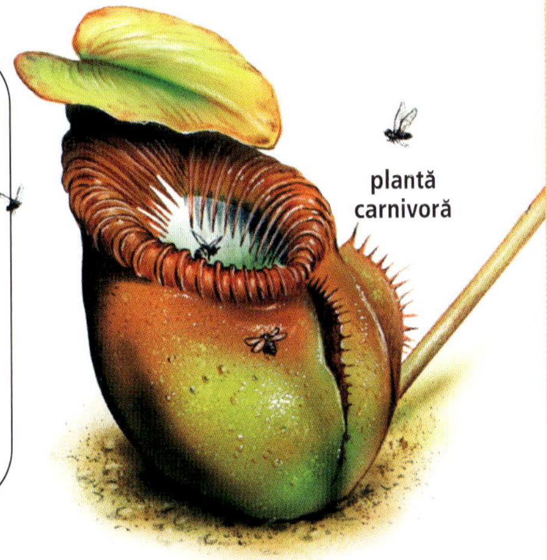

plantă carnivoră

Apă
4

Plantele s-au adaptat în diferite moduri la ploile zilnice din pădurile tropicale. Multe au frunze lucioase cu vârful în jos, astfel încât apa să se scurgă de pe ele. Altele, care cresc pe crengile copacilor, au rădăcini târâtoare care captează apa.

Leacuri din plante
5 18

Multe leacuri au fost descoperite în pădurile tropicale. Chinina, de exemplu, este folosită pentru tratarea malariei. A fost obținută din scoarța copacului cinchona, care crește în pădurea tropicală din America de Sud.

ÎNTREBĂRI: Furnici

Nivelul 1

1. Cine are cele mai puternice mandibule (fălci): furnicile lucrătoare sau furnicile soldat?
2. Ce începe cu R și denumește o furnică mare, care depune toate ouăle dintr-o colonie?
3. Afidele sunt viermi sau insecte?
4. Furnicile de lemn sunt mai mari sau mai mici?

Nivelul 2

5. Există furnici care aduc afide în mușuroi?
6. Majoritatea furnicilor își construiesc mușuroaiele sub pământ. Adevărat sau fals?
7. Cu ce se hrănesc afidele?
8. Cum se numește substanța zaharoasă secretată de afide?
9. Furnicile de miere se întâlnesc în locuri umede sau uscate?
10. Furnicile tăietoare de frunze trăiesc în păduri calde sau reci?
11. Furnicile de lemn pișcă oamenii?
12. Ce substanțe folosesc unele furnici ca să se apere?
13. Din ce își construiesc mușuroaiele furnicile de lemn?
14. Furnicile atacă vreodată păsări?

Nivelul 3

15. Furnicile tăietoare de frunze mănâncă frunze?
16. Câte tipuri de furnici se găsesc într-o colonie?
17. Ce înseamnă cuvântul metamorfoză?
18. În ce fel de păduri trăiesc furnicile de lemn?
19. Toate lucrătoarele dintr-o colonie de furnici de miere înmagazinează hrană în corp?
20. Unde trăiesc și furnici de miere, și furnici tăietoare de frunze?

GĂSIȚI RĂSPUNSUL

Furnici

Furnicile trăiesc în colonii imense, alcătuite din indivizi înrudiți îndeaproape. Majoritatea lor sunt lucrătoare, adunând hrană și îngrijind ouăle și larvele (puii). Soldații sunt ceva mai mari și apără mușuroiul de dușmani. Toate furnicile ies din ouăle depuse de o furnică gigant, regina.

Ferma furnicilor (3) (5) (7) (8)

Unele furnici cresc insecte mai mici, numite afide. Afidele se hrănesc cu seva plantelor și produc o substanță zaharoasă, roua de miere, pe care furnicile o mănâncă. Unele furnici aduc afidele în mușuroi pentru a le hrăni, ca apoi să poată mânca roua de miere.

Ouă (2) (16) (17)

Toate ouăle dintr-un mușuroi sunt depuse de regină și apoi transportate de lucrătoare în camere speciale. Aici sunt îngrijite până ce larvele eclozează (ies din ou). Lucrătoarele hrănesc larvele eclozate, până când acestea sunt suficient de mari să se metamorfozeze (să-și schimbe forma) în furnici adulte.

Furnici tăietoare de frunze (10) (15) (20)

Trăiesc în pădurile calde din America de Nord și de Sud. Ele adună frunze pentru compostul unde cultivă ciupercile pe care le mănâncă.

Tunele (6)

Majoritatea furnicilor își construiesc mușuroaiele sub pământ, la adăpost de vremea rea și de dușmani. Ele sapă camere și tunele în pământul moale.

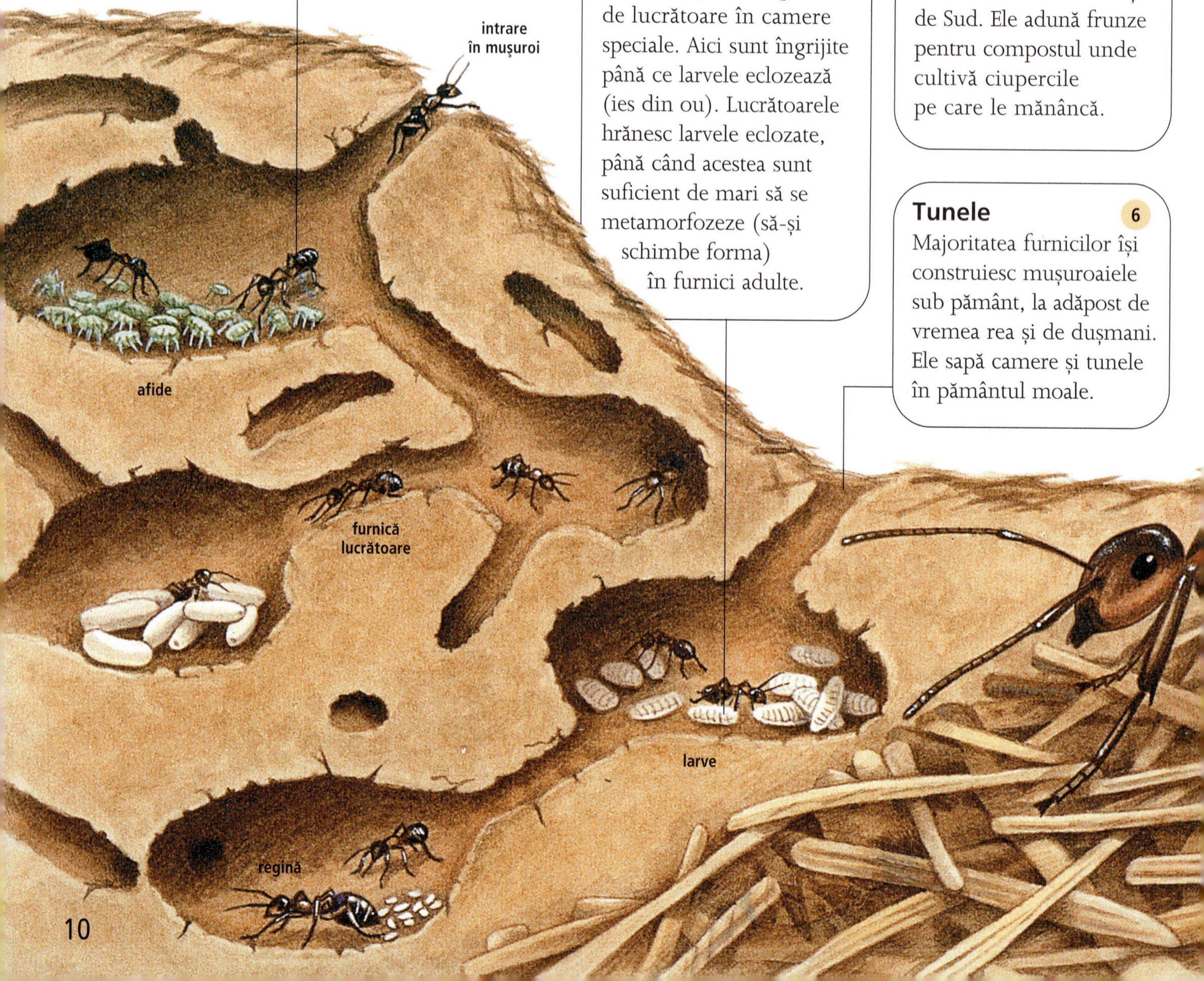

Atac şi apărare

1 12 14 16

Furnicile soldat sunt mai mari decât lucrătoarele și au mandibule (fălci) mai puternice, iar sarcina lor este să apere colonia de atacatori. Și furnicile lucrătoare le ajută la nevoie. Unele furnici se apără împroșcând acid din partea din spate a corpului. Furnicile sunt neînfricate și, adesea, atacă insecte mult mai mari pentru a le mânca. Ele atacă în grup păsări sau mamifere, dacă le amenință mușuroiul.

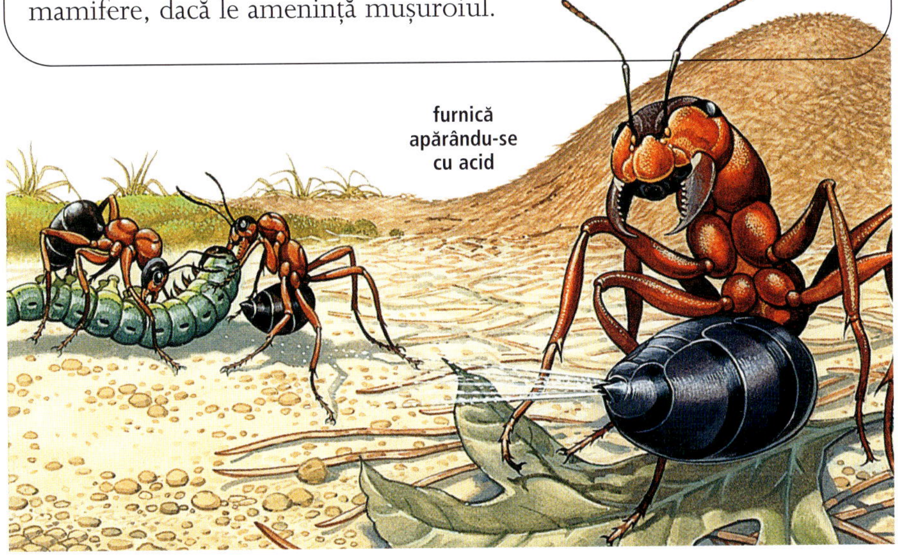

Furnici de miere

9 19 20

Folosesc unele dintre lucrătoare pe post de urcioare pentru depozitare. Ele hrănesc furnicile-depozit cu nectar, păstrat în corpul acestora. Furnicile de miere trăiesc în regiunile aride din America de Nord și de Sud, în Africa și în Australia.

Furnici de lemn

4 11 13 18

Trăiesc în pădurile de conifere și își fac mușuroaie deasupra solului. Le construiesc din ace de brad uscate pe care le adună de pe solul pădurii. Mușuroaiele lor pot atinge peste un metru înălțime. Furnicile de lemn sunt mai mari decât majoritatea speciilor de furnici. Mandibulele lor mari pot să-i piște rău și pe oameni, dacă le deranjează.

ÎNTREBĂRI: Dinozauri

Nivelul 1

1. Ce avea *Spinosaurus* pe spate: aripi sau o aripioară dorsală?
2. Ce tip de stegozaur care începe cu S este cel mai mare?
3. Ce dinozaur avea plăci pe spate: *Kentrosaurus* sau *Tyrannosaurus rex*?
4. Cine aveau cei mai mari dinți: dinozaurii erbivori sau carnivori?

Nivelul 2

5. Dinții de *Tyrannosaurus rex* puteau să aibă mai mult de 10 cm lungime. Adevărat sau fals?
6. Fosilele se formează în milioane de ani?
7. Sauropodele aveau gâturi lungi sau scurte?
8. Existau dinozauri cu cioc?
9. Ce avea *Styracosaurus* pe bot?
10. La ce își foloseau cornul dinozaurii masculi cu corn?
11. Ce găsim mai des: oase fosile separate sau schelete fosile întregi?
12. Ce fel de dinozaur era *Kentrosaurus*?
13. Cum se răcorea un *Spinosaurus*?
14. Unde sunt expuse oasele de dinozaur?

Nivelul 3

15. Ce mânca *Tyrannosaurus rex*?
16. Cine era mai mare: *Seismosaurus* sau *Stegosaurus*?
17. Fosilele sunt formate din oase sau din minerale din roci?
18. *Styracosaurus* se hrănea cu carne. Adevărat sau fals?
19. Un *Apatosaurus* este înrudit mai îndeaproape cu un *Seismosaurus* sau cu un *Styracosaurus*?
20. Câte rânduri de plăci aveau majoritatea stegozaurilor?

GĂSIȚI RĂSPUNSUL

Dinozauri

doi *Pachycephalosaurus* luptându-se

Dinozaurii au apărut pe Pământ acum 235 de milioane de ani, dar au dispărut brusc acum 65 de milioane de ani, probabil după ce un asteroid (rocă din spațiu) imens a lovit Pământul. Sunt strămoșii reptilelor și ai păsărilor actuale și au inclus cele mai mari animale care au existat vreodată. Câteva rude apropiate ale lor trăiau în ocean și zburau prin aer.

craniu fosilizat de *Tyrannosaurus rex*

Hrană
4 5 8 15

Unii dinozauri mâncau carne, iar alții plante. Erbivorii aveau dinți mici, ca niște cârlige, unii având ciocuri cu corn. Carnivorii aveau dinți mari și ascuțiți pentru a sfâșia carnea. Dinții unui *Tyrannosaurus rex* atingeau 15 cm lungime.

Fosile
6 17

Fosilele se formează în decursul a milioane de ani, atunci când oasele unui dinozaur mort sunt îngropate în noroi sau în nisip și sunt acoperite încet de minerale din rocile ce le înconjoară.

Aripioare dorsale
1 13

Spinosaurus avea o aripioară pe spate. Când era cald, pompa sânge în ea, pentru a se răcori.

Apărare
9 10 18

Mulți dinozauri erbivori aveau coarne pentru a se apăra de marii dinozauri carnivori. Acest *Styracosaurus* avea un corn pe bot. Dinozaurii masculi cu corn ar fi putut să-și folosească coarnele și pentru a se lupta între ei, la fel ca taurii și cerbii de astăzi.

Dinozauri gigantici

7 16 19

Cei mai mari dinozauri erau sauropodele erbivore, precum acest *Apatosaurus*. Sauropodele aveau cap mic și gât lung. Cele mai mari, precum giganticul *Seismosaurus*, cântăreau uneori peste 100 de tone.

Schelete

11 14

Cele mai multe fosile de dinozaur sunt doar oase rătăcite, dar, uneori, se găsesc și schelete complete. Acestea pot fi asamblate pe suporți metalici și expuse în muzee.

schelet de sauropod într-un muzeu

Iguanodon

Plăci

2 3 12 20

Stegozaurii erau erbivori, cu câte două rânduri identice de plăci pe spate. Acestea probabil funcționau în același fel ca și aripioara dorsală a unui *Spinosaurus*, pentru intimidare și pentru a ajuta dinozaurul să se răcorească. Cel mai mare și mai cunoscut stegozaur este *Stegosaurus*. *Kentrosaurus* este cel mai mic dintre stegozauri.

Kentrosaurus

ÎNTREBĂRI: Șerpi

Nivelul 1

1. Pitonii sunt șerpi?
2. Șerpii au picioare?
3. Șerpii pot vedea?

Nivelul 2

4. Există șerpi care mănâncă ouă?
5. Ce șerpi au o glugă pe care o desfășoară când se simt amenințați?
6. Unde se află clopoțeii unui șarpe cu clopoței: în gură sau în vârful cozii?
7. Șerpii sunt vertebrate sau nevertebrate?
8. Din ce este făcut scheletul șerpilor?
9. Ouăle șerpilor au coajă moale sau tare?
10. Există șerpi care nasc pui vii?
11. Șerpii cu clopoței trăiesc în Africa. Adevărat sau fals?
12. Cobrele au colți plini sau goi pe dinăuntru?
13. Anacondele cresc peste 50 cm lungime, peste 3 m sau peste 8 m?
14. Camuflajul face șarpele mai greu sau mai ușor de observat?

Nivelul 3

15. Ce are un pui de șarpe pe bot, care să îl ajute să iasă din ou?
16. De ce șerpii își tot scot limba?
17. Cum se deplasează șerpii?
18. Cum își ucid prada pitonii?
19. Ce folosește șarpele african mâncător de ouă pentru a sparge ouăle?

GĂSIȚI RĂSPUNSUL

Șerpi

Șerpii sunt reptile, la fel ca țestoasele și șopârlele. Reptilele sunt animale cu sânge rece, adică temperatura corpului lor se schimbă în funcție de temperatura mediului înconjurător. Cum au nevoie de căldură ca să fie activi, majoritatea șerpilor trăiesc în țări calde.

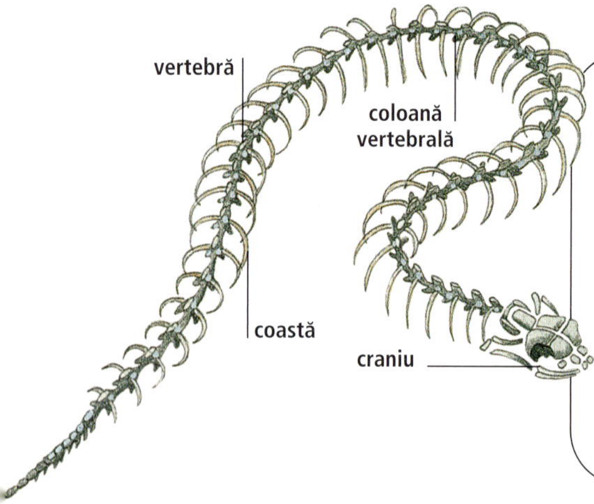

Schelet 2 7 8 17

Șerpii sunt vertebrate și au scheletul alcătuit din oase. Șerpii nu au picioare și se deplasează prin încordarea și ondularea mușchilor din partea inferioară a corpului. Corpul lor e susținut de numeroase coaste.

Ouă 9 10 15

Majoritatea șerpilor depun ouă, deși unii nasc pui vii. Spre deosebire de ouăle păsărilor, ale șerpilor au coaja flexibilă, ca de piele. Puii au un dinte ascuțit pe bot, cu care sparg oul ca să iasă afară.

Hrană 4 19

Aproape toți șerpii sunt animale de pradă care prind și mănâncă animale vii. Unii sunt specializați în mâncatul ouălor. Șarpele african mâncător de ouă își dislocă fălcile căscând gura de trei ori mai mult decât mărimea propriului cap. Oul, înghițit întreg, este perforat de spinii ascuțiți de pe coloana vertebrală.

șarpele-coral se mișcă prin ondularea mușchilor

Cobre 5 12

Acești șerpi mari își ucid prada cu venin. Ei injectează lichidul otrăvitor în victime prin colții goi pe dinăuntru. Cobrele pot fi ușor deosebite de restul șerpilor după gulerul pe care îl au în spatele capului. Când se simt amenințate, se ridică și își desfac gulerul în afară, așa cum face această cobră din imagine.

Simțuri

3 16

Șerpii pot vedea, dar simțul gustului și al mirosului sunt combinate. Șerpii scot limba și apoi o bagă înapoi în gură, pentru „a gusta“ aerul. Limba bifurcată a șarpelui poate să detecteze particule lăsate de pradă cu ajutorul unui organ, numit organul lui Jacobson, aflat pe cerul gurii.

Șarpe cu clopoței

6 11 14

Acești șerpi veninoși trăiesc în America de Nord, în America Centrală și de Sud. Au niște clopoței în vârful cozii, pe care îi scutură pentru a împiedica alte animale mai mari să se apropie și pentru a nu fi călcați. Ca și alți șerpi, sunt bine camuflați, ca atare sunt greu de văzut de alte animale.

Constrictor

1 13 18

Unii șerpi, precum boa și pitonii, se numesc constrictori pentru că se înfășoară în jurul prăzii și o strâng până când se sufocă. Anacondele sunt constrictori din regiunea amazoniană a Americii de Sud. Pot ajunge la peste 8 m lungime.

șarpe-jartieră

ÎNTREBĂRI: Rechini

Nivelul 1

1. Rechinii sunt pești sau reptile?
2. Rechinul-balenă este cel mai mare pește din lume. Adevărat sau fals?
3. Marii rechini albi mănâncă lei sau lei de mare?
4. Cojile goale ale oului de rechin se numesc trăistuța sirenei sau punga marinarului?

Nivelul 2

5. Rechinii au același set de dinți toată viața?
6. Rechinii uriași trăiesc în ape mai reci sau mai calde decât rechinii-balenă?
7. Cei mai mari rechini albi pot ajunge până la 6 m lungime. Adevărat sau fals?
8. Cum se numesc micile animale marine cu care se hrănesc rechinii-balenă?
9. Care este mai mare: rechinul uriaș sau marele rechin alb?
10. Literele CANIOC pot fi rearanjate pentru a forma numele cărei specii de rechin?
11. La ce greutate poate ajunge un rechin-balenă: 11 tone, 21 tone sau 31 tone?
12. Toți rechinii depun ouă?
13. Dinții unui rechin au toți aceeași formă. Adevărat sau fals?
14. Ce rechin atacă mai des oamenii: marele alb sau rechinul-ciocan?
15. Rechinii sunt canibali (se mănâncă unul pe altul)?

Nivelul 3

16. Ce ajută un rechin-ciocan să urmărească un miros prin apă?
17. Care este cel mai mare pește din apele teritoriale ale Marii Britanii?
18. Care este cel mai mare rechin care își vânează activ prada?

Rechini

Cei mai mari pești din lume sunt rechinii. Unii cântăresc mai mult decât un elefant și sunt lungi cât un autobuz. Dar nu toți rechinii sunt gigantici. Unii, precum rechinul câine de mare, sunt relativ mici, rareori depășind 1 m lungime. Aproape toți rechinii din lume trăiesc în mări, dar sunt și câțiva care trăiesc în râuri mari. Majoritatea rechinilor sunt animale de pradă, vânând și omorând alte animale pentru hrană.

Rechini-ciocan

10 16

Rechinii-ciocan își iau numele de la forma bizară a capului. Cercetătorii cred că nările lor depărtate îi ajută să găsească prada, urmărind mai ușor mirosul prin apă.

Pui de rechini

1 4 12 15

Toți rechinii sunt pești; unii depun ouă, alții nasc pui vii. Coaja goală a oului unui rechin se numește trăistuța sirenei. Puii de rechin trebuie să se hrănească și să se apere singuri încă de la început. Majoritatea rechinilor sunt prădători și vânează alte animale pentru hrană. Când sunt mici, sunt mâncați de alte animale, inclusiv de rechini.

Dinți

5 13

Pe parcursul vieții, un rechin schimbă mii de dinți. În timp ce dinții vechi din față cad, ei sunt înlocuiți cu dinți noi de pe rândurile din spate. Dinții unui rechin au aceeași formă, dar au mărimi diferite.

Marele rechin alb (3) (7) (14) (18)

Este al treilea pește din lume ca mărime și cel mai mare rechin care își vânează activ prada. Unii rechini albi cresc până la 6 m lungime, deși majoritatea sunt mai mici. Vânează lei de mare și alte prăzi mari. Omoară și rănește mai mulți oameni decât orice altă specie de rechin.

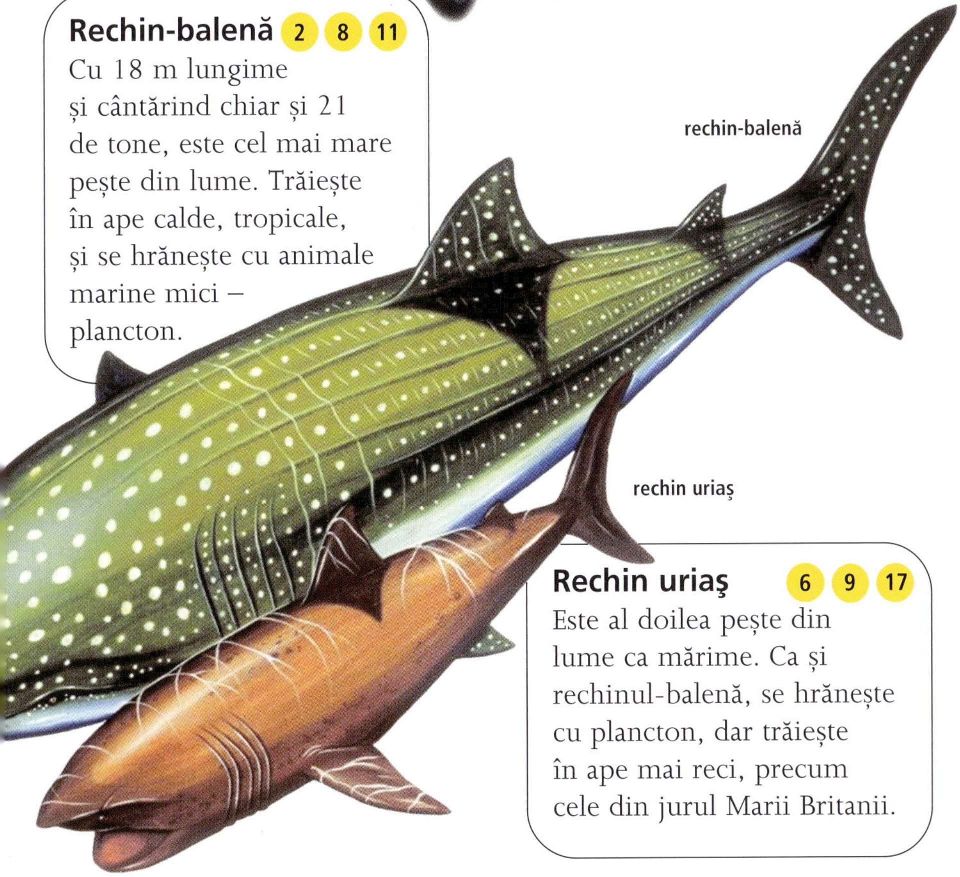

Rechin-balenă (2) (8) (11)

Cu 18 m lungime și cântărind chiar și 21 de tone, este cel mai mare pește din lume. Trăiește în ape calde, tropicale, și se hrănește cu animale marine mici – plancton.

Rechin uriaș (6) (9) (17)

Este al doilea pește din lume ca mărime. Ca și rechinul-balenă, se hrănește cu plancton, dar trăiește în ape mai reci, precum cele din jurul Marii Britanii.

ÎNTREBĂRI:
Viețuitoare ale mării

Nivelul 1

1. Câte tentacule are o caracatiță?
2. Mare parte din corpul unei meduze este alcătuit din aer. Adevărat sau fals?
3. La ce ajută echipamentul SCUBA?
4. Căluții de mare sunt pești sau moluște?

Nivelul 2

5. Care este cea mai mare specie de pisică de mare?
6. Există mai mult de 100 de specii de rechini în lume?
7. Câte tentacule are un calamar?
8. Ce mănâncă calamarii: meduze, plancton sau pește?
9. Cu ce își atacă prada meduzele?
10. Calamarii sunt nevertebrate?
11. Ce habitat oceanic găzduiește cele mai multe specii de pești?
12. Cât timp pot sta scafandrii sub apă: 10 minute sau mai mult, 15 minute sau mai mult, 20 de minute sau mai mult?
13. Ce conțin rezervoarele din echipamentul de SCUBA?
14. Rechinii sunt înrudiți mai îndeaproape cu calamarii sau cu pisicile de mare?
15. Calamarii își petrec cea mai mare parte a timpului în ape deschise sau pe fundul oceanului?

Nivelul 3

16. Ce începe cu P și lasă în urmă cochilii tari, ca de piatră, pe care le vedem în recifele de corali?
17. Cu ce animale sunt înrudiți mai îndeaproape coralii: meduze, scoici-gigant sau rechini?
18. Ce cuvânt se folosește pentru a descrie o coadă care poate apuca anumite lucruri?

GĂSIȚI RĂSPUNSUL

Viețuitoare ale mării

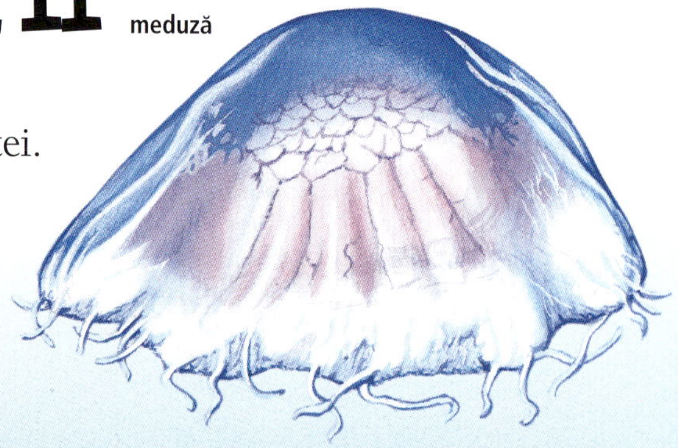

Cele mai multe animale din lume trăiesc în oceane. Oceanele acoperă mai mult de două treimi din suprafața planetei. Viețuitoarele mării diferă mult în formă, mărime și greutate. Majoritatea, însă, pot fi împărțite în două categorii: vertebrate și nevertebrate. Vertebratele sunt animale care au coloană vertebrală, ca și oamenii. Nevertebratele nu au deloc oase.

Rechini

5 6 14

În total, există mai mult de 360 de specii de rechini. Rechinii sunt înrudiți cu pisicile de mare. Cea mai mare pisică de mare, diavolul de mare, poate fi văzută în imagine, sub calamar.

Meduze

2 9 17

Meduzele sunt nevertebrate, cu structuri anatomice simple, înrudite cu coralii. Peste 90% din corpul lor este alcătuit din apă. Vânează alte animale cu tentaculele lor care urzică.

Calamar

1 7 8 10 15

Calamarii înoată în ape deschise și vânează pești și alte animale marine mici. Sunt înrudiți cu caracatițele, dar au zece tentacule în loc de opt. Ambele sunt cefalopode (o grupă de nevertebrate).

Coral

16

Coralii cresc adesea în recife. Fragmentele pe care le vedem noi de obicei sunt carcase tari petrificate, din polipi individuali: animale micuțe, cât anemonele de mare.

Scafandri 3 12 13

Oamenii pot explora lumea marină folosind echipament SCUBA. Rezervoarele cu aer comprimat le permit să respire sub apă 20 de minute sau mai mult.

Plasă de pește 4 11 18

Acest scafandru prinde pește pentru un studiu științific. În recifele de corali trăiesc mai multe specii de pești ciudați, printre care căluții de mare. Cozile lor prehensile (care pot apuca) îi ajută să se prindă de recifele de corali.

ÎNTREBĂRI: Mamifere marine

Nivelul 1

1. Care este cel mai mare animal de pe Pământ: elefantul sau balena albastră?
2. Focile mănâncă pește sau alge?
3. Sub ce nume mai sunt cunoscute orcile: balene ucigașe sau foci?
4. Puii de focă de Groenlanda se nasc cu blană gri. Adevărat sau fals?

Nivelul 2

5. Cine folosește ecolocația ca să găsească prada: delfinii sau morsele?
6. Ce începe cu K și sunt viețuitoare ca niște creveți, pe care le mănâncă balenele cu cocoașă?
7. Focile nasc puii în mare. Adevărat sau fals?
8. Toate morsele au colți sau numai masculii?
9. Ce începe cu T și desemnează un grup de balene ucigașe?
10. De ce sunt rar întâlnite balenele de mari dimensiuni?
11. Ce mamifere marine ucid câteodată și mănâncă balene mai mari decât ele?
12. Toate balenele mănâncă animale mari?
13. Ce ocean înconjoară Polul Nord?
14. Ce începe cu M și este mâncat de morse?

Nivelul 3

15. Unde se găsesc fanoanele unei balene?
16. Ce începe cu C și este numele unui grup de mamifere marine care cuprinde balenele și delfinii?
17. Lângă ce pol trăiesc morsele: Polul Nord sau Polul Sud?
18. Ce parte a balenei albastre cântărește cât un elefant?
19. Ce lungime avea cea mai mare balenă măsurată vreodată?

GĂSIȚI RĂSPUNSUL

Mamifere marine

dimensiuni ale balenei albastre comparativ cu alte animale

Mamiferele sunt animale cu sânge cald și își hrănesc puii cu lapte. Majoritatea trăiesc pe uscat, dar altele, mamiferele marine, trăiesc în oceane. Printre mamiferele marine se numără balenele, delfinii, focile, leii de mare și morsele. Toate respiră aer, dar s-au adaptat la viața în oceane, având, de exemplu, înotătoare în loc de picioare.

Cel mai mare animal

1 18 19

Balena albastră este cel mai mare animal. Inima ei e cât o mașină, iar limba cântărește cât un elefant. Cea mai mare balenă albastră măsurată vreodată avea 33,5 m lungime.

turmă de balene ucigașe atacând o balenă cu cocoașă

Balene ucigașe

3 9 11

Balenele ucigașe, sau orcile, trăiesc și vânează în grupuri numite turme. Colaborând, ele pot să doboare balene mult mai mari. Unele orci vânează prăzi mici, precum foci și pește.

balenă cu cocoașă

Balene cu cocoașă

6 12 15

Balenele cu cocoașă se hrănesc cu pești mici și cu krill asemănător crevețilror. Ele prind bancuri întregi în gură, în spatele fanoanelor care atârnă de pe partea de sus a maxilarelor.

balenieră aruncând harponul spre o balenă cu cocoașă

Vânătoare de balene

10

Majoritatea balenelor mari sunt o raritate pentru că au fost vânate pentru carne, considerată o delicatesă în unele țări. În prezent, este ilegal să vânezi majoritatea balenelor mari, iar marile flote de vânătoare care străbăteau mările sunt acum de domeniul trecutului.

Delfini

5 16

La fel ca balenele, delfinii aparțin unui grup de mamifere numite cetacee. Folosesc ecolocația pentru a găsi hrană, producând sunete înalte și ascultând apoi ecoul. Colaborează adesea pentru a încolți prada.

Foci

2 4 7

Focile se hrănesc cu pește, dar ies pe gheață sau pe uscat pentru a se odihni și a făta pui. Puii de focă de Groenlanda se nasc cu blăniță albă. Laptele mamei este foarte gras și cremos.

pui de focă
de Groenlanda
cu mama lui

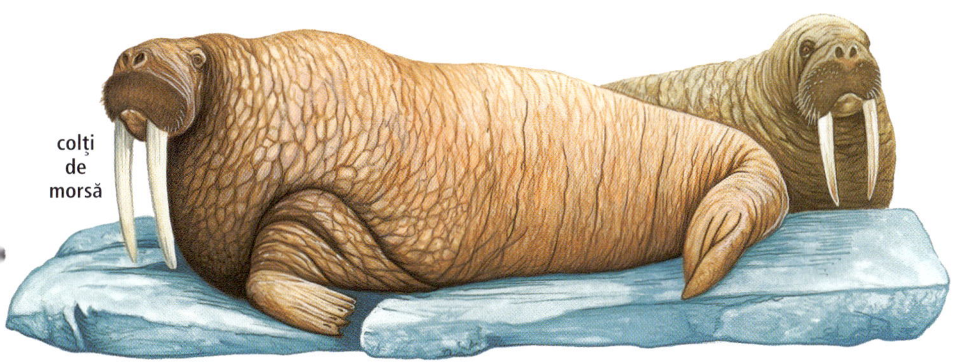

Morse

8 13 14 17

Morsele trăiesc în Oceanul Arctic, care înconjoară Polul Nord. Se hrănesc cu moluște pe care le adună de pe fundul oceanului. Toate morsele au colți lungi, deși cei ai masculilor sunt mai mari. Își folosesc colții pentru a-și găsi partener și pentru a se apăra de urșii polari. Morsele trăiesc împreună, în grupuri mari.

ÎNTREBĂRI:
Păsări marine

Nivelul 1

1. Macareii (papagali de mare sau pufini) aduc hrana ținând-o cu ciocul, cu ghearele sau pe aripi?
2. Pescărușii se hrănesc vreodată pe uscat?
3. Literele CAMAREU pot fi rearanjate pentru a forma numele cărei păsări marine?
4. Un albatros este o specie de pasăre marină. Adevărat sau fals?
5. Ce cuvânt începe cu P și constituie hrana de bază a majorității păsărilor marine?

Nivelul 2

6. Unele păsări marine duc puilor hrană în stomac. Adevărat sau fals?
7. De ce stau cormoranii cu aripile deschise după ce vânează în apă?
8. Macareii își folosesc aripile sau picioarele pentru a înota?
9. Corbii de mare vânează plonjând în apă sau scufundându-se de la suprafața mării?
10. Sacul de la gâtul unui mascul de fregată este roșu, galben sau albastru?
11. Cormoranii își folosesc aripile sau picioarele pentru a înota?
12. Petrolul plutește pe apă sau se scufundă?
13. Fregatele trăiesc la tropice sau lângă Polul Nord?

Nivelul 3

14. Ce începe cu G și este o pasăre de mare care își face cuibul pe faleze stâncoase?
15. Ce înseamnă cuvântul „a regurgita"?
16. Cum își procură hrana fregatele?
17. De ce masculii de fregată își umflă pungile de la gât cu aer?
18. Ce curenți încep cu T și sunt curenți de aer cald pe care fregatele îi folosesc ca să se ridice în aer?

GĂSIȚI RĂSPUNSUL

Păsări marine

Multe păsări își găsesc hrana în ocean. Aceste păsări sunt cunoscute ca păsări marine. Păsările care trăiesc pe malul mării, precum scoicarul, își găsesc hrana în ținuturile mlăștinoase și pe plajă. Deși păsările marine își petrec viața pe ocean, ele depun ouă pe uscat și se întorc anual pe stâncile de pe coastă, ca să se înmulțească.

Fregate 10 13 16 17

Fregatele trăiesc la tropice și atacă alte păsări marine pentru a le fura hrana. Masculii au la gât pungi roșii, pe care le umflă pentru a atrage femelele.

Colonii 14

Multe specii de păsări marine trăiesc și se înmulțesc în colonii mari, pe stânci, ca să se apere de prădători. Gâsca de mare nordică, dreapta, își face cuib pe faleze stâncoase.

Hrană 1 5 6 15

Majoritatea păsărilor marine se hrănesc cu pește, pe care îl aduc și puilor. Altele, precum macareii, își umplu ciocul cu hrană. Unele o înghit și apoi o regurgitează (o vomită) la întoarcere.

Vânătoare 3 8 9

Pasărea smintită plonjează în apă de la înălțime, pentru a prinde prada. Alte păsări marine, precum macareul aterizează pe apă și se scufundă, înotând cu aripile.

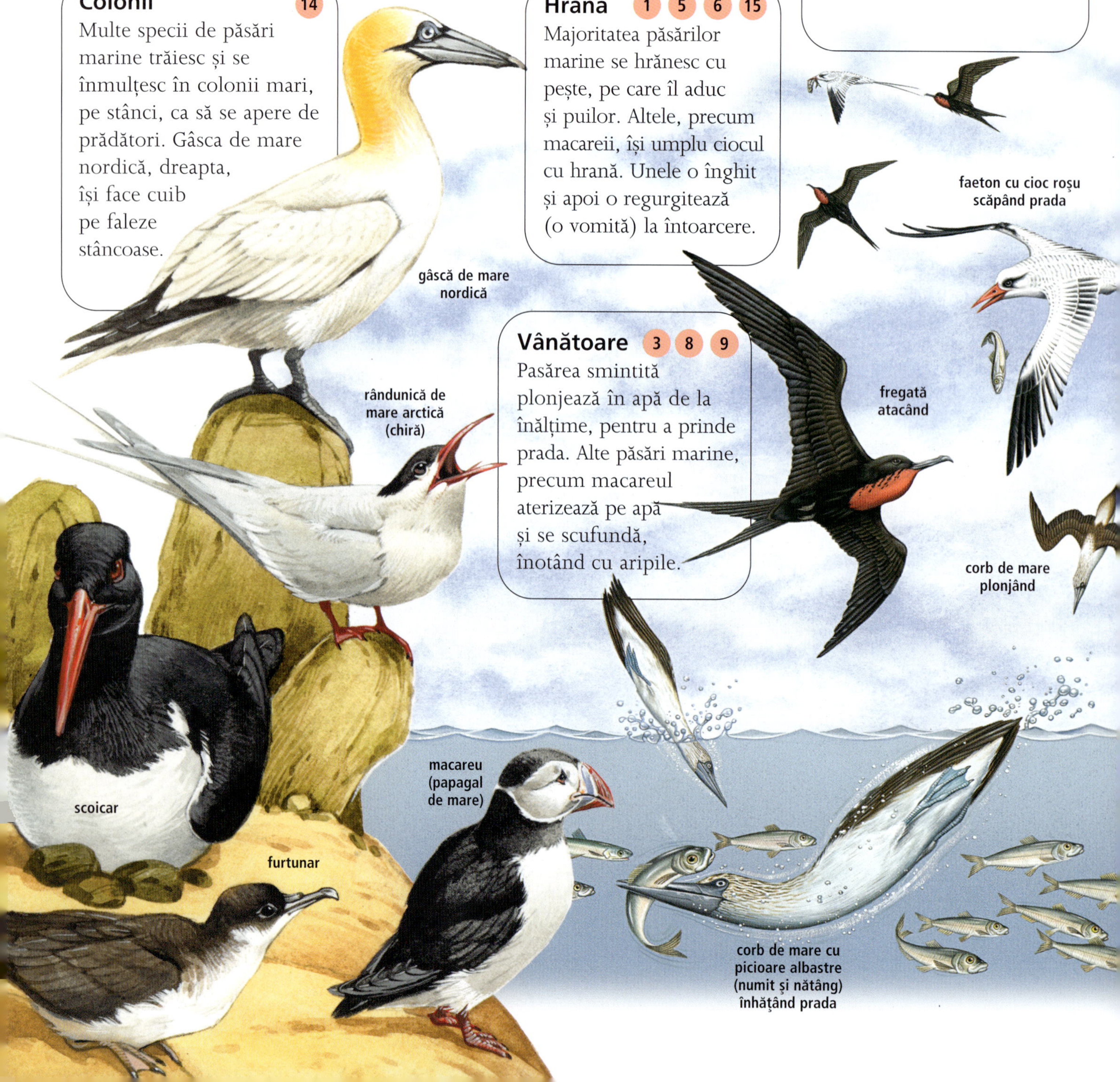

Cormoran 7 11

Sunt păsări marine mari care vânează scufundându-se în apă de la suprafața acesteia. Își folosesc picioarele palmate ca pe niște padele. După ce vânează stau cu aripile deschise ca să-și usuce penele.

cormoran uscându-și penele

Pe curenți de aer 4 18

Unele păsări marine, precum fregatele, folosesc curenții termali (curenți calzi de aer) ca să se ridice în aer. Altele, precum albatroșii, folosesc mici curenți verticali de la suprafața valurilor, ca să se ridice în aer.

Pe uscat și pe mare 2

Unele păsări marine se descurcă atât pe uscat cât și pe mare. Mulți pescăruși, de exemplu, au învățat să găsească hrană în coșurile de gunoi. Ei urmăresc și vasele de pescuit care aruncă pește.

Poluare 12

Păsările marine suferă din cauza gunoaielor și a poluării. Când vasele petroliere se scufundă, sute de păsări marine mor pentru că petrolul plutește pe apă și se adună în penele lor. Numai cele norocoase, care sunt găsite pe plaje și curățate, supraviețuiesc.

ÎNTREBĂRI: Păsări

Nivelul 1

1. Păsările au dinți?
2. Păsările sunt singurele animale din lume care au pene. Adevărat sau fals?
3. Păsările dau din aripi când plutesc?
4. Lebedele pot să zboare?

Nivelul 2

5. Literele ANETE FILM pot fi rearanjate ca să dea numele căror părți ale unei pene?
6. Care este cea mai mare pasăre din lume?
7. Păsările au articulații ale umărului. Adevărat sau fals?
8. Oasele păsărilor sunt pline sau goale în interior?
9. Literele NAJPE pot fi aranjate ca să dea un nume penelor care acoperă o pasăre?
10. Un vânturel mănâncă fructe, semințe sau carne?
11. Ce păsări sunt, de obicei, mai viu colorate: masculii sau femelele?
12. Ce începe cu P și înseamnă a sta în aer fără a da din aripi?
13. Cine are ciocul mai lung: culicul mare sau prigoria?
14. De câte ori pe secundă pot să bată din aripi păsările colibri: de 7 ori, de 70 de ori sau de 700 de ori?

Nivelul 3

15. Cum se numește camera aflată între gura și stomacul unei păsări?
16. Câte compartimente are stomacul unei păsări?
17. Cu ce se hrănesc păsările colibri?
18. Ce pasăre care începe cu N este o pasăre mare, nezburătoare?

GĂSIȚI RĂSPUNSUL

Păsări

Păsările sunt stăpânele cerurilor. Zborul le permite să călătorească pe distanțe lungi după hrană. Unele migrează sute de kilometri în fiecare an, pentru a se înmulți și a profita de abundența de hrană, primăvara și vara. Toate păsările depun ouă cu coajă tare și majoritatea își fac cuiburi. Unele cântă pentru a-și atrage partenerul sau pentru a-și marca teritoriul.

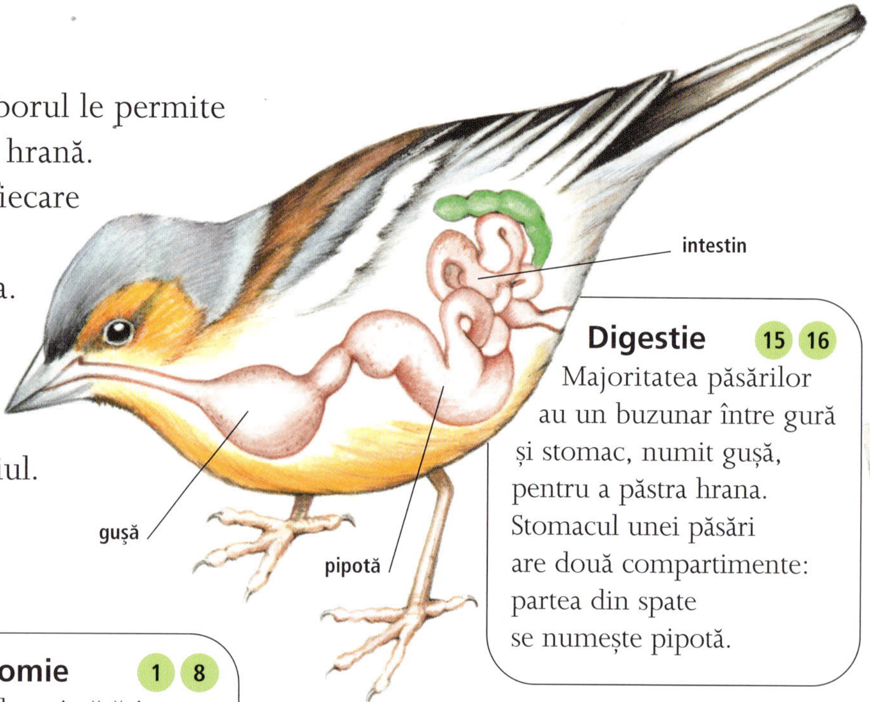

Digestie 15 16

Majoritatea păsărilor au un buzunar între gură și stomac, numit gușă, pentru a păstra hrana. Stomacul unei păsări are două compartimente: partea din spate se numește pipotă.

Pene 2 5

Păsările sunt singurele animale din lume care au pene. Penele le permit să zboare. Acestea sunt ușoare, dar rezistente și sunt alcătuite din multe filamente unite de mici cârlige.

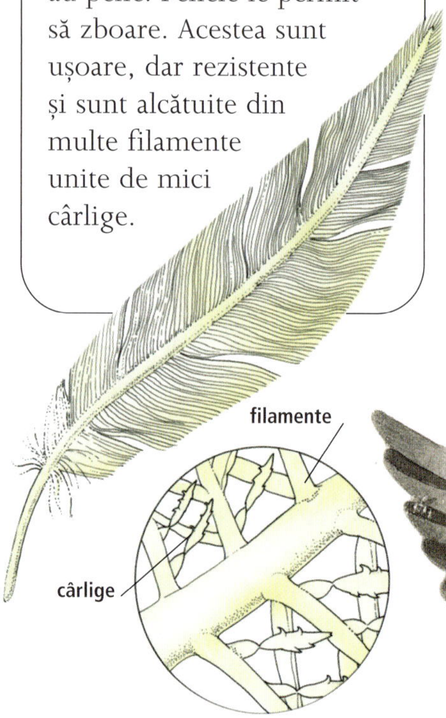

Anatomie 1 8

Corpul unei păsări are câteva trăsături care îl fac mai ușor, astfel încât zborul să necesite mai puțin efort – de exemplu, oasele sunt goale în interior și, prin urmare, mai ușoare decât la alte animale. Păsările au cioc în loc de dinți.

Zbor 3

Majoritatea păsărilor zboară folosindu-și aripile pentru a împinge aerul în jos și a-și ridica corpul în sus. Unele plutesc cu aripile desfăcute pe curenți verticali de aer – astfel, consumă foarte puțină energie.

Aripi 7

Sunt ca niște brațe, cu articulații la umeri și coate. Oasele care alcătuiau degetele strămoșilor păsărilor s-au adaptat și acum formează vârful aripilor.

Păsări mari 4 6 18

Cele mai mari zburătoare sunt pelicanii (stânga), dropiile și lebedele. Cea mai mare nezburătoare e struțul. Alți giganți nezburători sunt emu și nandu (pasărea rhea).

Penaj 9 11

Penele care acoperă pasărea se numesc penaj. De obicei, penajul masculilor este mai colorat pentru a atrage partenere, în timp ce penajul femelelor este în culori șterse, pentru a se putea ascunde când clocesc.

Ciocuri 10 13

Ciocul unei păsări este adaptat pentru hrană. Ciocul lung al culiculului mare este folosit pentru a căuta viermi în malurile râurilor, iar ciocul îndoit al vânturelului, pentru a sfâșia hrana.

Păsări colibri 12 14 17

Păsările colibri se hrănesc cu nectarul florilor și au ciocul și limba lungă pentru a le introduce în flori. Aceste păsări minuscule bat din aripi de peste 70 de ori pe secundă pentru a sta nemișcate în aer.

ÎNTREBĂRI: Erbivore africane

Nivelul 1

1. Zebrele au pete sau dungi?
2. Rinocerii sunt mai mari sau mai mici decât iepurii?
3. Zebrele sunt înrudite cu caii sau cu oile?
4. Unde se află trompa unui elefant?

Nivelul 2

5. Care este cel mai mare animal terestru din lume?
6. Care este cel mai înalt animal terestru din lume?
7. Câte tone pot cântări elefanții masculi adulți?
8. Cum își folosește un elefant trompa pentru a se răcori?
9. Elefanții africani pot cântări peste o tonă. Adevărat sau fals?
10. Cât de înalte cresc girafele mascul: 3 metri, 6 metri sau 10 metri?
11. Rinocerii au vederea excelentă. Adevărat sau fals?
12. Girafele se hrănesc mai ales cu iarbă, cu insecte sau cu frunze?
13. Ce animal de pradă african poate ucide un elefant?
14. Câte specii de zebră există: trei, cinci sau șapte?

Nivel 3

15. Ce începe cu B și vânează elefanți pentru colții lor?
16. Câte specii de rinocer există?
17. Ce începe cu J și este o specie de rinocer care trăiește în Asia?
18. Din ce sunt făcuți colții de elefant?

GĂSIȚI RĂSPUNSUL

Erbivore africane

Erbivorele sunt animale care mănâncă numai plante. Multe dintre marile erbivore trăiesc în câmpiile Africii. Acolo se găsesc cantități mari de iarbă și alte tipuri de vegetație cu care să se hrănească, astfel încât numărul lor este mare. Unele erbivore duc vieți solitare, dar majoritatea trăiesc în grupuri mici sau în turme mari.

Piele groasă 13 15 18

Pielea elefanților este groasă și rezistentă. Asta face să nu fie ușor de ucis de animalele de pradă, deși, uneori, leii atacă și ucid elefanți. Și braconierii vânează elefanți pentru colții lor de fildeș.

Elefanți 5 7 9

Elefantul african este cel mai mare animal terestru din lume. Masculii adulți pot cântări până la 12 tone.

Trompă 4 8

Elefanții își folosesc trompa pentru a se stropi cu apă, pentru a se răcori și pentru a ridica lucruri. Trompa este alcătuită din nas și buza superioară și conține sute de mușchi.

pui de elefant împroșcând cu apă din trompă

girafă folosindu-și limba pentru a ajunge la frunze

Zebre

1 3 14

Zebrele sunt membre ale familiei calului și trăiesc numai în Africa. Există trei specii de zebră: zebre de câmpie, zebre Grevy și zebre de munte. Toate zebrele au dungi și trăiesc în turmă.

zebre

Girafe

6 10 12

Girafa este cel mai înalt animal terestru, masculii adulți ajungând până la 6 m înălțime. Trăiesc numai în câmpiile africane. Girafa își folosește gâtul lung și limba musculoasă pentru a ajunge la frunzele de pe crengile cele mai înalte. Trebuie să-și depărteze picioarele pentru a putea ajunge să bea apă.

Rinoceri

2 11 16 17

Rinocerii sunt erbivore mari, puternice, pe care prădătorii nu le atacă. Două specii de rinoceri trăiesc în Africa: rinocerul negru și rinocerul alb. Celelalte trei specii – rinocerul indian, de Sumatra și javanez – trăiesc în Asia. Rinocerii au vederea foarte slabă.

rinocer negru

ÎNTREBĂRI: Lei

Nivelul 1

1. Cum se numește o femelă de leu?
2. Literele MAI ELFI pot fi rearanjate pentru a forma numele unui grup de lei?
3. Care lei au coamă: masculii sau femelele?
4. Femelele sau masculii de leu vânează cel mai mult?
5. Cine este mai mare: masculul sau femela de leu?

Nivelul 2

6. Care sunt ultimii membri ai unei familii care se hrănesc dintr-o pradă?
7. În afară de vânătoare, cu ce altceva se mai ocupă leoaicele dintr-o familie?
8. Care membri ai unei familii de lei vânează cele mai multe prăzi?
9. Femelele de leu stau cu familia sau o părăsesc când cresc?
10. Leii vânează de obicei în grup sau singuri?
11. Leii masculi se luptă vreodată până la moarte?
12. Cât timp stau puii de leu departe de restul familiei: 8 zile, 8 săptămâni sau 8 luni?
13. Ce au pe blană puii de leu și adulții nu au?
14. Câți lei masculi conduc, de obicei, un grup?

Nivelul 3

15. Cum se numește zona în care o familie de lei trăiește și vânează?
16. Cu ce marchează leii masculi limitele acestei zone?
17. Ce fac masculii de leu pentru a ține la distanță alți masculi?
18. Cum preia un leu mascul conducerea unei familii?

GĂSIȚI RĂSPUNSUL

Lei

Leul este supranumit regele animalelor. Este un animal mare, maiestuos, al doilea ca mărime, după tigru, în familia felinelor. Spre deosebire de restul felinelor mari, leii sunt animale sociale care trăiesc și vânează în grupuri numite familii. Leii trăiesc în sălbăticie în savanele africane, dar câțiva trăiesc în nord-vestul Indiei, în rezervația din pădurile Gir.

Femele 1 2 4 7 8 9

Femelele de leu, numite leoaice, alcătuiesc majoritatea familiei. Ele rămân împreună toată viața. Fiicele rămân împreună cu mama, mătușile și surorile lor, chiar și după ce devin adulte. Pe lângă faptul că au grijă de pui, ele vânează cea mai mare parte din pradă.

doi lei masculi luptându-se

Teritoriu 15 16

Fiecare familie trăiește și vânează într-o zonă cunoscută drept teritoriu. Limitele sunt patrulate și marcate cu urină, fecale și zgârieturi pe copaci.

Lupte 11 18

Un mascul rival, fără familie, poate înfrunta un alt mascul pentru a fi noul șef al grupului. Aceste lupte pot fi violente și se pot termina cu moartea.

leoaică și puiul său

Pui 12 13

În primele 8 săptămâni, puii de leu stau cu mamele lor, departe de familie. Spre deosebire de adulți, puii de leu au pete care dispar treptat, pe măsură ce cresc.

două leoaice vânând

Vânătoare 6 10

Leoaicele colaborează la vânătoare. Când un animal este răpus, prada este împărțită între membrii familiei. Leii adulți mănâncă primii, urmați de leoaice și, în final, de pui.

Masculi 3 5 14 17

Leii masculi sunt mult mai mari decât femelele și au o coamă deasă și înfoiată. O familie este condusă de un leu și, câteodată, de doi sau de trei lei adulți, care se împerechează cu toate femelele. Leii rag ca să țină rivalii la distanță.

leu mascul

ÎNTREBĂRI: Animale polare

Nivelul 1

1. Pinguinii pot să zboare?
2. Urșii polari pot să înoate?
3. Urșii polari ajung să cântărească peste o tonă. Adevărat sau fals?
4. Urșii polari pândesc prada?
5. Urșii polari mănâncă foci. Adevărat sau fals?

Nivelul 2

6. În ce anotimp sosesc păsările migratoare în regiunile polare?
7. Balenele ucigașe trăiesc în ape polare. Adevărat sau fals?
8. De ce puii anumitor specii de focă au blănița albă?
9. Urșii polari trăiesc lângă Polul Nord sau lângă Polul Sud?
10. Pinguinii trăiesc în Antarctica. Adevărat sau fals?
11. Literele LEGUBA pot fi rearanjate pentru a forma numele cărei balene care trăiește în apele arctice?
12. Ce simț își folosesc urșii polari ca să-și găsească prada: văzul, auzul sau mirosul?
13. Cum se deplasează pinguinii prin apă: cu aripile sau cu picioarele?
14. Care este cel mai mare pinguin din lume?

Nivelul 3

15. Ce pasăre zboară din Antarctica până în Arctica și înapoi, în fiecare an?
16. Cum pot oamenii să protejeze puii de focă de cei care îi vânează pentru blana lor?
17. Narvalii trăiesc lângă Polul Nord sau lângă Polul Sud?
18. Ce verb se folosește pentru a spune că un ou este ținut cald până când puiul eclozează?

Animale polare

Regiunile din jurul polilor sunt zone în care viața este grea. Pentru a supraviețui, animalele trebuie să facă față frigului extrem, iar, uneori, trebuie să îndure lungi perioade de foame. Clima este aspră. În mijlocul iernii, soarele nu răsare niciodată și este întuneric săptămâni la rând, în timp ce vara soarele este mereu pe cer, ceea ce înseamnă că sunt 24 de ore de lumină.

Păsări
6 15

Multe păsări migrează în regiunile polare primăvara pentru a-și depune ouăle. În fiecare an, rândunicile arctice zboară din Antarctica până în Arctica și înapoi. Părăsind polii în fiecare an înainte de venirea iernii, ele reușesc să evite perioada cea mai rece a anului.

Urşi polari
2 3 9

Ursul polar este cel mai mare carnivor terestru. Urșii masculi adulți pot cântări până la o tonă. Urșii polari trăiesc în regiunea arctică, lângă Polul Nord. Labele lor mari, cu pernițe, acționează ca niște vâsle când înoată.

Viața în apă
7 11 17

Multe animale polare trăiesc în mare. Focile vânează pește sub gheață. Alte animale din mările polare sunt balenele ucigașe, cea mai mare specie de delfini, care trăiesc atât în Arctica cât și în Antarctica. Beluga (balena albă) și narvalii sunt balene mici, care trăiesc numai în apele arctice.

La vânat
4 5 12

Urșii polari vânează pe banchiză și își localizează prada mai ales prin miros. Uneori vânează morse, dar se hrănesc în special cu foci, prinzându-le când ies din apă sau așteptând lângă copcile din gheață.

Pinguini (1) (10) (13)

Pinguinii sunt păsări nezburătoare care trăiesc în Antarctica. Sunt extrem de bine adaptați la viața în ocean. Aripile rigide joacă rol de vâsle pentru corpurile lor acvadinamice.

pinguini alunecând pe gheață

Minune în miezul iernii (14) (18)

Pinguinii imperiali sunt cei mai mari pinguini. Masculii incubează (țin la căldură) ouăle depuse de femele ținându-le pe labe toată iarna.

pinguin imperial mascul

pui de pinguin

Vânătoare de foci (8) (16)

Unele specii de focă se nasc cu blăniță albă, frumoasă, pentru a fi camuflate în zăpadă. Din nefericire, unor oameni le place să poarte haine făcute din blana lor, astfel încât mulți pui de focă sunt uciși pentru blană. Unii încearcă să protejeze puii de focă stropindu-i cu o vopsea neotrăvitoare, încât blana lor devine nefolositoare.

stropire cu spray colorat a unui pui de focă inelată

ÎNTREBĂRI: Animale de curte

Nivelul 1

1. Vacile de lapte sunt crescute pentru lapte sau pentru blană?
2. Un cocoș este un mascul sau o femelă?
3. Ce animal cresc fermierii pentru a vâna șoareci și șobolani?
4. Ce animal de curte produce lână?

Nivelul 2

5. Ce începe cu I și înseamnă pui de capră?
6. Azi, vacile de lapte sunt mulse manual. Adevărat sau fals?
7. Unde se află țâțele unei vaci?
8. Câte țâțe are o vacă?
9. Cine are creasta mai mare: găinile sau cocoșii?
10. De la ce animal provine untul?
11. Literele CRUEDET pot fi rearanjate pentru a forma denumirea cărui fel de găină?
12. Ce alt nume mai au porcii?
13. Ce începe cu litera M și se mănâncă de Paște?
14. Ce începe cu L și este luat de pe oaie prin tundere?

Nivelul 3

15. Cum se numește femela porcului?
16. Câte țâțe are o capră?
17. Care este cel mai întâlnit câine ciobănesc din Marea Britanie?
18. Cum se numește un porc mascul?
19. Cum se numesc puii de găină crescuți în baterii?

GĂSIȚI RĂSPUNSUL

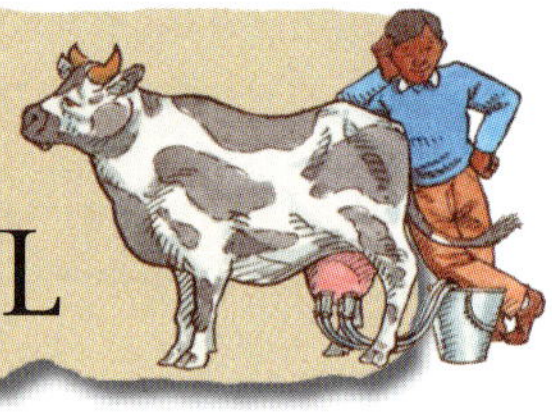

Animale de curte

Unele animale sunt îngrijite de oameni la curte. Majoritatea sunt crescute ca să ne ofere hrană, iar unele ne dau alte produse folositoare, precum lâna. Animalele de curte sunt varietăți domesticite ale animalelor care, odinioară, trăiau în sălbăticie. Mare parte din oi, de exemplu, au ca strămoș muflonul, care încă trăiește în sălbăticie în Europa și în Asia.

cocoș cântând la răsăritul soarelui

Vaci de lapte
1 6 7 10

Fermierii cresc vaci pentru lapte. Odinioară, fermierii le mulgeau manual, dar astăzi aparatele de muls strâng ușor țâțele ugerului vacilor ca să colecteze laptele. Din lapte se fac unt și brânză.

Cocoşi şi găini
2 9 11 19

Fermierii cresc găini pentru ouă și carne. Masculii (cocoșii) au o creastă mai mare și o coadă mai lungă decât femelele și cântă la răsăritul soarelui. Găinile de curte trăiesc în aer liber, iar cele de crescătorie sunt ținute în baterii, în interior.

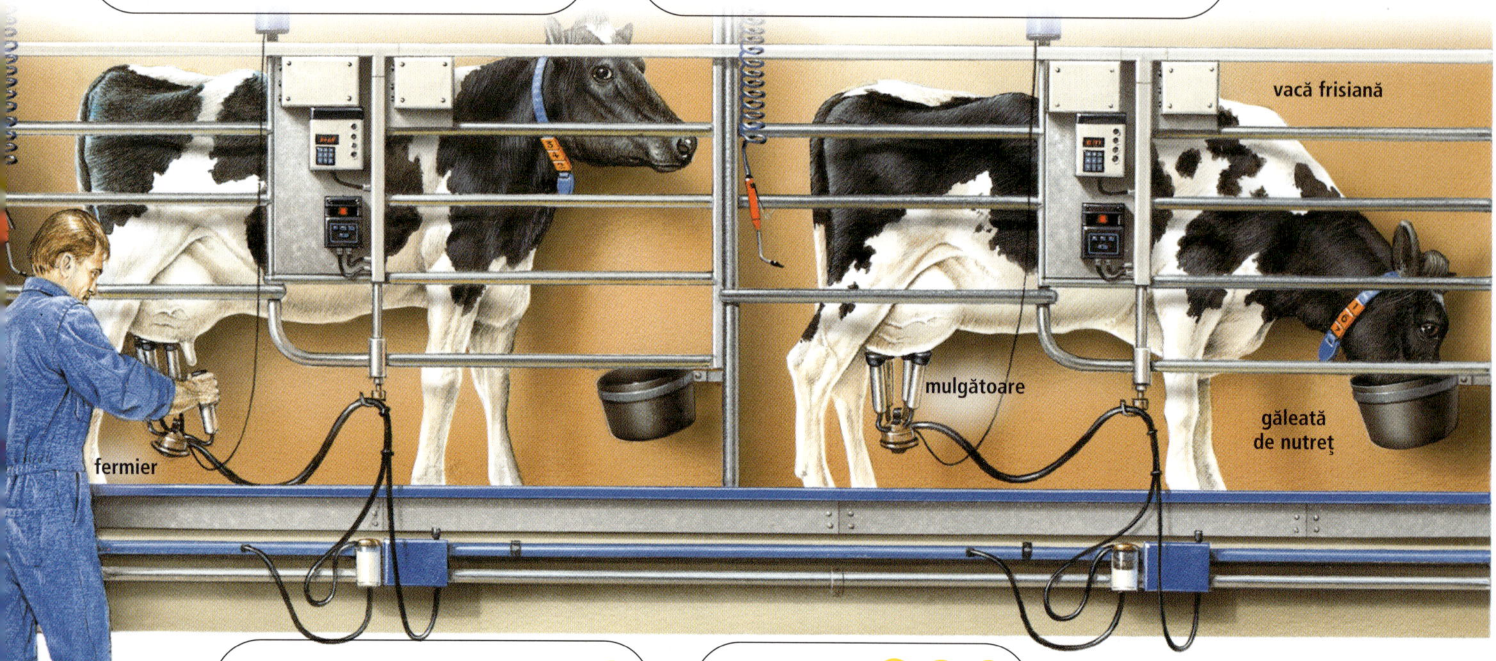

Pisici
3

Mulți fermieri au pisici care vânează șoareci și șobolani. Spre deosebire de pisicile de companie, cele de curte stau afară și dorm în hambare și în clăi de fân. Unii fermieri au zeci de pisici.

Capre
5 8 16

Femela se numește capră, iar masculul, țap. Puii se numesc iezi. Ugerele caprelor au două țâțe, spre deosebire de ale vacilor care au patru.

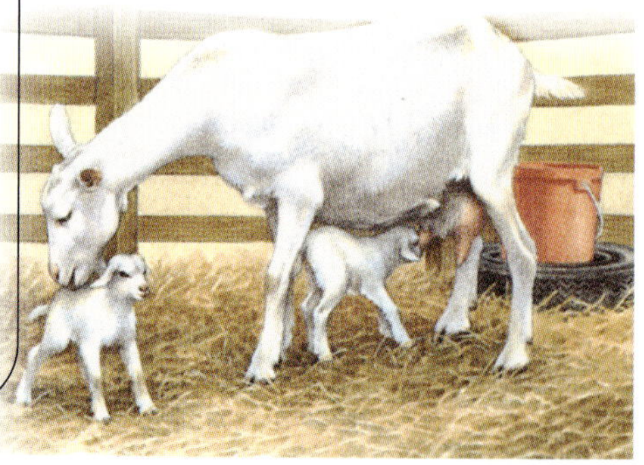

Oi

4 13

Oile sunt crescute pentru lână și pentru carne, care este cunoscută mai ales sub numele de carne de miel. Masculii se numesc berbeci și, de obicei, au coarne.

Tunsul oilor

14

O dată pe an, oilor li se tunde lâna, proces cunoscut sub numele tunsul oilor. Lâna unei oi este numită blană. Tunsul oilor se face manual, cu aparate care nu rănesc deloc oaia.

Câini ciobănești

17

Câinii ciobănești adună turma de pe câmp. Majoritatea sunt inteligenți și ușor de dresat. În Marea Britanie, cel mai întâlnit câine ciobănesc este border collie. Ciobănescul alsacian a fost inițial crescut să fie câine ciobănesc.

Porci

12 15 18

Fermierii cresc porci (suine) pentru carne. O femelă de porc se numește scroafă, iar masculul necastrat se numește vier. O scroafă poate avea zece sau mai mulți purceluși la o singură fătare.

ÎNTREBĂRI: Cai

Nivelul 1

1. Cum se numesc puii de cal?
2. Ce poartă un cowboy pentru a se apăra de soare?
3. La săriturile peste obstacole, călăreții încearcă să sară peste acestea sau să le doboare?
4. Caii sunt folosiți la tragerea plugurilor. Adevărat sau fals?
5. Ce începe cu L și este frânghia pe care o folosesc cowboy-ii pentru a prinde animale?
6. Poneii sunt mai mari sau mai mici decât caii?

Nivelul 2

7. Exmoor este o rasă de ponei sau de cai?
8. Care este cea mai mare rasă de cai?
9. Care este principala diferență dintre scheletul unui cal și scheletul unui om?
10. Când își arată dinții și își dezvelesc gingiile caii?
11. Literele HUNCARRI pot fi rearanjate pentru a forma numele căror ferme unde lucrează cowboy?
12. Ce poartă caii care sar peste obstacole pentru a le fi protejate gleznele?
13. Literele PIERE pot fi rearanjate pentru a forma numele cărui obiect folosit la îndepărtarea mizeriei de pe un cal?

Nivelul 3

14. Ce începe cu C și este o specie de ponei din Iran?
15. Cum își arată agresivitatea un cal?
16. Cum se numesc oasele care alcătuiesc coloana vertebrală a unui cal?
17. Cum se numește peria folosită pentru a da jos părul unui cal când năpârlește?
18. Ce începe cu D și este o ramură a echitației?

GĂSIȚI RĂSPUNSUL

Cai

cal sărind peste un obstacol la un concurs

Oamenii cresc cai de mii de ani. Înainte de inventarea automobilului și a trenului, caii erau principalul mijloc de transport, ducând oamenii în spate sau trăgând căruțele și trăsurile. Caii au fost folosiți și de fermieri, la arat, și de soldații din cavalerie, în lupte. Astăzi, majoritatea cailor sunt crescuți în scopuri recreative, deși unii încă sunt folosiți la muncă.

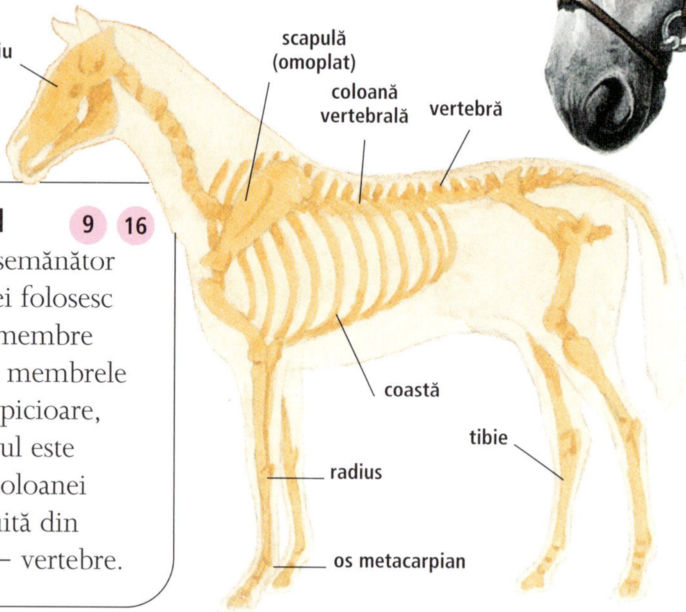

Schelet de cal 9 16

Caii au schelet asemănător oamenilor. Dar ei folosesc toate cele patru membre la mers, astfel că membrele din față sunt tot picioare, nu brațe. Scheletul este format în jurul coloanei vertebrale, alcătuită din mai multe oase – vertebre.

cal roib arătându-și agresivitatea

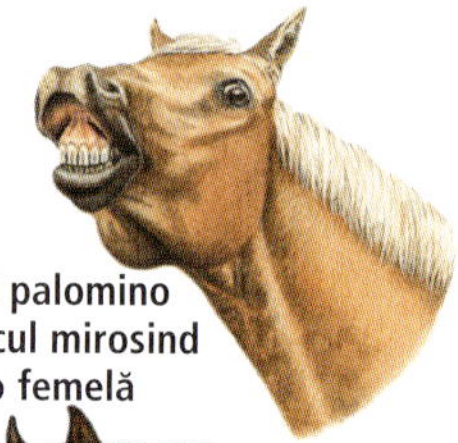
cal palomino mascul mirosind o femelă

cal negru

cal murg

Fețe de cai 10 15

Caii au diferite expresii. Urechile date pe spate arată agresivitate. Masculii își dezvelesc gingiile când adulmecă o femelă.

Antrenament 1 12

Antrenamentul începe când calul are cel puțin un an și este adult. Masculul se numește armăsar, femela, iapă, iar puiul, mânz. Dacă sunt antrenați pentru sărituri, caii pot purta bandaje pentru a le fi protejate gleznele de lovituri.

Întreceri de sărituri 3 18

Săriturile peste obstacole sunt una dintre cele trei ramuri ale echitației. Celelalte sunt dresajul, care testează obediența calului și controlul călărețului, și întrecerile de trei zile. La sărituri, călărețul trebuie să parcurgă un traseu cu o serie de obstacole.

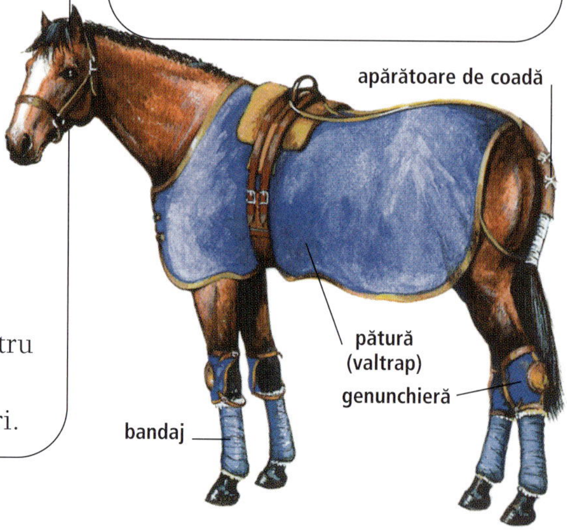

Cowboy

2 5 11

Cowboy-ii călăresc pentru a aduna vitele. Majoritatea lucrează în ranchuri din SUA, niște ferme mari. Cowboy-ii prind vitele cu lasoul, o frânghie cu o buclă la un capăt, și poartă pălării cu boruri largi ca să-i apere de soare.

cowboy cu lasou

Cai care lucrează

4 8

Polițiștii călare sunt trimiși adesea ca să păzească mulțimile. Caii sunt folosiți și la tragerea căruțelor și a plugurilor, în unele zone. Cel mai mare cal este calul din rasa Shire, care poate cântări până la o tonă.

Ponei

6 7 14

Poneii sunt rase de cai mai mici, nu atât de mari și de rapizi, dar mai rezistenți. Pot trăi afară, pe orice tip de vreme. Poneii caspici din Iran și poneii Exmoor din Marea Britanie trăiesc în sălbăticie.

ponei de Shetland

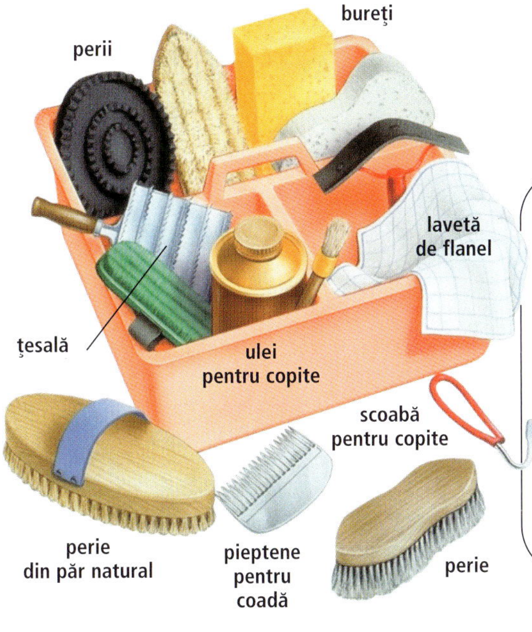

Îngrijire

13 17

Oamenilor le plac caii frumoși și îi îngrijesc în acest scop. Periile din păr natural folosesc la îndepărtarea noroiului, periile de țesălat, din cauciuc, îndepărtează părul năpârlit, iar pieptenii descâlcesc coama.

ÎNTREBĂRI: Pisici

Nivelul 1

1. Cum se numesc puii de pisică?
2. Iarba mâței este o specie de plantă sau de animal?
3. Pisicile pândesc și apoi sar asupra prăzii sau o fugăresc până când aceasta obosește?
4. Stăpânii folosesc perii pentru a îngriji blana pisicilor sau pentru a le hrăni?
5. Pisicile pot să se cațere?
6. Pisoii preferă să se joace cu gheme de lână sau cu andrele?
7. Pisicile se pricep să sară?

Nivelul 2

8. Pisicile au gheare. Adevărat sau fals?
9. La ce folosește un stâlp-grifoar?
10. Pisicile preferă să trăiască singure sau în grup?
11. Cât timp rămân închiși ochii unui pisoi după ce se naște?
12. Cât de des trebuie hrănită o pisică?
13. Cine se bat mai des: masculii sau femelele de pisică?
14. Cum sunt numiți masculii de pisică?
15. De ce e bine să folosești un vas special pentru hrana pisicii?

Nivelul 3

16. Ce parte a corpului unei pisici este retractilă?
17. Din ce animal se trag pisicile domestice?
18. De ce pisicile stropesc cu urină și își lasă mirosul pe diferite lucruri?

GĂSIȚI RĂSPUNSUL

Pisici

Pisicile sunt animale de casă foarte iubite. Spre deosebire de câini, nu trebuie plimbate zilnic și sunt fericite să fie lăsate singure, în timp ce stăpânii pleacă la serviciu. În prezent, majoritatea oamenilor au pisici drept animale de companie, dar, în trecut, erau crescute pentru a vâna șoareci și alți dăunători care intrau în casele oamenilor.

Corpul pisicii

5 7 8 16

Pisicile sunt musculoase și flexibile. Pot sări pe distanțe mari și, dacă se întâmplă să cadă de la înălțime, se rotesc în aer și aterizează în picioare. Pisicile sunt bune cățărătoare. Ele au gheare ascuțite retractile (le retrag în interiorul labelor, atunci când nu le folosesc).

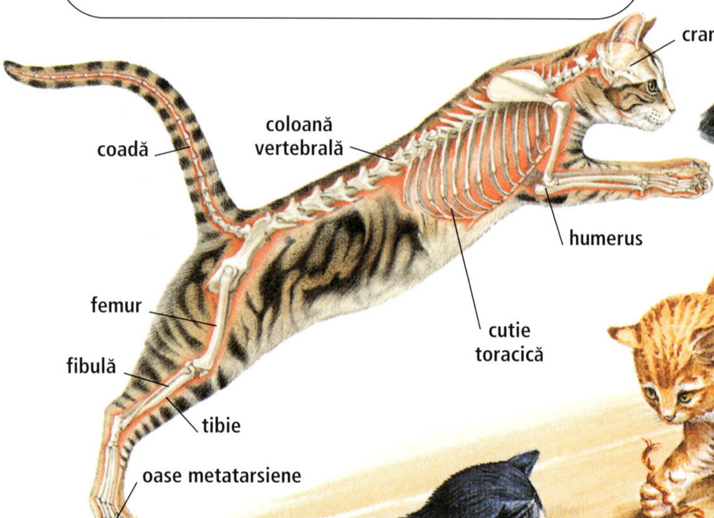

Familie

1 10 11 17

Pisicile sunt animale solitare. Ele se trag din pisica africană sălbatică, solitară în majoritatea timpului. Femelele dau naștere mai multor pui, numiți pisoi. Ochii le rămân închiși în prima săptămână de viață.

Accesorii pentru pisici

2 4 9

Pisicilor le place să-și ascută ghearele zgâriind un stâlp-grifoar. Le place să se joace cu jucării și le place planta iarba mâței. Stăpânii folosesc perii pentru blana pisicilor și șampon pentru a le spăla.

Învățare

3 6

Pisoilor le place să se joace cu tot felul de lucruri, mai ales cu gheme de lână. Joaca îi ajută să învețe și să se deprindă cu modul în care le funcționează corpul. În joacă, învață să vâneze apropiindu-se tiptil de jucării înainte să sară asupra lor.

Hrană

12 15

Pisicile trebuie hrănite cel puțin o dată pe zi, fie cu hrană uscată, fie cu hrană umedă de la conservă. Este bine să le puneți mâncarea într-un vas special. Pisicile învață să asocieze vasul cu mâncarea și vin imediat când stăpânii se apropie de el.

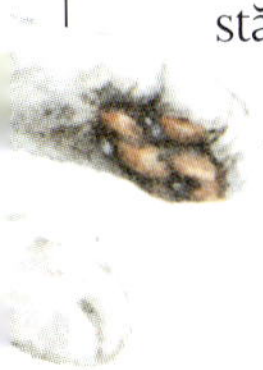

hrană umedă

Teritoriu

13 14 18

Pisicile sălbatice și cele domestice își apără teritoriul de alte pisici. Masculii sau motanii se vor lupta cu cei care intră pe teritoriul lor. Pisicile stropesc cu urină și marchează cu mirosul propriu teritoriul ca avertisment pentru alte pisici.

pisică în atitudine defensivă

marcare cu propriul miros

luptă între pisici

ÎNTREBĂRI: Câini

Nivelul 1

1. Cum se numește un pui de câine?
2. Majoritatea câinilor polițiști sunt alsacieni sau dalmațieni?
3. Pitbull terrierii au fost crescuți inițial pentru lupte sau pentru a aduce papucii?
4. Majoritatea labradorilor sunt prietenoși sau agresivi?
5. Terrierul este cea mai diversificată rasă de câini. Adevărat sau fals?

Nivelul 2

6. Ce fac mulți dintre oameni cu puii?
7. În cât timp crește un cățel și ajunge adult: șase luni, un an sau trei ani?
8. Ce rasă de câini care începe cu C este adesea antrenată să ia urma?
9. Cum poate un câine care aude să ajute un stăpân surd?
10. Dacă un câine dă din coadă, este fericit sau trist?
11. Un câine trist își lasă coada în jos sau o ridică?
12. Ce animal sălbatic este strămoșul tuturor câinilor domestici?
13. Literele EDGIER REVEL TORN pot fi rearanjate pentru a forma numele cărei rase de câini folosiți adesea drept câini însoțitori?
14. Ce câine este mai bun pentru pază: un rottweiler sau un labrador?

Nivelul 3

15. Cât timp ar trebui să aștepți înainte să dai cățeii unui nou stăpân?
16. La ce vârstă este mai ușor să dresezi un câine?
17. Ce cuvânt desemnează tăierea cozii unui câine?
18. Cum poți să-ți dai seama că un câine este speriat?
19. Ce rasă de câine a fost creată pentru a vâna animale mari?

GĂSIȚI RĂSPUNSUL

Câini

Câinele este cel mai bun prieten al omului și majoritatea stăpânilor sunt de acord. Câinii sunt prietenoși, protectori și tovarăși loiali. Ei se trag din lupi, animale care trăiesc în haită, așa că și câinii cred despre stăpânii lor că sunt membri ai haitei. Spre deosebire de lupi, câinii au fost crescuți pentru a fi mai puțin agresivi și mai prietenoși cu oamenii.

Pui 1 6 15

Un pui de câine se numește cățel. Femelele fată mai mulți pui deodată. Mulți oameni își vând cățeii altor stăpâni. Trebuie să aștepte până când cățeii au câteva săptămâni și sunt îndeajuns de mari pentru a fi despărțiți de mama lor.

mamă cu pui

Creştere 7 16

Puilor le ia un an să devină adulți. În acest moment este cel mai bine să înceapă dresura, pentru că acum li se dezvoltă creierul. Adulții au nevoie de mai mult timp pentru a fi dresați. Cățeii sunt jucăuși și le place să se lupte între ei.

labrador auriu adult

Învățare 2 8

Poți să-ți dresezi câinele să facă multe lucruri. Poliția dresează alsacieni pentru a prinde criminali și cockeri spaniel ca să găsească droguri. Poți să-ți dresezi câinele pentru a fi mai ușor de controlat, folosind hrana ca recompensă.

Cozi 10 11 17 18

Coada poate fi dreaptă sau încovrigată. Un câine fericit dă din coadă, iar un câine trist o lasă în jos. Un câine încrezător își ține coada sus, iar un câine speriat, între picioare. La unele rase, cozile sunt tăiate (cupate) când sunt pui.

Rase de câini 5 12 19

Toți câinii se trag din lupi, dar, de-a lungul secolelor, au fost create multe rase, grupate după caracteristici. Terrierii, de exemplu, sunt câini mici, crescuți inițial pentru vânarea rozătoarelor. Copoii au fost creați pentru a vâna animale mai mari.

Însoțitori 9 13

Golden retrieverii și labradorii negri sunt dresați să fie câini însoțitori pentru nevăzători. Ei îi feresc de obstacole. Unii sunt dresați să fie câini pentru surzi, alertându-și stăpânul dacă, de exemplu, bate cineva la ușă.

Temperament 3 4 14

Rasele au diferite temperamente. Labradorii sunt prietenoși, fiind animalele de companie ideale. Pitbull terrierii și rottweilerii au fost crescuți pentru lupte, așa că sunt câini de pază mai buni.

ÎNTREBĂRI: Viețuitoare ale deșertului

Nivelul 1

1. Coiotul e câine sălbatic sau pisică sălbatică?
2. Ce sunt diavolul țepos și monstrul gila: reptile, păsări sau insecte?
3. Vulpile deșertului au urechi mari ca să le ajute să se răcorească?

Nivelul 2

4. Unele păsări ale deșertului își construiesc cuiburile pe cactuși. Adevărat sau fals?
5. Păsările de pradă din deșert mănâncă plante cu țepi?
6. Ce șopârlă de deșert este otrăvitoare: monstrul gila sau cameleonul?
7. Ce pasăre nu este o pasăre de pradă din deșert: vulturul-curcan, vulturul nubian sau vindereul?
8. Ce vulpe trăiește în deșert: roșcată, artică sau fenecul?
9. Diavolul țepos colectează roua de pe propriul corp sau de pe plante?
10. Ce caracteristici ajută animalele de pradă din deșert: mișcările rapide, vederea bună, ghearele sau toate?
11. Vulpea peruană trăiește în deșertul Atacama din America de Sud sau în deșertul Sahara din Africa de Nord?
12. Ce mănâncă râsul roșu?

Nivelul 3

13. Ce specie de șopârlă trăiește toată viața într-un cactus putred?
14. Coiotul de deșert cântărește mai mult sau mai puțin decât coiotul de munte?
15. Ce caracteristică a râsului roșu îl ajută să audă mai bine?
16. Ce începe cu L și este un animal zburător care mănâncă nectar din florile de cactus?
17. Cum se mai numește vulpea peruană?
18. Ce șopârlă cu G poate trăi luni la rând fără hrană?

GĂSIȚI RĂSPUNSUL

Viețuitoare ale deșertului

În deşerturi este greu să supraviețuiești, dar multe animale s-au adaptat. Cele mai mari probleme le constituie găsirea apei și temperaturile foarte ridicate. Multe animale de deșert, precum cămila, pot să stea zile întregi fără să bea apă, obținând-o din hrană: insecte, reptile și plante. Pentru a se răcori, animale precum suricatele și șoarecele-cangur de deșert își fac vizuini sub pământ.

Viața plantelor de deşert 4 13 16

Animalele folosesc plantele pentru adăpost, hrană și apă. Liliecii mănâncă nectar, iar unele păsări își fac cuib pe cactuși. Șopârla *Xantusia vigilis* își petrece viața sub un cactus putrezit.

Râs roşu 12 15

Râsul roșu trăiește în America de Nord și vânează iepuri sălbatici și rozătoare. Trăiește în deșert și în desișuri (zone aride, cu vegetație pipernicită) și în regiunile montane. Perii de pe urechi îl ajută să-și îmbunătățească auzul, oricum excelent.

Păsări de pradă 5 7

Vulturul nubian din Africa, vulturul-curcan din SUA, șoimii și alte păsări de pradă mănâncă rozătoare, iepuri și șerpi.

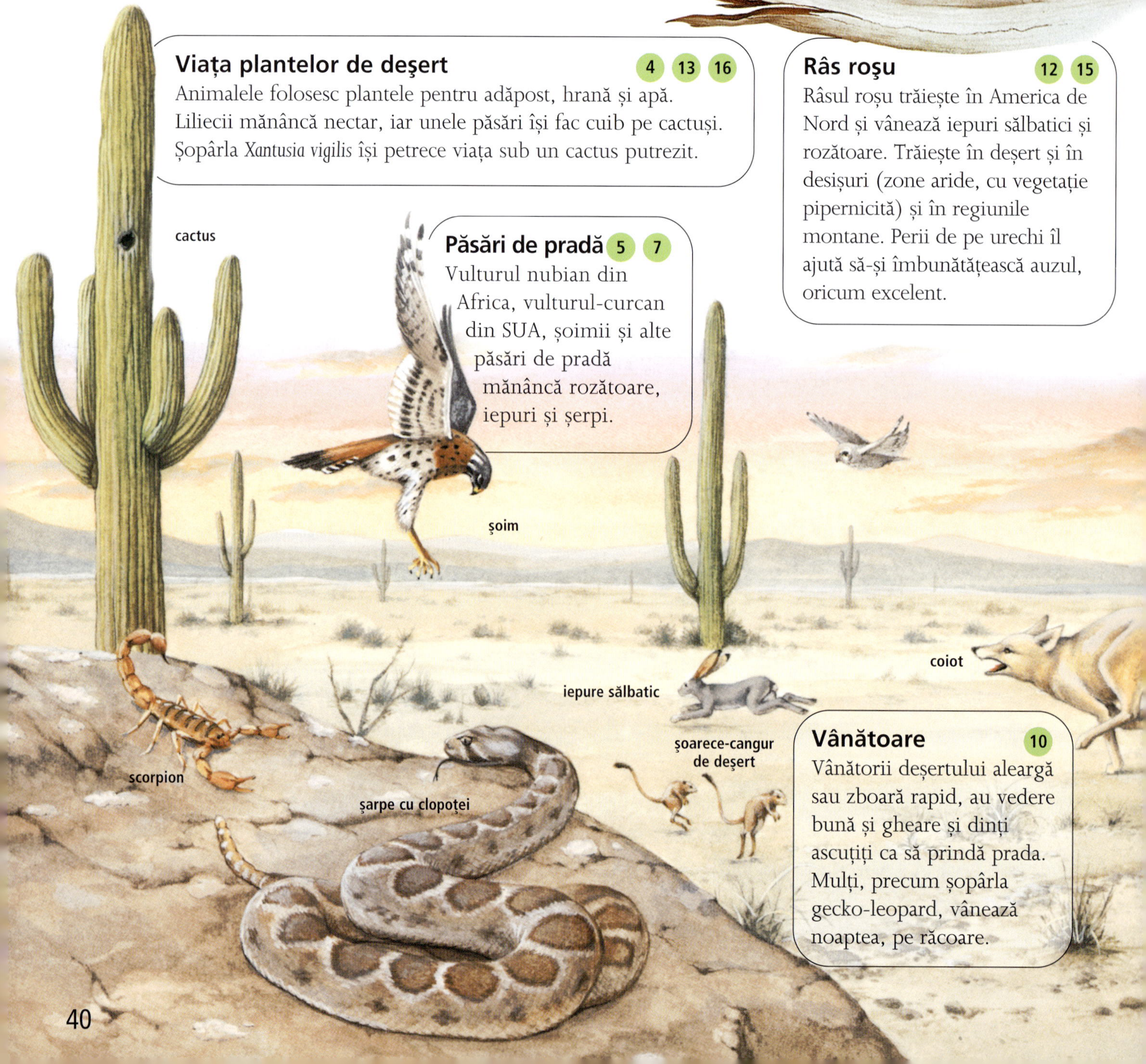

Vânătoare 10

Vânătorii deșertului aleargă sau zboară rapid, au vedere bună și gheare și dinți ascuțiți ca să prindă prada. Mulți, precum șopârla gecko-leopard, vânează noaptea, pe răcoare.

Vulpi

3 8 11 17

Vulpile din deșert au urechi mari ca să se răcorească. Fenecii sunt cele mai mici vulpi și trăiesc în Sahara, Africa de Nord. Vulpile peruane sau Sechuran trăiesc în deșertul Atacama din America de Sud.

Şopârle

2 6 9 18

Șopârlele au piele solzoasă; sunt reptile adaptate la viața în climate deșertice. Diavolul țepos (molohul) din Australia este acoperit cu țepi care adună roua pe care apoi o bea. Monstrul gila otrăvitor poate trăi luni de zile fără hrană, acumulând grăsime în coadă.

monstru gila

Coiot

1 14

La fel ca și alți câini sălbatici, coiotul comunică prin lătrat și scheunat. Coioții de deșert cântăresc mai puțin de jumătate din greutatea coioților de munte.

ÎNTREBĂRI: Păianjeni

Nivelul 1

1. Corpul unui păianjen este alcătuit din două, trei sau opt părți?
2. Câte aripi au păianjenii: o pereche, două perechi sau nici o pereche?
3. Păianjenii țes mătase ca să facă pânze. Adevărat sau fals?
4. Majoritatea păianjenilor nu au ochi. Adevărat sau fals?

Nivelul 2

5. Păianjenul-cârtiță își prinde prada într-o pânză. Adevărat sau fals?
6. În forma cărei litere țese pânza păianjenul de grădină, după ce îi face conturul: X, Y, Z?
7. Organele producătoare de mătase ale păianjenului sunt pe abdomen?
8. Picioarele unui păianjen sunt atașate de partea din față sau de abdomen?
9. Unii păianjeni pot vedea numai lumini și umbre?
10. Cum își mănâncă un păianjen prada: mestecând-o, lichefiindu-i interiorul și sugându-l sau înghițind-o întreagă?
11. În ce parte a corpului păianjenului, care începe cu A, se găsesc organele pentru digestie?
12. Care este cel mai mare păianjen?
13. Imensul păianjen mâncător de păsări se hrănește numai cu păsări?

Nivelul 3

14. Când păianjenul termină de țesut pânza, aceasta conține și un fir uscat. Adevărat sau fals?
15. Ce fel de păianjeni sunt păianjenul-lup și tarantula?
16. Ce conțin colții goi în interior ai unui păianjen?
17. Se crede că păianjenii săritori au vedere bună sau slabă?
18. Cum detectează mișcarea un păianjen mâncător de păsări?
19. Cum lichefiază un păianjen interiorul prăzii?

GĂSIȚI RĂSPUNSUL

Păianjeni

Păianjenii nu sunt insecte, ci arahnide. În acest grup, care cuprinde peste 75 000 de specii, sunt incluși scorpionii și căpușele. Toți păianjenii produc mătase cu ajutorul glandelor din corp, dar nu toți fac pânze. Toți păianjenii au glande cu venin, dar numai câțiva, precum păianjenul cu pânză pâlnie, sunt periculoși pentru om.

Anatomie 1 2 8

Corpul păianjenului este alcătuit din două părți: partea din față (capul și toracele, împreună) și partea din spate (abdomenul). Partea din spate este protejată de o placă specială. Spre deosebire de insecte, păianjenii au opt picioare, atașate de partea din față a corpului.

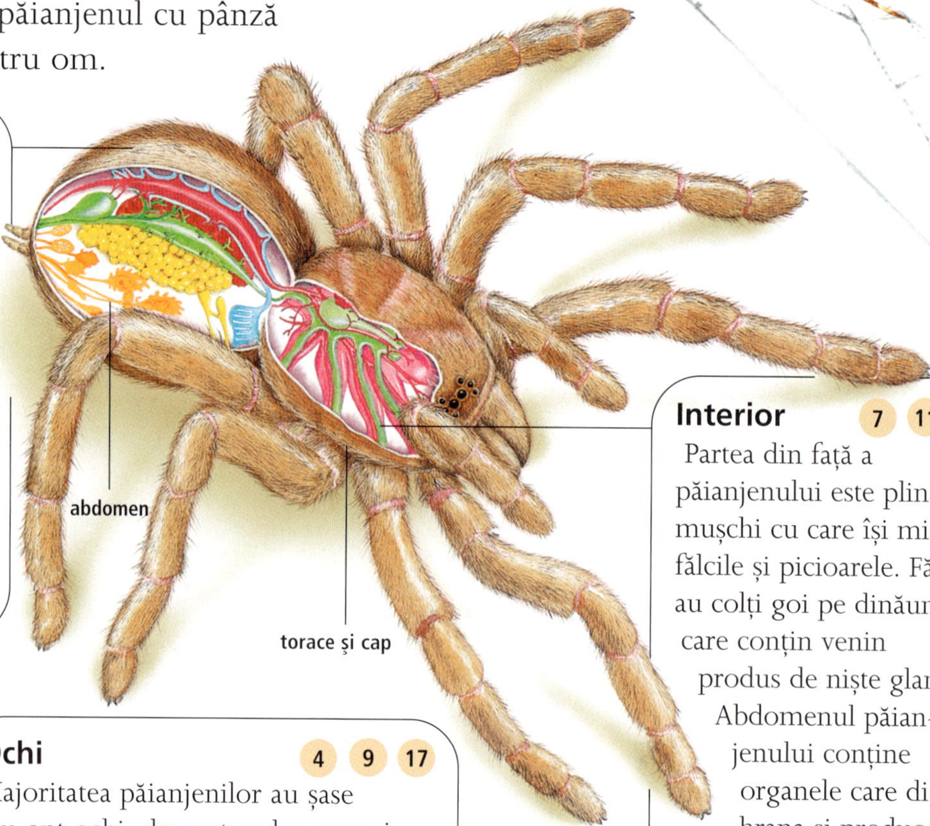

Interior 7 11 16

Partea din față a păianjenului este plină de mușchi cu care își mișcă fălcile și picioarele. Fălcile au colți goi pe dinăuntru, care conțin venin produs de niște glande. Abdomenul păianjenului conține organele care digeră hrana și produc mătasea, precum și inima și sângele.

Ochi 4 9 17

Majoritatea păianjenilor au șase sau opt ochi, dar pot vedea numai lumini și umbre. Totuși, despre unii păianjeni, precum păianjenul săritor, se crede că au o vedere bună.

Țesutul pânzei 3 6 14

Pentru a-și țese pânza, păianjenul folosește mătasea care iese prin niște mici orificii aflate la capătul corpului. El țese o pânză cu fire puternice, uscate, începând cu un fir punte și în Y. După ce este dată forma, țese o spirală temporară cu aceeași mătase uscată. Apoi pune fire lipicioase în spirală și îndepărtează mătasea uscată. Păianjenii nu au aripi, nici antene.

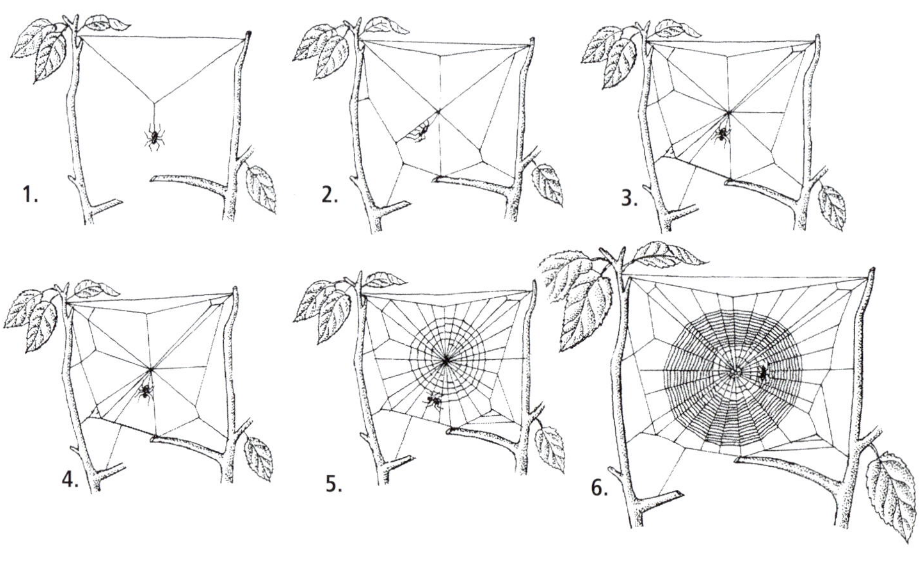

Prinderea prăzii (5) (15)

Păianjenii care țes pânze își așteaptă prada în centrul acesteia sau se ascund în apropiere. Își prind prada în firele lipicioase de mătase. Alții, precum păianjenul-cârtiță, prind prada cu o capcană. Păianjenul-lup și tarantula vânează.

Mâncatul prăzii (10) (19)

Păianjenii mușcă prada și o injectează cu venin sau o prind în firele de mătase, care o împiedică să se miște. Apoi, păianjenul injectează un amestec special de substanțe care lichefiază interiorul prăzii. Astfel, păianjenul se hrănește sugând interiorul.

Mâncătorul de păsări (12) (13) (18)

Imensul păianjen mâncător de păsări este cel mai mare din lume. E cât o farfurie și are peri pe corp, cu care detectează prada. Trăiește în pădurile tropicale din America de Sud și, de obicei, mănâncă insecte, șoareci și șopârle, mai degrabă decât păsări.

ÎNTREBĂRI: Albine

Nivelul 1

1. Mierea este produsă de lilieci, de albine sau de urși?
2. Ce cuvânt începe cu T și denumește masculii de albină?
3. Albinele sălbatice își construiesc propriii stupi, numiți cuiburi. Adevărat sau fals?
4. Albinele nu au abdomen. Adevărat sau fals?

Nivelul 2

5. Aripile albinei sunt atașate de torace (partea de mijloc a corpului) sau de cap?
6. Albinele lucrătoare colectează polen și nectar. Adevărat sau fals?
7. Ce începe cu N și din el se face miere?
8. Ce cuvânt începe cu H și reprezintă forma unei celule dintr-un fagure?
9. Albina are două sau trei tipuri de aripi?
10. Ouăle albinelor eclozează în trei zile, o săptămână sau o lună?
11. Albinele au glande speciale pentru ceară, ulei sau grăsime?
12. Unele albine au un stomac special „de miere", unde depozitează nectarul. Adevărat sau fals?
13. Care este numărul mediu de flori pe care îl vizitează o albină într-un drum: 5–10, 50–100 sau 500–1 000?

Nivelul 3

14. Unde colectează albinele polenul?
15. Cum se numește tubul folosit de albine pentru a colecta nectar?
16. În medie, câte ouă poate să depună o matcă?
17. Cum se colectează mierea dintr-o albină?
18. Cu ce substanță produsă de albinele lucrătoare sunt hrănite viitoarele mătci?
19. Ce face o albină când găsește o nouă sursă de hrană?

GĂSIȚI RĂSPUNSUL

Albine

Albinele sunt insecte zburătoare, înrudite cu viespile și cu furnicile. Albinele polenizează plantele și produc miere și ceară. Ele trăiesc în colonii imense. Fiecare colonie are o regină (matcă) și mai multe albine lucrătoare femele. Masculii de albină (trântorii) intră în stup numai ca să se împerecheze cu regina.

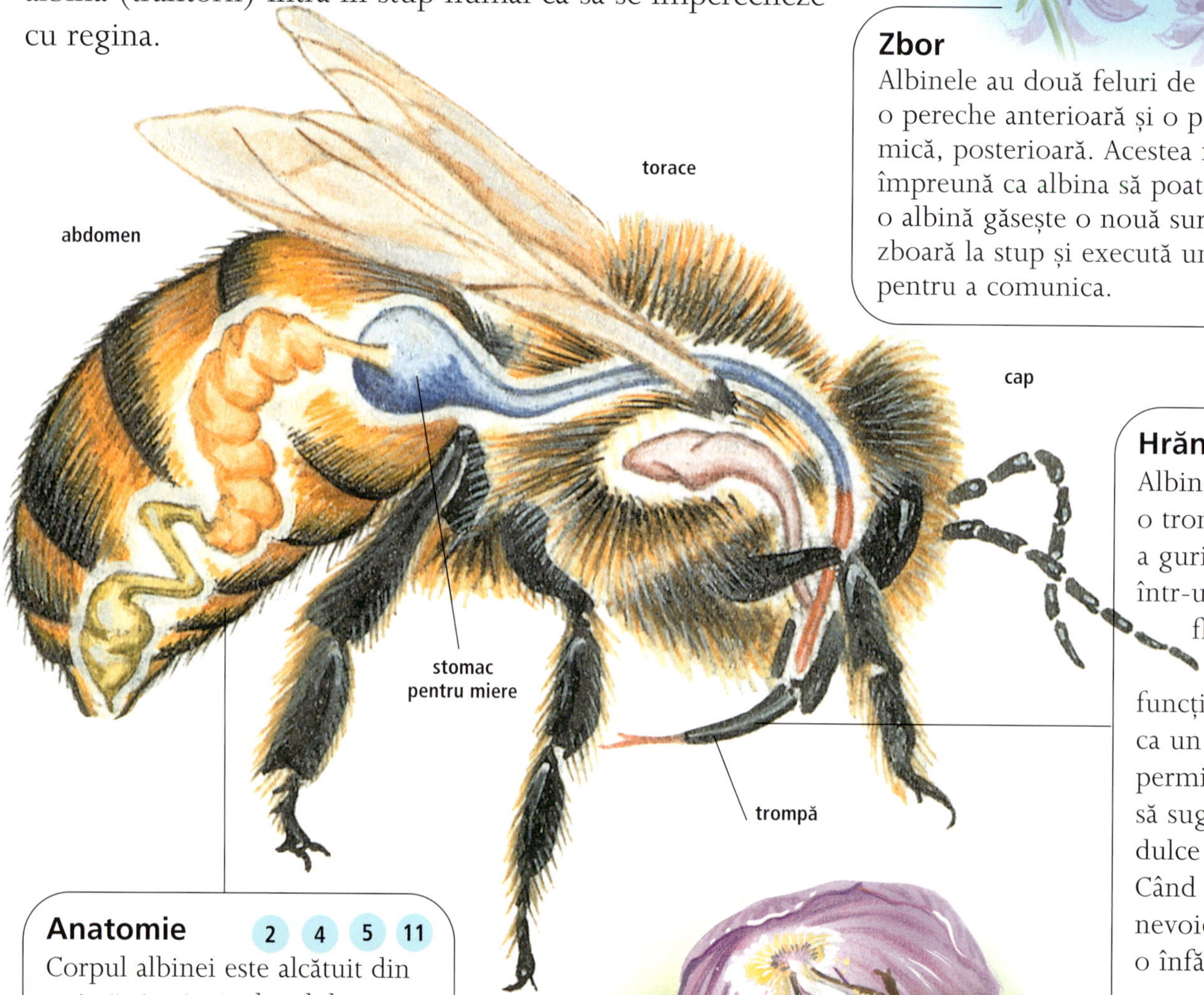

Zbor 9 19

Albinele au două feluri de aripi – o pereche anterioară și o pereche, mai mică, posterioară. Acestea funcționează împreună ca albina să poată zbura. Când o albină găsește o nouă sursă de hrană, zboară la stup și execută un dans special pentru a comunica.

Hrănire 15

Albinele au o trompă, o parte a gurii transformată într-un tub lung, flexibil. Acesta funcționează ca un pai și le permite albinelor să sugă nectarul dulce al florilor. Când albina n-are nevoie de trompă, o înfășoară sub cap.

Anatomie 2 4 5 11

Corpul albinei este alcătuit din trei părți principale: abdomen, torace și cap. Abdomenul are glande speciale producătoare de ceară, din care se construiește fagurele.
De torace, partea din mijloc a albinei, sunt atașate picioarele și aripile. Spre deosebire de masculi, sau trântori, femelele au ace în capătul abdomenului, cu care injectează venin. Dacă acul se rupe, albina moare.

Polen 6 13 14

Albinele lucrătoare pleacă din stup vara pentru a vizita florile și a aduna nectar și polen. Albinele adună polenul în „coșurile“ cu polen de pe picioarele din spate. Albinele lucrătoare vizitează între 50 și 100 de flori la un singur zbor.

Ouă 10 16 18

Matca depune până la 200 000 de ouă anual în celule din ceară. Ouăle eclozează în trei zile, iar larvele sunt hrănite de lucrătoare cu polen și cu nectar. Viitoarele regine sunt hrănite cu lăptișor de matcă, produs de lucrătoare.

Stup 3 8

În sălbăticie, albinele își construiesc stupul în scorburi sau în peșteri. Apicultorii le construiesc stupi din lemn. În stup se găsesc fagurii din material cerat, alcătuiți din celule de formă hexagonală (cu șase laturi). Un stup poate rezista 50 de ani sau mai mult.

Miere 1 7 12 17

Numai albinele producătoare pot face miere. Cele care o fac au un stomac special „de miere“, în care păstrează nectarul. În stup, alte albine lucrătoare extrag nectarul și îl amestecă cu enzime speciale din corpul lor. Acest amestec este așezat în faguri. Când se usucă, devine miere.

ÎNTREBĂRI: Creaturi mortale

Nivelul 1

1. Unii șerpi sunt veninoși. Adevărat sau fals?
2. Ce animale vânează marii rechini albi: foci, delfini sau ambele?
3. Femelele de păianjen văduva neagră sunt periculoase pentru om. Adevărat sau fals?
4. Ce animal își înfășoară corpul în jurul victimei ca să o omoare: șarpele boa sau meduzele?

Nivelul 2

5. Ce începe cu T și au meduzele?
6. Cum își omoară crocodilul prada: aruncând-o în aer sau înecând-o?
7. Cobra își omoară prada înfășurându-se în jurul ei?
8. Cum își găsesc rechinii prada: după miros, prin folosirea unor celule care detectează mișcarea sau cu ambele?
9. Ce mănâncă meduzele: pești mici, viermi sau ambele?
10. Cât cântărește un mare rechin alb: 200 kg, 1 000 kg, 2 000 kg?
11. Rechinul-tigru este considerat periculos sau inofensiv pentru om?
12. Crocodilul se ascunde încât prada să nu-l vadă?

Nivelul 3

13. Cum se mai numesc meduzele-cutie?
14. Câte mănunchiuri de tentacule au meduzele-cutie?
15. Ce specie de piranha este cea mai periculoasă?
16. Care este cel mai periculos păianjen?
17. Ce caracteristică specială are crocodilul care îi permite să stea sub apă?
18. Ce începe cu S și este detectat de piranha, cu un sistem special de senzori?

GĂSIȚI RĂSPUNSUL

Creaturi mortale

Multe animale au caracteristici speciale care le ajută să ucidă sau să facă rău altor viețuitoare. Unele au mușcături veninoase sau ace, iar altele au dinți ascuțiți ori gheare.

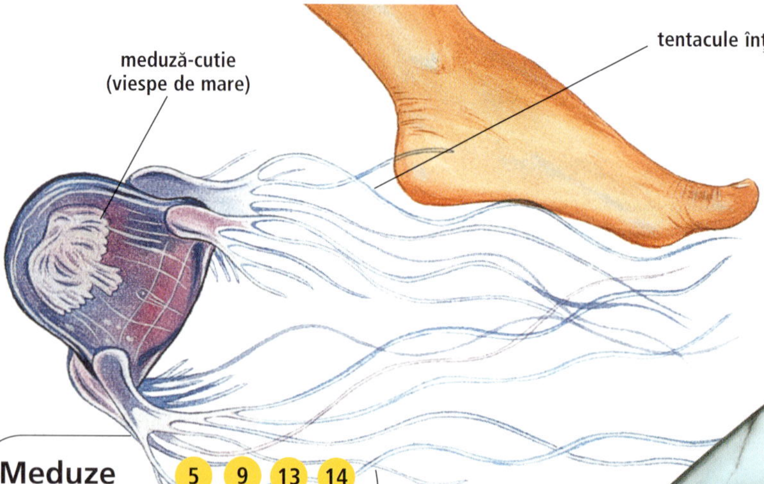

Meduze
5 9 13 14

Deși multe specii nu sunt mortale, meduza-cutie din Australia, sau viespea de mare, poate să ucidă în câteva minute. Cele patru mănunchiuri cu câte 15 tentacule sunt acoperite de mii de celule înțepătoare. Meduzele se pot întinde și 3 m când vânează pești mici și alte animale.

Rechini
2 8 10 11

Marele rechin alb vânează în special foci și delfini și poate sări din ocean pentru a prinde prada. Acești vânători pot crește până la 6 m lungime și pot cântări până la 2 000 kg. Rechinii-tigru sunt prădători feroce. Pentru a găsi prada, ei își folosesc mirosul extrem de dezvoltat și niște celule speciale care pot detecta mișcarea în apă.

Crocodili
6 12 17

Pentru a prinde prada, crocodilul are niște membrane impermeabile care îi acoperă ochii, urechile, nările și orificiul traheei când se scufundă. Animalele care vin să se adape nu pot vedea sau mirosi crocodilul care va țâșni pe neașteptate din apă, înhățând și apoi înecând prada.

Păianjeni

3 16

Toţi păianjenii sunt veninoşi. Circa 30 de specii sunt periculoase pentru om, printre care femela de văduvă neagră, păianjenul australian cu pânză conică şi păianjenul călător brazilian.

Şerpi

1 4 7

Mai multe specii de şerpi au muşcături otrăvitoare, precum şarpele cu clopoţei, cobra şi şarpele maro de copac. Alţii, precum pitonul şi boa, îşi înfăşoară corpul în jurul prăzii pe care o sufocă.

Piranha

15 18

Peştii piranha trăiesc în râurile din America de Sud. Au dinţi ascuţiţi şi maxilare puternice cu care sfâşie carne. Îşi găsesc hrana folosind un sistem special de senzori care detectează mirosul de sânge. Dintre cele 1 200 de specii, piranha cu burtă roşie este cel mai periculos. Piranha mănâncă rareori animale mai mari decât ei.

ÎNTREBĂRI: Broaşte

Nivelul 1

1. Un pui de broască se numeşte mormoloc. Adevărat sau fals?
2. Broaştele zburătoare au pene sau membrane de piele?
3. Broaştele adulte au coadă. Adevărat sau fals?
4. Broaştele depun ouă în apă sau în cuiburi în copaci?

Nivelul 2

5. Mormolocii au coadă, branhii şi picioare. Adevărat sau fals?
6. Cât de des îşi leapădă pielea broaştele: o dată pe săptămână, o dată pe an sau niciodată?
7. Cât planează o broască zburătoare: 2 m, 12 m sau 22 m?
8. Toate broaştele prind prada cu limba. Adevărat sau fals?
9. După câte zile eclozează puii din ouăle unei broaşte: 3–5 zile, 3–25 de zile sau 25–35 de zile?
10. Literele RĂSUBCOŢ pot fi rearanjate pentru a forma numele cărui stadiu în dezvoltarea unei broaşte?
11. Urechile broaştelor sunt special adaptate pentru a auzi prădătorii sau alte broaşte din specia lor?
12. Broaştele îşi umflă guşa ca să cheme alte broaşte, ca să alunge un duşman sau pentru ambele?
13. Ce plante cu A sunt mâncate de mormoloci?

Nivelul 3

14. Unde trăiesc broaştele otrăvitoare?
15. O broască de copac poate sări pe o distanţă de două ori, de zece ori sau de 30 de ori mai mare decât lungimea corpului ei?
16. Ce începe cu M şi se referă la schimbările prin care trece un mormoloc?
17. Ce specie de broască îşi păzeşte ouăle de prădători?
18. La ce folosesc unele triburi otrava broaştei otrăvitoare?
19. De ce broaştele trebuie să aibă pielea umedă?

GĂSIȚI RĂSPUNSUL

Broaște

O broască este un amfibian fără coadă. Este adaptată la viața pe uscat și în apă și poate să sară și să înoate. Unele se cațără în copaci. Broaștele există pe Pământ de 190 de milioane de ani și trăiesc pe toate continentele, mai puțin în Antarctica. Broaștele râioase au pielea mai uscată, mai aspră.

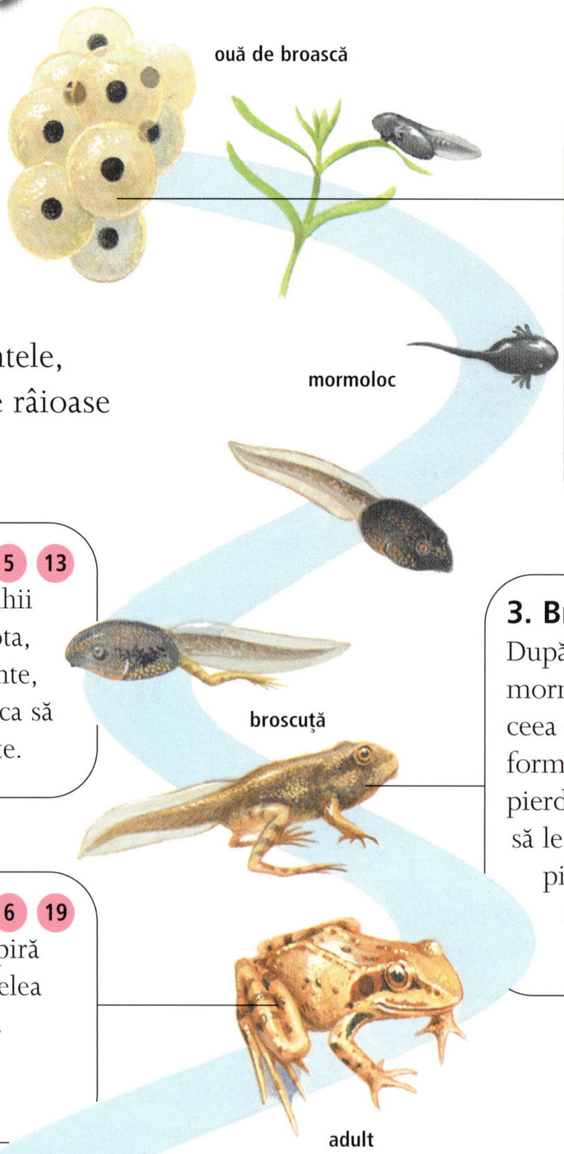

1. Ouă (4) (9) (17)

Femelele depun mii de ouă sau icre în ape dulci, precum râuri și heleșteie. Ouăle eclozează după 3–25 zile de la depunere. Unele specii, precum broasca lui Darwin și broaștele otrăvitoare, își păzesc ouăle împotriva prădătorilor.

2. Mormoloci (1) (5) (13)

Puii de broască, mormolocii, au branhii pentru a respira și coadă pentru a înota, dar nu au picioare. Se hrănesc cu plante, precum algele. Mulți sunt otrăvitori, ca să nu fie mâncați de păsări sau de insecte.

3. Broscuțe (10) (16)

După câteva săptămâni, mormolocii se metamorfozează, ceea ce înseamnă că își schimbă forma. Dezvoltă plămâni și își pierd branhiile. Coada începe să le dispară. Broscuțelor le apar picioarele din față și din spate și încep să mănânce insecte în loc de plante.

4. Adulți (3) (6) (19)

Broaștele adulte nu au coadă. Ele respiră prin piele și plămâni și își mențin pielea udă ca să poată lua oxigenul din apă. O dată pe săptămână, broaștele își leapădă pielea (năpârlesc).

Limbă (8)

Unele broaște au limba lungă și lipicioasă pentru a prinde insecte, adesea în mai puțin de o secundă. Altele prind prada cu picioarele din față.

Salturi (15)

Picioarele unei broaște sunt făcute pentru a sări. Picioarele din spate au glezne cu oase lungi care le ajută să sară. Broasca de copac are numai 30 mm lungime, dar poate sări peste 1 m. Broasca își folosește picioarele din față pentru echilibru când stă pe loc.

Cu gușa umflată (11) (12)

Broasca își umflă gușa când cheamă alte broaște sau când încearcă să alunge dușmanii. Când orăcăie sau scoate alte sunete, sacii vocali se umflă pentru a scoate un sunet mai înalt. Urechile sunt special adaptate pentru a auzi chemările semenilor.

broască zburătoare

Picioare (2) (7)

Broaștele zburătoare au picioare palmate și corpuri aplatizate, cu membrane de piele pentru a putea plana pe distanțe de până la 12 m între copaci. Ele își controlează direcția prin mișcarea picioarelor.

Broaște otrăvitoare (14) (18)

Broaștele otrăvitoare au pe corp culori și modele strălucitoare pentru a avertiza prădătorii că sunt otrăvitoare. Ele trăiesc în pădurile tropicale din America Centrală și de Sud. Unele triburi folosesc otrava broaștelor pentru a înmuia în ea vârfurile săgeților.

ÎNTREBĂRI: Viețuitoare din recifele de corali

Nivelul 1

1. Coralilor le place apa caldă și puțin adâncă?
2. Este peștele-anemonă una dintre multele specii de pești care trăiesc în recifele de corali?
3. Stelele de mare nu sunt pești. Adevărat sau fals?
4. Meduzele au creier?

Nivelul 2

5. Unii pești sunt colorați sau au modele pentru a se recunoaște unii pe alții. Adevărat sau fals?
6. Literele CULATNETE pot fi aranjate pentru a forma numele cărei părți dintr-o meduză?
7. Ce detectează rețeaua de nervi a unei meduze: atingerea sau lumina?
8. Câte specii de pești trăiesc în recifele de corali: peste 3 000, peste 4 000 sau peste 5 000?
9. Ce viețuitoare pare inofensivă ca o piatră?
10. Coralii-creier și coralii corn de cerb sunt moi sau tari?
11. Pentru ce își folosesc coralii tentaculele: să meargă pe fundul oceanului, să se hrănească sau să înoate?
12. Anemonele de mare protejează peștii-anemonă sau îi mănâncă?

Nivelul 3

13. Ce viețuitoare cu P sunt mâncate de corali?
14. Ce începe cu S și înseamnă „viață împreună“?
15. Cum se numește un grup mare de meduze?
16. Câte tentacule au coralii moi?
17. Ce parte a corpului își mișcă peștii pentru a înota?
18. Ce animal începe cu S și este o echinodermă?

GĂSIȚI RĂSPUNSUL

Viețuitoare din recifele de corali

Recifele de corali sunt pline de viață, iar coralii înșiși sunt alcătuiți din miliarde de viețuitoare numite polipi. Polipii se agață de recif și lasă în urmă schelete după ce mor, astfel formându-se depozite tari de calcar. Polipii noi se agață de calcar și reciful crește. Marea Barieră de Corali, unul dintre recifele de corali ale lumii, se întinde pe aproape 2 000 km, de-a lungul Australiei.

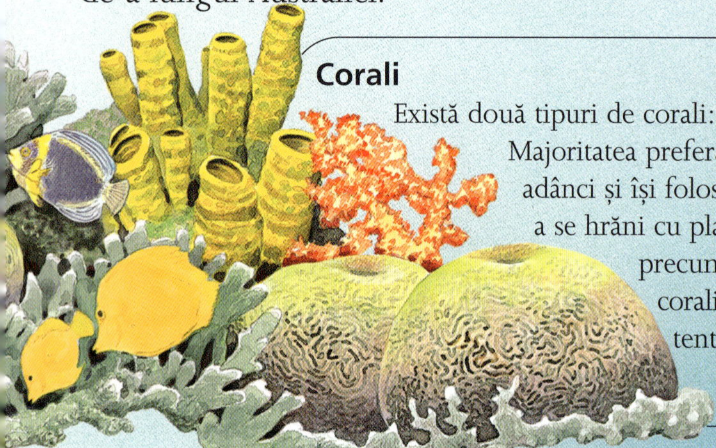

Corali 1 10 11 13 16

Există două tipuri de corali: tari și moi. Majoritatea preferă apele calde și puțin adânci și își folosesc tentaculele pentru a se hrăni cu plancton. Coralii tari, precum coralii-creier și coralii corn de cerb, au șase tentacule. Coralii moi au opt tentacule.

Stele de mare 3 18

Nu sunt pești, ci echinoderme care se hrănesc cu corali, pești și animale moarte. Majoritatea au cinci brațe cu puncte sau senzori de lumină pe vârfurile brațelor.

Meduze 4 6 7 15

Pentru a se apăra sau a prinde prada, meduzele, precum meduza-lună, își folosesc tentaculele. Meduzele nu au creier, ci o rețea de nervi. Aceasta este un sistem nervos ce detectează atingerea. Un grup de meduze se numește banc.

Culorile peștilor 5 9

Peștele-piatră otrăvitor arată ca o piatră. Acesta este un tip de camuflaj folosit pentru a se ascunde de pradă. Alți pești sunt colorați sau au modele pentru a se recunoaște reciproc.

Pești 2 8 17

Existe multe specii de pești. Majoritatea peștilor înoată dând din coadă dintr-o parte în alta. Reciful de corali găzduiește peste 4 000 de specii de pești, printre care peștele-înger, peștele-anemonă, peștele-fluture, murena și bibanul de mare.

Trăind împreună 12 14

Unii pești au o relație simbiotică cu alte animale. Simbioza – „viață împreună" – se referă la două animale care se bazează unul pe celălalt într-un fel special. Peștele-anemonă trăiește între tentaculele urzicătoare ale anemonei de mare, care îl protejează de prădători.

ÎNTREBĂRI: Delfini și marsuini

Nivelul 1

1. Bot gros este numele unui delfin, al unui crab sau al unui homar?
2. Majoritatea marsuinilor sunt mai mici decât delfinii?
3. Ce joc le place delfinilor să joace: fotbal, tenis sau călărirea valurilor?
4. Ce este delfinul: mamifer sau reptilă?

Nivelul 2

5. Delfinii au un „melon" în zona capului care să-i ajute să găsească pești. Adevărat sau fals?
6. Delfinii scot păcănituri, fluierături sau ambele sunete pentru a comunica între ei?
7. De ce înoată marsuinii cu susul în jos: pentru a atrage o parteneră sau pentru a mânca?
8. Cât de rapid poate să înoate marsuinul lui Dall?
9. Ce începe cu A și sunt jucăriile preferate ale delfinilor?
10. Delfinii sau marsuinii au o aripioară dorsală triunghiulară?
11. Unde nasc femelele de delfin: lângă fundul oceanului sau lângă suprafața acestuia?
12. Câte jocuri se crede că știu delfinii: mai mult de 3, mai mult de 30 sau mai mult de 300?
13. Care este rolul unui delfin doică?
14. Femelele de delfin nasc pui, pisoi sau cățeluși?

Nivelul 3

15. Câte specii de marsuini există?
16. Care este cel mai mic marsuin?
17. Cum se numește ciocul unui delfin?
18. Ce înseamnă a călări valurile?
19. Ce sunet începe cu C și este folosit de delfini pentru a investiga mediul și a găsi pești?

GĂSIȚI RĂSPUNSUL

Delfini și marsuini

Oamenii știu delfinii ca pe niște mamifere jucăușe care înoată însoțind bărci și vapoare. Sunt animale inteligente, care salvează oameni de la înec împingându-i cu botul către mal. Marsuinii sunt înrudiți cu delfinii, dar sunt animale sfioase, care nu se apropie de oameni precum delfinii.

Comunicare

1 6

Delfinul cu bot gros poate emite până la 10 000 de clicuri și păcănituri pe secundă. Fluierăturile sunt folosite pentru a chema alți membri ai grupului sau a anunța prezența unui rechin. Unii delfini se pot „identifica“ folosind un fluierat „semnătură“.

Delfini

5 17 19

Spre deosebire de marsuini, delfinii au un cioc – rostrum. Delfinii își folosesc „melonul“ aflat deasupra maxilarului superior pentru ecolocație, o formă de a cerceta mediul și de a găsi pești folosind clicuri sonore. Există multe specii de delfini marini, dar numai cinci de apă dulce.

Joacă

3 9 12 18

Delfinii au fost observați jucându-se mai mult de 300 de jocuri, printre care se numără luptele în joacă, săriturile, joaca cu alge și jocul de-a prinselea. Le place să facă surf și să călărească valurile ridicate de ambarcațiuni. Un alt joc preferat este să facă singuri cercuri de bule, pe care apoi încearcă să le muște.

Mame şi pui

4 11 13 14

Femelele de delfin dau naștere puilor imediat sub suprafața mării. Ca și alte mamifere, delfinii își hrănesc puii cu lapte, adesea până la vârsta de 1 an și jumătate. Alte femele joacă rolul de mătuși și de doici. Ele ajută mama să-și învețe puiul cum să se hrănească și cum să se poarte, cum să se joace și să comunice.

Marsuini

8 15

Există șase specii de marsuini, printre care marsuinul de port și al lui Burmeister. Atingând viteze de până la 55 km/h, marsuinul lui Dall este unul dintre cei mai rapizi înotători din clasa marsuinilor, a delfinilor și a balenelor.

Anatomie

2 7 10 16

Majoritatea marsuinilor sunt mai mici decât delfinii și au botul bont. Au dinți ca niște lopeți și aripioare dorsale triunghiulare. Unii înoată cu susul în jos pentru a atrage o parteneră. La doar 150 cm, cel mai mic marsuin este Vaquita – specie amenințată cu dispariția.

ÎNTREBĂRI: Balene ucigașe

Nivelul 1

1. Balenele ucigașe trăiesc în familii numite turme?
2. Un alt nume al balenei ucigașe este orcă. Adevărat sau fals?
3. Balenele ucigașe adulte au grijă de pui sau puii au grijă singuri de ei înșiși?
4. Cum se numește săritura balenei: salt sau hop?

Nivelul 2

5. Balena ucigașă se mai numește și rechinul oceanului sau lupul mării?
6. Câți metri măsoară un mascul de balenă ucigașă: până la 4 m, 6 m sau 10 m?
7. Balenele ucigașe vânează uneori balene albastre tinere. Adevărat sau fals?
8. De ce face salturi balena: pentru a speria prada, pentru a avertiza cu privire la un pericol, pentru a atrage un partener sau toate de mai sus?
9. Ce fel de sunete care încep cu literele C și F folosește o balenă pentru a transmite mesaje altor balene?
10. Un clan este alcătuit din mai multe turme. Adevărat sau fals?
11. Balenele ucigașe scot din apă coada sau capul atunci când spionează?
12. Balenele ucigașe sunt mamifere sau pești mari?
13. Balenele ucigașe îi protejează, îi atacă sau îi îndepărtează pe membrii bolnavi sau răniți ai turmei?

Nivelul 3

14. Care este viteza de croazieră a unei balene ucigașe?
15. Ce înseamnă a bate apa?
16. Cu cât mai repede înoată o balenă ucigașă atunci când vânează?
17. Rearanjați literele LIDEATC pentru a defini sunetele folosite de o turmă de balene?
18. Cât timp poate o balenă să stea pe verticală?

GĂSIȚI RĂSPUNSUL

Balene ucigașe

Orca sau balena ucigașă aparține aceleiași familii ca și delfinul. Este un prădător feroce, cu dinți ascuțiți, care mănâncă pește, lei de mare și alte balene. Orcile trăiesc în toate oceanele planetei, mai ales în apele mai reci ale oceanelor Arctic și Antarctic. Pot fi identificate după aripioarele dorsale înalte și după culoare: spate negru, piept alb și pete albe lângă ochi.

balenă ucigașă făcând salturi

Orcă (2) (5)

Balena ucigașă sau orca a fost identificată ca mamifer de Aristotel (384–322 î.Hr.). Marinarii o numeau balena ucigașă pentru că omora alte balene. Și cu acest nume a devenit cunoscută. Mai este supranumită și „lupul mării“, pentru că vânează în haite, ca lupii.

Comportament (4) (8) (15)

Săritura unei balene se numește salt, iar orcile pot sări ieșind complet din apă. Salturile sunt făcute ca să sperie prada, să avertizeze asupra pericolului sau pentru atragerea unui partener. Balenele bat apa, adică își lovesc coada de apă, poate pentru a comunica.

Spionaj (11) (18)

Balenele ucigașe scot capul din apă pentru a spiona până la 30 de secunde. Pot căuta anumite lucruri pe suprafața oceanului, de exemplu foci.

turmă de balene ucigașe

Familie (1) (3) (13)

O turmă de orci este alcătuită din 5 până la 40 de balene, adesea din generații diferite ale aceleiași familii. Rămân împreună întreaga viață și își protejează puii, răniții și bolnavii.

Comunicare (9) (10) (17)

Balenele ucigașe dintr-o turmă vorbesc același „dialect“, alcătuit dintr-o serie de sunete subacvatice, folosind clicuri și fluierături ca să-și trimită mesaje. Mai multe turme cu dialecte similare formează un clan.

Vânătoare în haită (7)

Balenele ucigașe vânează în haită, atacând o pradă mai mare decât ele din direcții diferite. Se știe că au atacat balene albastre tinere sau alte balene mari.

Înotători rapizi (6) (12) (14) (16)

Orcile sunt mamifere mari și rapide. Masculii au până la 10 m lungime și pot înota cu 48 km/h când vânează. Viteza de croazieră este de 10 km/h.

ÎNTREBĂRI: Cetacee

Nivelul 1

1. Este balena albastră cel mai mare mamifer de pe Pământ?
2. Ce mănâncă cetaceele: păsări sau krill?
3. Balenele nu migrează niciodată împreună cu puii. Adevărat sau fals?
4. Balena albastră scoate sunete mult mai înalte decât oamenii. Adevărat sau fals?

Nivelul 2

5. Numai balena albastră are două găuri de respirație. Adevărat sau fals?
6. Balenei de Groenlanda îi plac apele calde ale Mării Mediterane. Adevărat sau fals?
7. Balena cenușie migrează de-a lungul cărei coaste a Statelor Unite: coasta de est sau coasta de vest?
8. La ce se folosesc fanoanele: la sfâșierea peștelui, la prinderea krillului sau la înot?
9. Balenele cu cocoașă folosesc bule de aer pentru a prinde krill?
10. De ce migrează balenele?
11. De ce balena de Groenlanda are un strat gros de grăsime?
12. Cât migrează balena cenușie: 1 000 km, 5 000 km sau 10 000 km?
13. Rearanjați literele PRFIAREINLTR pentru a descrie cum mănâncă o balenă cu fanoane.

Nivelul 3

14. Cât de sonoră este chemarea unei balene albastre?
15. Balenele cu cocoașă mănâncă hrana pe care o prind prin crearea unei plase de bule pe fundul oceanului sau la suprafață?
16. Cât la sută din lungimea sa totală o reprezintă capul unei balene de Groenlanda?
17. Câți krilli poate mânca o balenă albastră pe zi?

GĂSIȚI RĂSPUNSUL

Cetacee

Cetaceele, precum balena cu cocoașă și balena albastră, au fanoane în loc de dinți, alcătuite din cheratină, același material din care sunt făcute părul uman și unghiile. Fanoanele se întind în partea superioară a gurii și arată ca un păr des, dar sunt mai rigide. Majoritatea cetaceelor cu fanoane sunt mai mari decât balenele cu dinți.

Balena de Groenlanda 6 11 16

Balena de Groenlanda, aflată în pericol de dispariție, trăiește în apele arctice. Capul reprezintă 40% din lungimea corpului. Are un strat de untură de până la 70 cm grosime, care îi ține de cald.

Balena albastră 1 5

Cel mai mare mamifer de pe Pământ, balena albastră poate avea până la 32 m lungime și până la 145 de tone. La naștere, un pui de balenă albastră cântărește 1 350 kg. Ca și alte cetacee, are două găuri de respirație.

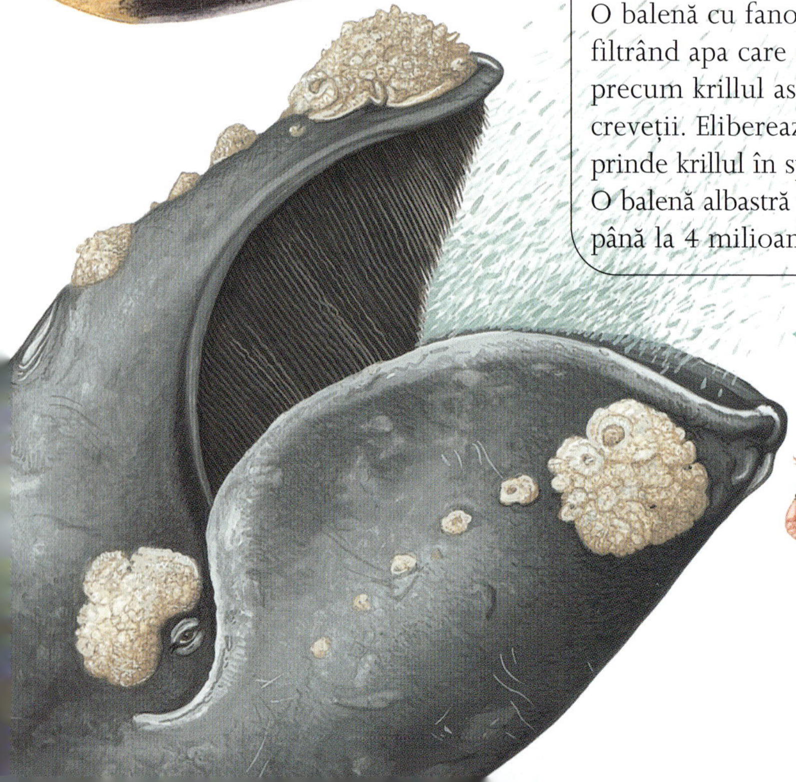

Hrănire 2 8 13 17

O balenă cu fanoane se hrănește filtrând apa care conține hrană precum krillul asemănător cu crevetții. Eliberează apoi apa și prinde krillul în spatele fanoanelor. O balenă albastră poate mânca până la 4 milioane de krilli pe zi.

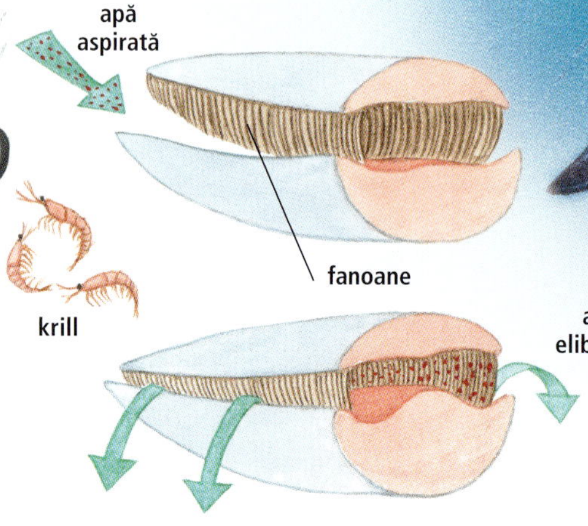

Plasă de bule (9) (15)

Balena cu cocoașă folosește bule pentru a prinde pește și krill. Balena patrulează în cercuri sub bancul de pești și eliberează aer prin găurile de respirație. O plasă de bule de aer se ridică și prinde peștele sau krillul pe care balena îl mănâncă la suprafață.

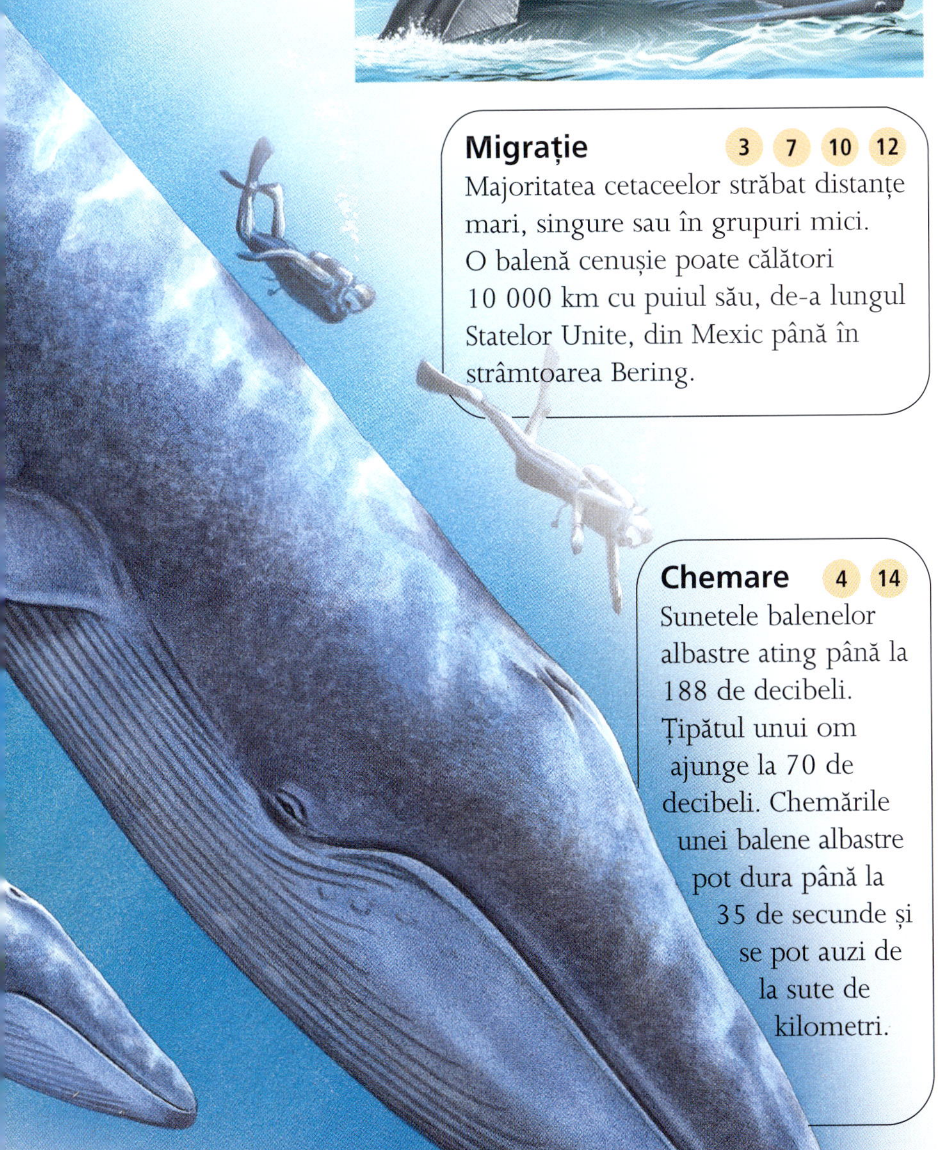

Migrație (3) (7) (10) (12)

Majoritatea cetaceelor străbat distanțe mari, singure sau în grupuri mici. O balenă cenușie poate călători 10 000 km cu puiul său, de-a lungul Statelor Unite, din Mexic până în strâmtoarea Bering.

Chemare (4) (14)

Sunetele balenelor albastre ating până la 188 de decibeli. Țipătul unui om ajunge la 70 de decibeli. Chemările unei balene albastre pot dura până la 35 de secunde și se pot auzi de la sute de kilometri.

ÎNTREBĂRI: Păsări de pradă

Nivelul 1

1. Care este pasărea națională a SUA: vulturul auriu, harpia sau vulturul pleșuv?
2. Vulturul-pescar trăiește lângă apă sau în zone cu pășuni?
3. Șoimul călător este mai rapid decât orice altă viețuitoare din lume. Adevărat sau fals?
4. Ce caracteristică specială are vulturul-pescar?

Nivelul 2

5. Câte specii de șoimi există: 5, 35 sau 75?
6. Cu cine seamănă harpia sud-americană: vultur șerpar, uliu șorecar sau vultur de mare?
7. Cât de rapid poate plonja un șoim călător: 23 km/h, 230 km/h, 320 km/h?
8. Ce păsări de pradă au gheare mai lungi: cele care prind iepuri sau cele care prind pești?
9. Câte specii de vulturi există: 20, 40 sau 60?
10. Ce pasăre de pradă are cea mai mare anvergură a aripilor?
11. Care este cel mai mare vultur din lume?
12. Ce mănâncă vulturul pleșuv: animale mici, pește sau ambele?
13. Ce tip de aripi le permit vulturilor și uliilor să stea în aer, la mare înălțime, mult timp: aripi mari sau aripi lungi și conice?
14. Vindereul este un șoim sau un vultur?

Nivelul 3

15. Ce formă a aripilor le permite păsărilor să se miște cu ușurință?
16. Ce fel de vultur este vulturul auriu?
17. Ce este neobișnuit la partea inferioară a ghearelor unui vultur-pescar?
18. Ce se întâmplă cu vulturii pleșuvi la trei sau patru ani?

GĂSIȚI RĂSPUNSUL

Păsări de pradă

vultur auriu prinzând un iepure

Majoritatea păsărilor de pradă sunt diurne, adică vânează ziua alte animale pentru a se hrăni. Totuși, vulturii sunt și necrofagi (se hrănesc cu animale moarte). Toate păsările de pradă au gheare ascuțite, cioc puternic și vedere excelentă.

Vulturi

6 9 11 16

Există circa 60 de specii. Principalul grup este alcătuit din vulturii șerpari, ulii șorecari, vulturii încălțați (printre care și vulturul auriu) și vulturii-pescar. Cel mai mare este harpia sud-americană, care seamănă cu un uliu șorecar. Unii vulturi pot zări prada de la 3 km distanță.

vindereu (vânturel)

șoim călător

uliu șorecar

Aripi

10 13 15

Aripile mari le permit vulturilor și uliilor să zboare la mari înălțimi, perioade lungi; șoimii și vindereii au aripi scurte, rotunjite, ideale pentru a se mișca ușor. Aripile lungi, conice, ca ale șoimului călător sunt făcute pentru viteză. Condorul andin are cea mai mare anvergură a aripilor dintre păsările de pradă: până la 3 m.

Vultur pleșuv

1 12 18

Vulturul pleșuv, pasărea națională a SUA din 1782, trăiește lângă apă și se hrănește cu pești și cu animale mici. Capul său alb și ciocul galben capătă aceste culori abia la trei sau patru ani. Cuibul său – cel mai mare cuib de pasăre – poate avea 6 m adâncime și 2,5 m diametru.

Șoimi
3 5 7 14

Există circa 35 de specii de șoim, precum șoimul de prerie, vindereul și șoimul călător.
Șoimul de prerie zboară rapid și la joasă altitudine. Șoimul călător plonjează cu până la 320 km/h – mai rapid decât orice animal.

șoim de prerie

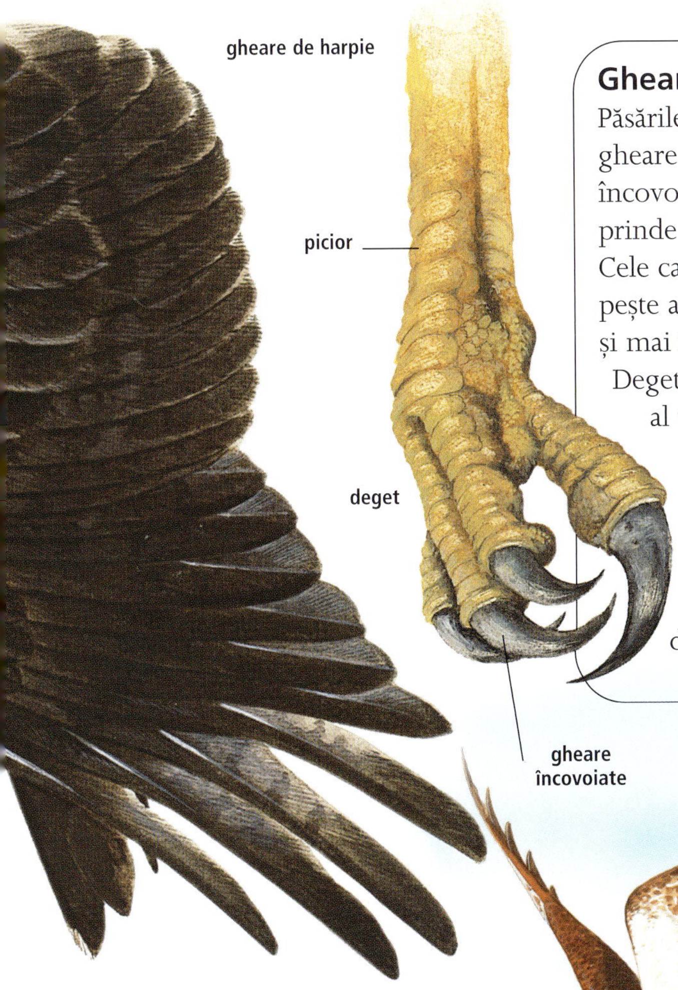

Gheare
4 8

Păsările de pradă au gheare puternice, încovoiate, pentru a prinde și a ucide prada. Cele care se hrănesc cu pește au cele mai lungi și mai încovoiate gheare. Degetul exterior al vulturului-pescar este reversibil, ceea ce îi permite să apuce prada cu două gheare din față și două din spate.

vultur-pescar pescuind

Vultur-pescar
2 17

Vulturul-pescar trăiește în mai toate regiunile lumii. Se hrănește cu pește, astfel încât trăiește lângă apele dulci sau sărate. Partea inferioară a ghearelor unui vultur-pescar este acoperită cu solzi spinoși, care ajută pasărea să apuce și să care prada alunecoasă.

ÎNTREBĂRI: Șoareci și șobolani

Nivelul 1

1. Șoarecii și șobolanii sunt rozătoare, insecte sau reptile?
2. Șoarecele de laborator este cel mai întâlnit șoarece animal de companie?
3. Șobolanul norvegian este cel mai răspândit șobolan din lume. Adevărat sau fals?
4. Ce boală au răspândit șobolanii: ciuma, gripa sau răceala?

Nivelul 2

5. Un șoarece are multă blană când se naște. Adevărat sau fals?
6. Șobolanul norvegian a omorât mulți șobolani negri când a ajuns în Europa. Adevărat sau fals?
7. Unii șoareci trăiesc în case și în alte clădiri?
8. Pârșii își construiesc cuiburi sau trăiesc în peșteri?
9. De unde provine șobolanul norvegian: Europa, Asia sau Africa?
10. Ce dinți cu I au și șoarecii, și șobolanii?
11. Câte specii de șoareci există: mai puțin de 10, între 10 și 100 sau peste 100?
12. Cum se mai numește șobolanul norvegian?
13. Ce cuvânt începe cu H și reprezintă ceea ce fac pârșii iarna?

Nivelul 3

14. Ce șoarece are un nume care începe cu C și este una dintre cele mai mici specii de șoarece?
15. În ce regiuni este mai întâlnit șobolanul negru decât cel maro?
16. Ce înseamnă cuvântul latin *rodere*?
17. Cum a ajuns șobolanul norvegian în America de Nord?
18. Cât de repede poate alerga un șoarece?
19. Câți pui poate făta femela de șoarece într-un an?

GĂSIȚI RĂSPUNSUL

Șoareci și șobolani

Șoarecii și șobolanii sunt rozătoare. Toate rozătoarele au doi dinți foarte mari în față. Aceștia cresc pe tot parcursul vieții lor, astfel că rosul hranei și al altor obiecte îi ajută să nu crească prea mult. Există circa 900 de specii de șoareci și șobolani, în diferite regiuni ale lumii.

Șobolan norvegian 3 9 12

Numit și șobolan maro, este cel mai răspândit șobolan. Originar din Asia, s-a răspândit în toată lumea în secolul XVIII și este purtător de boli.

șobolan norvegian

Specii de șobolani 7 15 17

Șobolanii norvegieni și cei negri trăiesc în casele oamenilor, dar și în alte clădiri de mii de ani. Șobolanii norvegieni au ajuns în America de Nord în 1755, cu vasele coloniștilor. Șobolanii negri sunt mai întâlniți în zonele tropicale.

Dinți ascuțiți 1 10 16

Cuvântul „rozător“ provine din latinescul *rodere*, „a roade“; șoarecii și șobolanii pot roade materiale foarte tari, precum sârma. Șobolanii au molari și incisivi. Șoarecii au incisivi de mari dimensiuni.

Șobolanul maro *vs.* șobolanul negru 6

Majoritatea șobolanilor negri au dispărut din Europa la venirea rudei lor, șobolanul norvegian. Șobolanul negru este mai închis la culoare și are coada mai lungă decât cel norvegian.

casă infestată de ciumă

Ciumă 4

Șobolanii au fost considerați vinovați de răspândirea ciumei, o boală mortală care a lovit Europa în secolul XVII. Era răspândită de puricii care treceau de la șobolan la om.

Şoareci (14) (18)

Șoarecii sunt rozătoare mici, nocturne (active noaptea). Sunt rapizi (până la 13 km/h), dar multe animale îi vânează. Șoarecele de câmp este printre cei mai mici șoareci.

șoarece de laborator

Specii de şoareci (2) (11)

Există sute de specii de șoareci. Cel mai răspândit este șoarecele de casă, care trăiește alături de oameni, în întreaga lume. Șoarecele alb de laborator este cel mai popular șoarece animal de companie.

șoarece de casă

Mame şi pui (5) (19)

Șoarecii dau naștere la câte opt pui deodată și fată de până la cinci ori pe an. La naștere, puii, numiți șoricei, nu au blană și nu pot nici să vadă, nici să audă. La trei săptămâni, șoarecii părăsesc cuibul. Femelele pot făta pui începând de la vârsta de șapte săptămâni.

pui de șoareci

Pârș (8) (13)

Pârșul (alunarul) are coadă stufoasă și își petrece până la trei pătrimi din viață dormind. Când hrana este puțină, hibernează – doarme mai multe luni iarna. Își construiește un cuib unde să-i fie cald și unde să fie protejat.

ÎNTREBĂRI: Lilieci

Nivelul 1

1. Liliecii sunt mamifere zburătoare. Adevărat sau fals?
2. Liliecii-vampir se hrănesc cu sângele căror animale: vite, șopârle sau melci?
3. Sunt oasele unui liliac ușoare pentru a-i înlesni zborul?

Nivelul 2

4. Cum se mai numesc liliecii fructivori: pisici zburătoare, vulpi zburătoare sau maimuțe zburătoare?
5. Toți liliecii folosesc ecolocația ca să găsească hrană?
6. Unii pui de liliac pot să zboare încă de la vârsta de două săptămâni. Adevărat sau fals?
7. La ce își folosesc liliecii degetele cu gheare de pe aripi: pentru a se cățăra sau pentru a atârna cu capul în jos?
8. Câte țipete pe secundă poate scoate un liliac în timpul ecolocației: 2, 200 sau 2 milioane?
9. Ce parte a corpului își folosește un liliac-vampir pentru a detecta căldura?
10. Literele CALILI VORTICRUF pot fi rearanjate pentru a forma numele cărui liliac care trăiește în Asia, Africa și Oceania?
11. Liliecii au picioare puternice sau firave?
12. Care este anvergura aripilor celui mai mare liliac: 1,5 m, 1,8 m sau 2,5 m?

Nivelul 3

13. De ce liliacul-vampir are mai puțini dinți?
14. Cum se mai numește liliacul-bondar?
15. Prin ce diferă degetele unui liliac fructivor de ale celorlalți lilieci?
16. Care este diferența de anvergură a aripilor dintre cel mai mic și cel mai mare liliac?
17. Cum găsesc unii lilieci fructe și nectar?
18. Unde se găsește membrana de piele la un liliac?

GĂSIȚI RĂSPUNSUL

Lilieci

Liliecii sunt mici mamifere zburătoare nocturne, adică active noaptea. Există circa 1 000 de specii de lilieci în lume. Multe specii mănâncă insecte, dar există lilieci care se hrănesc cu fructe, cu pește și lilieci-vampir care se hrănesc cu sânge. În timpul zilei, liliecii dorm în colonii atârnați de picioare, cu capul în jos.

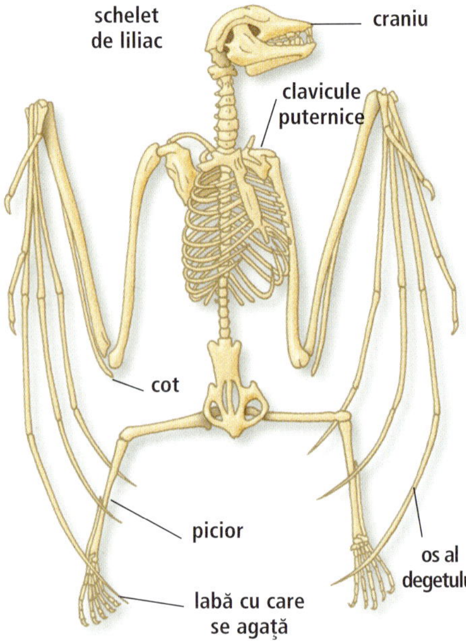

Oase (3) (7) (11)

Oasele unui liliac sunt ușoare pentru a-l ajuta să zboare. Oasele degetelor formează aripile, iar primul deget are o gheară pentru cățărat, care nu face parte din aripă. Un singur mușchi deschide și extinde aripile. Pentru că au picioare fragile, liliecii merg greu.

liliac fructivor (vulpe zburătoare)

Lilieci fructivori (4) (10) (15)

Speciile de liliac fructivor trăiesc în Asia, Africa și în Oceania. Sunt numiți și vulpi zburătoare, din cauza feței ca de vulpe. Spre deosebire de alți lilieci, liliecii fructivori au gheare și pe primul și pe al doilea deget. Majoritatea se hrănesc cu fructe, iar unii beau și nectarul florilor. Ei împrăștie semințele și ajută la polenizarea plantelor.

Ecolocație (5) (8) (17)

Unii lilieci își găsesc prada cu ajutorul ecolocației. Ei emit până la 200 de țipete de înaltă frecvență pe secundă. Acestea produc un ecou după ce „se lovesc“ de pradă, spunând liliecilor unde s-o găsească. Alți lilieci își folosesc mirosul pentru a găsi fructe sau nectar.

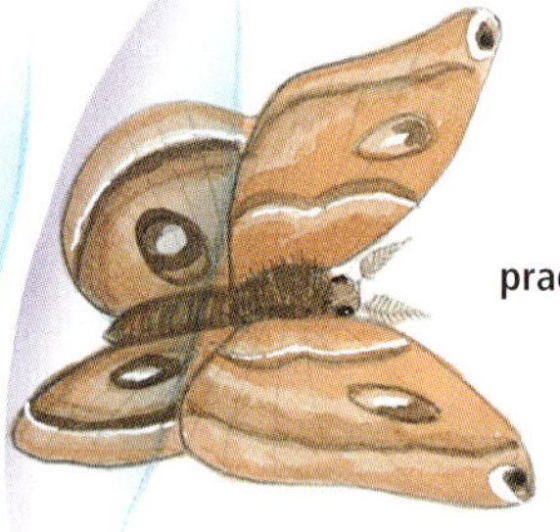

Specii rare (14)

Liliacul cu nas de porc, sau liliacul-bondar, trăiește în Thailanda și a fost descoperit în 1973. Este cel mai mic mamifer, având 3,1 cm lungime și cântărind 2 g. Craniul lui are doar 11 mm lungime.

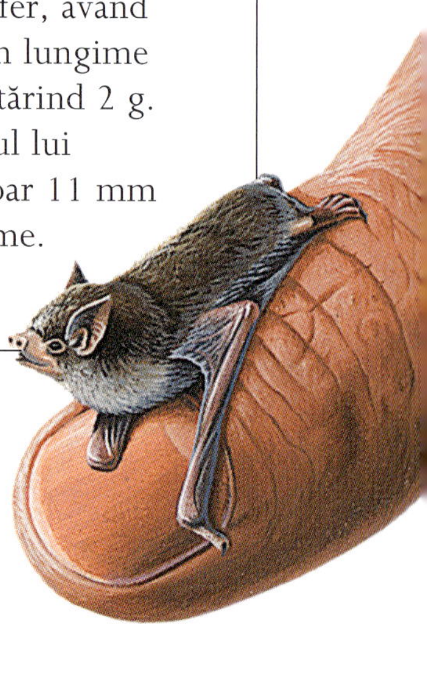

Mamifere zburătoare

1 6 12 16 18

Liliecii sunt singurele mamifere zburătoare. Aripile lor sunt alcătuite dintr-o piele cu două fețe. O membrană de piele leagă picioarele și coada. Puii de liliac pot să zboare de la 2–5 săptămâni. Anvergura aripilor celui mai mic liliac este de 15 cm, iar a celui mai mare de 1,8 m.

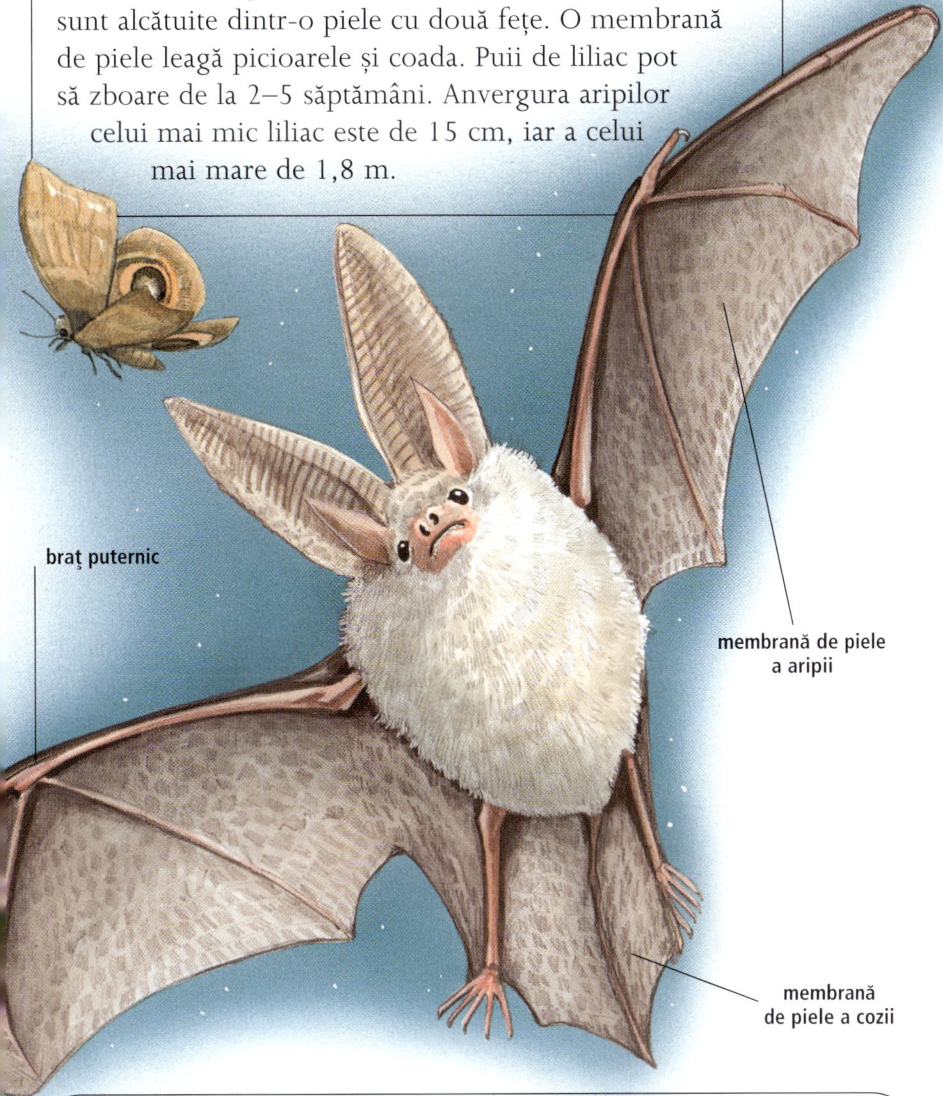

Lilieci-vampir

2 9 13

Liliecii-vampir – numiți astfel pentru că se hrănesc cu sânge – trăiesc numai în America Centrală și de Sud. Ei beau sângele unor mamifere, cum ar fi vacile. Un senzor de căldură aflat pe nas îi ajută să localizeze sângele cald. Au mai puțini dinți decât majoritatea liliecilor pentru că nu au nevoie să mestece hrana.

ÎNTREBĂRI: Feline mari

Nivelul 1

1. Leii vânează în grup. Adevărat sau fals?
2. Cum se numește un grup de lei: familie sau ceată?
3. Și leii, și tigrii rag?
4. Toate felinele mari sunt mamifere?
5. Ce mănâncă leii: zebre, pinguini sau homari?

Nivelul 2

6. Tigrul, leopardul, jaguarul și râsul sunt toate feline mari. Adevărat sau fals?
7. Cât de mult poate mânca un tigru la o singură masă: 10 kg, 40 kg sau 80 kg de carne?
8. Care este cel mai rapid animal terestru: jaguarul, leul sau ghepardul?
9. Care este cea mai mare felină: leul, tigrul sau ghepardul?
10. Rearanjați literele RODLEAP pentru a forma numele unei feline mari care mănâncă antilope impala, iepuri și păsări.
11. Fiecare tigru are același model de dungi pe ambele părți ale corpului. Adevărat sau fals?
12. Ce feline își ascund prada în copaci: leii, tigrii sau leoparzii?
13. Care este singura felină mare care trăiește în America: ghepardul, jaguarul sau ocelotul?
14. Ce începe cu P și descrie modul de vânătoare al leilor și al tigrilor?

Nivelul 3

15. Ce tigru mai mic trăiește în Asia?
16. Ce grup de mamifere include leii, tigrii, leoparzii și jaguarii?
17. Ce ajută o felină mare să se ascundă?
18. Cât de departe poate ajunge un ghepard dintr-un salt?
19. Care felină mare nu-și poate retracta complet ghearele?

GĂSIȚI RĂSPUNSUL

Feline mari

Familia felinelor mari este un grup de mamifere de mari dimensiuni. Numărul lor este serios amenințat de vânătoare și de distrugerea habitatului. Tigrul caspic și cel javanez au dispărut în ultimii 50 de ani. Chiar și acum, marile feline, precum leopardul zăpezilor, sunt vânate pentru blană. Doar în Australia și Antarctica nu trăiesc astfel de feline.

Lei 1 2 5

Un grup de lei, numit familie, vânează împreună. Femelele – leoaice – vânează, de obicei, prada: zebre și alte animale sălbatice.

Specii de feline 3 4 6 13 16

Grupul de mamifere numit *Panthera* include leii, tigrii, leoparzii și jaguarii. Doar jaguarul trăiește în America. Toate aceste feline pot să ragă. Ghepardul și puma nu pot să ragă. Nici felinele de dimensiuni medii, precum râsul și ocelotul, nu pot să ragă.

Tigri 7 9 11 15

Cele mai mari feline, tigrii, pot mânca aproximativ 40 kg de carne la o masă. Modelul cu dungi al fiecărui tigru este unic și diferă pe o parte și pe cealaltă a corpului. Tigrul siberian este cel mai mare, iar tigrul de Sumatra este cel mai mic. Tigrii sunt excelenți înotători.

Pândă 14 17

Felinele mari petrec ore în șir urmărindu-și prada și așteptând momentul potrivit pentru a ataca. Iarba înaltă le camuflează, adică le ascunde.

Urmărirea prăzii 8 18 19

Gheparzii sunt cele mai rapide animale de uscat (până la 100 km/h în trei secunde, iar un salt poate măsura 6–7 m). Sunt singurele feline care nu-și pot retracta complet ghearele.

Ascunderea prăzii 10 12

Tigrii și leoparzii își ascund prada de alte animale carnivore. Leopardul își ascunde prada în copaci. El are o dietă variată: animale mari și mici, precum antilope impala, iepuri și păsări.

ÎNTREBĂRI: Maimuțe

Nivelul 1

1. Cimpanzeii trăiesc în grupuri?
2. Cum se numește un mascul adult de gorilă: gorilă cu spate argintiu, gorilă cu fața cenușie sau gorilă cu cap albastru?
3. Cimpanzeii folosesc strigăte pentru a comunica?
4. Pentru că pădurile tropicale sunt distruse, toate maimuțele sunt amenințate cu dispariția?

Nivelul 2

5. Gorilele și cimpanzeii trăiesc atât în Africa cât și în Asia. Adevărat sau fals?
6. La ce vârstă învață gorilele să „meargă în pumni“: la trei săptămâni, la nouă luni sau la nouă ani?
7. Urangutanul este un animal sociabil. Adevărat sau fals?
8. Spatele negru este specific unui tânăr mascul de gorilă, de urangutan sau de cimpanzeu?
9. Cine este dușmanul gorilei: leopardul, tigrul sau jaguarul?
10. Cât timp stă cu familia un tânăr mascul de gorilă: până la trei ani, până la opt ani sau până la 11 ani?
11. Câte gorile trăiesc într-un grup: 10, 30 sau 200?
12. Ce trăsătură caracteristică au adulții masculi de gorilă: o dungă argintie, neagră sau maro de-a lungul spatelui?
13. Cum se numește un grup de gorile: clan, ceată sau familie?
14. Unde trăiesc urangutanii: în copaci, în peșteri sau în iarbă?

Nivelul 3

15. Ce cuvânt începe cu B și denumește un cimpanzeu pigmeu?
16. Câte cuiburi poate să-și facă un urangutan în șapte zile?
17. Ce poate face o maimuță cu degetul mare opozabil?
18. Ce membru al unui grup de gorile ia decizii?
19. Ce mănâncă gorilele?

GĂSIȚI RĂSPUNSUL

Maimuțe

Maimuțele antropoide sunt primate. Grupul lor include oamenii, gorilele, cimpanzeii, urangutanii și maimuțele bonobo, cele mai mici dintre antropoide. Toate sunt inteligente. Cimpanzeii au în comun cu oamenii 98,4% din ADN. Maimuțele antropoide diferă de maimuțele obișnuite. Sunt mai mari, mai inteligente și petrec mai mult timp îngrijindu-și puii.

Habitat 4 5

Maimuțele antropoide trăiesc în Africa și în Asia, dar gorilele și cimpanzeii trăiesc numai în Africa. Toate sunt amenințate cu dispariția pentru că pădurile tropicale în care trăiesc sunt distruse.

Grupuri de gorile 8 11 13

Într-un grup, numit ceată, trăiesc până la 30 de gorile. Fiecare ceată are un lider mascul, câțiva tineri masculi cu spate negru, mai multe femele și puii lor. Adulții masculi pot forma un grup al „burlacilor" înainte de a li se alătura femelele.

Gorile tinere 6 10

Gorilele învață să „meargă în pumni" la nouă luni, dar merg cocoțate pe spatele mamei până la vârsta de doi, trei ani. Părăsesc grupul pe la 11 ani.

Conducătorul gorilelor 2 9 12 18 19

Un adult mascul de gorilă este numit gorilă cu spate argintiu datorită petei de blană argintie de pe spate. Masculul dominant decide unde trăiește grupul, îl protejează de dușmani, precum leoparzii, și hotărăște ce mănâncă. Gorilele sunt, în principal, vegetariene și mănâncă plante, dar uneori și insecte.

mamă și pui de cimpanzeu

Cimpanzei (1) (3) (15)

Cimpanzeii trăiesc în grupuri numite comunități. Comunică între ei prin circa 30 de sunete. Bonobo, sau cimpanzeul pigmeu, trăiește în Congo, Africa.

Urangutani (7) (14) (16)

Termenul provine de la cuvintele indoneziene și malaysiene pentru om (*orang*) și pădure (*hutan*). Urangutanul nu este un animal sociabil. Trăiește singur în copaci, după ce se desparte de mamă la opt ani. Poate construi până la 14 culcușuri în numai șapte zile.

urangutan cu o umbrelă din frunză de palmier

Folosirea uneltelor (17)

Maimuțele antropoide, la fel ca oamenii, au degetele mari opozabile, astfel încât pot să apuce lucruri. Aceste animale au inteligența de a folosi unelte pentru a se ajuta la treburile zilnice. Gorilele, de exemplu, folosesc bețe pentru a sonda adâncimea apei. Când plouă torențial, urangutanii își fac umbrele dintr-o frunză mare de palmier.

ÎNTREBĂRI: Urși

Nivelul 1

1. Urșii hibernează vreme îndelungată. Adevărat sau fals?
2. Unde trăiesc urșii polari: Arctica, Antarctica sau America de Sud?
3. Puii de urs se numesc: pisoi, căței sau ursuleți?
4. Unde fată ursoaicele: sub apă, lângă un lac sau în bârlog?
5. Urșii, câteodată, mănâncă animale moarte. Adevărat sau fals?

Nivelul 2

6. Ursul grizzly este o specie de urs brun. Adevărat sau fals?
7. Cât timp poate hiberna un urs negru: 50, 100 sau 200 de zile?
8. Care este cel mai mic urs: ursul malaysian, ursul Kodiak sau ursul cu ochelari?
9. Ursul polar are un strat de grăsime pe corp gros de 10 cm, 30 cm sau 50 cm?
10. La ce vârstă își părăsește mama puiul: un an, doi ani sau trei ani?
11. Ce începe cu S și le place urșilor bruni din Alaska să mănânce?
12. Unde trăiește ursul cu ochelari: în munți, în deșert, în tundră?

Nivelul 3

13. Dacă un urs negru cântărește 180 kg primăvara, cât cântărește când începe să hiberneze?
14. Cu ce animal marin cu F se hrănesc urșii polari?
15. Ce lucruri importante învață ursuleții de la mamă?
16. Ce este un omnivor?
17. Care este cel mai mare urs?
18. Ce urs mănâncă bromelii?
19. Toamna, câte ore pe săptămână petrece un urs mâncând?

Urşi

Urşii sunt animale mari cu blană și coadă scurtă. De obicei au urechi mici, rotunde și un miros fin. Deși merg în patru labe, pot sta și pe picioarele din spate. Majoritatea urșilor pot alerga cu viteză și sunt buni înotători. Numai mamele și puii lor, numiți ursuleți, trăiesc împreună.

Hrană 11 16 18

Urșii sunt omnivori: mănâncă și plante, și carne. Urșii bruni din Alaska mănâncă somon, urșii malaysieni vânează termite, iar urșii cu ochelari mănâncă bromelii.

Urşi 6 8 12

Printre urșii bruni se numără marele urs grizzly (până la 450 kg), ursul Kodiak din America de Nord și ursul brun european. Ursul malaysian din Asia de Sud-Est este cel mai mic. Ursul cu ochelari, care trăiește în munți, își construiește platforme în copaci, unde mănâncă și se odihnește.

Pui 3 4 10 15

Ursoaicele construiesc bârloguri în care să fete puii. Puii stau cu mamele lor până la trei ani, timp în care învață să vâneze și să-și construiască un adăpost.

Hibernare

1 7 13

Mulți urși dorm toată iarna – hibernare. Ursul negru poate dormi 100 de zile fără să mănânce sau să bea. Înainte de somn, urșii pot crește în greutate cu până la 180 kg.

Urşi necrofagi

5 19

Vara și toamna, urșii mănâncă până la 20 de ore pe zi. Sunt necrofagi și mănâncă orice găsesc. Uneori, urșii negri caută prin tomberoane.

Urşi polari

2 9 14 17

Cel mai mare urs este ursul polar. Trăiește în zona arctică unde vânează foci. Blana pare albă pentru că reflectă lumina, dar este translucidă. Pielea este neagră pentru a capta căldura soarelui. Ursul are un strat de grăsime de 10 cm sub piele, pentru a-i ține de cald.

ÎNTREBĂRI:
Animale de companie

Nivelul 1

1. Peștii sunt ținuți în acvariu. Adevărat sau fals?
2. Pisicile își folosesc mustățile pentru a se orienta noaptea?
3. Iepurii aleargă repede sau încet?
4. O pisică ținând coada sus e fericită sau tristă?

Nivelul 2

5. Cobaii se mai numesc și porcușori de Guineea. Adevărat sau fals?
6. Pisicile domestice au păr scurt, lung sau de ambele feluri?
7. Câinii sunt înrudiți îndeaproape cu iepurii, cu vulpile sau cu lupii?
8. Iepurii au câmp vizual de 90, de 180 sau de 360 de grade?
9. Care dintre următorii nu este un papagal: macaw, papagalul pitic australian sau quetzalul?
10. Ce începe cu E și desemnează un animal mâncător de plante?
11. Porcușorul de Guineea abisinian are păr scurt și moale. Adevărat sau fals?
12. Ce animal este cunoscut sub numele de șobolan de deșert: porcușorul de Guineea, gerbilul sau iepurele?
13. Rearanjați literele ED SĂRA pentru a forma un cuvânt folosit pentru a descrie un anumit tip de pisici.

Nivelul 3

14. Ce trebuie să facă hamsterii fiindcă dinții le cresc continuu?
15. Pentru ce este cunoscut papagalul cenușiu african?
16. Ce alt nume al hamsterului auriu începe cu S?
17. Ce parametru cu T trebuie controlat în acvariu?
18. Câte rase de câini există?
19. Când sunt iepurii mai activi?
20. În ce state din SUA este ilegal să ai gerbili?

GĂSIȚI RĂSPUNSUL

Animale de companie

Oamenii au animale de companie pentru a le ține de urât sau pentru amuzament. Câinii sunt cei mai buni prieteni ai omului datorită loialității lor. Pisicile, porcușorii de Guineea și hamsterii sunt și ei animale de companie. Caii sunt ținuți în grajduri. Oamenii mai au pești exotici, păsări, reptile și insecte.

Câini
7 18

Există peste 400 de rase de câini, împărțite în șapte grupe: copoi, câini utilitari, câini mici, terrieri, nesportivi și de turmă. Câinii sunt înrudiți cu lupii și au un miros fin. Câinii de companie sunt dependenți de stăpânii lor, căutând compania acestora.

Pisici
2 4 6 13

Deși există foarte puține pisici de rasă, există multe pisici domestice cu părul lung sau scurt. Pisicile își folosesc mustățile pentru a se orienta noaptea. Coada unei pisici ne indică cum se simte: coada ridicată înseamnă că pisica este fericită, iar coada în jos înseamnă că este tristă.

Porcușori de Guineea
5 11

Cobaii, sau porcușorii de Guineea, sunt rozătoare. Cel american are păr scurt și moale. Cel abisinian are o blană aspră, cu vârtejuri.

Hamsteri
14 16

Hamsterul sirian sau auriu este un animal popular, dar și hamsterii pitici, ca hamsterul Roborovski, sunt des întâlniți. Ca și la alte rozătoare, dinții hamsterului cresc tot timpul, așa că rod orice găsesc.

Gerbili
12 20

Șobolanii de deșert, sau gerbilii, sunt originari din regiunile deșertice. Trăiesc între 2 și 4 ani și sunt sociabili. Este ilegal să ai gerbili în California și Hawaii, SUA.

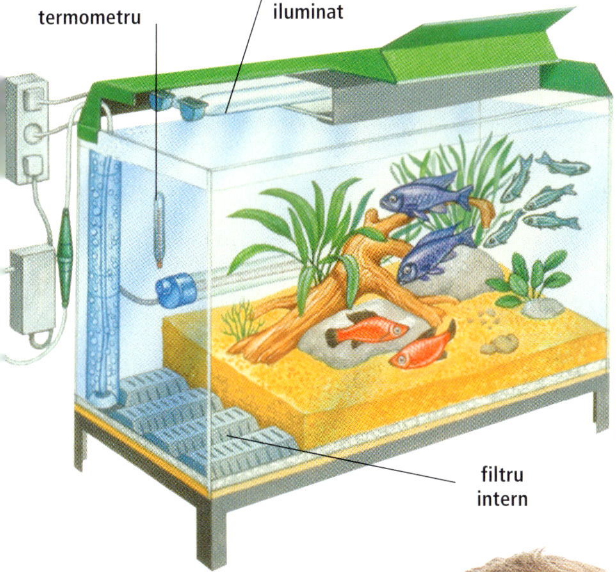

Pești 1 17

Peștii stau în acvarii cu apă dulce sau sărată filtrată. Temperatura apei este controlată pentru a fi potrivită speciei de pește. Peștișorilor aurii le place apa rece, dar peștii tropicali au nevoie de apă mai caldă.

Iepuri 3 8 10 19

Pentru că sunt erbivori, mănâncă plante. Picioarele lor posterioare sunt puternice și le permit să se miște rapid. Sunt activi mai ales la răsărit și la apus. Ochii lor sunt așezați lateral pe cap, ceea ce le permite să vadă pe o rază de circa 360 de grade.

Papagali 9 15

Există peste 300 de specii de papagali, printre care macaw (ara ara), cacadu, papagali pitici australieni, peruși și papagali agapornis. Un imitator bun este papagalul cenușiu african. Papagalii trăiesc în regiuni tropicale și subtropicale și se hrănesc cu fructe și cu semințe. Papagalii luați din habitatul lor natural nu sunt animale de companie bune.

ÎNTREBĂRI: Unde în lume?

Nivelul 1

1. Zimbrul european trăiește în Polonia sau în Madagascar?
2. Tigrii trăiesc în Europa sau în Asia?
3. Literele TAGIPAN DANG pot fi rearanjate pentru a forma numele cărui animal care trăiește în pădurile de bambus din China?

Nivelul 2

4. Tamarinii sunt o specie de maimuțe sau de țestoase?
5. Pe ce insulă din largul coastelor Africii trăiesc toți lemurii sălbatici din lume?
6. Unde trăiește furnicarul marsupial?
7. În ce țară trăiește râsul iberic?

Nivelul 3

8. Care este cel mai mare animal din lume care trăiește în copaci?
9. Cum se mai numește lupul tasmanian?
10. Cum se numește cea mai mare pasăre din America de Nord?

GĂSIȚI RĂSPUNSUL

Unde în lume?

În multe părți ale lumii, multe specii de animale dispar într-un ritm alarmant. Unele au fost vânate până ce aproape au dispărut, iar altele sunt amenințate de distrugerea habitatului natural sau de schimbările climatice. Printre speciile amenințate cu dispariția se numără mamifere mari, precum elefantul asiatic, și numeroase specii de păsări, pești și insecte.

Asia 2 3 8
Asia are multe specii unice, inclusiv multe periclitate, precum urși panda gigant, tigri, giboni și urangutani, cele mai mari animale care trăiesc în copaci.

America de Nord 10
Condorul californian din America de Nord este în pericol de dispariție. În 2002, rămăseseră doar 200 de exemplare – în captivitate.

Europa 1 7
Printre speciile periclitate se numără zimbrul european, care trăiește în Polonia și în vestul extrem al Rusiei, și râsul iberic, care se găsește numai în Spania.

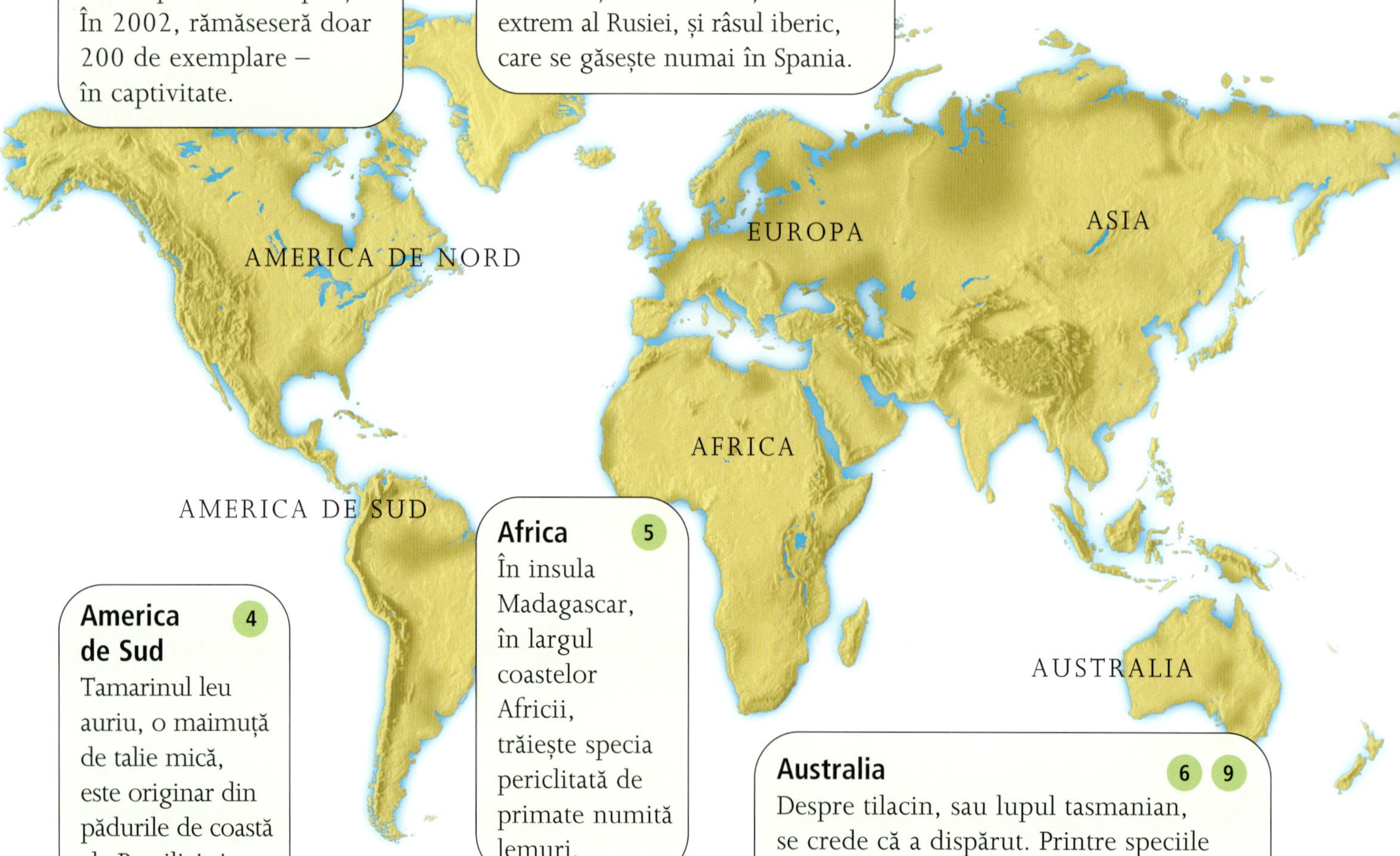

Africa 5
În insula Madagascar, în largul coastelor Africii, trăiește specia periclitată de primate numită lemuri.

America de Sud 4
Tamarinul leu auriu, o maimuță de talie mică, este originar din pădurile de coastă ale Braziliei și este unul dintre cele mai rare animale.

Australia 6 9
Despre tilacin, sau lupul tasmanian, se crede că a dispărut. Printre speciile periclitate se numără furnicarul marsupial, wombatul nordic cu nas păros și leul de mare australian.

Răspunsuri 1) Polonia **2)** Asia **3)** Panda gigant **4)** Maimuțe **5)** Madagascar **6)** Australia **7)** Spania **8)** Urangutan **9)** Tilacin **10)** Condor californian

TESTUL DOI

Geografie

ÎNTREBĂRI: Continente

Nivelul 1

1. Unde se află Nilul?
2. Ce continent se întinde la est de Europa?
3. Este Asia al doilea continent din lume ca populație?
4. America Centrală face parte din America de Nord sau din America de Sud?
5. Care este cel mai mic continent?

Nivelul 2

6. Care este cea mai mare țară din lume?
7. Ce separă Europa de Africa?
8. La ce cifră ajunsese populația planetei în 1802?
9. Capitala Australiei este Sydney?
10. Pe ce continent se găsesc cei mai înalți munți din lume?
11. În ce masă mare de uscat este inclusă Europa?
12. Câte miliarde de oameni a atins populația globului în 1999: unu, cinci, șase sau 11 miliarde?
13. Munții Anzi se află pe coasta de est sau de vest a Americii de Sud?

Nivelul 3

14. Cât la sută din pădurea amazoniană se află în afara Braziliei?
15. Cum se numesc grupurile de insule din Pacificul de Sud?
16. La ce populație se estimează că va ajunge planeta noastră în 2040?
17. Câte țări sunt în Africa: 47, 52 sau 54?
18. Pe ce continent se află cel mai mare lac cu apă dulce?
19. Cât de lung este lanțul munților Anzi?

GĂSIȚI RĂSPUNSUL

Continente

Cu milioane de ani în urmă, tot uscatul alcătuia un singur continent. În timp, uscatul s-a deplasat și, astfel, s-au format cele șapte continente de azi. Acest proces se numește deriva continentelor. Antarctica este singurul continent nelocuit pentru că 98% este acoperit cu gheață. Este cel mai rece, vântos și arid continent.

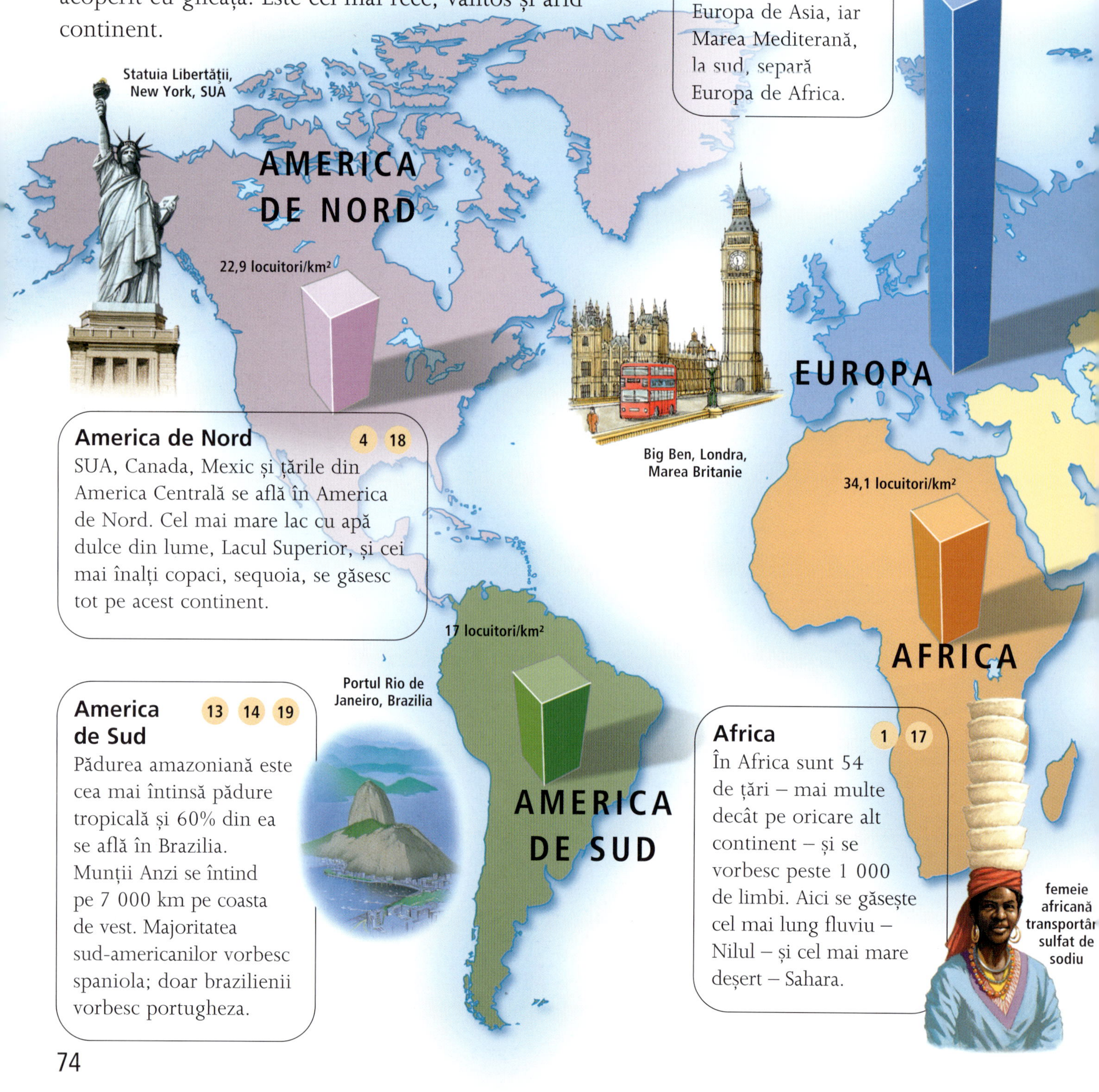

Europa (2) (7) (11)
Continentul Europa este parte din supracontinentul Eurasia. Munții Ural separă la est Europa de Asia, iar Marea Mediterană, la sud, separă Europa de Africa.

America de Nord (4) (18)
SUA, Canada, Mexic și țările din America Centrală se află în America de Nord. Cel mai mare lac cu apă dulce din lume, Lacul Superior, și cei mai înalți copaci, sequoia, se găsesc tot pe acest continent.

America de Sud (13) (14) (19)
Pădurea amazoniană este cea mai întinsă pădure tropicală și 60% din ea se află în Brazilia. Munții Anzi se întind pe 7 000 km pe coasta de vest. Majoritatea sud-americanilor vorbesc spaniola; doar brazilienii vorbesc portugheza.

Africa (1) (17)
În Africa sunt 54 de țări – mai multe decât pe oricare alt continent – și se vorbesc peste 1 000 de limbi. Aici se găsește cel mai lung fluviu – Nilul – și cel mai mare deșert – Sahara.

Creşterea populației 8 12 16

Populația lumii a crescut într-un ritm tot mai accelerat, deși numărul nașterilor a scăzut în multe țări. În 1802, populația ajunsese la 1 miliard, în 1999 la 6 miliarde, iar în 2014 la peste 7 miliarde. Poate că până în 2040 va ajunge la 9 miliarde.

Asia 3 6 10

Asia este cel mai mare și mai populat continent. Include cea mai mare țară din lume, Federația Rusă, precum și țările din Orientul Mijlociu, Extremul Orient și India. Cei mai înalți munți din lume se găsesc în Asia, 96 de vârfuri muntoase doar în Himalaya.

Australia 5 9 15

Australia este cel mai mic continent, formând o țară cu capitala la Canberra. Sydney este cel mai mare oraș. Printre vecinii Australiei din Oceania sunt Noua Zeelandă, Papua-Noua Guinee și grupurile de insule din Pacific: Melanezia, Micronezia și Polinezia.

Opera din Sydney, Australia

ÎNTREBĂRI: Comunitatea internațională

Nivelul 1

1. Organizația Națiunilor Unite a fost înființată în timpul Primului Război Mondial. Adevărat sau fals?
2. Ce înseamnă NATO: Organizația Tratatului Atlanticului de Nord sau Organizația Tratatului Antarcticii de Nord?
3. Toate unitățile de menținere a păcii sunt înarmate. Adevărat sau fals?
4. Care este moneda unică europeană?
5. Literele CERUCA OREȘI pot fi rearanjate pentru a forma numele unei organizații care oferă ajutor medical?

Nivelul 2

6. De ce a fost înființat NATO?
7. Ce convenție protejează soldații răniți și prizonierii?
8. În ce oraș se află sediul general al ONU?
9. Câte țări fac parte din ONU?
10. Ce tratat a marcat începutul Uniunii Europene?
11. În ce clădire se întâlnesc reprezentanții statelor membre ale ONU?
12. În ce scop își pot folosi armele unitățile de menținere a păcii?

Nivelul 3

13. În ce an a fost deschis oficial sediul general al ONU?
14. Ce tratat a dus la formarea Uniunii Europene?
15. Care este numele complet al Crucii Roșii?
16. Câți bani au fost donați pentru cumpărarea de teren pentru construirea sediului ONU?
17. Care este numele centrului de comandă a forțelor militare ale NATO?
18. Cine a folosit pentru prima dată termenul „Națiunile Unite"?

GĂSIȚI RĂSPUNSUL

Comunitatea internațională

Țările lumii au format mai multe organizații pentru a se ajuta reciproc. Aceste grupuri oferă ajutor medical și militar și facilitează comerțul. Multe organizații mondiale încearcă să facă lumea un loc mai sigur și mai pașnic.

Națiunile Unite (1) (9) (18)

Denumirea Organizația Națiunilor Unite (ONU) a fost folosită pentru prima dată de președintele SUA F.D. Roosevelt, în al Doilea Război Mondial, dar ONU nu a fost înființată oficial decât în 1945. De atunci, a crescut de la 51 de membri la 193.

steagul ONU

Menținerea păcii (3) (12)

Când izbucnesc conflicte armate, forțele ONU de menținere a păcii pot fi chemate să intervină. Ele înființează tabere de refugiați și ajută la menținerea legii și a ordinii. Există forțe ONU înarmate și neînarmate. Forțele armate au voie să-și folosească armele numai pentru autoapărare.

Sediu central (8) (11) (13) (16)

Sediul central al ONU a fost inaugurat oficial pe 9 ianuarie 1951, pe malul râului East din New York. Milionarul american John D. Rockefeller jr. a donat 8,5 milioane de dolari pentru cumpărarea terenului. Statele membre se reunesc în clădirea Adunării Generale.

sediul ONU

steaguri ale unor state membre ONU

sediul Uniunii Europene

bancnotă de 5 euro

Uniunea Europeană 4 10 14

Tratatul de la Paris, din 1951, a marcat începutul Uniunii Europene. Comunitatea Europeană (CE) s-a construit pe baza acestui tratat, iar tratatul de la Maastricht, semnat în 1992, a dus la formarea Uniunii Europene (UE) și la apariția monedei unice europene, euro.

NATO 2 6 17

Organizația Tratatului Atlanticului de Nord (NATO) a fost înființată în 1949, pentru a menține pacea în cele 28 de state membre, câte numără azi. Acestea se ajută reciproc dacă vreunul este atacat. Comandamentul Suprem al Forțelor Aliate din Europa (SHAPE) este centrul de comandă a forțelor militare ale NATO.

Crucea Roșie 5 7 15

Mișcarea Internațională de Cruce Roșie și de Semilună Roșie oferă ajutor medical în timp de război și de pace. Convenția de la Geneva ajută la protejarea soldaților răniți și a prizonierilor.

ÎNTREBĂRI: Steaguri

Nivelul 1

1. Ce culori avea steagul piraților?
2. Unde se folosesc steagurile navale: pe mare sau în spațiu?
3. În ce tip de sport se folosește un fanion cu pătrățele alb-negru?
4. Ce steag înfig exploratorii în pământurile nou descoperite?
5. Cine are cel mai vechi steag național: Scoția sau SUA?

Nivelul 2

6. Ce sport folosește fanioane: rugby, ciclism, canotaj sau toate trei?
7. Cum se mai numesc steagurile navale?
8. Ce eveniment a determinat schimbarea steagului francez?
9. Steagurile de semnalizare se folosesc individual, împreună sau în ambele moduri?
10. Ce este semnalizarea prin semafoare?
11. Câte steaguri SUA au fost duse pe Lună: 4, 5 sau 6?
12. Ce culoare nu se folosește pentru steagurile navale: galben, negru sau verde?

Nivelul 3

13. La ce folosesc fanioanele arbitrii din fotbalul american?
14. La semnalizarea cu semafoare, cum este semnalizată litera R?
15. Ce simboliza o clepsidră pe steagul piraților?
16. Ce steaguri colorate sunt folosite la semafoare?
17. În ce secol au fost folosite pentru prima dată steagurile de pirați?
18. Cine a expus pe Marte un steag american?

GĂSIȚI RĂSPUNSUL

Steaguri

Steagurile sunt folosite de secole, atât pentru identificare, cât și pentru a transmite un mesaj. În Evul Mediu, de exemplu, erau folosite în lupte pentru a identifica mai ușor conducătorii. Steagurile variază în culori și stiluri, dar toate transmit un mesaj vizual imediat.

Steaguri naționale (5) (8)

Steagurile naționale sunt folosite pentru a identifica o țară. Scoția are cel mai vechi steag național. Uneori, țările își schimbă steagul: steagul francez a fost transformat în celebrul tricolor în 1794, după Revoluția Franceză.

Fanioane (3) (6) (13)

Steagurile sunt folosite în multe sporturi, printre care rugby, canotaj și ciclism, pentru a comunica cu sportivii. Arbitrii folosesc steaguri în fotbalul american, pentru a indica o greșeală. Steagul în pătrățele alb-negru este folosit în cursele auto și moto, pentru a semnala sfârșitul cursei.

steag în pătrățele

Steaguri navale (2) (7) (9) (12)

Navele pe ocean comunică prin steaguri de semnalizare. Acestea transmit diferite mesaje când sunt folosite împreună sau separat. Folosesc culori care pot fi văzute de pe mare: albastru, alb, roșu, negru și galben.

Semafoare (10) (14) (16)

Semaforul folosește două steaguri pătrate, roșu și galben, ținute în poziții diferite pentru a indica literele. Brațele și steagurile ținute spre exterior semnifică litera „R“.

steaguri de semnalizare

steagul lui Bartholomew Roberts (Bart cel Negru)

steagul lui Christopher Moody

Steaguri de pirați (1) (15) (17)

Un steag al piraților, roșu sau negru, trebuia să sperie; imaginea unui craniu însemna moartea, iar o clepsidră însemna că viața ți se apropie de sfârșit. Aceste steaguri erau folosite de pirații englezi, începând de pe la 1700.

steagul lui Calico Jack

Steaguri de explorare (4) (11) (18)

Exploratorii înfig adesea steagul țării lor pe pământurile nou descoperite. Șase steaguri ale SUA au fost înfipte pe Lună. Fiecare navă spațială a SUA are propriul steag. Naveta *Viking* a afișat un steag al SUA când a explorat planeta Marte.

steagul SUA pe Lună

ÎNTREBĂRI: Minuni ale naturii

Nivelul 1

1. Care este cel mai înalt munte din lume?
2. Care este cea mai înaltă cascadă din lume?
3. K2 se află în Europa. Adevărat sau fals?
4. Marea Barieră de Corali se află în largul coastelor cărei țări?
5. Marea Barieră de Corali poate fi văzută din spațiu. Adevărat sau fals?
6. Care dintre cele două are o lungime mai mare: Marele Canion sau Marea Barieră de Corali?

Nivelul 2

7. Care au fost primii oameni ajunși pe vârful Everest?
8. Cum se măsoară lungimea Marelui Canion?
9. De câte ori este mai înaltă Cascada Angel decât Niagara: de 10, de 15 sau de 20 de ori?
10. Ce este Peretele Hillary?
11. Ce vârstă au rocile din Marele Canion?
12. Pe ce continent se află cea mai lată cascadă din lume?
13. Ce alt nume mai poartă aurora boreală?

Nivelul 3

14. Ce duce la apariția Luminilor Nordului?
15. Cu cât sunt mai bătrâni munții Alpi decât Himalaya?
16. Cât de înalt este muntele Everest?
17. Cum se mai numesc Luminile Sudului?
18. Ce structură geografică are 10 783 m lățime?

GĂSIȚI RĂSPUNSUL

Minuni ale naturii

Structuri geografice impresionante se găsesc peste tot în lume, printre ele numărându-se cascade impresionante, vulcani care fumegă și fenomene naturale precum Luminile Nordului. Eroziunea provocată de vânt și de apă a creat unele dintre aceste structuri, precum canioanele, iar mișcarea plăcilor tectonice (ale Pământului) a creat altele, cum ar fi cei mai înalți munți.

Muntele Everest 1 3 15 16

Cel mai înalt munte, Everest, face parte din lanțul Himalaya din Asia. Vârful său atinge 8 848 m. Al doilea munte ca înălțime, K2, se află tot în Himalaya. Munții Himalaya au o vechime de 60 de milioane de ani, mai tineri decât Alpii din Europa, formați acum 75 de milioane de ani.

Cucerirea Everestului 7 10

În 1953, neozeelandezul Edmund Hillary și nepalezul Tenzing Norgay au devenit primii oameni care au ajuns în vârful Everestului. O secțiune abruptă din munte a fost numită Peretele Hillary.

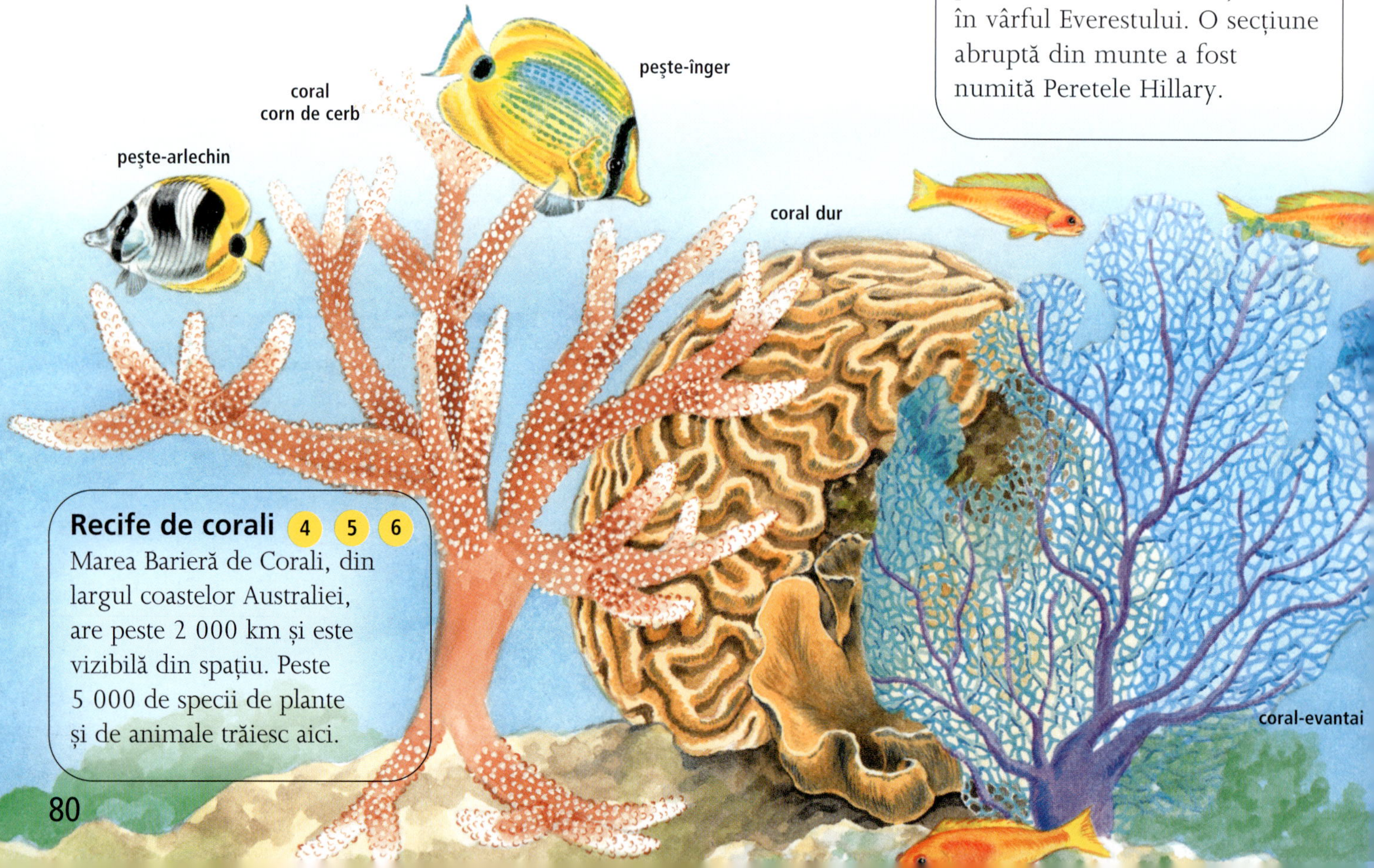

Recife de corali 4 5 6

Marea Barieră de Corali, din largul coastelor Australiei, are peste 2 000 km și este vizibilă din spațiu. Peste 5 000 de specii de plante și de animale trăiesc aici.

Cascada Victoria, Africa

Cascade (2) (9) (12) (18)

Cascada Angel (Salto Angel) din America de Sud este cea mai înaltă din lume: 979 m. Este de 15 ori mai înaltă decât Niagara din America de Nord. Cea mai lată cascadă este Khône din Asia: 10 783 m lățime.

Aurore (13) (14) (17)

Luminile Nordului (aurora boreală) și Luminile Sudului (aurora australă) sunt lumini colorate pe cerul nopții, provocate de particule solare care circulă cu viteză mare și care se ciocnesc de moleculele de gaz, creând lumină.

Canioane (6) (8) (11)

Marele Canion (Grand Canyon) din Arizona, SUA, este cel mai mare canion din lume. Are 446 km lungime și 1 500 m adâncime. Lungimea este măsurată folosind informațiile despre lungimea fluviului Colorado care îl străbate. Cele mai vechi roci au 2 000 de milioane de ani, deși canionul are 5 sau 6 milioane de ani vechime.

Marele Canion, SUA

ÎNTREBĂRI: Zone de coastă

Nivelul 1

1. Un tsunami este provocat de vânt. Adevărat sau fals?
2. Literele ȘTEPĂRE RIMANĂ pot fi rearanjate pentru a forma cuvântul care denumește o grotă în faleză?
3. Cum se numește tocirea unui promontoriu: eroziune sau roadere?
4. Care sunt cele două materiale pe care le aduc valurile pe plajă?
5. Ce începe cu V și determină valurile?
6. Literele GHERIZE RIMAN pot fi rearanjate pentru a forma numele cărei structuri de litoral?

Nivelul 2

7. Ce are special Peștera Pictată?
8. Ce înseamnă cuvântul „tsunami"?
9. Ce determină apa să iasă printr-un gheizer maritim?
10. Calea vântului denumește materialul depozitat pe plajă. Adevărat sau fals?
11. Un stack este o movilă de nisip. Adevărat sau fals?
12. Apa de mare este acidă sau alcalină?

Nivelul 3

13. Ce se formează mai întâi: o peșteră sau un gheizer marin?
14. Cât de repede se deplasează valurile tsunami?
15. Ce proces de litoral împiedică un dig de colmatare?
16. Pe ce insulă se află Peștera Pictată?
17. Cât de mari pot fi valurile tsunami?
18. Un stack se formează din ce altă structură de coastă?

Zone de coastă

Zonele de coastă însumează 504 000 km lungime, adică 12 ocoluri ale globului. Liniile de coastă primare sunt formate prin modificări ale reliefului, precum deltele. Multe linii de coastă s-au format pe măsură ce nivelul mării s-a schimbat de-a lungul mileniilor. Liniile de coastă secundare sunt formate de schimbările din oceane, precum recifele de corali.

Eroziune de coastă

3 12

Liniile de coastă nu rămân la fel. Ele se schimbă continuu, fiind tocite de apa care aruncă stânci și pietriș pe mal, proces denumit eroziune. Apa de mare este acidă, contribuind la erodarea coastelor.

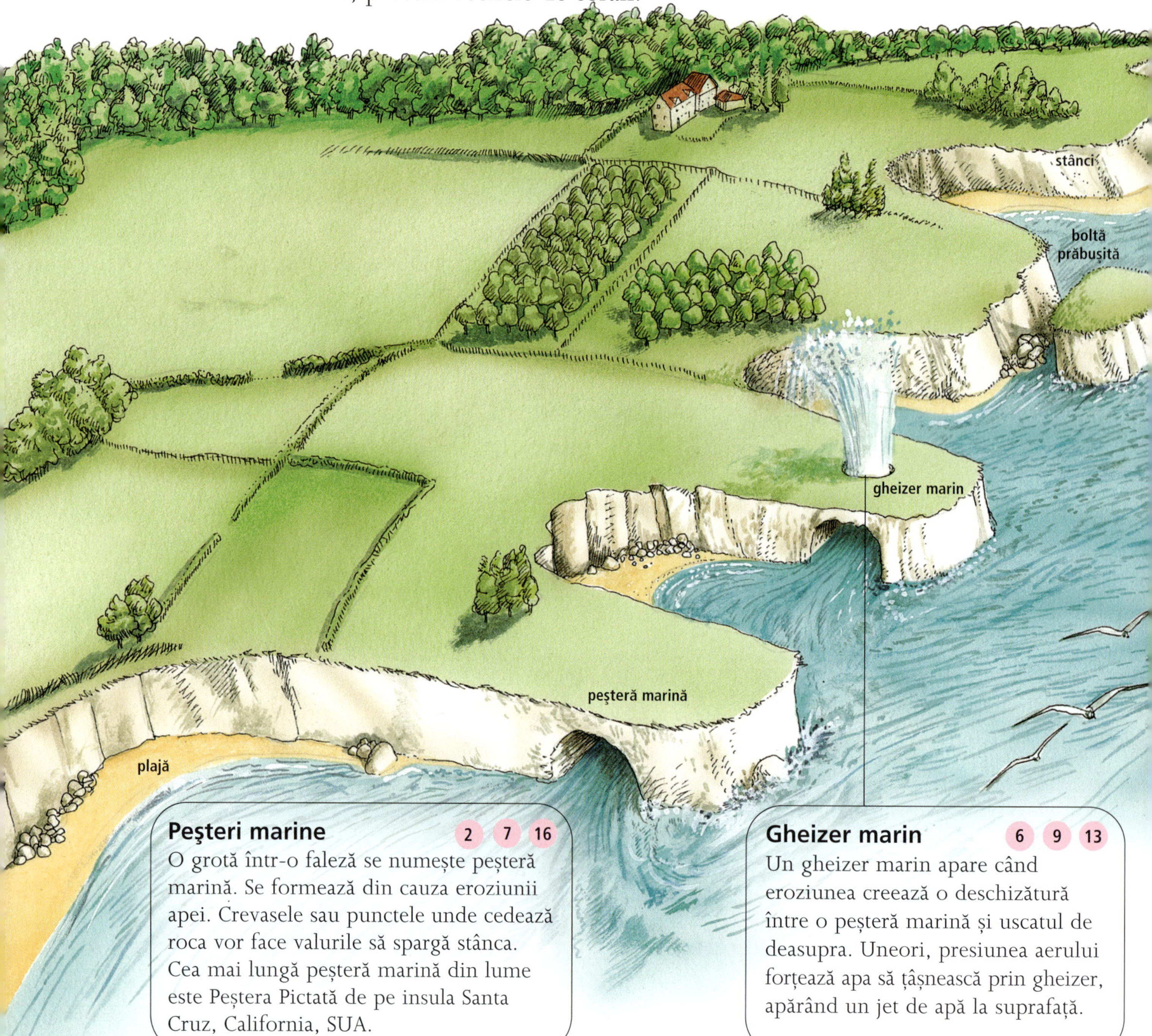

Peșteri marine

2 7 16

O grotă într-o faleză se numește peșteră marină. Se formează din cauza eroziunii apei. Crevasele sau punctele unde cedează roca vor face valurile să spargă stânca. Cea mai lungă peșteră marină din lume este Peștera Pictată de pe insula Santa Cruz, California, SUA.

Gheizer marin

6 9 13

Un gheizer marin apare când eroziunea creează o deschizătură între o peșteră marină și uscatul de deasupra. Uneori, presiunea aerului forțează apa să țâșnească prin gheizer, apărând un jet de apă la suprafață.

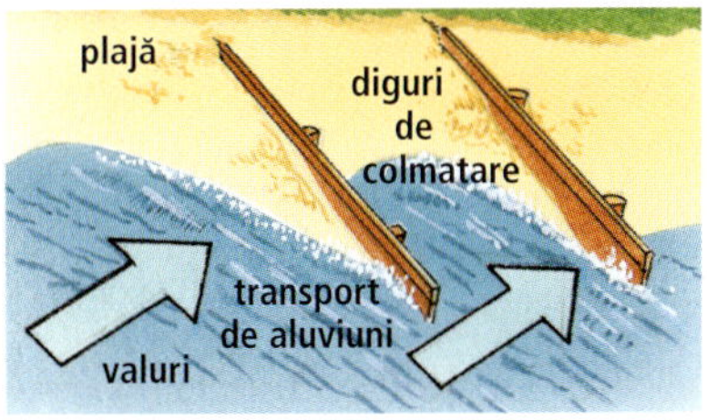

Transport de aluviuni 4 15

Valurile depun pietriș și nisip pe plaje. Dacă valurile lovesc țărmul dintr-un anumit unghi, materialul aluvionar este împins lateral (transport de aluviuni). Uneori, bariere de lemn, numite diguri de colmatare, împiedică transportul de aluviuni.

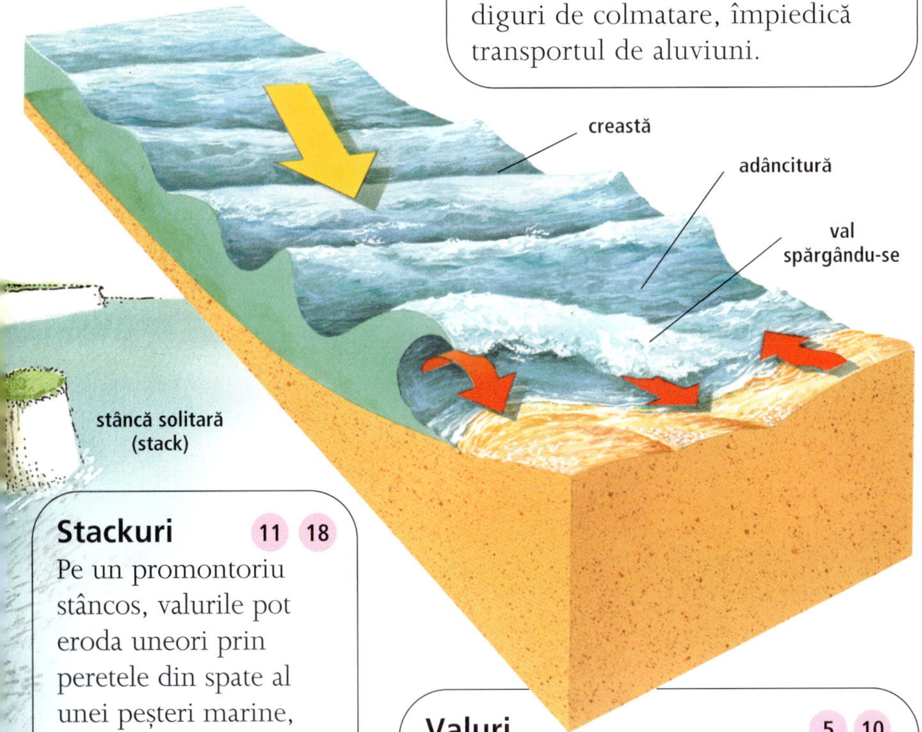

Stackuri 11 18

Pe un promontoriu stâncos, valurile pot eroda uneori prin peretele din spate al unei peșteri marine, formând un arc. Cu timpul, arcul se va prăbuși lăsând o coloană de stâncă numită stack.

Valuri 5 10

Valurile sunt provocate de vânt. Înălțimea, lungimea și viteza unui val sunt determinate de viteza vântului, de cât de departe bate deasupra apei (calea vântului) și de durată.

Tsunami 1 8 14 17

Un tsunami (cuvântul japonez înseamnă „val de port“) nu este un val adevărat. El este provocat de un cutremur subacvatic sau de un vulcan în erupție. Valurile se mișcă cu peste 700 km/h formând un perete de apă de până la 30 m înălțime când ajung la mal.

ÎNTREBĂRI: Râuri

Nivelul 1

1. Cum se numește sursa unui râu?
2. Pe ce continent se află Marile Lacuri?
3. Cascadele curg peste un prag de rocă tare sau moale?
4. Care este numele procesului prin care apa se deplasează între uscat și mare și înapoi?
5. Cum se numește zona de pământ plat de o parte și de alta a unui râu?

Nivelul 2

6. Ce începe cu P și desemnează precipitații?
7. Ce fel de lacuri sunt create de calotele de gheață?
8. Ce se formează când un râu inundă lacuri puțin adânci sau helești?
9. Afluenții cresc sau scad volumul de apă dintr-un râu?
10. Ce se întâmplă cu apa evaporată?
11. Cum se mai numește un estuar?
12. Bieful amonte este partea superioară a unei cascade. Adevărat sau fals?
13. Ce împiedică infiltrarea apei într-un pământ mlăștinos?
14. Ce se formează în partea de jos a unei cascade?

Nivelul 3

15. Ce începe cu Y și este o cascadă din SUA creată de un ghețar?
16. Cum se numește pământul fertil format într-o luncă?
17. Ce pot forma sedimentele într-un estuar?
18. Cum s-a format lacul Tanganyika?

GĂSIȚI RĂSPUNSUL

Râuri

Un râu este un curs de apă dulce care curge la vale, către un alt râu, către lac sau mare. Cursul urmat de un râu depinde de roci, de sol și de volumul de apă transportată. Cele mai întâlnite cursuri de râu sunt cele cu meandre și cele cu mai multe brațe.

Un râu cotit are meandre. Un râu cu brațe are multe canale, care se modifică în mod constant.

Circuitul apei

4 6 10

Apa circulă permanent de pe mare pe uscat și înapoi. Apa din mare este încălzită de soare și se evaporă, condensându-se și formând nori. Când aceștia întâlnesc aer rece, precipitațiile (ploaia) readuc apa în râuri, care curg înapoi în mare.

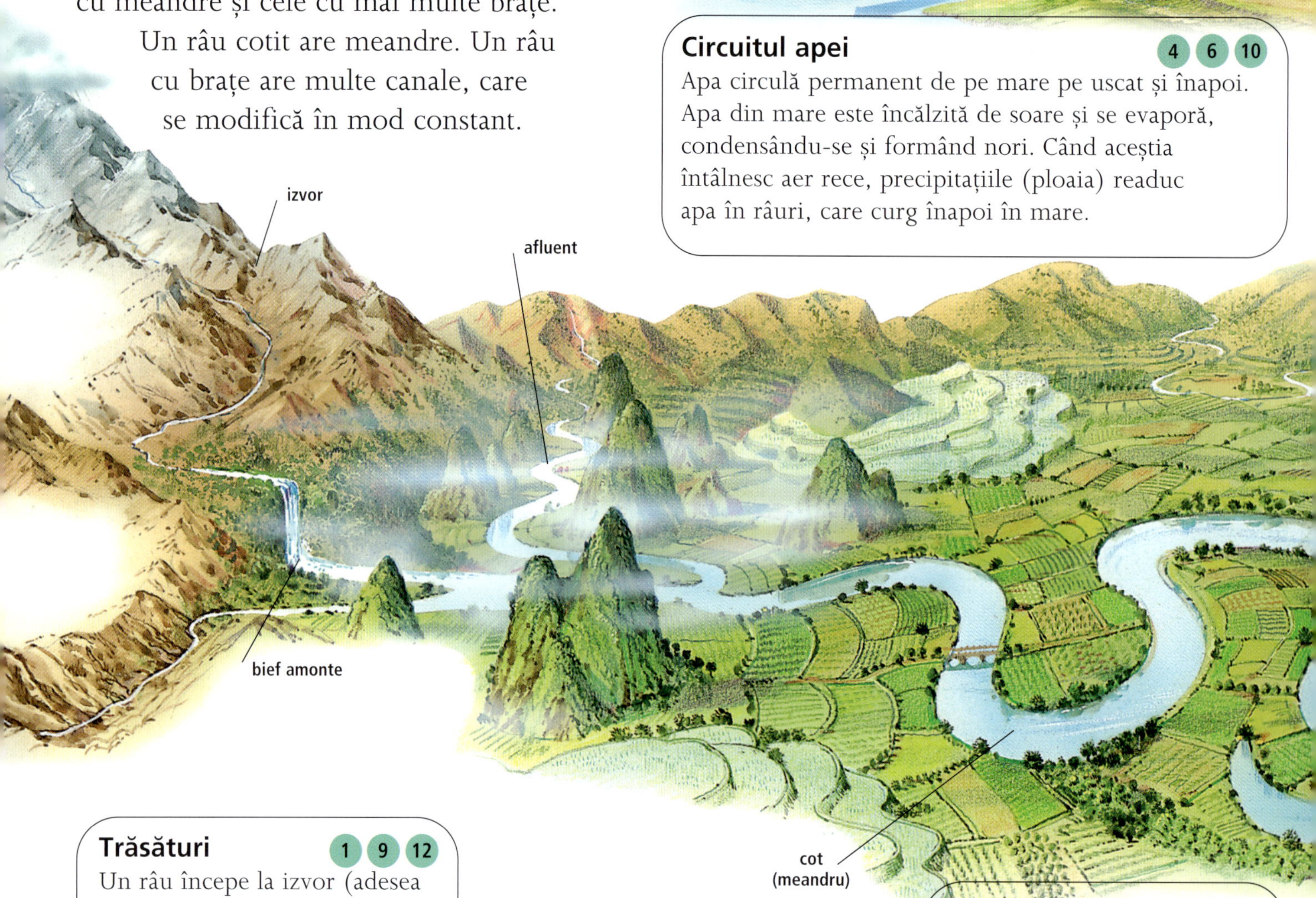

Trăsături

1 9 12

Un râu începe la izvor (adesea o gaură în pământ, formată pe cale naturală, prin care se infiltrează apa) și curge în jos, către gura de vărsare. Păraiele de la sursă se numesc bief amonte și se găsesc în cel mai înalt punct al unui râu. Râuri mai mici, numite afluenți, alimentează sistemul râului și cresc volumul de apă.

Ținuturi mlăștinoase

8 13

Mlaștinile de apă dulce se formează când apa dintr-un râu inundă lacuri puțin adânci sau heleșteie. Se întâlnesc frecvent în solurile care au în straturile inferioare granit, ardezie sau cuarț, ce împiedică apa să se infiltreze în pământ. Aici cresc ierburi, stufăriș și arbuști.

Cascade

3 14 15

Majoritatea cascadelor se formează într-o zonă de rocă moale, ce se întinde în fața unei zone de rocă tare (prima etapă). Roca moale este repede erodată de râu, rămânând doar pragul de rocă tare, peste care cade apa (etapa a doua). Apa vijelioasă creează un lac la bază (etapa a treia). Alte cascade, precum Yosemite din California, SUA, au fost formate de ghețari.

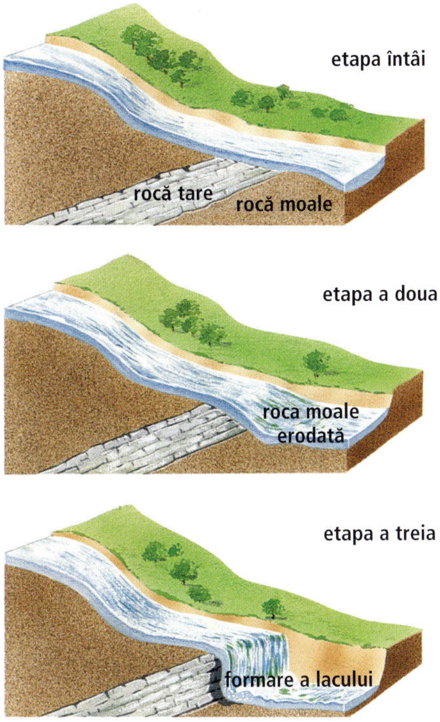

Lacuri

2 7 18

Lacurile cu apă dulce, precum Marile Lacuri din America de Nord, sunt formate de ghețari sau de calote de gheață. Altele, precum Tanganyika din Africa, de mișcările plăcilor tectonice.

Lunci

5 16

Terenul plat de-a lungul unui râu se numește luncă. Dacă râul provoacă inundații, el depozitează nisip și noroi în luncă. După ce se scurge apa, acest sediment formează un sol fertil, aluvionar.

Estuar

11 17

Apa unui fluviu se amestecă în apa sărată a mării formând un estuar sau o gură de vărsare. O deltă se formează din sedimente din fluviu.

ÎNTREBĂRI: Deșerturi

Nivelul 1

1. Ce începe cu D și este o structură din deșerturile de nisip?
2. Ce animal transportă oamenii și mărfurile în deșert?
3. Nisipul absoarbe apa. Adevărat sau fals?
4. Ce plantă cu spini poate supraviețui în deșert?
5. Ce începe cu V și este casa unei suricate?

Nivelul 2

6. Un tuareg este un tip de dună de nisip sau un membru al unui trib din deșert?
7. Ce tip de dună de nisip se formează când vântul bate din toate direcțiile?
8. Cum se numește cămila cu o singură cocoașă?
9. Cum se numește vântul care suflă nisip fin?
10. Cum se numește panta unei dune de nisip?
11. Ce tip de dună de nisip creează vântul care bate din două direcții diferite?
12. Ce are formă de ciupercă: un tip de dună de nisip, o formațiune stâncoasă sau o rozătoare din deșert?
13. În ce deșert trăiesc tuaregii?

Nivelul 3

14. Ce plantă de deșert poate trăi peste 200 de ani?
15. Ce începe cu F și este o specie de vulpe care trăiește în deșert?
16. Ce este o barcană?
17. Ce substanță este formată din nisip cimentat și din pietriș?
18. Ce caracteristici ajută o cămilă să supraviețuiască în deșert?

GĂSIȚI RĂSPUNSUL

Deşerturi

Deşerturile sunt zone aride, unde cad puține precipitații și unde trăiesc puține plante și animale. Cel mai arid deșert este Atacama din Chile, America de Sud. Deșerturile pot fi fierbinți, precum Sahara din Africa, sau reci, precum Antarctica. Deșerturile fierbinți pot fi reci noaptea, pentru că rocile pierd rapid căldura și există puțină vegetație sau umiditate care să o rețină.

Vânturi deşertice

9 12

Vântul erodează rocile din deșert prin deflație (îndepărtează nisipul fin) și prin abraziune (frecare). Aceste procese creează arce, creste, formațiuni montane de tip mesa și roci piedestal. Mai creează și alte formațiuni stâncoase care arată ca niște ciuperci uriașe.

Nomazi

6 13

Nomazii sunt oameni care se mută dintr-un loc în altul. Triburile nomade de tuaregi trăiesc în Sahara, Africa.

Animale

5 15

Multe animale de deșert, precum fenecul, sunt nocturne (active noaptea). Altele, precum suricatele, trăiesc în vizuini, pentru a sta la răcoare.

Caravană

2 8 18

Tuaregii folosesc caravane de cămile pentru transport. Dromaderul (cămilă cu o cocoașă) poate rezista fără apă zile în șir. Tălpile lor groase, cu pernițe, pot străbate nisipul încins fără să simtă durere.

Tipuri de dune (7) (11) (16)

Duna curbată de tip barcană se formează când vântul bate dintr-o direcție. O dună de tip stea se formează când vântul bate din toate direcțiile. O dună liniară se formează când vântul bate din două direcții.

Formarea dunelor de nisip (1) (10)

Dunele se formează când nisipul din deșert este transportat și mutat de vânt, până când se creează o pantă numită front de dună. Forma unei dune depinde de viteza și de direcția vântului. Uneori, dunele se deplasează mutate de vânt.

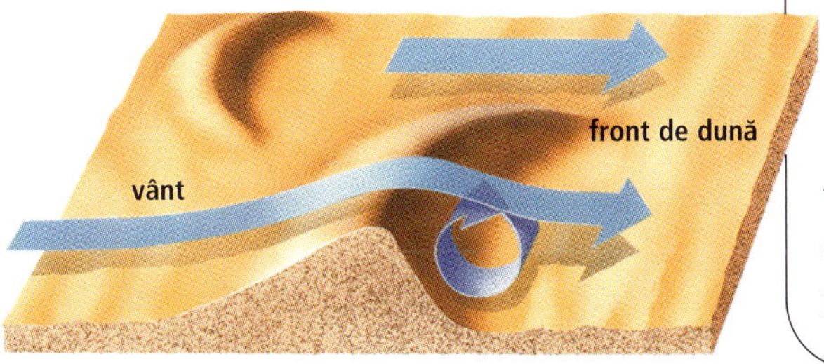

Sol (3) (17)

În deșerturi, apa se infiltrează prin nisip, dar poate fi reținută de sol și de roci. Straturi tari de nisip cimentat și de pietriș (calcrete) apar în multe deșerturi.

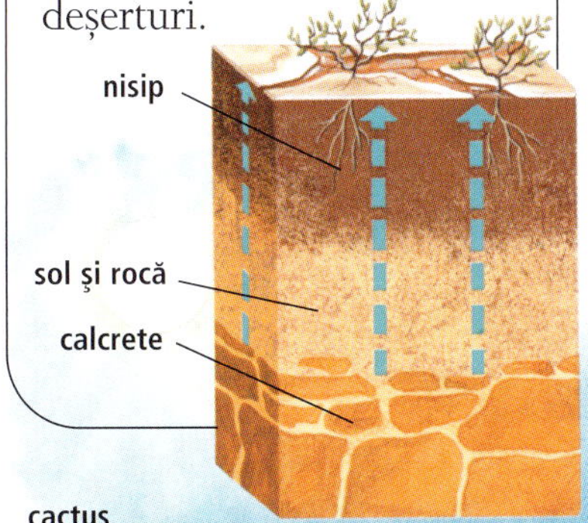

Cactuși (4) (14)

Sunt plante suculente din America de Nord și de Sud, care înmagazinează apă în tulpini și în crengi pentru a supraviețui. Majoritatea au spini în loc de frunze. Cactusul Saguaro poate trăi 200 de ani și crește până la 12 m înălțime.

ÎNTREBĂRI:
Polii

Nivelul 1

1. Pe ce continent se află Polul Sud?
2. Exploratorul Robert Scott a ajuns la Polul Sud. Adevărat sau fals?
3. Literele RAGȚEH pot fi rearanjate pentru a forma numele cărei structuri polare?
4. Aisbergurile sunt bucăți de gheață rupte din ghețari. Adevărat sau fals?

Nivelul 2

5. Cum se numește groapa formată prin topirea blocurilor de gheață: calderă sau chiuvetă?
6. Cât anume dintr-un ghețar se vede deasupra apei?
7. Cine a fost prima persoană care a ajuns la Polul Sud?
8. De ce se deplasează ghețarii?
9. Astăzi, majoritatea inuiților folosesc sănii trase de câini ca să călătorească pe gheața arctică. Adevărat sau fals?
10. Ce linie imaginară trece prin cei doi poli?
11. Ce este o morenă?
12. Ce limbă vorbesc inuiții?
13. Ce începe cu P și este o haină purtată de oamenii din Arctica?

Nivelul 3

14. Inuiții trăiesc lângă Polul Nord sau lângă Polul Sud?
15. În ce an a ajuns primul om la Polul Sud?
16. Lângă ce pol se găsesc aisberguri tabulare cu vârf plat?
17. Când Scott și echipa lui au început să aibă probleme, ce distanță ar mai fi trebuit să parcurgă ca să se salveze?
18. Ce oameni ai Arcticii trăiesc în Groenlanda?

GĂSIȚI RĂSPUNSUL

Polii

Extremitățile de nord și de sud ale planetei se numesc poli. Regiunea polară arctică în nord și Antarctica în sud sunt cele mai reci locuri de pe Pământ. La poli, soarele nu apune niciodată vara, iar iarna este întuneric total, timp de câteva luni la rând.

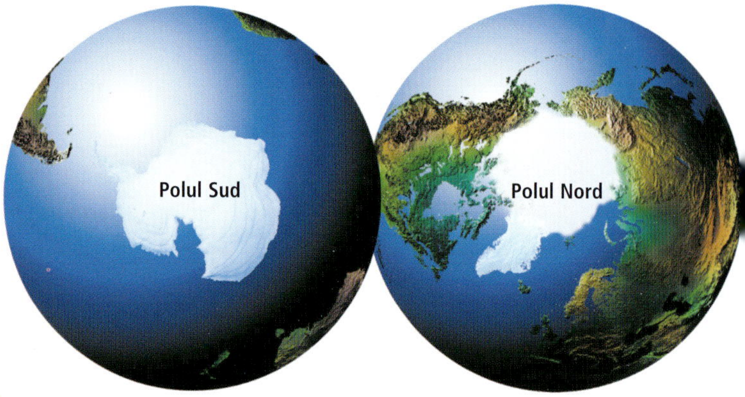

Indigeni 12 14 18

Inuiții locuiesc în regiunile arctice din Siberia, Alaska, Canada și Groenlanda. Ei vorbesc limba inuktitut. Alte grupuri de băștinași sunt: populația kalaalit din Groenlanda și yupik din Federația Rusă.

Nord și Sud 1 10

Axa în jurul căreia se rotește Pământul trece prin cei doi poli: la nord și la sud. Polul Nord se află în mările înghețate din Oceanul Arctic. Polul Sud se află pe continentul antarctic.

Viața în Arctica 9 13

Oamenii din Arctica au fost vânători și pescari nomazi, dar majoritatea trăiesc astăzi în comunități moderne. Hainele *parka*, din piei de animale, le ofereau căldură, iar săniile cu câini erau folosite pentru a traversa gheața. Astăzi se folosesc snowmobile.

Scott 2 7 15 17

Robert Falcon Scott a încercat să devină primul om care să ajungă la Polul Sud. A ajuns pe 17 ianuarie 1912, dar norvegianul Roald Amundsen ajunsese înainte, pe 14 decembrie 1911. Scott și echipa sa au murit de foame în Antarctica, la 17 km de depozitul de provizii.

ghețar

Ghețari (3) (5) (8) (11)

Ghețarii apar când zăpada căzută se comprimă, în decursul mai multor ani, și se cristalizează formând gheață. Majoritatea se găsesc în munți sau în regiunile polare. Ghețarii se deplasează din cauza greutății gheții și gravitației. Un ghețar ce se topește lasă în urmă margini stâncoase – morene. Blocurile de gheață care se topesc pot forma o prăpastie – calderă.

aisberg tip castel

Aisberguri (4) (6) (16)

Aisbergurile sunt bucăți de gheață plutitoare care se desprind de ghețari printr-un proces numit rupere. Nouă zecimi dintr-un ghețar se găsesc sub apă. Aisbergurile cu vârf ascuțit, numite și castel, se formează în Arctica. Cele tabulare cu vârf plat, în Antarctica.

ÎNTREBĂRI: Africa

Nivelul 1

1. Este muntele Kilimanjaro cel mai înalt din Africa?
2. Sahara este cel mai mare deșert din lume. Adevărat sau fals?
3. Ce începe cu N și este cel mai lung fluviu din lume?
4. Cine a construit piramidele: vechii europeni, vechi egipteni sau vechii americani?

Nivelul 2

5. Serengeti este un deșert de nisip. Adevărat sau fals?
6. Lacul Tanganyika este cel mai lung din lume. Este și cel mai adânc din Africa?
7. Unde se varsă Nilul: Marea Mediterană, Marea Roșie sau Oceanul Atlantic?
8. Serengeti se întinde în Tanzania și în Kenya sau în Botswana și Africa de Sud?
9. Ce se întâmplă în fiecare an de-a lungul Nilului: fluviul seacă, rămâne la fel sau inundă malurile?
10. Câte blocuri de piatră au fost folosite la construirea Marii Piramide: 23 000, 230 000 sau 2 300 000?
11. Ce începe cu N și sunt oameni care trăiesc în Sahara?
12. Câte animale migrează în Serengeti, în fiecare an: aproape 200 000, 2 milioane sau 5 milioane?
13. Rearanjați literele MAINGOLF pentru a forma denumirea unei păsări care migrează către lacul Tanganyika.

Nivelul 3

14. Ce lungime are lacul Tanganyika?
15. Care este cel mai înalt vârf din munții Kilimanjaro?
16. Pentru ce faraon, al cărui nume începe cu K, a fost construită Marea Piramidă?
17. Ce este un stratovulcan?
18. Cât de întinsă este Sahara?

GĂSIȚI RĂSPUNSUL

Africa

Africa este al doilea continent din lume ca mărime (Asia este cel mai mare). Este un continent cu diferite habitate, incluzând munți, câmpii ierboase și deșerturi. Arheologii cred că oamenii au apărut în Africa acum peste 7 milioane de ani. Puțini oameni trăiesc în Sahara, care ocupă cam un sfert din continent.

Piramide 4 10 16

Egiptenii au construit piramidele ca morminte pentru faraoni. Trei au fost înălțate la Giseh, lângă Cairo. Marea Piramidă a fost construită pentru Kheops. Muncitorii au folosit 2 300 000 de blocuri de piatră, lucrând 20 de ani.

Nil 3 7 9

Cel mai lung fluviu din lume este Nilul. Izvorăște din munți și curge către nord, vărsându-se în Marea Mediterană. Are două brațe principale: Nilul Alb și Nilul Albastru. Anual, inundă malurile și aduce cu el sol fertil, ideal pentru agricultură.

Migrația către pășuni 5 8 12

În Tanzania și Kenya, câmpia Serengeti („locul în care pământul se mișcă pentru totdeauna“) găzduiește aproape 2 milioane de animale. Printre acestea, elefanți, antilope gnu, girafe și zebre. Animalele pornesc într-o migrație circulară, în căutarea pășunilor înverzite.

Sahara 2 11 18

Sahara este cel mai întins deșert de pe Pământ. Acoperă 9 000 000 km^2. Puțini oameni locuiesc aici, majoritatea fiind nomazi, ceea ce înseamnă că se mută din loc în loc. Aceștia trebuie să-și transporte toată hrana cu ei, mâncând carnea cămilelor și a oilor care îi însoțesc.

Lacul Tanganyika 6 13 14

Cel mai lung lac din lume, 670 km lungime, este Tanganyika din Valea Marelui Rift. Este și cel mai adânc din Africa: 1 470 m adâncime. Flamingo sunt unele din multele păsări care migrează către lac.

Kilimanjaro 1 15 17

Muntele Kilimanjaro din Tanzania este un mare stratovulcan inactiv – vulcan format din lavă întărită și din cenușă vulcanică. Are 5 895 m înălțime și trei vârfuri. Kibo, cel mai înalt din Africa, este și cel mai tânăr dintre cele trei.

ÎNTREBĂRI: Orientul Mijlociu

Nivelul 1

1. Moscheea Albastră se află în Istanbul. Adevărat sau fals?
2. Musulmanii fac pelerinaje la Mecca?
3. Cel mai înalt hotel din lume se află în Dubai sau în Antarctica?
4. Minaretele sunt mici dansatoare musulmane. Adevărat sau fals?

Nivelul 2

5. Diriyah a fost cândva capitala cărei țări: Arabia Saudită, Grecia sau Spania?
6. Câte plăci de faianță albastră se află în interiorul Moscheei Albastre: peste 200, peste 2 000, peste 20 000?
7. Moscheea Albastră a fost terminată în 3600 î.Hr. sau în 1616 d.Hr.?
8. Diriyah a fost distrusă de o inundație sau de o armată egipteană?
9. Cum se numește cel care slujește într-o moschee: muezin sau iobag?
10. În ce țară care începe cu S a fost construită fortăreața Krak des Chevaliers?
11. Moscheea Albastră este cunoscută și sub numele de Moscheea Imperială Sultanahmet. Adevărat sau fals?
12. Ce este un calif: un conducător islamic sau un conducător evreu?
13. Ce începe cu A și acoperea, cândva, Domul Stâncii?

Nivelul 3

14. Cine a poruncit construirea Domului Stâncii?
15. În ce țară se află Mecca?
16. Ce înseamnă Krak des Chevaliers?
17. Cu cât este mai înaltă Burj Khalifa decât Burj al-Arab?
18. Când au avut loc cruciadele?

GĂSIȚI RĂSPUNSUL

Orientul Mijlociu

Sud-vestul Asiei și părți din nordul Africii alcătuiesc Orientul Mijlociu. Printre țările de aici se numără Egipt, Iran, Irak, Israel, Liban, Arabia Saudită și Siria. Islamul este una dintre religiile importante din regiune. Musulmanii care urmează această religie studiază Coranul și cred că Mahomed este profetul lui Dumnezeu.

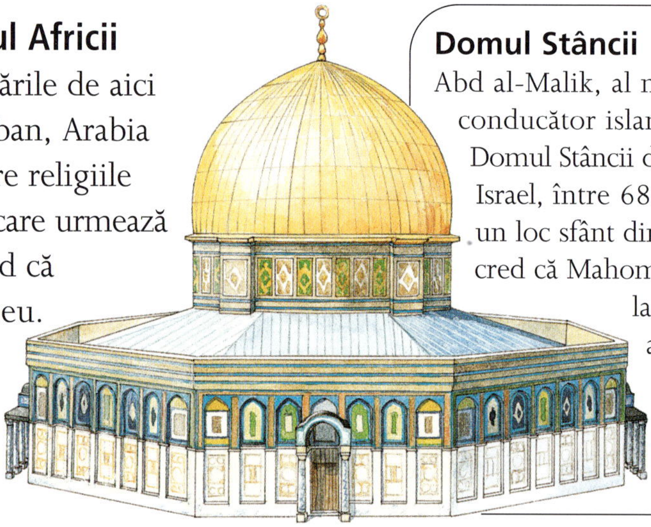

Domul Stâncii (12) (13) (14)

Abd al-Malik, al nouălea calif sau conducător islamic, a construit Domul Stâncii din Ierusalim, Israel, între 687 și 691 d.Hr., pe un loc sfânt din care musulmanii cred că Mahomed s-a înălțat la cer, de pe stânca aflată în dom. Domul era odinioară acoperit cu aur.

Interior (6)

Moscheea Albastră este numită astfel după cele 20 000 de plăci de faianță albastră.

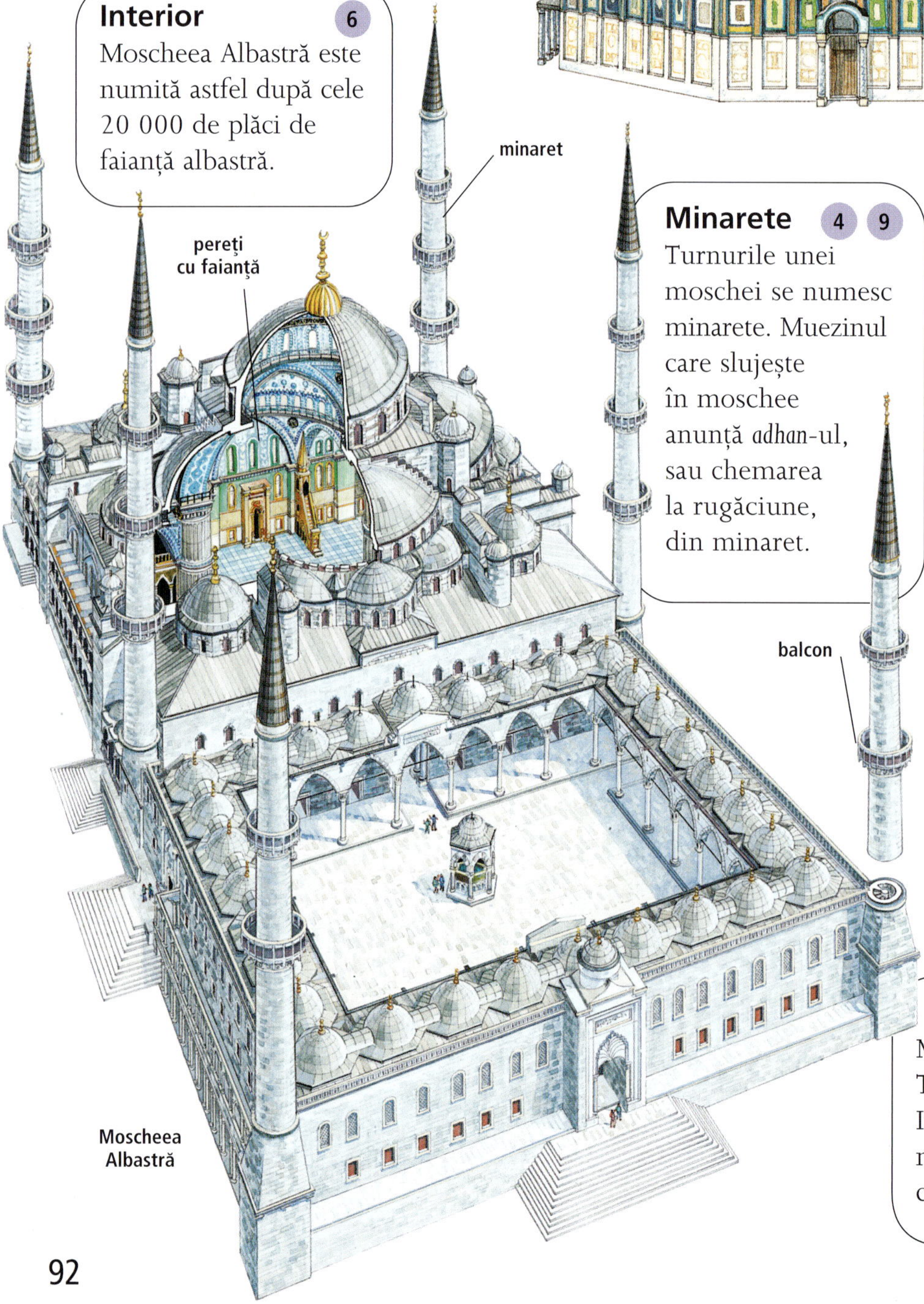

Moscheea Albastră

Minarete (4) (9)

Turnurile unei moschei se numesc minarete. Muezinul care slujește în moschee anunță *adhan*-ul, sau chemarea la rugăciune, din minaret.

Mecca (2) (15)

Mecca, în Arabia Saudită, este orașul sfânt al islamului. În fiecare an, mii de musulmani fac pelerinaj la Mecca pentru a se ruga în Moscheea Sfântă.

Moscheea Albastră (1) (7) (11)

Moscheea Albastră din Istanbul, Turcia, este numită și Moscheea Imperială Sultanahmet, după numele lui Ahmed I care a construit-o între 1609–1616 d.Hr.

Arabia Saudită 5 8

Diriyah a fost capitala Arabiei Saudite până în 1818, când o armată condusă de egipteni a distrus clădirile și crângurile de palmieri, făcând orașul nelocuibil.

Siria 10 16 18

Krak des Chevaliers („Fortăreața Cavalerilor“) din Siria este un castel construit între secolele XI și XIII. A fost folosit în timpul cruciadelor, războaie între europenii creștini și arabii musulmani.

Dubai 3 17

Dubai este unul dintre cele șapte mici state care alcătuiesc Emiratele Arabe Unite. Burj al-Arab, construit în forma unei vele, este cel mai înalt hotel din lume, măsurând 321 m înălțime. Inaugurat în 2008, Burj Khalifa este cel mai înalt zgârie-nori din lume: 829 m înălțime.

ÎNTREBĂRI: Asia

Nivelul 1

1. Muntele Fuji este cel mai înalt munte din lume. Adevărat sau fals?
2. Taj Mahal se află în India, în Croația sau în Spania?
3. La construirea Taj Mahalului au fost folosiți 1 000 de elefanți pentru a transporta marmura?
4. Muntele Fuji din Japonia este un vulcan adormit?

Nivelul 2

5. Jahan Șah a construit Taj Mahalul pentru fiica sa preferată. Adevărat sau fals?
6. Ce începe cu T și este traducerea cuvântului *wat*?
7. Unde se află palatul Potala: Japonia, Malaysia sau Tibet?
8. Ce clădire a fost construită în Kuala Lumpur, capitala Malaysiei: Angkor Wat, Marele Zid sau Turnurile Gemene Petronas?
9. Câți oameni urcă muntele Fuji în fiecare an ca să se roage: 5 000, 50 000 sau 500 000?
10. Când a fost construit Angkor Wat: în secolul XI, XII sau XIII?
11. Camera Sarawak este cea mai mare sală de peșteră din lume. Adevărat sau fals?
12. Cine au ajuns primii pe Everest?
13. În timpul cărei dinastii a început construirea Marelui Zid?

Nivelul 3

14. Câți ani a fost folosit palatul Potala ca reședință de iarnă pentru Dalai Lama?
15. Unde se găsește camera Sarawak?
16. Dacă Fuji are 3 776 m înălțime, cu cât este mai înalt Everestul?
17. Dacă podul suspendat dintre Turnurile Gemene Petronas se află la 170 m, cât de înalte sunt turnurile?
18. Cât de lung este Mare Zid Chinezesc?

GĂSIȚI RĂSPUNSUL

Asia

muntele Fuji

Asia este cel mai mare continent dintre cele șapte ale lumii. Este despărțit de Europa de munții Ural, care se înalță de-a lungul graniței de vest a Asiei. În Asia se găsesc cele mai populate două țări din lume: China și India.

Muntele Fuji 4 9

Muntele Fuji din Japonia este cel mai înalt din țară: 3 776 m. Este un vulcan adormit, care a erupt ultima dată în 1708. Este sacru pentru japonezi – peste 500 000 de oameni îl urcă anual ca să se roage pe vârful lui.

palatul Potala

Tibet 7 14

Palatul Potala din Lhasa, Tibet, a fost construit în Himalaya, pe un deal cu o peșteră sacră. A fost reședința de iarnă a lui Dalai Lama din 1648 până în 1959, când Tibetul a fost ocupat de China. Spre deosebire de alte construcții religioase tibetane, palatul nu a fost distrus.

Taj Mahal 2 3 5

După ce soția sa a murit, în 1631, Jahan Șah a angajat peste 20 000 de oameni pentru a construi Taj Mahalul, lângă Agra, India, în memoria ei. Peste 1 000 de elefanți au transportat marmura.

Himalaya 1 12 16

Cel mai înalt munte din lume este Everestul din Himalaya: 8 848 m. Din 1953, când Edmund Hillary și Tenzing Norgay au ajuns pentru prima dată în vârful lui, și alți oameni l-au escaladat.

Marea peșteră 11 15

Camera Sarawak, sau Lubang Nasib Bagus, în Borneo, Malaysia, este cea mai mare sală de peșteră din lume: circa 70 m înălțime, 700 m lungime și 300 m lățime.

alpiniști

Turnurile Gemene Petronas (8) (17)

În Kuala Lumpur, capitala Malaysiei, se ridică Turnurile Gemene Petronas, unele dintre cele mai înalte clădiri din lume – 452 m. Fiecare turn are 88 de etaje. Un pod suspendat cu două etaje, care cântărește cam 750 de tone, unește cele două turnuri la etajele 41 și 42.

Marele Zid (13) (18)

Marele Zid Chinezesc, cea mai mare structură construită de om, se întinde pe 6 300 km, dar ar putea fi chiar mai lung. Construcția a început în timpul dinastiei Qin, în 221 î.Hr., când primul împărat al Chinei a ordonat unirea mai multor ziduri deja construite, și a continuat până la începutul secolului XVII.

Angkor Wat (6) (10)

Mai mult de 100 de *wat*, sau temple, au fost construite în Angkor Wat, Cambodgia, între secolele IX și XIII. Cel mai mare este Angkor Wat, construit în cinstea zeului hindus Vishnu, în secolul XII.

ÎNTREBĂRI: Europa

Nivelul 1

1. Unde se află Piața Roșie: la Paris sau la Moscova?
2. Tunelul Canalului Mânecii trece pe sub sau pe deasupra Canalului Mânecii?
3. Turnul Înclinat din Pisa a fost proiectat să se încline. Adevărat sau fals?
4. Câte linii de cale ferată se găsesc în Tunelul Canalului Mânecii: 1, 2 sau 3?

Nivelul 2

5. Peștera de gheață Eisriesenwelt este cea mai mare peșteră de gheață din lume. Adevărat sau fals?
6. Muzeul Guggenheim se află la Paris, la Bilbao sau la Salzburg?
7. Turnul Eiffel a fost construit la Paris pentru a celebra căderea Bastiliei, sfârșitul Războiului de 100 de Ani sau Expoziția Universală?
8. Cine a ordonat construirea catedralei Sf. Vasile: Ivan cel Groaznic, Rasputin sau Ecaterina cea Mare?
9. Ce înseamnă Eisriesenwelt: mica lume de gheață, peștera gigantică sau lumea gigantică de gheață?
10. Ce munte din lanțul Alpilor are formă de piramidă?
11. Ce structuri se ridică în vârful catedralei Sf. Vasile?
12. Cât de înalt este vârful Mont Blanc: 4 808 m, 5 808 m sau 7 808 m?
13. Ce este o campanilă: un turn cu clopot, un dom sau o turlă?
14. Cât cântărește Turnul Eiffel: circa 5 330 tone, 7 300 tone sau 10 300 tone?

Nivelul 3

15. Cât de lung este Tunelul Canalului Mânecii?
16. Cât timp a durat construcția Turnului Înclinat din Pisa?
17. Ce are la bază Turnul Eiffel?
18. Cu ce sunt acoperite panourile de la Muzeul Guggenheim?

Europa

Europa este penultimul continent ca mărime din lume. Se întinde la vest de munții Ural, care o despart de Asia. În Europa se află multe țări și câteva microstate. Deși mici, aceste state sunt țări independente. Vaticanul este cel mai mic stat din lume. Acest stat se află în mijlocul Romei, Italia.

Pisa

3 13 16

Turnul Înclinat din Pisa, Italia, este campanila orașului sau clopotnița. Turnul a început să se încline în timpul construcției, care a demarat în 1173 și s-a terminat în 1370. Turnul are șapte clopote, la care se ajunge urcând 294 de trepte.

Moscova

1 8 11

Ivan cel Groaznic a ordonat construirea catedralei Sf. Vasile din Piața Roșie din Moscova. Catedrala a fost construită între 1555 și 1561. Fiecare turn are o cupolă unică, în formă de ceapă.

Tunelul Canalului Mânecii

2 4 15

Mașini gigantice de săpat tuneluri au fost folosite pentru a lucra pe sub Canalul Mânecii, între Franța și Marea Britanie. Tunelul a fost terminat în 1994, după șapte ani de lucrări. Are 50 km lungime, dintre care 39 sunt sub apă. Tunelul are trei linii de cale ferată: două pentru trenuri și una pentru utilajele de întreținere.

Turnul Eiffel
7 14 17

Turnul Eiffel din Paris, Franța, a fost construit în 1889, cu ocazia Expoziției Universale. Cântărește 7 300 de tone. Are 324 m înălțime și stă pe o bază susținută de patru piloni.

Muzeu de artă modernă
6 18

Arhitectul Frank O. Gehry a proiectat Muzeul Guggenheim din Bilbao, Spania, deschis în 1997. Panourile curbate sunt acoperite cu titan.

Alpi
10 12

Acest lanț muntos se întinde în Germania, Austria, Franța, Italia, Liechtenstein, Slovenia și Elveția. Mont Blanc este cel mai înalt vârf: 4 808 m. Vârful Matterhorn este cunoscut pentru forma sa de piramidă.

Peșteră de gheață
5 9

Cea mai mare peșteră de gheață din lume este Eisriesenwelt („Lumea gigantică de gheață"), de lângă Salzburg, Austria. Face parte dintr-un sistem de circa 42 km lungime, cu 1 km din peșteră acoperit de gheață. Deși vânătorii din zonă știau de peșteră, a fost descoperită oficial în 1879, de Anton Posselt.

ÎNTREBĂRI: America de Nord

Nivelul 1

1. Statuia Libertății se află la Washington. Adevărat sau fals?
2. Din câte cascade este alcătuită Niagara?
3. Marele Canion se află în Arizona. Adevărat sau fals?
4. Care este cel mai înalt copac: sequoia sau pinul scoțian?
5. Podul Golden Gate traversează golful San Francisco?

Nivelul 2

6. Chipul cărui președinte al SUA nu este sculptat pe muntele Rushmore: Lincoln, Kennedy sau Theodore Roosevelt?
7. Din câte secțiuni principale este alcătuit Marele Canion: 3, 5 sau 7?
8. Câte chipuri de președinți americani au fost sculptate în muntele Rushmore: 3, 4 sau 5?
9. Cât de înaltă este Statuia Libertății: 82,5 m, 93,5 m sau 95 m?
10. Ce vârstă are cel mai bătrân sequoia: 1 000 de ani, 3 200 de ani sau 5 500 de ani?
11. Cablurile verticale ale podului Golden Gate sunt evidente într-o zi însorită?
12. Ce începe cu R, le găsiți la Statuia Libertății și reprezintă cele șapte oceane și continente ale lumii?
13. Rearanjați literele ACOSTA ED STEV pentru a forma numele locului unde cresc sequoia.

Nivelul 3

14. De ce turnurile podului Golden Gate par a fi mai înalte decât sunt în realitate?
15. Ce modificări suferă plantele care cresc mai jos, în Marele Canion?
16. Cu cât este mai lată Cascada Potcoavei decât Cascada Americană?
17. Cât a durat sculptarea monumentului de pe Rushmore?
18. Ce lungime are podul Golden Gate?

GĂSIȚI RĂSPUNSUL

America de Nord

Continentul nord-american include Groenlanda și o mulțime de insulițe din Caraibe, precum și Statele Unite ale Americii, Canada, Mexic și țările din America Centrală. Numele America vine, probabil, de la Amerigo Vespucci, care a scris primul despre acest continent ca fiind o „Lume Nouă“.

Statuia Libertății

Libertate 1 9 12

Statuia Libertății, de 93,5 m, din portul orașului New York, a fost un dar al Franței, în 1884. A fost proiectată de Gustave Eiffel, cele șapte raze de pe coroană reprezentând cele șapte mări și cele șapte continente.

Sequoia 4 10 13

Pe coasta de vest a SUA se găsesc impresionanții sequoia de coastă, cel mai înalt copac – 112 m. Cel mai bătrân sequoia gigant are 3 200 de ani.

Podul Golden Gate 5 11 14 18

Golful San Francisco din California poate fi traversat pe podul Golden Gate, care măsoară 2 737 m lungime. Distanța maximă dintre cei doi stâlpi principali este de 1 280 m, turnurile fiind mai mici în vârf decât la bază, pentru a face podul să pară mai înalt. Cablurile verticale ies în evidență în zilele însorite, când razele soarelui luminează podul.

sequoia de coastă

Marele Canion

3 7 15

Marele Canion din Arizona, SUA, are trei secțiuni principale: zona de sud, zona de nord și canionul interior. Fiecare are un climat și o vegetație diferită. Plantele devin tot mai mici și mai rare cu cât cresc mai jos în canion, pe fundul lui fiind tufișuri specifice deșertului.

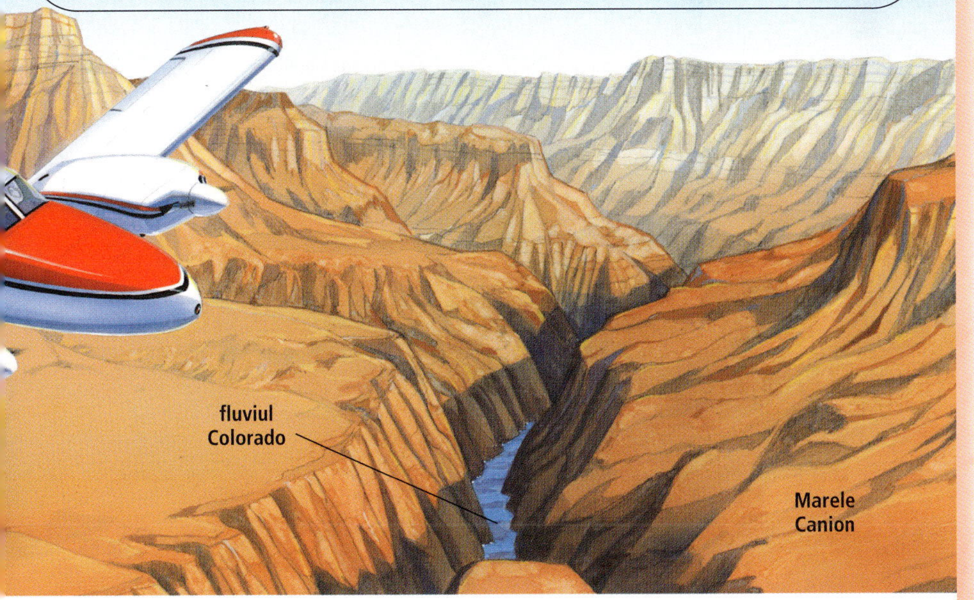

Cascada Niagara

2 16

Există trei cascade care alcătuiesc Niagara: Cascada Americană (323 m lățime), Cascada Potcoavei (792 m lățime) și Cascada Vălul Miresei (17 m lățime). Cascadele și fluviul Niagara se află între Ontario, Canada, și New York, SUA.

Muntele Rushmore

6 8 17

Chipurile celor patru președinți ai SUA – Lincoln, Jefferson, Washington și Roosevelt – au fost sculptate în muntele Rushmore, Dakota de Sud, de Gutzon Borglum și de 400 de muncitori, între 1927–1941.

ÎNTREBĂRI: America de Sud

Nivelul 1

1. Incașii au construit Machu Picchu în munții Anzi?
2. Cascada Angel este cea mai înaltă cascadă din lume. Adevărat sau fals?
3. Amazonul este cel mai mare fluviu din lume, dar nu și cel mai lung. Adevărat sau fals?
4. Ce oraș este celebru pentru plajele sale: Lima sau Rio de Janeiro?
5. Lama este o specie de pisică sălbatică. Adevărat sau fals?

Nivelul 2

6. Statuia lui Iisus se găsește pe vârful sau la baza muntelui Căpățâna de Zahăr din Brazilia?
7. Ce procent din oxigenul planetei produce pădurea tropicală amazoniană: 2%, 10% sau 20%?
8. Cascada Angel este numită astfel după ce pilot american?
9. Machu Picchu a fost construit în ce secol: XIII, XIV sau XV?
10. Lacul Titicaca are apă dulce sau sărată?
11. Din câte construcții este alcătuit Machu Picchu: 10, 100 sau 200?
12. Ce începe cu A, are lână fină și trăiește în Argentina?
13. În limba quechua Machu Picchu înseamnă munte înalt, munte bătrân sau munte tânăr?
14. Izvorul Amazonului se află în Anzi, în Himalaya sau în Munții Stâncoși?

Nivelul 3

15. Cât de lung este Amazonul?
16. Unde se află cele mai multe păduri tropicale umede ale lumii?
17. Din ce sunt construite insulele artificiale de pe lacul Titicaca?
18. Din ce materiale și-au construit incașii clădirile?

GĂSIȚI RĂSPUNSUL

America de Sud

America de Sud este un continent alcătuit din 12 țări, cea mai mare fiind Brazilia. Este legat de America de Nord prin istmul Panama, o fâșie îngustă de pământ. Pe lângă spaniolă și portugheză, în America de Sud se vorbesc multe limbi indigene, precum aymara, guarani și quechua – limba vorbită de incași.

Pădure tropicală umedă (7) (16)

Peste jumătate dintre pădurile tropicale se găsesc în bazinul Amazonului. Pădurea tropicală amazoniană are mai multe specii decât orice altă pădure tropicală. Ea produce 20% din oxigenul de pe planetă.

Rio (4) (6)

Rio de Janeiro, Brazilia, este așezat la poalele muntelui Căpățâna de Zahăr. Este celebru pentru plaja Copacabana și pentru statuia lui Iisus Mântuitorul. Statuia se află în vârful muntelui.

Amazon (3) (14) (15)

Fluviul Amazon este cel mai mare din lume ca volum de apă. Are 6 387 km lungime, fiind al doilea ca lungime după Nil. Izvorul Amazonului se află în Nevado Mismi, la altitudine, în munții Anzi.

Cascada Angel (2) (8)

Cea mai înaltă cascadă din lume – 979 m – este Cascada Angel din Venezuela. Este de 15 ori mai înaltă decât Niagara. A fost numită după James Crawford Angel, un pilot american care a survolat-o în 1933.

Machu Picchu (1) (9) (13)

Pe la 1450, incașii au construit Machu Picchu, în munții Anzi din Peru, într-un loc probabil sacru. Machu Picchu înseamnă „muntele bătrân“ în quechua. Ruinele orașului au fost descoperite de Hiram Bingham, în 1911.

Lacul Titicaca 10 17

Cel mai mare lac cu apă dulce din America de Sud este Titicaca. Se află în munții Anzi din Peru și Bolivia. Populația uro trăiește pe insulele artificiale de pe lac construite din trestii totora care cresc pe lac și rezistă cam 30 de ani.

Pampas 5 12

Pampasul argentinian se întinde de la Atlantic la Anzi. Lamele pasc pe aceste pășuni. Incașii foloseau această camelidă pentru lână și carne. Ruda ei, alpaca, are o lână mai fină.

Structură 11 18

Incașii au construit Machu Picchu din blocuri rectangulare de piatră cioplită și șlefuită. Orașul avea circa 200 de clădiri, inclusiv temple ale zeului soarelui, Inti.

ÎNTREBĂRI: Australia și Oceania

Nivelul 1

1. Orașul Sydney este cel mai mare din Australia?
2. Pe Insula Paștelui (Rapa Nui) se află statui sculptate de coloniști polinezieni. Adevărat sau fals?
3. Cangurul trăiește în Australia?
4. Camioanele trailer au remorci?

Nivelul 2

5. Uluru din Australia mai este denumită și Ayers Rock. Adevărat sau fals?
6. Câte statui se găsesc pe Insula Paștelui: 6, 60 sau 600?
7. Uluru este sacru pentru: deținuții britanici, aborigenii australieni sau marsupiale?
8. Ce are montat în față un camion trailer: o bară anticangur, o bară antitauri sau o bară marsupială?
9. Ce se găsește pe Insula de Nord a Noii Zeelande: vulcani, gheizere, izvoare termale sau toate de mai sus?
10. Ce lungime are cel mai lung camion trailer: de 13 trailere, 33 de trailere sau 113 trailere obișnuite?
11. Ce începe cu F și a făcut celebre peșterile Naracoorte din Australia?
12. Sydney a fost înființat pentru crescătorii de oi, pentru plantații de zahăr sau ca o colonie penitenciară?

Nivelul 3

13. Cum se numesc statuile de pe Insula Paștelui (Rapa Nui)?
14. Ce începe cu M și denumește un grup de animale din Australia?
15. În ce an au vizitat paleontologii peștera Victoria, una dintre peșterile Naracoorte, Australia?
16. Unde a fost construită Opera din Sydney?
17. Care este numele maori al Noii Zeelande?
18. La ce distanță de America de Sud se află Insula Paștelui?

GĂSIȚI RĂSPUNSUL

Australia și Oceania

Continentul australian este o insulă înconjurată de oceanele Pacific și Indian. Este continentul cu cel mai plat relief și unul dintre cele mai uscate. Australia se numește și țara de pe această insulă. Oceania este termenul folosit pentru regiunea alcătuită din peste 25 000 de insule, printre care Australia, Noua Zeelandă și insulele polineziene din Oceanul Pacific și din mările învecinate.

Sydney

1 12 16

Căpitanul Arthur Phillip a fondat Sydney, cel mai mare oraș din Australia, în 1788, ca o colonie penitenciară în jurul golfului Sydney. Celebra Operă din Sydney a fost construită pe Bennelong Point, în port.

Uluru

5 7

Cea mai mare stâncă din lume este cunoscută cu numele Uluru sau Ayers Rock. Este un loc sacru pentru aborigenii care trăiesc în centrul Australiei. Stânca are aproape 348 m înălțime și 9 km în jurul bazei.

Izvoare termale

9 17

Noua Zeelandă, numită Aotearoa în limba maori, este alcătuită din două insule: Insula de Nord și Insula de Sud. Ele se află la marginea plăcilor pacifică și indo-australiană. Zona din jurul Rotorua, în Insula de Nord, are vulcani activi, gheizere, izvoare termale și vulcani noroioși.

izvoare termale

Peşterile Naracoorte

11 15

Orășelul Naracoorte, Australia de Sud, are 26 de peșteri de calcar. În 1969, paleontologii au descoperit zeci de mii de fosile în peștera Victoria. În tavanul peșterilor s-au format găuri, acestea fiind șubrede întrucât se află la foarte mică adâncime. Fosilele aparțin unor animale care au căzut prin găuri și au rămas prizoniere înăuntru.

Marsupiale (3) (14)

Animalele din grupul marsupialelor nasc pui subdezvoltați, pe care îi poartă în marsupiul mamei. Cel mai mare marsupial, cangurul, trăiește în Australia, la fel ca urșii koala și micul oposum zburător.

statui pe Insula Paştelui

Insula Paştelui (2) (6) (13) (18)

Insula Paștelui (Rapa Nui), ținând de Chile, este o insulă polineziană în Pacific, la 4 000 km de America de Sud. Coloniștii polinezieni din vechime au sculptat statui (moai) pe insulă acum 1 000 de ani.

Camioane trailer (4) (10)

În deșertul australian nu există cale ferată, astfel încât sunt folosite camioane trailer (cu trei sau patru trailere mari). Cel mai lung camion trailer a avut atașate 113 trailere, tractându-le 150 m.

Bare anticanguri (8)

Din cauza accidentelor provocate de canguri, o bară anticanguri este atașată în fața camioanelor trailer, pentru a proteja vehiculul și șoferul. În zonele unde se cresc vite, se folosește o bară antitaur.

ÎNTREBĂRI: Antarctica

Nivelul 1

1. Pinguinii trăiesc în Antarctica. Adevărat sau fals?
2. Cum călătoresc oamenii pe gheață în Antarctica: cu snowmobilul, cu automobilul sau cu autobuzul?
3. În Antarctica există stațiuni de cercetare permanente. Adevărat sau fals?
4. Cum se numește grupul de foci-elefant: harem sau formație?
5. Pinguinul este o pasăre. Adevărat sau fals?

Nivelul 2

6. Câți cercetători trăiesc și lucrează în Antarctica vara: 400, 4 000 sau 40 000?
7. Cu ce face legătura GPS-ul: cu internetul, cu telefonul mobil sau cu sateliții?
8. Ghețarul Lambert este cel mai mare, cel mai mic sau cel mai tânăr ghețar din Antarctica?
9. Cât de mult poate să se scufunde o focă-elefant: până la 15 m, 150 m sau până la 1 500 m?
10. De ce migrează balenele către nord: pentru a se înmulți, pentru a se hrăni sau pentru a urmări vasele?
11. Când migrează balenele spre sud: primăvara, vara, toamna sau iarna?
12. Ce este un Dornier 228: un avion, un snowmobil sau un buldozer?
13. Ranulph Fiennes și Mike Stroud și-au tras singuri săniile când au traversat Antarctica, în 1993. Adevărat sau fals?

Nivelul 3

14. Ce sunt coloniile de pinguini?
15. Cum se numește cel mai sudic punct al planetei?
16. Ce vehicul are șenile la fel ca buldozerul?
17. Ce cuprinde un harem al unui stăpân al plajei?
18. De ce folosesc cercetătorii corturi speciale?

GĂSIȚI RĂSPUNSUL

Antarctica

Antarctica măsoară 14 milioane km^2, cam o dată și jumătate suprafața SUA. Peisajul ei este alcătuit din doar 2% uscat – restul de 98% este gheață. Este cel mai rece, mai vântos și mai arid continent din lume. Nimeni nu trăiește acolo tot anul, dar cercetătorii îl vizitează pentru studiu, locuind în stații de cercetare special echipate.

Polul Sud (15)

Polul Sud din Antarctica este cel mai sudic punct de pe Pământ. Calota glaciară este în continuă mișcare, încât Polul Sud se deplasează puțin în fiecare an.

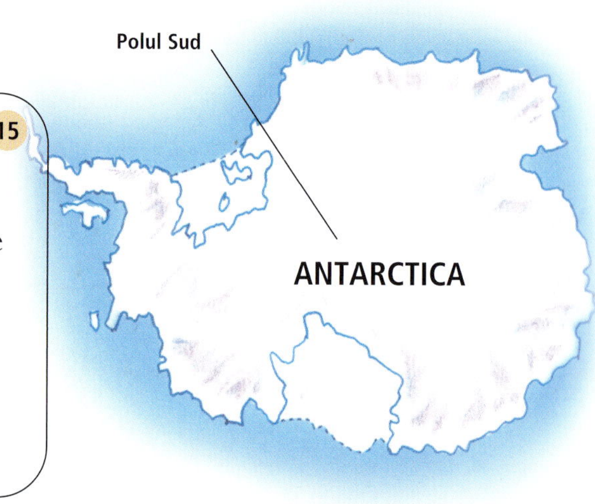

balenă Minke

Balene (10, 11)

Balenele antarctice, precum cașalotul, balena Minke sau balena cu cocoașă, migrează în sud vara, pentru a se hrăni cu bancuri de krill. Apoi migrează către nord pentru a se înmulți.

Transport (2, 12, 16)

Avionul Dornier 228 este folosit la transportul pasagerilor și al mărfii. Călătoriile pe continent se fac cu snowmobilul sau cu hagglund, vehicul ca un buldozer.

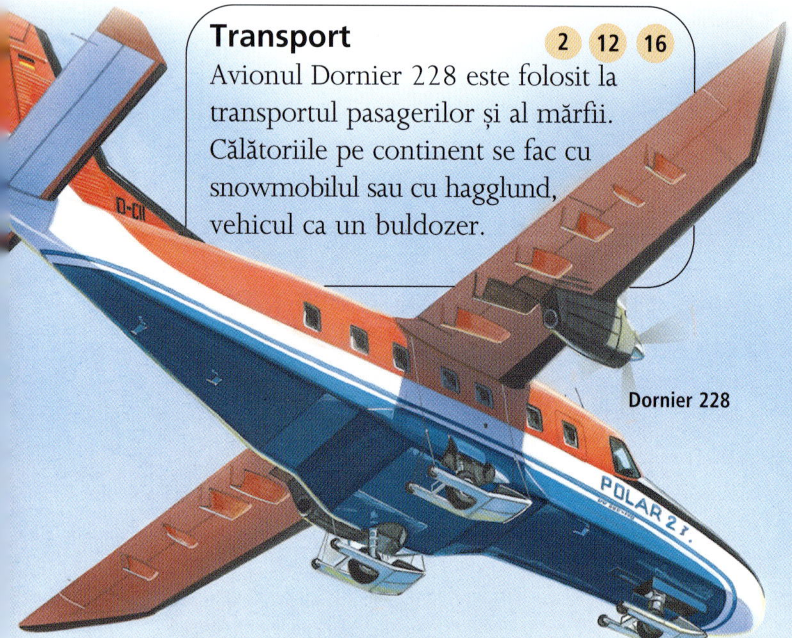
Dornier 228

Exploratori (13)

Roald Amundsen a ajuns primul la Polul Sud, iar în 1993 Ranulph Fiennes și Mike Stroud au făcut prima traversare, fără sprijin logistic, a Antarcticii, trăgând câte o sanie de 225 kg.

Pinguini (1, 5, 14)

Printre pinguinii din Antarctica se numără pinguinii imperiali, Adélie și Gentoo. Pinguinii nu zboară, dar sunt înotători buni și pot sări ca să scape de dușmani. Se înmulțesc în colonii mari.

Cercetători (3, 6)

În Antarctica există stații de cercetare permanente și stații de vară, înființate de 27 de țări. În timpul verii, 4 000 de cercetători trăiesc și lucrează aici. Iarna, mai puțin de 1 000 de oameni trăiesc în Antarctica.

Gheţari
8

Gheţarul Lambert este cel mai mare gheţar din lume: 80 km lăţime şi 500 km lungime. Masivul Fisher este un *nunatak*, sau munte, înalt de 1 700 m care se ridică de-a lungul laturii vestice a gheţarului.

Foci
4 9 17

Focile-elefant sunt înotătoare de elită şi se pot scufunda până la 1 500 m. Trăiesc în grupuri numite haremuri. Masculii se luptă pentru dreptul de împerechere. Câştigătorul, stăpânul plajei, poate avea 50 de femele în harem.

Studii ştiinţifice
7 18

GPS (Sistem de Poziţionare Globală) se conectează cu sateliţii aflaţi deasupra Pământului, pentru a oferi cercetătorilor informaţii despre localizarea lor exactă în Antarctica. Corturile speciale sunt făcute pentru a rezista vânturilor puternice şi îngheţate, care pot atinge 145 km/h.

ÎNTREBĂRI:
Unde în lume?

Nivelul 1

1. Ce oraş este supranumit „Marele Măr“?
2. În ce ţară se află Rio de Janeiro?
3. Ce oraş este cea mai importantă destinaţie turistică din Europa?

Nivelul 2

4. Ce eveniment celebru se organizează în fiecare an la Rio de Janeiro?
5. Cum s-a numit înainte oraşul Mumbai din India?
6. Care este cel mai vechi oraş din Africa de Sud?
7. Care este cea mai mare insulă a Japoniei?

Nivelul 3

8. Ce procent din populaţia Japoniei trăieşte în capitală?
9. Pentru ce este celebru oraşul Sydney din Australia?
10. Unde se află cea mai mare reţea de metrou din lume?

GĂSIȚI RĂSPUNSUL

Unde în lume?

Orașele sunt așezări mari, mai întinse și mai populate decât comunele și satele. Majoritatea orașelor s-au dezvoltat din mici așezări agricole sau vânătorești, deși unele au fost planificate de la zero. Cele mai faimoase orașe din lume pot fi mai mari și mai bogate decât unele țări – dacă New York ar fi o țară, ar fi a șaisprezecea cea mai bogată din lume.

Tokyo 7 8 10
Este capitala Japoniei, „Țara Soarelui Răsare". Se află pe cea mai mare dintre cele patru insule principale ce alcătuiesc Japonia, numită Honshu, și găzduiește cam 10% din populația țării. Tokyo are cea mai întinsă rețea de metrou din lume.

New York 1
New York, „Marele Măr", este cel mai populat oraș și capitala financiară a SUA, deși capitala oficială este Washington D.C.

Paris 3
Este capitala Franței și cea mai importantă destinație turistică din Europa. Printre atracțiile sale celebre se numără Turnul Eiffel, *Mona Lisa* și Muzeul Luvru.

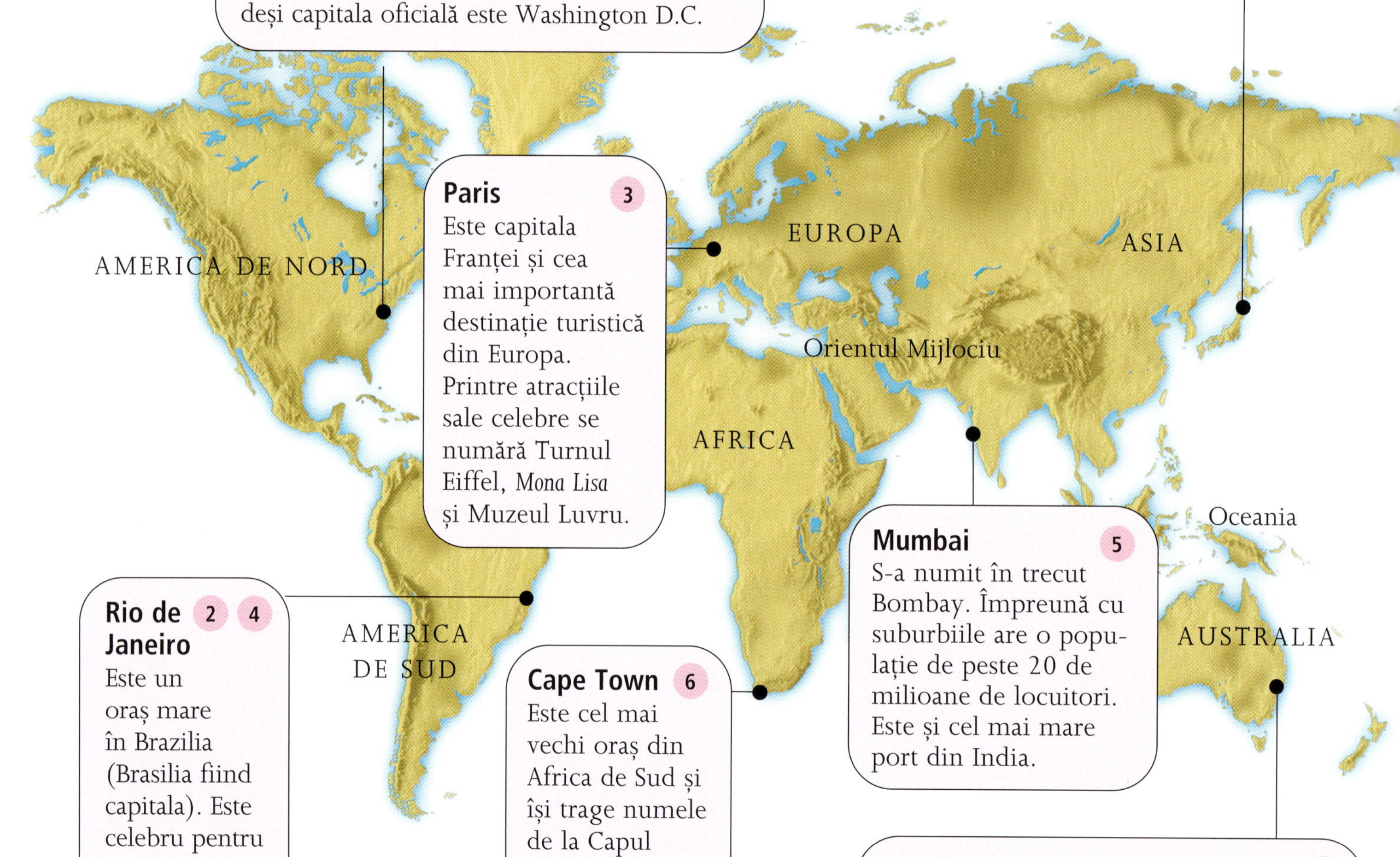

Mumbai 5
S-a numit în trecut Bombay. Împreună cu suburbiile are o populație de peste 20 de milioane de locuitori. Este și cel mai mare port din India.

Rio de Janeiro 2 4
Este un oraș mare în Brazilia (Brasilia fiind capitala). Este celebru pentru organizarea unui mare carnaval anual.

Cape Town 6
Este cel mai vechi oraș din Africa de Sud și își trage numele de la Capul Bunei Speranțe, cel mai sudic punct al Africii.

Sydney 9
Este celebru pentru opera sa, construită în portul său.

Răspunsuri 1) New York, SUA **2)** Brazilia **3)** Paris, Franța **4)** Carnaval **5)** Bombay **6)** Cape Town **7)** Honshu **8)** 10% **9)** Operă **10)** Tokyo, Japonia

TESTUL TREI

Știință și invenții

ÎNTREBĂRI:

Explorarea spațiului

Nivelul 1

1. Prima ființă vie trimisă în spațiu a fost un șoarece. Adevărat sau fals?
2. Cine a fost prima persoană care a ajuns pe Lună: Neil Armstrong, Nelly Armstrong sau Norman Armstrong?
3. Literele STAKAZNAH pot fi rearanjate pentru a forma numele cărei republici din fosta Uniune Sovietică?
4. Ce începe cu S și denumește un obiect care orbitează Pământul?

Nivelul 2

5. Ce nume începe cu L și a fost prima ființă în spațiu?
6. Ce începe cu S și este numele primului satelit artificial?
7. Literele URII NAGARIG pot fi rearanjate pentru a forma numele cărui astronaut, primul om care a ajuns în spațiu?
8. În ce an a pășit omul pentru prima dată pe Lună: 1959, 1969 sau 1979?
9. În ce an a zburat pentru prima dată omul în spațiu: 1941, 1951 sau 1961?
10. Cine a spus: „Un pas mic pentru om, un salt uriaș pentru omenire“?
11. Literele LARUN VERRO pot fi rearanjate pentru a forma numele cărui vehicul folosit pe Lună?
12. Cât a stat în spațiu prima persoană: 89 de minute, 89 de ore sau 89 de zile?

Nivelul 3

13. Care a fost ultima misiune Apollo pe Lună?
14. În ce an a ajuns aceasta pe Lună?
15. Cum se numeau astronauții sovietici?
16. Ce începe cu V și este numele primei navete spațiale cu oameni la bord?
17. Ce a fost lansat pe 12 aprilie 1981?
18. Unde se află cosmodromul Baikonur?

GĂSIȚI RĂSPUNSUL

Explorarea spațiului

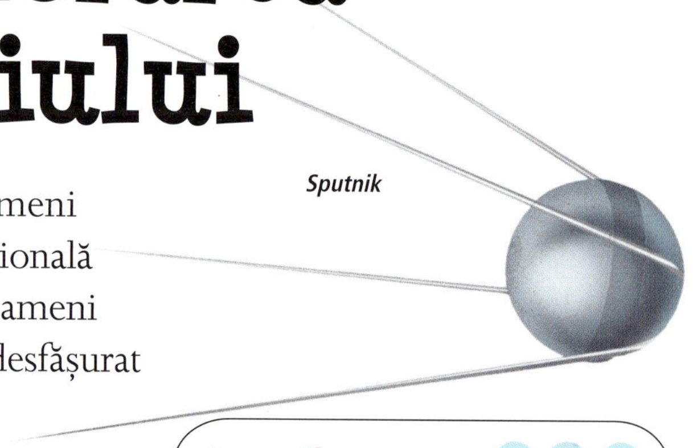

Sputnik

Pare ciudat când te gândești că acum 50 de ani nimeni nu fusese încă în spațiu. Astăzi, o Stație Spațială Internațională orbitează continuu planeta, având la bord o echipă de oameni din diferite țări. Istoria zborului spațial a început și s-a desfășurat sub ochii noștri. Este o poveste captivantă și departe de a fi luat sfârșit.

Sputnik 3 4 6

Sputnik 1 a fost primul satelit (obiect care orbitează Pământul) artificial din lume. A fost lansat din fosta republică sovietică Kazahstan, pe 4 octombrie 1957.

Laika 1 5 18

Prima ființă vie trimisă în spațiu a fost cățelușa Laika. Ea a fost lansată în 1957, cu satelitul *Sputnik 2*, de la cosmodromul Baikonur din Kazahstan.

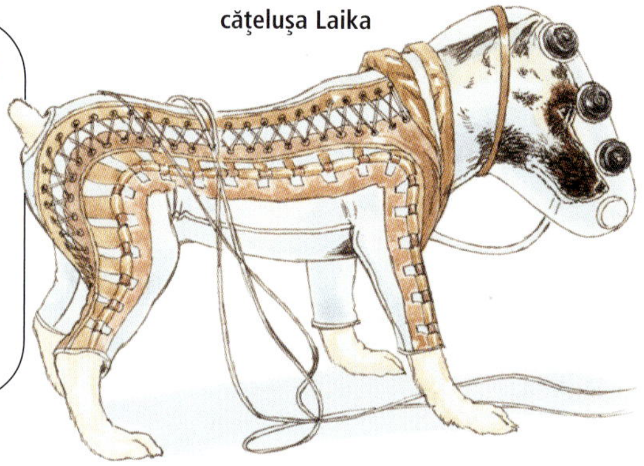

cățelușa Laika

Iuri Gagarin

Aselenizarea 2 8 10

În 1969, Neil Armstrong, membru al misiunii americane Apollo 11, a fost primul om care a pășit pe Lună, spunând celebrele cuvinte: „Un pas mic pentru om, un salt uriaș pentru omenire".

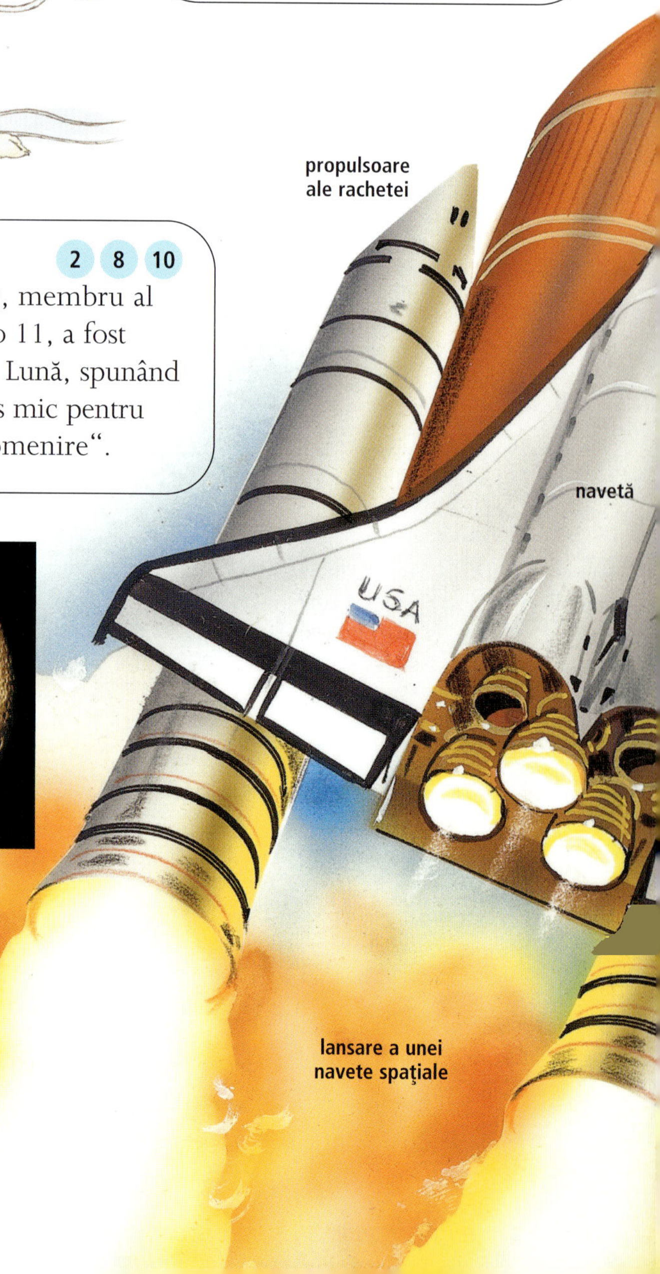

propulsoare ale rachetei

navetă

lansare a unei navete spațiale

Omul în spațiu 7 9 12 16

Pe 12 aprilie 1961, Iuri Gagarin a fost primul om care a călătorit în spațiu, la bordul navei spațiale *Vostok 1*. Pilot al Forțelor Aeriene Sovietice, Gagarin a călătorit în jurul Pământului 89 de minute.

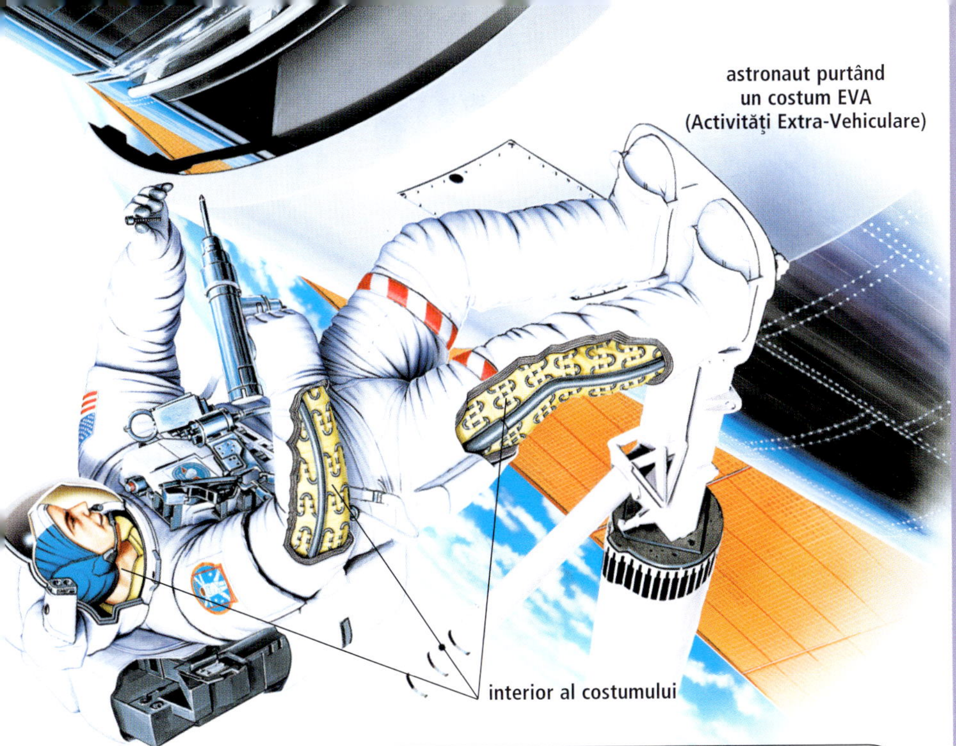

Costum spațial

15

Costumele spațiale sunt proiectate pentru a ține oamenii în viață în spațiu. La început au fost purtate de astronauți și cosmonauți (astronauți sovietici), în interiorul navetelor spațiale. Astăzi, sunt folosite, în principal, pentru operațiuni în spațiu – reparații la navetă, de exemplu.

Misiuni pe Lună

11 13 14

Americanii au efectuat șase aselenizări reușite. A patra misiune, Apollo 15, a adus un vehicul, numit rover lunar, cu care astronauții au mers pe Lună. Ultima misiune cu oameni a fost Apollo 17, care a selenizat pe 7 decembrie 1972. De atunci, nimeni nu a mai fost pe Lună.

Navetă spațială

17

Primele misiuni în spațiu foloseau rachete mari, scumpe, care puteau fi utilizate numai o singură dată. Pe 5 ianuarie 1972, guvernul american a anunțat că va realiza o navă spațială reutilizabilă. Rezultatul a fost naveta spațială lansată pentru prima dată pe 12 aprilie 1981. De atunci, au avut loc peste 100 de lansări.

ÎNTREBĂRI: Sistemul solar

Nivelul 1

1. Pe ce planetă trăiesc oameni?
2. Câte planete există în Sistemul Solar: 5, 8 sau 15?
3. Literele URMCER pot fi rearanjate pentru a forma numele cărei planete?

Nivelul 2

4. Pe partea planetei ascunsă de Soare este zi sau noapte?
5. Câte planete din sistemul nostru solar poartă un nume care începe cu litera M?
6. Ce planetă se află cel mai aproape de Soare?
7. Literele GAGINȚI ED ZAG pot fi rearanjate pentru a forma numele cărui grup de planete mari?
8. Care sunt cele patru planete telurice?
9. Soarele este o stea. Adevărat sau fals?
10. Există planete în sistemul solar mai mari decât Soarele?
11. Planetele s-au format cam în același timp cu Soarele sau mult mai înainte?
12. Ce planetă începe cu S și este compusă, în principal, din hidrogen și heliu?
13. Cât timp îi trebuie Pământului să orbiteze Soarele?
14. Ce începe cu O și este calea urmată de planete în jurul Soarelui?
15. Care corp spațial orbitează Soarele într-un timp mai îndelungat: Pământul sau Pluto?
16. Câte planete din Sistemul Solar au oceane cu apă?

Nivelul 3

17. Ce începe cu N și este un nor rotitor de particule din care se formează planetele?
18. Ce planetă se află mai departe de Soare: Uranus sau Saturn?
19. Care planetă este mai mare: Pământul sau Marte?

GĂSIȚI RĂSPUNSUL

Sistemul solar

Sistemul solar este grupul de planete, printre care și Pământul, care se învârt în jurul Soarelui. Unele sunt mai mici decât Pământul, altele sunt mult mai mari. Sistemul solar are 4 600 de milioane de ani și s-a format la 10 400 de milioane de ani după Big Bang, când s-a născut universul.

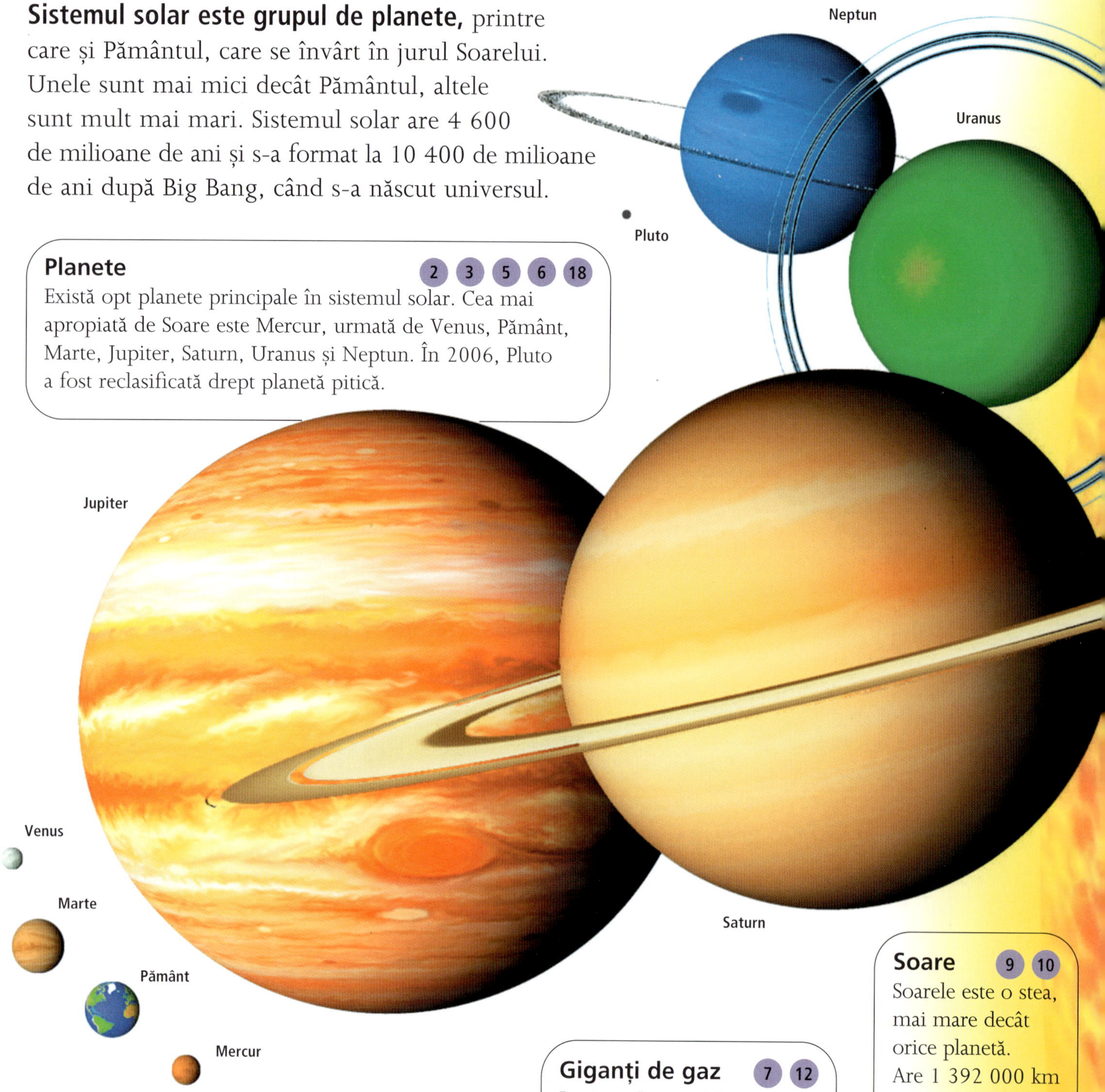

Planete

2 3 5 6 18

Există opt planete principale în sistemul solar. Cea mai apropiată de Soare este Mercur, urmată de Venus, Pământ, Marte, Jupiter, Saturn, Uranus și Neptun. În 2006, Pluto a fost reclasificată drept planetă pitică.

Planete mai mici

8 19

Planetele mai mici sunt Mercur, Venus, Pământ și Marte. Toate sunt planete telurice. Pământul este cea mai mare planetă din acest grup.

Giganți de gaz

7 12

Jupiter, Saturn, Uranus și Neptun sunt numiți planete gazoase. Nucleele lor mici, solide, sunt înconjurate de gaz dens, în principal de hidrogen și de heliu.

Soare

9 10

Soarele este o stea, mai mare decât orice planetă. Are 1 392 000 km diametru și este de peste 1 milion de ori mai mare decât Pământul. Pentru o stea însă, e relativ mică.

Orbite 13 14 15

Toate planetele orbitează Soarele (se învârt în jurul lui). Cu cât o planetă este mai aproape de Soare, cu atât mai scurtă îi este orbita. Orbita Pământului este parcursă într-un an. Planetei pitice Pluto îi ia mai mult de 248 de ani tereștri ca să orbiteze Soarele.

Formarea planetelor 11 17

Planetele s-au format cam în același timp cu Soarele, dintr-o nebuloasă (un nor învolburat din gaz și particule de praf). În timp, particulele din nebuloasă s-au adunat la un loc, formând planetele, acestea fiind atrase de forța gravitației.

Pământul 1 4 16

Oamenii locuiesc pe Pământ, singura planetă cunoscută care poate menține viața. Este a cincea planetă din sistemul solar ca mărime și singura cu oceane de apă. Se învârte în jurul Soarelui într-un an și în jurul propriei axe în 24 de ore. Astfel, este zi pe acea parte a Pământului cu fața spre Soare și noapte pe partea ascunsă.

ÎNTREBĂRI: Vulcani și cutremure

Nivelul 1

1. Suprafața Pământului este făcută din roci solide sau lichide?
2. Cum se numește suprafața Pământului: înveliș, scoarță sau coajă?
3. Literele PERIUȚE pot fi rearanjate pentru a forma un cuvânt care are legătură cu un vulcan care explodează?
4. Un seismolog este un tip de cutremur. Adevărat sau fals?

Nivelul 2

5. Ce începe cu R și denumește o scară seismică?
6. Care sunt mai groase: plăcile continentale sau plăcile oceanice?
7. Majoritatea cutremurelor pot să dărâme clădiri?
8. Cât de groasă este mantaua Pământului: 290 km sau 2 900 km?
9. Lanțurile montane se formează acolo unde plăcile se apropie sau se îndepărtează?
10. Cutremurele sunt frecvente acolo unde se ciocnesc plăcile?
11. Japonia este situată pe locul de întâlnire a două plăci?
12. Ce începe cu L și este roca topită într-o erupție vulcanică?
13. Ce începe cu F și este forța produsă de plăci care se ciocnesc?
14. Literele SUBȚIDUCE pot fi rearanjate pentru a forma numele cărui tip de mișcare a plăcilor?
15. Vulcanii apar unde două plăci se îndepărtează una de alta?

Nivelul 3

16. Care este cea mai întâlnită substanță în nucleul Pământului?
17. Care e mai groasă: scoarța sau mantaua Pământului?
18. Pe care placă apar vulcani când o placă oceanică și una continentală se întâlnesc?

GĂSIȚI RĂSPUNSUL

Vulcani și cutremure

Scoarța Pământului este într-o permanentă mișcare. Vulcanii și cutremurele apar când secțiuni ale scoarței (plăci) se ciocnesc sau se îndepărtează una de alta. Vulcanii și cutremurele sunt mai frecvente în anumite părți ale lumii. Prin monitorizarea vibrațiilor pământului (activitate seismică) cercetătorii pot uneori să prezică un mare cutremur sau o erupție vulcanică.

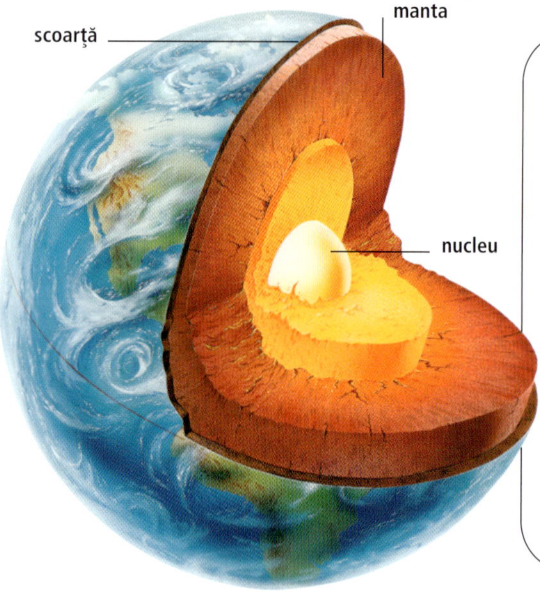

Pământul 1 2 8 16 17

Stratul solid de la suprafața Pământului se numește scoarță și are o grosime de la 5 km până la 80 km. Sub scoarță se află mantaua care are 2 900 km grosime și este alcătuită din rocă topită. Centrul, nucleul, este alcătuit, în principal, din fier. Are un nucleu exterior lichid și unul interior solid și o temperatură de circa 4 500°C.

Vulcani 3 12 18

Vulcanii se formează când roca topită este împinsă prin scoarță. Când are loc subducția, placa oceanică se topește dedesubt, creând o cantitate mare de rocă topită. Roca este apoi eliberată sub formă de lavă, printr-o erupție.

Îndepărtare 9 15

Când plăcile se îndepărtează, apar creste de munte. Adesea se formează vulcani, pentru că roca topită urcă din manta.

Subducție 6 14

Când plăcile continentale și oceanice se apropie, placa oceanică alunecă adesea sub placa continentală mai groasă – proces numit subducție.

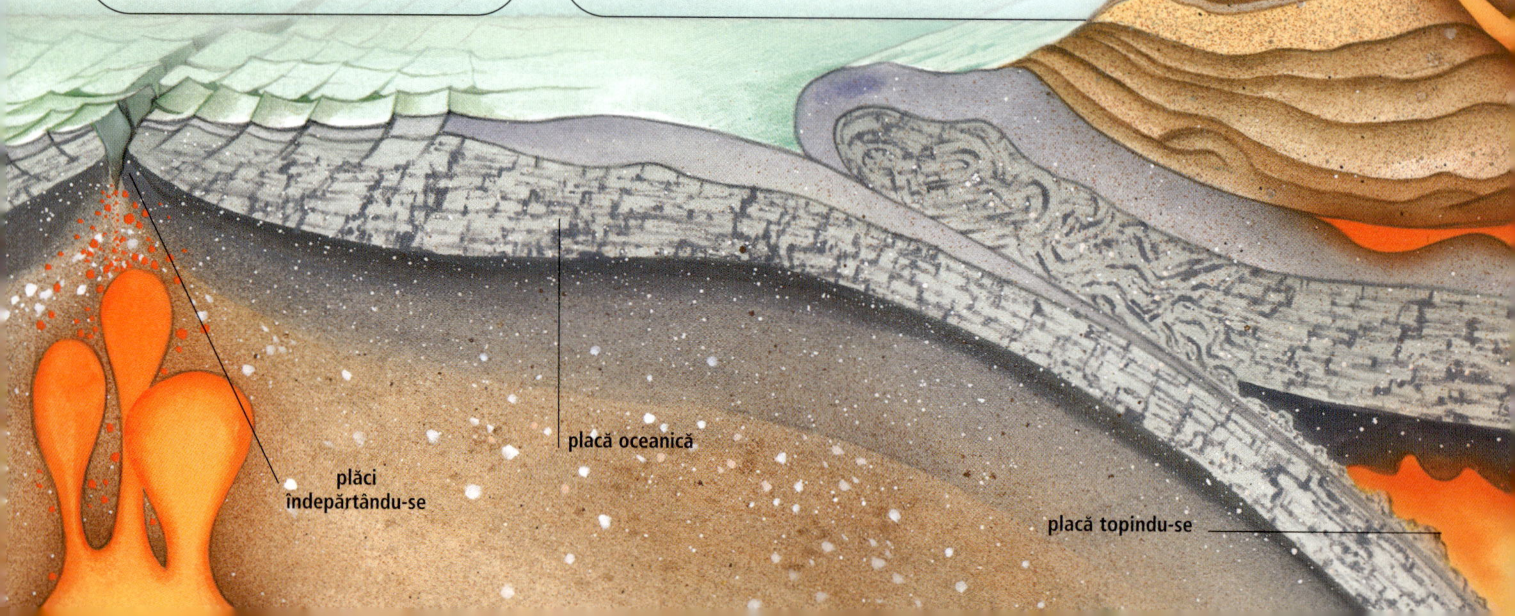

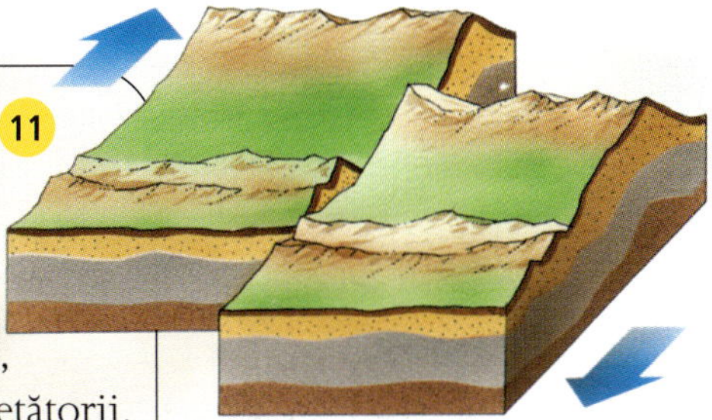

Cutremure 4 5 7 11

Cutremurele au loc în special acolo unde se întâlnesc două plăci, ca în zona de sub Japonia. Majoritatea cutremurelor sunt mici, dar unele pot distruge clădiri. Cercetătorii, numiți seismologi, pot măsura forța cutremurelor folosind scara Richter.

Fricțiune 10 13

Cutremurele sunt rezultatul forțelor de fricțiune care apar când două plăci trec una pe lângă alta. În alunecarea lor, plăcile trepidează provocând cutremure.

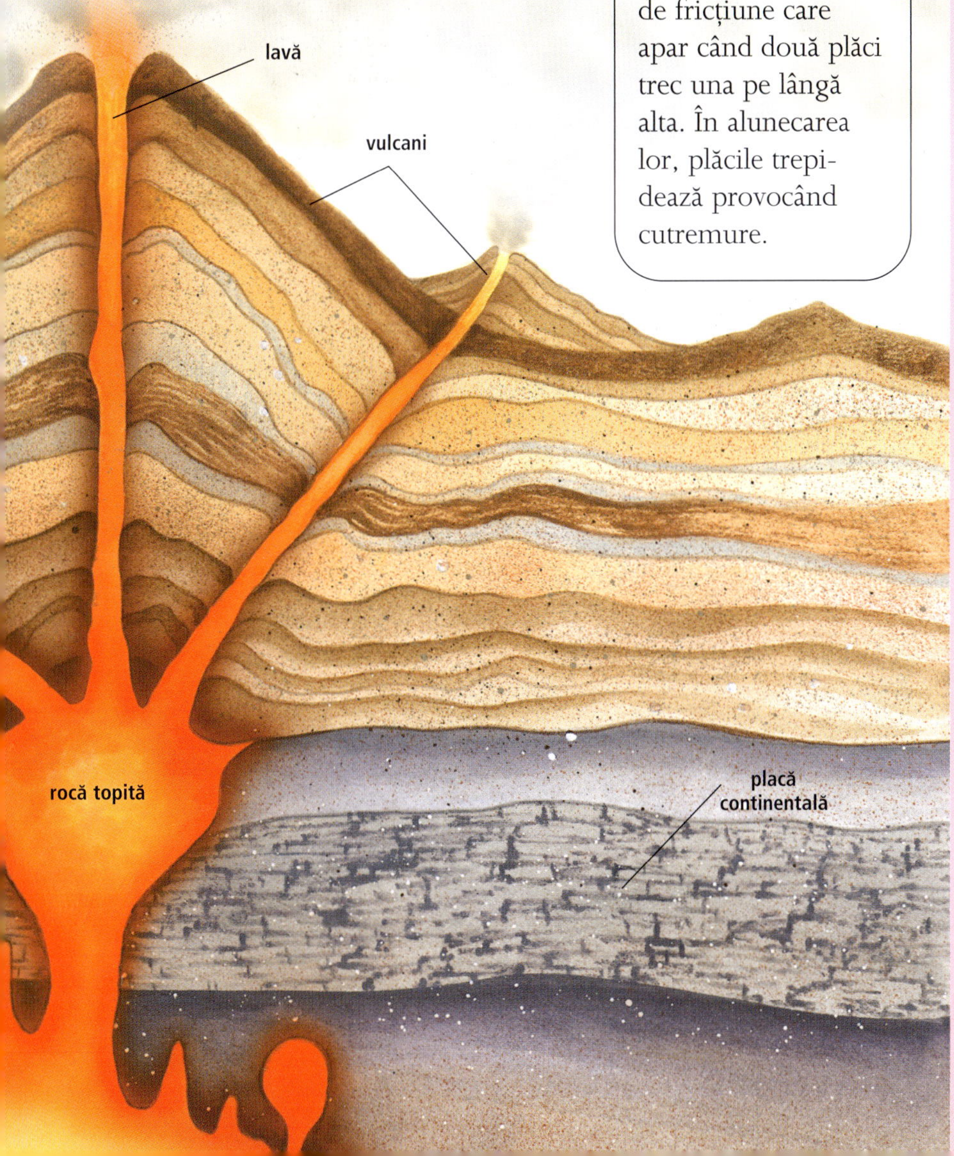

ÎNTREBĂRI: Minerale și roci

Nivelul 1

1. Smaraldele sunt roșii. Adevărat sau fals?
2. Ce culoare au rubinele?
3. Aurul este un metal. Adevărat sau fals?
4. Câte laturi are un hexagon: una, trei sau șase?

Nivelul 2

5. Literele TARING pot fi rearanjate pentru a forma numele cărei roci vulcanice folosite în construcții?
6. Cristalele se formează sub pământ. Adevărat sau fals?
7. Rocile sedimentare se formează pe fundul mărilor, lacurilor și râurilor sau în adâncul pământului?
8. Ce cuvânt se folosește pentru rocile care se formează sub o mare presiune sau la temperatură mare: metamorfice, matematice sau metafizice?
9. Bazaltul este o rocă vulcanică sau sedimentară?
10. Pietrele prețioase sunt tăiate și șlefuite pentru a fi folosite la bijuterii. Adevărat sau fals?
11. Ce începe cu C și formează diamante?
12. Care sunt cele mai scumpe: diamantele, smaraldele sau rubinele?
13. Literele RASIF pot fi rearanjate pentru a forma numele cărei pietre prețioase?
14. Literele APT pot fi rearanjate pentru a forma un cuvânt care înseamnă straturi de rocă?

Nivelul 3

15. În ce țară se află Digul Uriașului?
16. Ce începe cu M și este roca topită care se răcește formând roci vulcanice?
17. Care este numele pietrelor cu margini lustruite de apă?
18. Ce începe cu E și nu poate fi descompus?

GĂSIȚI RĂSPUNSUL

Minerale și roci

Rocile sunt elementele primare din care este alcătuită scoarța Pământului, iar substanțele din care sunt compuse se numesc minerale. Înfățișarea și calitățile unei roci sunt determinate de modul în care e formată. Oamenii folosesc rocile și mineralele pentru a face aproape orice, de la bijuterii la locuințe.

Roci metamorfice (8)

Cele trei tipuri principale de roci sunt metamorfice, sedimentare și vulcanice. Rocile metamorfice, precum marmura, se formează sub pământ, roca fiind supusă unor presiuni și temperaturi mari.

Roci vulcanice (4) (9) (15) (16)

Digul Uriașului din Irlanda de Nord este alcătuit din coloane hexagonale (cu șase laturi) de bazalt, o rocă vulcanică. Ca toate rocile vulcanice, și aceasta s-a format din magma vulcanică (rocă topită) care a erupt și apoi s-a răcit.

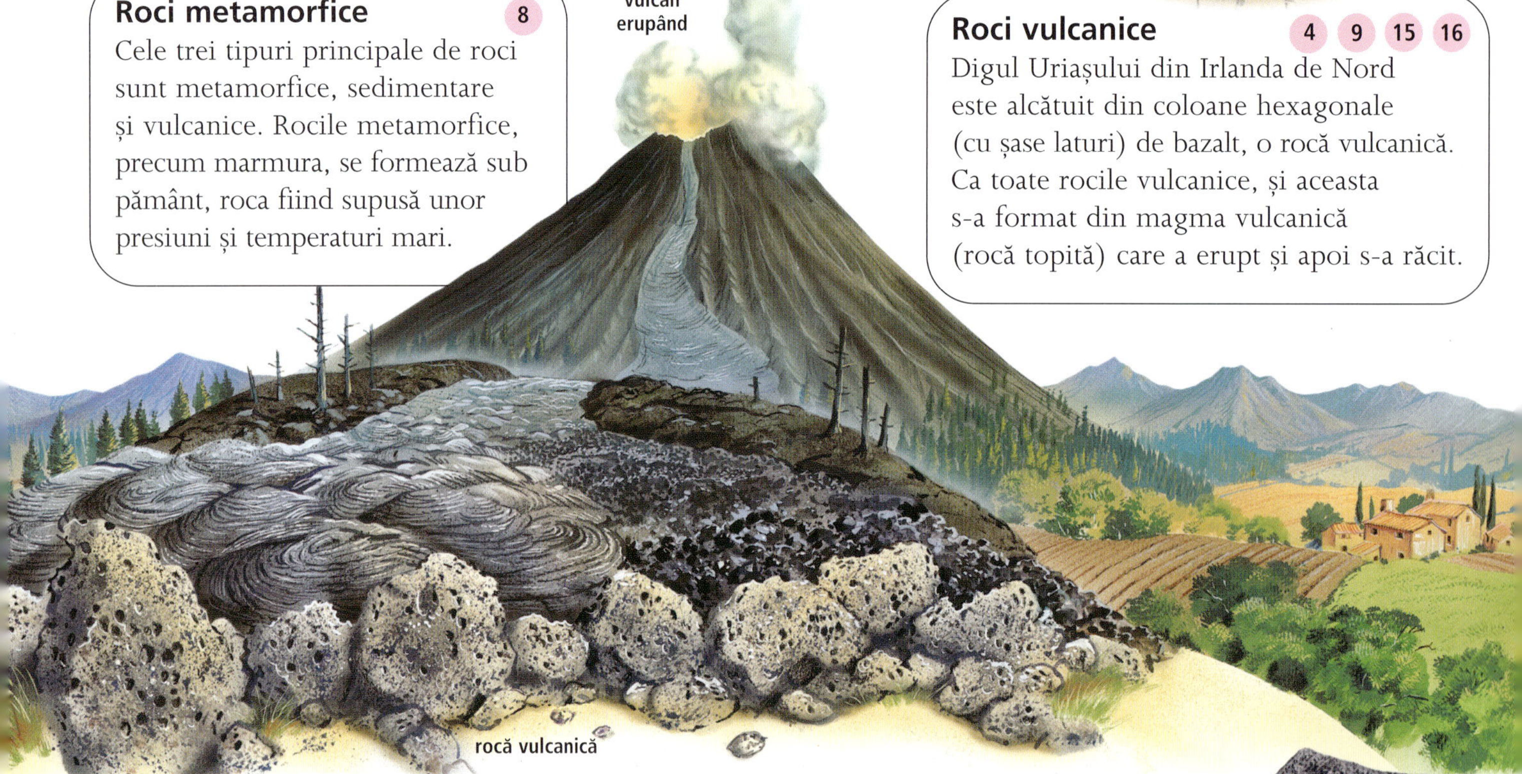

Roci sedimentare (7) (14)

Se formează din sedimente ca nisipul și noroiul, pe fundul mărilor, lacurilor și râurilor, de-a lungul unor perioade lungi de timp. Treptat, greutatea apei le comprimă, apărând rocile. Rocile sedimentare se formează în straturi (paturi).

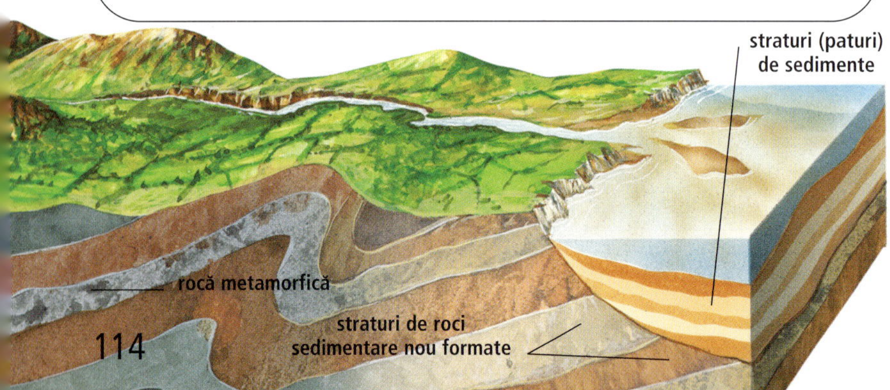

Pietre (5) (17)

O piatră este o bucată mică de rocă. Iar prundișul este format din pietre rotunjite de acțiunea apei. Cele mai dure pietre sunt cele din roci vulcanice, precum granitul, sau din metamorfice, precum ardezia.

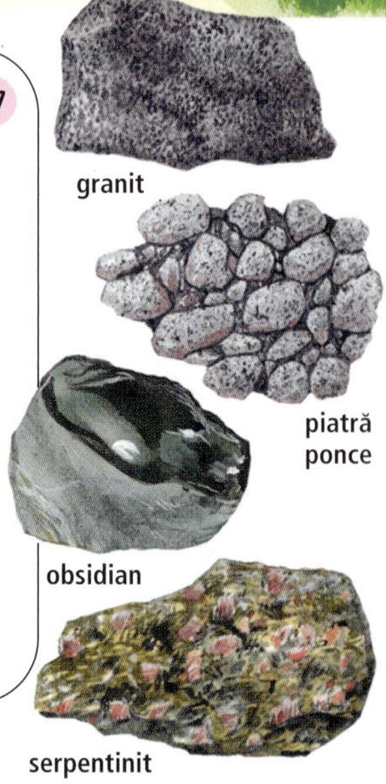

Minerale (3) (18)

Există două tipuri de minerale: cu structură cristalină și metale naturale, precum aurul. Aceste metale sunt elemente chimice – nu pot fi descompuse în substanțe mai simple.

Cristale (6)

Mineralele cristaline se formează în rocile din subsol, la presiuni sau temperaturi mari. Cristalele au laturile plate și sunt frumoase.

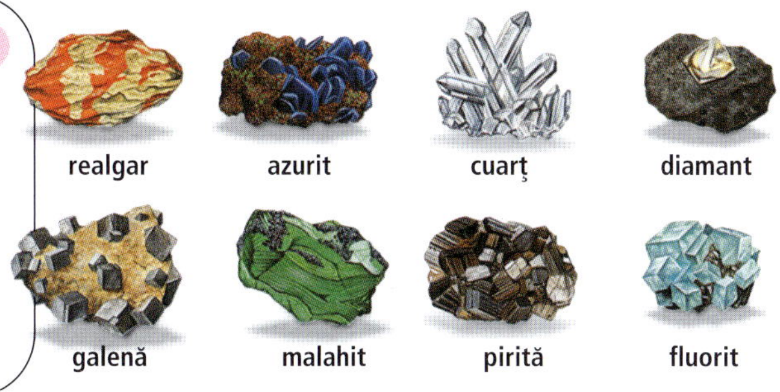

Pietre prețioase (10)

Unele minerale cristaline sunt cunoscute drept pietre prețioase. Ele pot fi tăiate și șlefuite, rezultând din ele pietrele folosite de bijutieri. Cele mai rare sunt și cele mai scumpe.

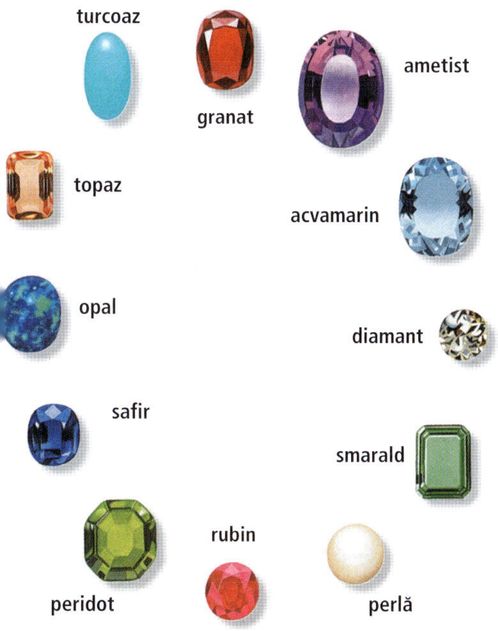

Tipuri de pietre prețioase (1) (2) (11) (12) (13)

Cea mai cunoscută și mai scumpă piatră prețioasă este diamantul. Acesta este neobișnuit pentru că este un cristal făcut dintr-un singur element – carbon. Alte pietre prețioase rare sunt smaraldele, care sunt verzi, rubinele, care sunt roșii, și safirele, care sunt albastre.

ÎNTREBĂRI: Vreme

Nivelul 1

1. Aspectul vremii depinde de atmosferă sau de adâncurile mării?
2. Norii sunt făcuți din bumbac sau din vapori de apă?
3. Ce începe cu O și este gazul pe care îl respirăm ca să trăim?
4. Ce începe cu F și este o descărcare electrică dintr-un nor de furtună?
5. Un balon meteo este un tip de nor. Adevărat sau fals?

Nivelul 2

6. De unde provin majoritatea vaporilor de apă din nori?
7. O giruetă măsoară viteza sau direcția vântului?
8. Ce este, de obicei, asociată cu vremea frumoasă: presiunea ridicată sau presiunea scăzută?
9. Ce începe cu C și se formează când lumina soarelui trece prin picăturile de ploaie?
10. Curcubeiele apar când plouă sau când nu plouă?
11. Picăturile de ploaie devin mai mari sau mai mici pe măsură ce cad din nor?
12. Ce cuvânt începe cu G și denumește picături de ploaie înghețate?
13. Norii devin mai reci sau mai calzi pe măsură ce se înalță?
14. Literele GURANA pot fi rearanjate pentru a forma numele unei furtuni puternice?
15. Literele ZOTA pot fi rearanjate pentru a denumi un gaz foarte întâlnit?

Nivelul 3

16. Cum se numește cercetătorul care studiază vremea?
17. Câte culori sunt într-un curcubeu?
18. Ce începe cu S și este folosit de meteorologi pentru a urmări furtunile ce se formează în atmosferă?

GĂSIȚI RĂSPUNSUL

Vreme

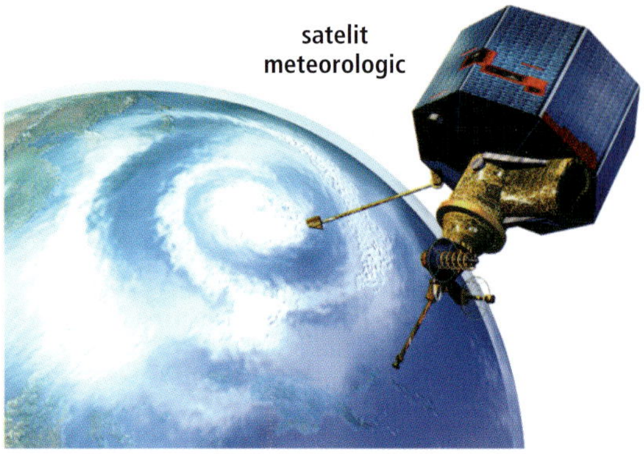

Vremea ne afectează pe toţi. Ne face să ne hotărâm cu ce haine să ne îmbrăcăm dimineața și dacă să ieșim afară sau să rămânem în casă. În unele locuri este foarte greu să fie făcute previziuni meteo. Cu cât învățăm mai mult despre planeta noastră, cu atât putem să facem previziuni meteorologice mai exacte.

Date meteo 14 18

Astăzi, sateliții culeg datele meteo din spațiu. Ei îi ajută pe meteorologi să vadă cum se formează furtunile în atmosferă. Furtunile mari și uraganele apar ca vârtejuri enorme de nori.

Nor de furtună 4 13

Pe măsură ce se ridică, norii se răcesc, iar vaporii de apă devin picături care se lovesc una de alta, determinând acumularea de sarcină electrică. Dacă sarcina electrică e îndeajuns de mare, este eliberată ca fulger.

Atmosferă 1 3 15

Aspectul vremii depinde de atmosferă – stratul de gaze care înconjoară Pământul. Cel mai des întâlnit gaz este azotul, urmat de oxigenul pe care îl respirăm ca să trăim.

Nori 2 6

Norii sunt mase de vapori de apă. Vaporii se formează pe măsură ce căldura Soarelui evaporă apa lichidă mai ales de la suprafața mărilor.

Cercetări meteo (5) (16)

Cercetătorii care studiază vremea se numesc meteorologi. Baloanele meteo sunt un instrument folosit de meteorologi pentru a culege date despre vreme. Ele transportă echipamente care măsoară condițiile meteo în aer, la mare înălțime.

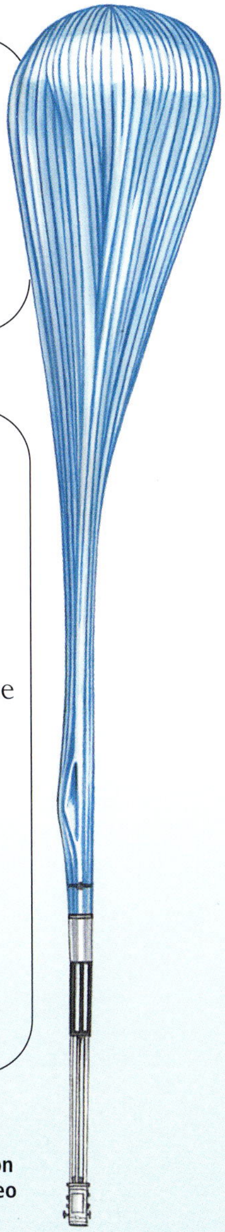

Măsurători (7) (8)

Există multe aparate cu care se măsoară parametrii specifici pentru starea vremii. Termometrele măsoară temperatura, barometrele măsoară presiunea aerului – presiune înaltă înseamnă vreme bună, presiune joasă semnalizează apropierea unei furtuni. Un anemometru măsoară viteza vântului, iar o giruetă ne arată direcția lui.

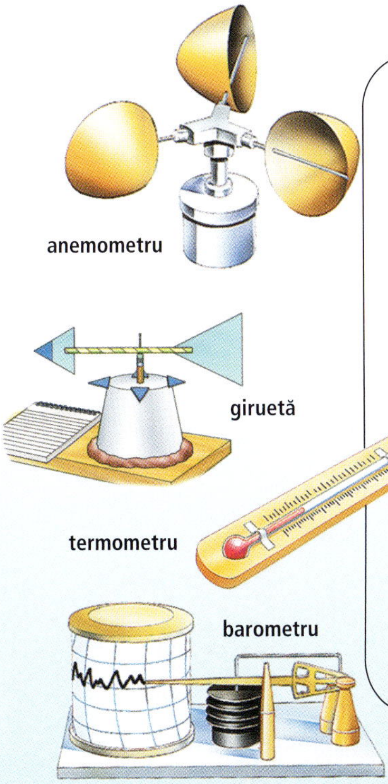

Ploaie (11) (12)

Ploaia cade când picăturile din nori devin prea mari și grele ca să mai rămână în suspensie. În cădere, ele se lovesc de alte picături și devin mai mari. Câteodată îngheață și cad sub formă de grindină sau de zăpadă.

Curcubeie (9) (10) (17)

Curcubeiele se formează când plouă în zile senine. Ele sunt rezultatul separării razelor soarelui în șapte culori, la trecerea razelor prin picăturile de ploaie.

ÎNTREBĂRI: Oase și mușchi

Nivelul 1

1. Literele TOC pot fi rearanjate pentru a forma numele cărei articulații de la mijlocul brațului?
2. Există mușchi în piciorul uman?
3. Ce începe cu S și reprezintă denumirea tuturor oaselor din corp, puse împreună?

Nivelul 2

4. Oamenii au articulații la degete?
5. Mușchii conțin milioane de celule numite fibre. Adevărat sau fals?
6. Ce începe cu B și este un mușchi al mâinii care ajută la ridicarea antebrațului?
7. Ce oase formează o cușcă de protecție a organelor interne?
8. Ce începe cu C și se mai numește popular zgârci?
9. Ce structură leagă picioarele de coloana vertebrală?
10. Patela este numele cărui os?
11. Mușchii inimii funcționează automat. Adevărat sau fals?
12. Când un om își ridică antebrațul, tricepșii se relaxează sau se contractă?
13. Câte oase sunt în craniul unui adult: 2, 12 sau 22?
14. Oamenii au mai mulți mușchi sau mai multe oase în corp?
15. Articulația umărului este o articulație tip balama sau sferoidă?
16. Care este cel mai lung os din corpul uman?
17. Cum se numesc cele opt oase care protejează împreună creierul?

Nivelul 3

18. Mandibula este numele cărei părți a corpului?
19. În ce parte a corpului se află cel mai mic os?
20. Câte oase are scheletul uman?

GĂSIȚI RĂSPUNSUL

Oase și mușchi

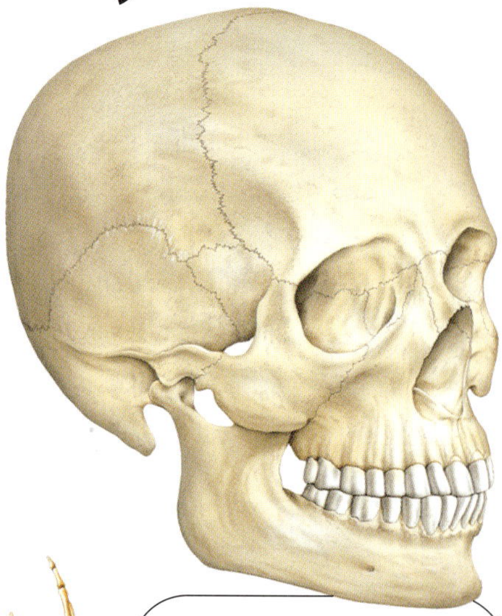

Corpul uman este o incredibilă mașinărie naturală. Poate realiza nenumărate mișcări și operațiuni – mai multe decât roboții sau orice altă mașină inventată de om. Ca și corpurile altor mamifere, corpul uman se bazează pe un sistem complex de mușchi, atașați de un schelet osos puternic, dar flexibil.

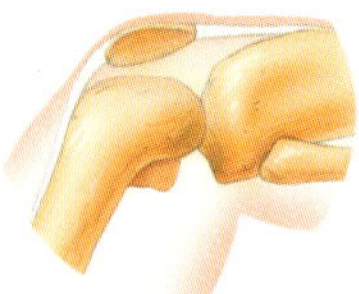
genunchi

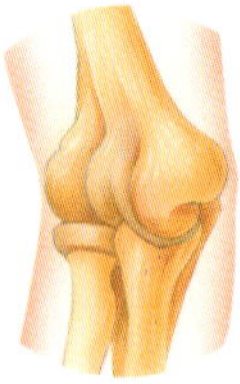
cot

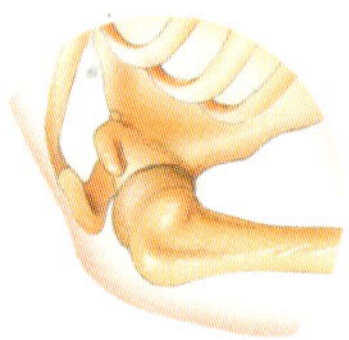
umăr

șold

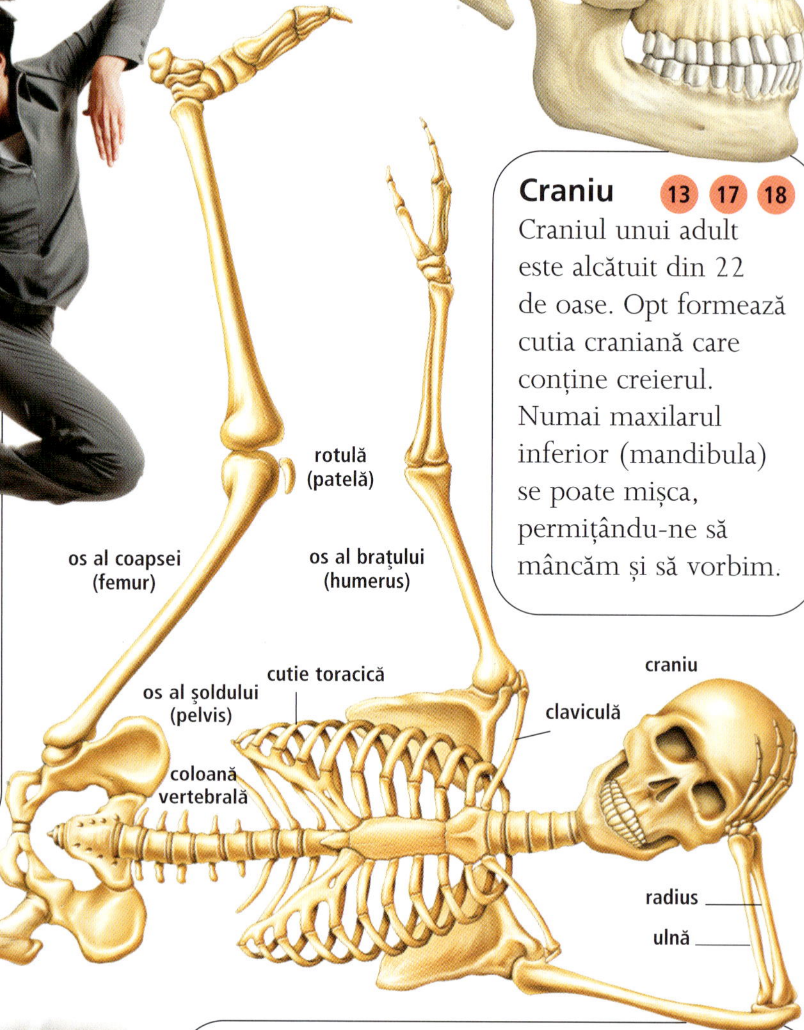

Articulații 1 4 15

Articulațiile sunt zonele din corp unde se întâlnesc diferite oase. Ele fac scheletul flexibil și le permit membrelor și altor părți ale corpului să se miște. Articulațiile umărului și ale șoldului sunt articulații sferoide. Articulațiile cotului, ale genunchiului și degetelor sunt articulații în balama.

Craniu 13 17 18

Craniul unui adult este alcătuit din 22 de oase. Opt formează cutia craniană care conține creierul. Numai maxilarul inferior (mandibula) se poate mișca, permițându-ne să mâncăm și să vorbim.

Genunchi 8 10

Aceste articulații separă partea de sus de partea de jos a picioarelor. Capetele oaselor sunt acoperite cu un strat de cartilaj (zgârci), pentru a nu se freca unul de altul. Rotula este un os mic care protejează genunchiul.

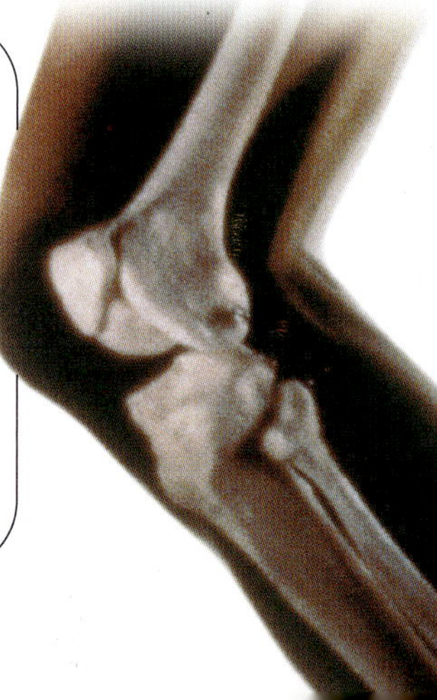

Schelet 3 7 9 14 16 19 20

Scheletul uman este alcătuit din 206 oase. Cele mai mari sunt cele două femururi legate de coloana vertebrală prin pelvis. Cele mai mici sunt oscioarele urechii, care ajută la transmiterea sunetelor de la timpan la creier. Coastele stau aproape nemișcate, formând o cușcă de protecție în jurul organelor interne.

Sistem muscular 2 11 14

Există circa 650 de mușchi în corpul uman, care ne ajută la fiecare mișcare. Unii, precum mușchii picioarelor și ai brațelor, funcționează numai când vrem noi. Alții, precum mușchii inimii, funcționează automat.

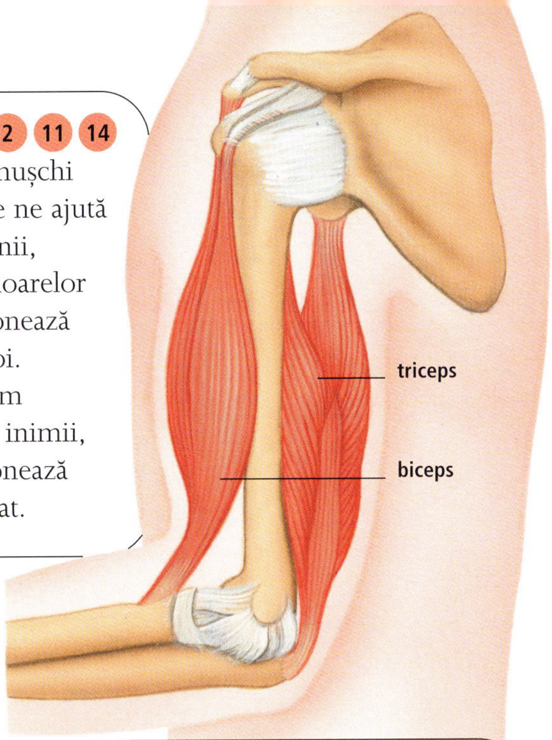

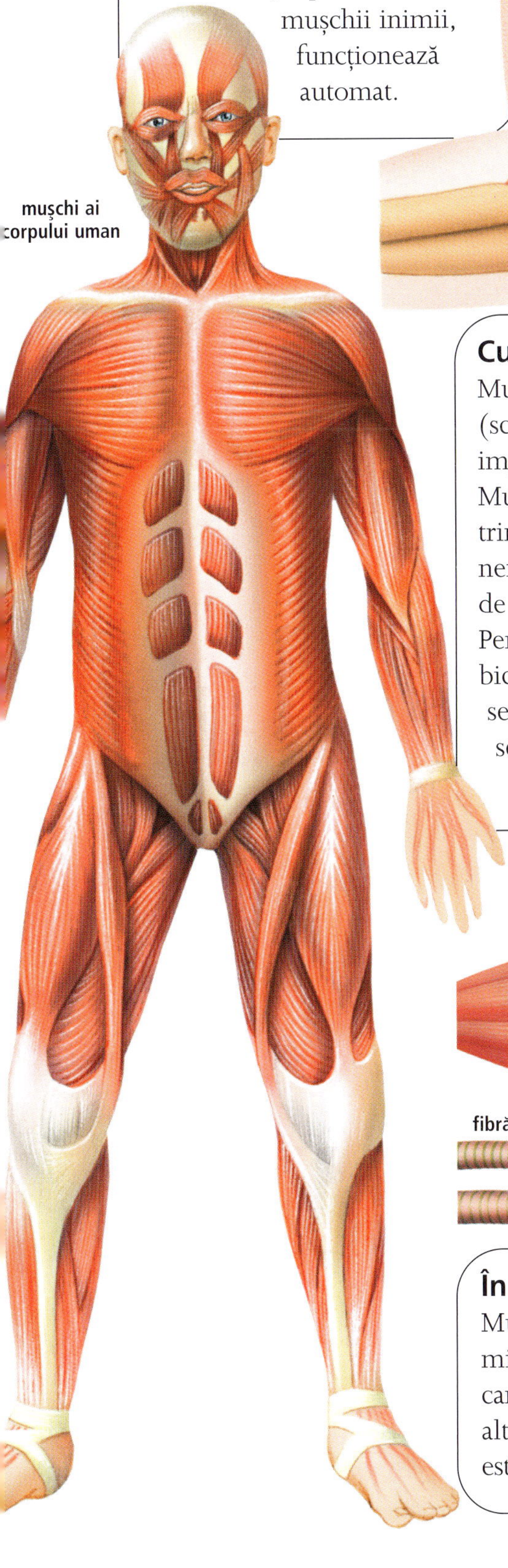

Cum funcționează 6 12

Mușchii se pot contracta (scurta) și relaxa într-un număr impresionant de combinații. Mușchii se contractă când li se trimit semnale, prin intermediul nervilor, de la creier. Imaginea de sus îți arată mușchii brațului. Pentru a ridica antebrațul, bicepsul se contractă, iar tricepsul se relaxează. Când tricepsul se contractă, brațul este iarăși întins.

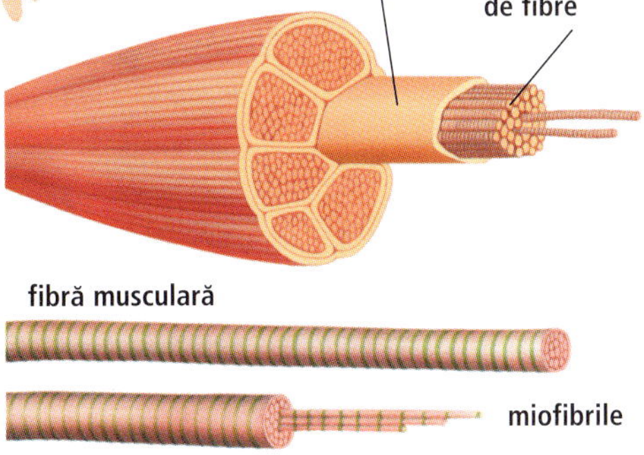

În mușchi 5

Mușchii sunt alcătuiți din milioane de celule – fibre – care conțin miofibrile una peste alta. Fiecare mănunchi de fibre este separat prin țesut conjunctiv.

ÎNTREBĂRI: Medicină

Nivelul 1

1. Ce începe cu D și denumește persoana la care mergem când ne simțim rău?
2. Ce vehicule duc oamenii la spital: ambulanțe, mașini de pompieri sau tractoare?
3. Ambulanțele sunt parte din serviciile de urgență?
4. Asistentele lucrează în spitale sau în magazine?

Nivelul 2

5. Oasele rupte se repară singure. Adevărat sau fals?
6. Ce începe cu S și se folosește la ascultarea bătăilor inimii?
7. Ce măsoară termometrul?
8. Terapia intensivă este acordată celor foarte bolnavi sau celor care se simt mai bine, înainte de a pleca din spital?
9. Ce începe cu C și denumește persoana care face operații?
10. Ce începe cu T și denumește înlocuirea unei părți bolnave din corp cu una nouă, sănătoasă?
11. Ghipsul se poartă dacă ai gripă sau un picior rupt?
12. Literele ARACIMEDIP pot forma numele celor care au grijă de pacienți în drum spre spital?
13. Un simptom este un fel de medicament. Adevărat sau fals?
14. Ce începe cu S și este un aparat mare care privește în corpul oamenilor?

Nivelul 3

15. Ce începe cu D și înseamnă a descoperi ce e în neregulă cu un pacient?
16. Ce fel de leziuni pot fi tratate cu un sistem de imobilizare?
17. Ce se folosește pentru a transfera nutrienții direct în sistemul circulator al unei persoane?
18. Ce începe cu M și este un tip de undă cu care scanerele privesc în corp?

GĂSIȚI RĂSPUNSUL

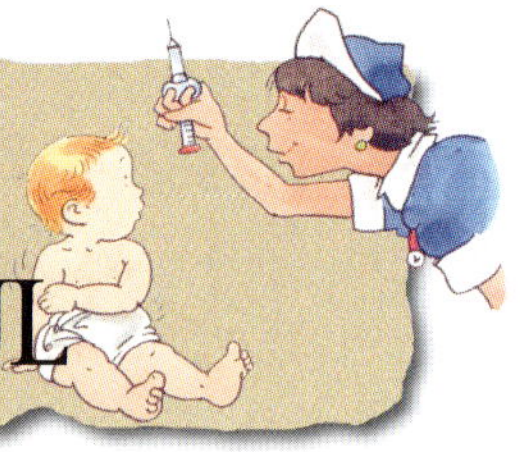

Medicină

Medicina este acea ramură a științei care studiază bolile și leziunile. Doctorii de diferite specialități, asistentele și chirurgii lucrează în domeniul medicinei la fel ca și farmaciștii și cercetătorii care descoperă noi medicamente și tratamente.

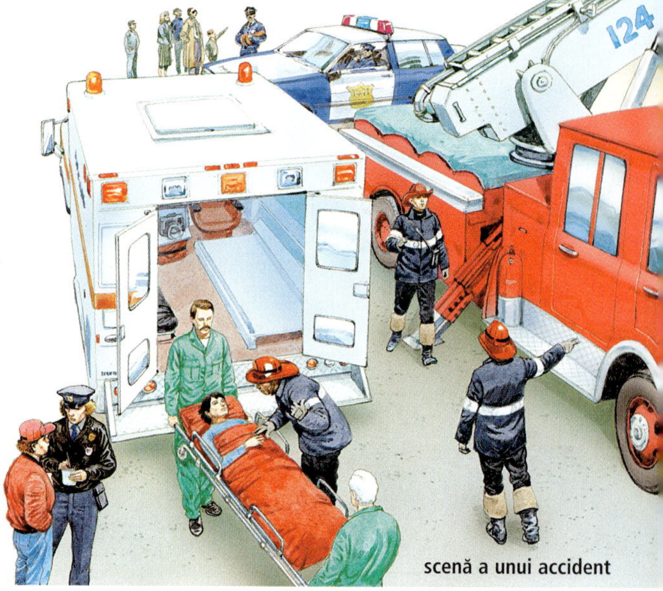

scenă a unui accident

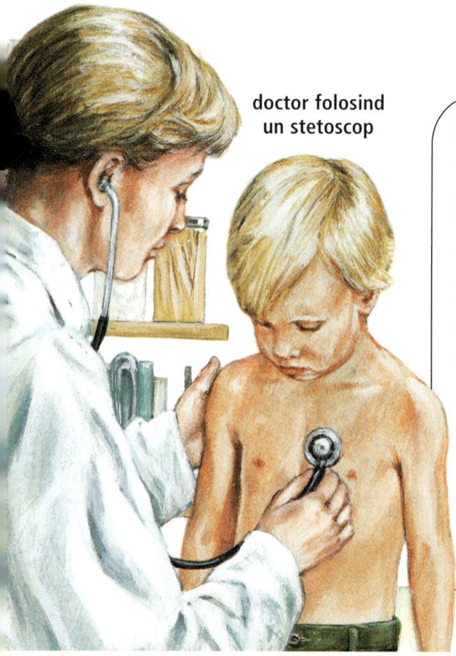

doctor folosind un stetoscop

Doctorii (1) (6) (7) (13) (15)

La doctor mergi când ți-e rău. Doctorii caută simptomele (semnele) diferitelor boli și pun diagnosticul spunându-ți ce este în neregulă. Doctorul folosește un stetoscop pentru a asculta bătăile inimii. Doctorii folosesc termometre pentru a măsura temperatura corpului.

Servicii de urgență (2) (3) (12)

Ambulanțele sunt vehicule care transportă bolnavii sau răniții la spital. Ele fac parte din serviciile de urgență. Majoritatea ambulanțelor au paramedici pregătiți să trateze pacienții în timp ce sunt duși la spital.

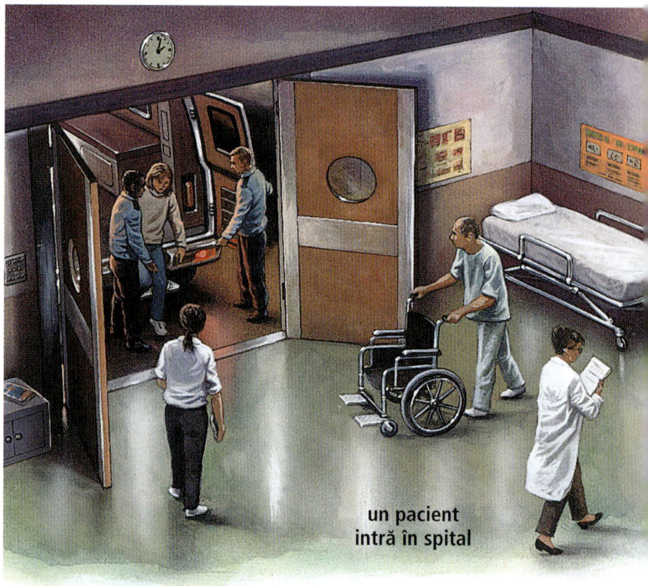

un pacient intră în spital

Vindecând oase rupte (5) (11) (16)

Oasele rupte se repară singure, dar, pentru a fi siguri că se lipesc la loc în poziția corectă, doctorii înfășoară membrele rupte în mulaje rigide din ghips. Uneori, folosesc sisteme de imobilizare – scripeți și cabluri, care mențin oasele în poziția corectă.

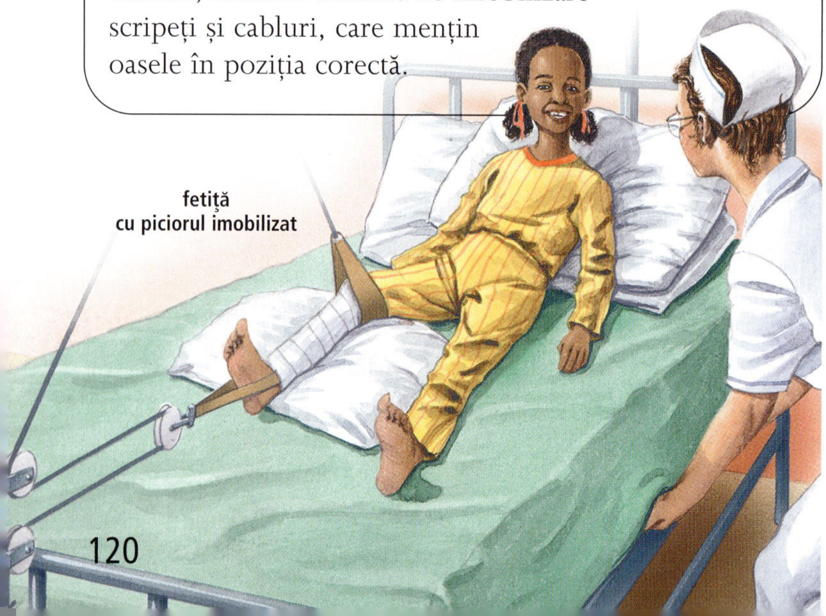

fetiță cu piciorul imobilizat

Spitale (4)

Spitalele sunt locuri în care bolnavii și răniții merg pentru a fi tratați și a se însănătoși. Sunt locurile unde lucrează mulți doctori și asistente. Majoritatea orașelor mari sau mai mici au cel puțin un spital.

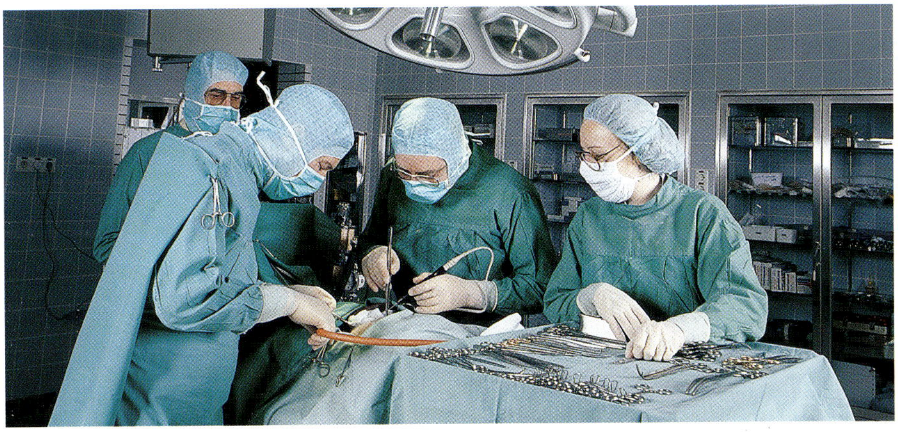

Operații (9) (10)

Chirurgii efectuează operații pentru a însănătoși oamenii. Unele operații presupun îndepărtarea părților bolnave din corp. Altele, cunoscute ca transplanturi, presupun scoaterea unei părți îmbătrânite sau bolnave din corp și înlocuirea acesteia cu una nouă, sănătoasă.

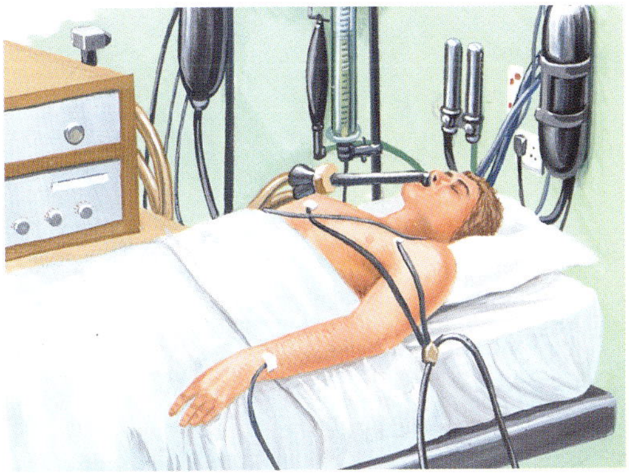

Terapie intensivă (8) (17)

Cei foarte bolnavi au nevoie de terapie intensivă. Ei sunt supravegheați de asistente și ajutați de aparate. Pot avea o perfuzie care injectează nutrienți printr-o sondă, direct în sânge.

Scanarea corpului (14) (18)

Scanerele sunt aparate care pot vedea în corp. Ele fac asta folosind raze X sau unde magnetice, receptate apoi de senzori. Imaginile generate pot arăta semne ale unei răni sau boli care altfel ar fi invizibile.

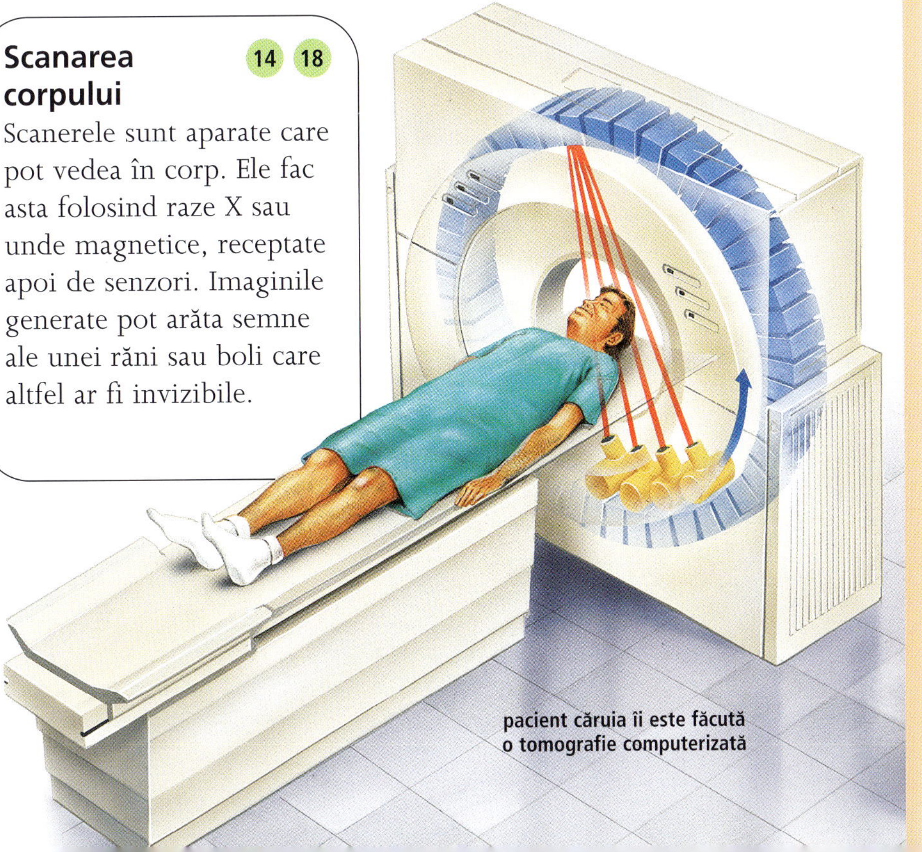

pacient căruia îi este făcută o tomografie computerizată

ÎNTREBĂRI: Trenuri

tNivelul 1

1. Ce au fost inventate primele: trenurile cu aburi sau trenurile electrice?
2. Toate trenurile transportă pasageri?
3. Motorina este un tip de combustibil sau de mâncare?
4. Cine a construit trenul care a mers pe prima cale ferată pentru locomotive cu aburi: Richard Trevithick, Richard Branson sau Richard Inimă de Leu?
5. Ce începe cu C și reprezintă combustibilul care se ardea în locomotivele cu aburi?

Nivelul 2

6. Vestul Sălbatic se afla în Europa sau în SUA?
7. Aburul se crea prin încălzirea apei sau a benzinei?
8. În ce țară se găsesc trenurile-glonț și superexpres?
9. Ce începe cu R și este o locomotivă cu aburi celebră, construită de George Stephenson?
10. Ce țară are TGV-uri?
11. Există trenuri care merg cu peste 200 km/h?
12. Ce începe cu C și V și aveau trenurile din Vestul Sălbatic, pentru a goni vacile de pe calea ferată?
13. Trenurile cu aburi erau mai curate sau mai murdare decât trenurile de azi?

Nivelul 3

14. În ce țară a fost construită prima cale ferată pentru locomotive cu aburi?
15. În ce secol a fost construită prima cale ferată transamericană?
16. Ce începe cu M și denumește trenurile folosite pentru transport de bunuri?
17. Cel mai lung tren din lume avea: 5 km, 6 km sau 7 km?
18. Ce cuvânt începe cu P și denumea imigranți care călătoreau cu trenul în Vestul Sălbatic?

GĂSIȚI RĂSPUNSUL

Trenuri

Trenurile sunt un mijloc foarte bun de a te deplasa. Ele merg pe rețeaua de cale ferată. Sunt rapide și confortabile și, de obicei, nivelul de zgomot este scăzut. Trenurile există de aproape 200 de ani, de mai mult timp decât există automobile pe șosele. Ele pot transporta mulți oameni, folosind puțin combustibil, ceea ce face bine mediului înconjurător.

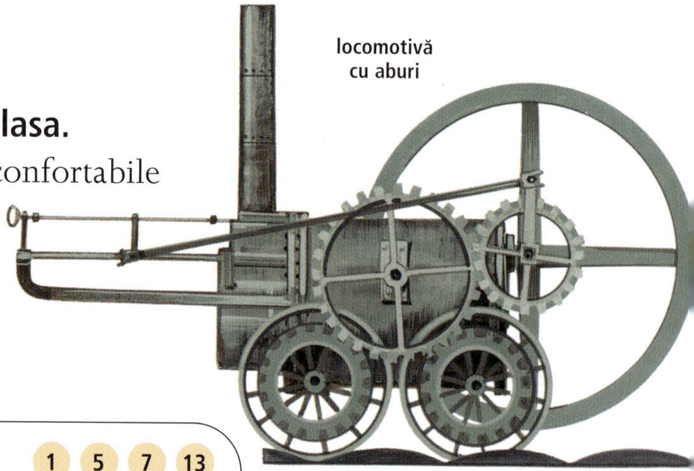

locomotivă cu aburi

Locomotivă *Adler* construită de George Stephenson

Abur

1 5 7 13

Primele trenuri au mers cu aburi. Acesta era creat prin arderea cărbunilor pentru a încălzi apa la temperaturi foarte înalte. Pentru că ardeau cărbune, trenurile cu aburi erau mult mai murdare decât trenurile electrice moderne.

Căi ferate

4 9 14

Richard Trevithick a pus o locomotivă cu aburi pe șine, inventând calea ferată. Prima sa locomotivă a pornit în sudul Țării Galilor, în februarie 1804 – cu 25 de ani înainte de celebra *Rocket* a lui Stephenson.

tren-glonț

Trenuri în Vestul Sălbatic

6 12 15 18

Trenurile au ajutat la cucerirea Vestului Sălbatic american de către pionieri. Prima cale ferată care a străbătut America de Nord a fost finalizată în 1869. Trenurile aveau coșuri mari și „curățătoare de vaci“ care goneau vitele de pe șine.

Trenuri-glonț

8 10 11

Japonia are o rețea de cale ferată excelentă. Cele mai rapide trenuri sunt trenuri-glonț sau superexpres și ating viteza de croazieră de 300 km/h. Franța are trenuri foarte rapide, numite TGV.

Trenuri de marfă

2 3 16 17

Sunt folosite la transportul de bunuri. Cel mai lung tren din lume a transportat cărbune în SUA. Avea 6 km lungime și era acționat de trei locomotive pe motorină (diesel).

ÎNTREBĂRI: Primele zboruri

Nivelul 1

1. Literele LONPRA pot fi rearanjate ca să formeze denumirea cărui tip de aparat de zbor fără motor?
2. Primul zbor cu oameni a fost într-un balon cu aer cald?
3. Un dirijabil este un aparat de zbor manevrabil sau un instrument muzical australian?

Nivelul 2

4. Ce începe cu E și este un aparat de zbor cu elice rotativă?
5. Ce apă a traversat pentru prima dată Louis Blériot, în 1909: Canalul Mânecii sau Oceanul Atlantic?
6. În ce secol a făcut Otto Lilienthal primul zbor controlat cu planorul?
7. Câte aripi are un monoplan: două sau patru?
8. Care țară cu G este patria lui Otto Lilienthal?
9. Jean François Pillâtre a fost primul om care a zburat. Adevărat sau fals?
10. Primul zbor cu un avion cu motor a avut loc în Europa sau în SUA?
11. Ce mare gânditor și artist italian din secolul XVI a proiectat un planor care nu a fost construit niciodată?
12. Ce frați, al căror nume începe cu M, au construit primul aparat de zbor cu oameni la bord?

Nivelul 3

13. Care era numele de familie al fraților Wilbur și Orville?
14. Cum se numea aparatul lor de zbor?
15. Ce tip ce combustibil folosea primul aparat de zbor cu motor?
16. În ce secol a decolat primul aparat de zbor cu oameni la bord: XVII sau XVIII?
17. Cine a făcut primul zbor cu motor?
18. Care era naționalitatea lui?

GĂSIȚI RĂSPUNSUL

Primele zboruri

Astăzi, mulți dintre noi văd zborul ca pe un lucru obișnuit. În fiecare zi, mii de avioane transportă pasageri peste tot în lume. Și totuși, primul aparat de zbor propulsat de combustibil s-a înălțat la cer cu doar 100 de ani în urmă. Primele zboruri au fost făcute cu balonul cu aer cald, cu dirijabile și planoare cu aripi, fără motor.

balonul cu aer cald al lui Montgolfier

Montgolfier 2 9 12 16

Primul aparat de zbor cu oameni la bord a fost un balon cu aer cald construit de frații Montgolfier din Franța. Pe 15 octombrie 1783, acesta l-a ridicat pe Jean François Pillâtre la 25 m deasupra orașului Paris.

planorul lui da Vinci

Primele planoare 4 11

Oamenii au visat să zboare cu mult înainte să reușească asta. Planorul de mai sus a fost proiectat de gânditorul și artistul italian Leonardo da Vinci, pe la anul 1500. El a mai proiectat și un tip de elicopter cu elice rotative, dar nici unul dintre aparatele sale nu a fost construit.

Zbor propulsat 3 10 14 17 18

Primul aparat de zbor cu combustibil mai greu decât aerul a fost *Wright Flyer*, care a decolat pe 17 decembrie 1903, în SUA. Primul zbor propulsat fusese făcut, cu 50 de ani mai devreme, de francezul Henri Giffard într-un dirijabil cu un motor cu aburi.

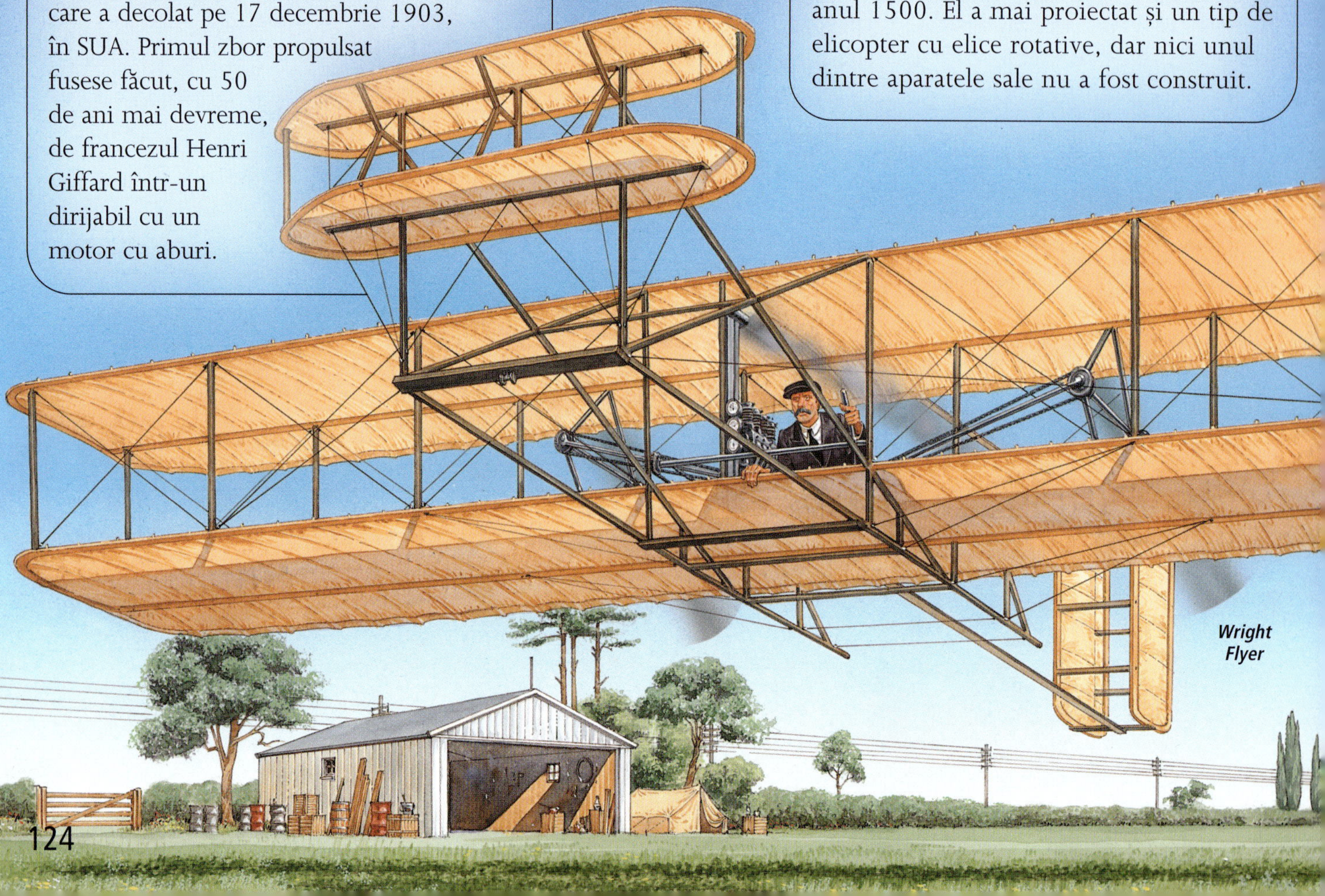

Wright Flyer

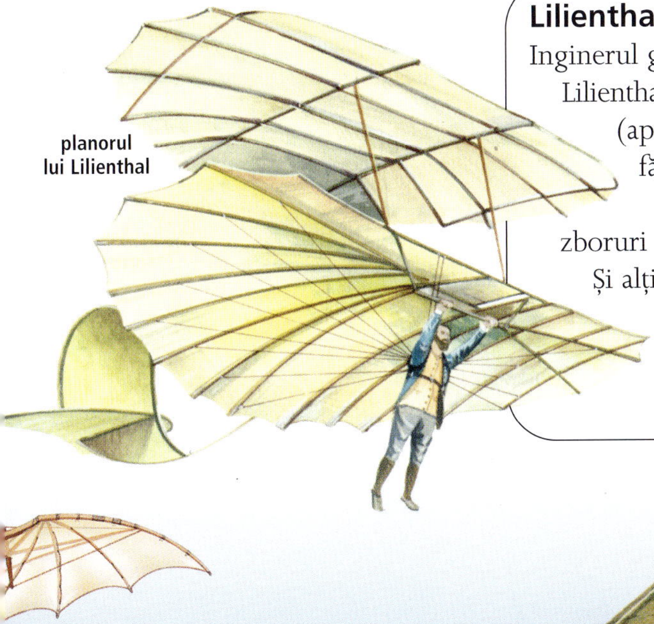

Lilienthal
1 6 8

Inginerul german Otto Lilienthal a construit planoare (aparate cu aripi, fără combustibil). El a realizat primele zboruri controlate în 1861. Și alții au zburat cu planoare, dar nu au putut să le controleze.

Blériot
5 7

În 1909, francezul Louis Blériot a devenit primul om care a traversat cu avionul Canalul Mânecii. Blériot a proiectat și a construit primele monoplane funcționale din lume (avioane cu două aripi, în loc de patru sau șase).

Frații Wright
13 15

Wilbur și Orville Wright au proiectat și au construit primul aparat de zbor propulsat mai greu decât aerul. Acesta avea un motor special, ușor, care folosea petrol drept combustibil.

ÎNTREBĂRI: Navigație

Nivelul 1

1. Bărcile cu vele folosesc puterea vântului pentru a se deplasa. Adevărat sau fals?
2. Bărcile sunt amarate în port, portofel sau portar?
3. Ce fel de jachete folosesc oamenii pentru a pluti pe mare?
4. Bărcile cu vele au motor?
5. Ce costum le ține de cald windsurferilor?
6. O cârmă este folosită pentru a direcționa o barcă. Adevărat sau fals?
7. Ce începe cu I și este o barcă mare folosită pentru relaxare?

Nivelul 2

8. Care a fost inventată prima: vela pătrată sau vela triunghiulară?
9. Ce începe cu B și este partea din stânga a unei bărci?
10. Cum se numește partea din spate a unei bărci?
11. Literele BIRDTRO pot fi rearanjate pentru a forma ce cuvânt care desemnează partea din dreapta a unei bărci?
12. Bărcile cu vele pătrate pot merge doar în direcția vântului. Adevărat sau fals?
13. Câte carene au trimaranele?
14. Cum se numește o barcă având două carene?
15. Cum se numesc bărcile mici fără cabine?
16. Ce începe cu W și denumește oamenii care plutesc pe valuri stând în picioare pe o scândură?

Nivelul 3

17. Ce parte dintr-o barcă o împiedică să se răstoarne?
18. Pe ce insulă din Marea Mediterană au trăit navigatorii minoici?
19. Când se foloseau vâslele pe vasele cu vele din Antichitate?

GĂSIȚI RĂSPUNSUL

Navigație

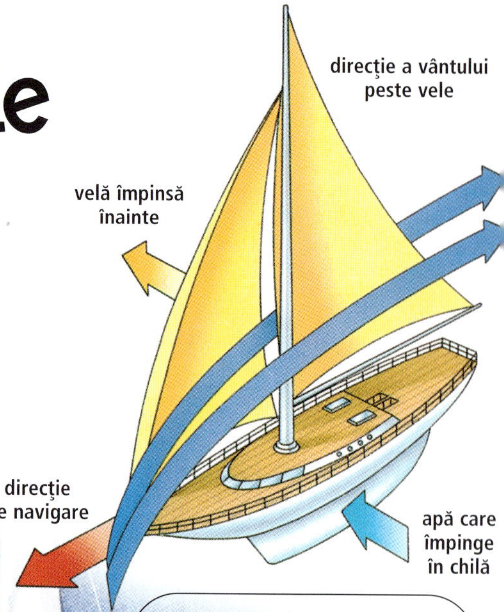

Înainte de secolul XIX, majoritatea bărcilor și a vaselor aveau pânze. Vasele cu pânze au purtat exploratorii în America și Australia, dar și pe europenii care s-au stabilit pe aceste continente. În zilele noastre, majoritatea celor care navighează cu pânze o fac de plăcere sau ca sport, deși în unele părți ale lumii bărcile cu vele sunt încă folosite la transportul de bunuri.

Cum funcționează (1) (17)

Forța vântului împinge în vele pentru a deplasa barca prin apă. Bărcile moderne cu pânze pot naviga în orice direcție, mai puțin direct împotriva vântului. Chila aflată sub barcă o împiedică să se răstoarne dacă vântul este prea puternic.

Primele vase cu vele (8) (12) (18) (19)

Construite pe la 2500 î.Hr. de civilizația minoică din Creta și de vechii greci, primele bărci cu pânze aveau vele pătrate, deci puteau naviga numai în direcția vântului. Se foloseau vâsle pentru a naviga împotriva vântului. Când au apărut velele triunghiulare, pe la 1200 î.Hr., oamenii au putut să le miște pentru a naviga în orice direcție.

Navigând de plăcere (2) (4) (7)

Majoritatea celor care au bărci cu pânze le folosesc pentru timpul liber și le țin amarate în porturi. Vasele cu pânze mai mari se numesc iahturi. Unele au și motoare pentru a se deplasa când nu este vânt.

Iole 3 6 15

O iolă este o barcă mică, deschisă, fără cabină. Majoritatea transportă una sau două persoane care, de obicei, poartă veste de salvare, pentru cazul în care cad peste bord. Ca majoritatea bărcilor, au o cârmă la pupa, pentru direcție.

Catamarane 13 14

Un catamaran este o barcă cu două carene. Navigatorii pe un catamaran își folosesc greutatea ca să împiedice catamaranul să se răstoarne, lăsându-se pe spate în partea opusă. Bărcile cu trei carene se numesc trimarane.

Bomprese 9 10 11

Prăjina lungă care iese în afară se numește bompres. Partea din față a unei bărci se numește proră. Partea din spate se numește pupă, stânga se numește babord, iar dreapta, tribord.

Windsurf 5 16

Windsurferii stau pe o placă și se țin de velă pe care o mișcă pentru a prinde vântul. Ei poartă costume de neopren ca să le țină de cald când cad în apă.

ÎNTREBĂRI: Submarine

Nivelul 1

1. Cuvântul submarin înseamnă literal „sub mare“ sau „deasupra munților“?
2. O torpilă este un tip de armă sau de pantofi de sport?
3. Ce cuvânt începe cu S și denumește oameni care explorează adâncurile apelor?
4. Literele CATILAN pot fi rearanjate pentru a forma numele cărui ocean?

Nivelul 2

5. Submarinele cărei țări erau cunoscute sub numele de U-boat?
6. Există submarine propulsate cu energie nucleară?
7. Cum se numesc obiectele ce se învârt și propulsează submarinele prin apă?
8. Pot submarinele să atace vase aflate la suprafață?
9. Submarinele de cercetare se numesc submersibile sau submasivile?
10. Ce începe cu D și este un tip de combustibil folosit frecvent de submarine?
11. Cum se numesc rezervoarele care se umplu cu apă de mare când un submarin se cufundă?
12. Un batiscaf este un tip de sistem radar. Adevărat sau fals?
13. Ce înseamnă VOD?
14. Literele SPICEROP pot fi rearanjate pentru a forma numele cărui aparat de observație la suprafața apei?

Nivelul 3

15. Unde se află Groapa Marianelor?
16. Cum se numea batiscaful care a dus pentru prima dată oameni pe fundul Gropii Marianelor?
17. Ce submersibil a explorat primul epava *Titanicului*?
18. Ce vapor de linie a fost atacat cu torpile și scufundat de un submarin german, pe 7 mai 1915?

GĂSIȚI RĂSPUNSUL

Submarine

Submarinele sunt folosite pentru a explora adâncurile mărilor. Anumite țări le folosesc și ca arme de apărare în război. Deși oamenii au visat mult timp să ajungă pe fundul mărilor, submarinele există de numai 400 de ani. Astăzi, au evoluat mult față de primele submarine, majoritatea făcute din lemn și propulsate chiar de cei care călătoreau cu ele.

Propulsare 6 7 10

Submarinele moderne sunt propulsate de o elice, ca majoritatea vaselor. Aceste elice sunt alimentate de motoare imense. Unele submarine au motoare diesel, altele au motoare nucleare.

Arme în război 5 8 18

În timpul războaielor mondiale, marina germană a folosit adesea submarinele numite U-boat, pentru a lansa torpile spre navele inamice precum *Lusitania*, scufundată la 7 mai 1915.

Coborâre și urcare 1 11

Submarin înseamnă „sub apă". Când un submarin coboară, rezervoare speciale (de balast) se umplu cu apă de mare. Pentru a urca, în rezervoare este pompat aer comprimat, care forțează apa să iasă afară, făcând submarinul mai ușor.

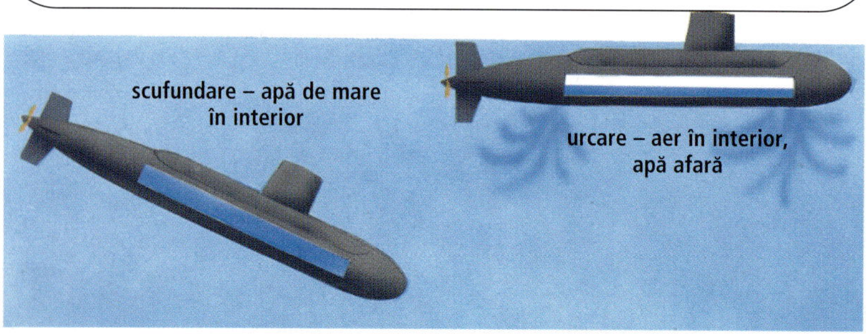

Minisubmarin 3

Câteodată, scafandrii folosesc submarine pentru o persoană ca să exploreze adâncurile. Acestea au brațe cu clești, pe care scafandrul le poate mânui pentru a ridica obiecte și a le manevra sub apă.

Alvin

4 9 13 17

Submarinele folosite pentru cercetări se numesc submersibile. În 1986, submersibilul american *Alvin*, cu trei oameni la bord, a explorat epava celebrului vapor *Titanic* care s-a scufundat în Atlantic, în 1912. Un vehicul operat de la distanță (VOD), numit *Jason Junior*, a fost folosit pentru a inspecta epava.

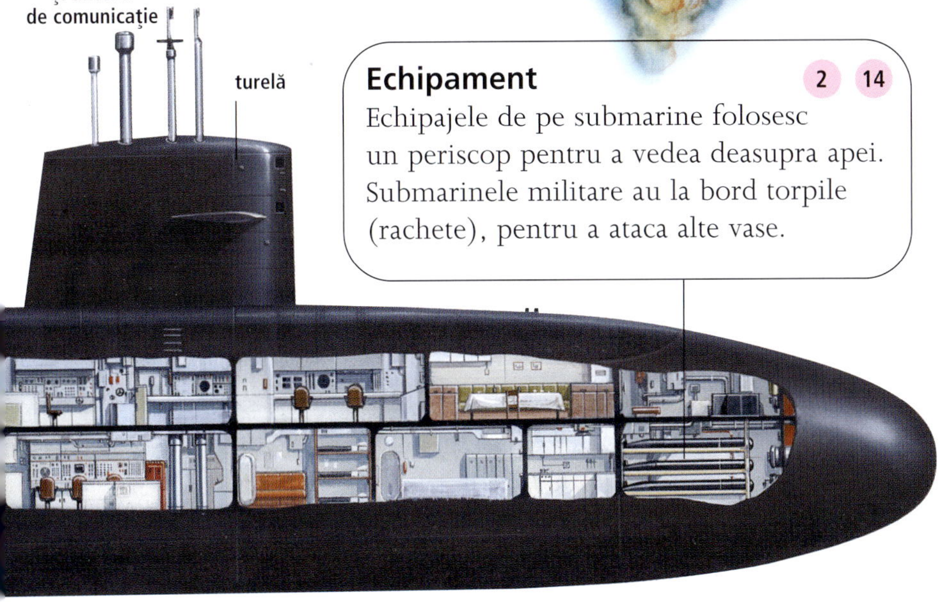

Echipament

2 14

Echipajele de pe submarine folosesc un periscop pentru a vedea deasupra apei. Submarinele militare au la bord torpile (rachete), pentru a ataca alte vase.

La adâncime maximă

12 15 16

Pe 23 ianuarie 1960, submarinul cu echipaj la bord *Trieste*, un submarin de mare adâncime numit și batiscaf, s-a scufundat aproape 11 km în cel mai adânc loc de pe Pământ – Groapa Marianelor, pe fundul Oceanului Pacific. Coborârea a durat aproape cinci ore.

ÎNTREBĂRI: Invenții în gospodărie

Nivelul 1

1. Pâinea se pune în prăjitor sau în mașina de spălat vase?
2. Ce începe cu C și se folosește pentru încălzirea apei?
3. Un aspirator aspiră praful sau este un tip de fermoar?

Nivelul 2

4. Ce invenție îi este atribuită lui John Logie Baird?
5. Literele ȘAMĂNI ED PĂSLAT SEVA pot fi rearanjate pentru a forma numele cărui aparat electrocasnic?
6. Întrerupătorul automat al fierbătorului electric a apărut în 1890, în 1930 sau în 1989?
7. Care a fost inventată prima: mașina de spălat rufe sau mașina de spălat vase?
8. Ce obiect electrocasnic este legat de numele lui Thomas Edison?
9. Oamenii au început să folosească fermoare în anii 1940. Adevărat sau fals?
10. Ce obiect folosit la scris a fost inventat de Laszlo Biro?
11. Stingătorul cu spumă este folosit în ce fel de incendii?
12. Literele ORTOB ED RUCĂTĂBIE pot fi rearanjate pentru a forma numele cărui aparat electrocasnic?
13. Când au fost puse pentru prima dată în vânzare cuptoarele cu microunde?

Nivelul 3

14. În ce an a avut loc prima transmisie de televiziune?
15. James Murray Spangler a inventat primul aparat portabil de ce fel?
16. Ce a inventat Alexandre Godefoy?
17. Ce aparat electrocasnic a fost inventat pornind de la o invenție mai veche numită magnetron?
18. Cine a inventat mașina de cusut?

Invenții în gospodărie

Majoritatea gospodăriilor au obiecte făcute să ușureze viața oamenilor sau să rezolve treburile mai rapid. Salturile tehnologice din secolul XX au adus schimbări dramatice, printre care inventarea de aparate care ne scutesc de muncă, precum mașina de spălat rufe, mașina de spălat vase și aspiratorul.

Ceainic

2 6

Ceainicul electric a fost inventat de Arthur Leslie Large, în 1922. Un dispozitiv de siguranță – întrerupător automat – a apărut în 1930, pentru a preveni electroșocurile.

ceainic electric

Cameră de zi

4 8 14 16

Thomas Edison a realizat primul bec destinat comercializării în 1879. Prima transmisie TV a avut loc în 1925, realizată de inginerul John Logie Baird. Uscătorul de păr a fost inventat în anii 1920 de Alexandre Godefoy.

Microunde

13 17

Primul cuptor cu microunde a fost comercializat în 1967. A fost realizat pe baza unei invenții anterioare, numite magnetron.

Bucătărie

1 5 7 12

Mașina de spălat rufe electrică a fost inventată în 1908, mașina de spălat vase în 1913, iar prăjitorul de pâine în 1909. Robotul de bucătărie a fost inventat mai târziu, în 1971.

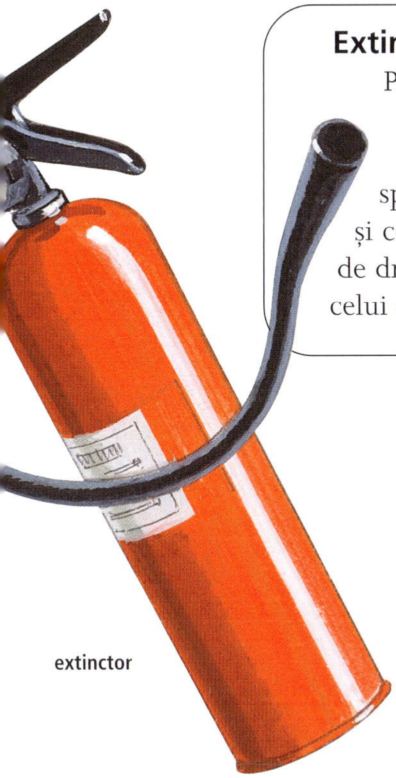

extinctor

Extinctor

11

Primul extinctor a fost brevetat de Thomas Martin, în 1872. Extinctorul cu spumă, pentru incendii de gaz și combustibil, a fost inventat de dr. Percy Julian, în timpul celui de-al Doilea Război Mondial.

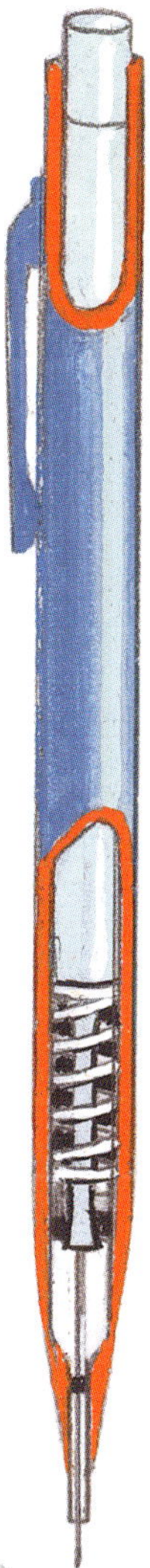

pix

Pix

10

Pixul a fost inventat în 1938 de ziaristul maghiar Laszlo Biro. El a inventat pixul astfel încât aceeași cerneală groasă cu uscare rapidă folosită la tipărirea ziarelor să fie folosită și la instrumentele de scris.

Fermoar

9 18

Fermoarul a fost inventat în 1851 de Elias Howe, care a inventat și mașina de cusut. Totuși, el nu a fost produs la scară largă decât de la sfârșitul secolului XIX.

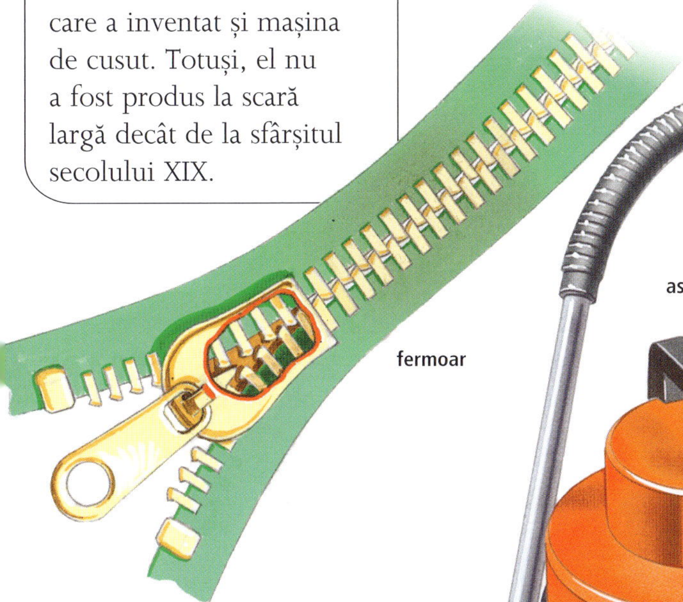

fermoar

aspirator

Aspirator

3 15

Primele aspiratoare produse în secolul XIX erau imense. Prima versiune portabilă a fost inventată în 1907 de James Murray Spangler. Aspiratorul Hoover este pentru praf.

ÎNTREBĂRI: Roboți

Nivelul 1

1. Există roboți care lucrează în fabrici?
2. Roboții obosesc vreodată?
3. Există roboți care pot lucra sub apă?
4. Literele IRODZI pot fi rearanjate pentru a forma numele cărui tip de roboți, precum R2–D2?
5. Roboții pot face un singur lucru odată. Adevărat sau fals?

Nivelul 2

6. Există roboți care cântă la pian?
7. În ce serie de filme a apărut robotul C–3PO?
8. Ce începe cu C și este programat cu informații necesare ca roboții să funcționeze?
9. Literele URSUDĂ pot fi rearanjate pentru a forma numele cărei activități realizate de roboți?
10. Cine a călătorit cel mai departe de Pământ: roboții sau oamenii?
11. Panourile solare sunt folosite pentru a capta energie de la ce sursă?
12. Literele HOWTOCORD pot fi rearanjate pentru a forma numele cărui program TV cunoscut?
13. Ce planetă este explorată de roboți?
14. Ce adjectiv începe cu M și se referă la „mai multe lucruri făcute deodată“?
15. Roboții pot fi programați să detoneze bombe?

Nivelul 3

16. Din ce limbă provine cuvântul robot?
17. În ce țară a fost construit robotul WABOT–2?
18. În ce an a apărut filmul de desene animate *Roboți*?

Roboți

Roboții sunt mașini care pot realiza unele dintre muncile fizice care, în mod normal, ar fi făcute de oameni. Numeroși roboți sunt astăzi folosiți în fabrici, în special acolo unde se construiesc obiecte mari, precum automobilele. Mai sunt folosiți și pentru explorarea zonelor unde oamenii nu pot ajunge, precum fundul oceanelor și alte planete.

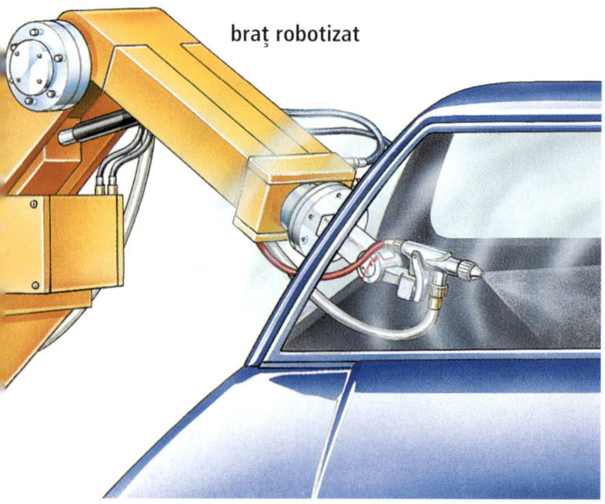

braț robotizat

Industrie 1 2 8 9

Multe fabrici folosesc roboți pentru sarcini grele sau repetitive. Spre deosebire de oameni, roboții nu obosesc și nu se plictisesc. Roboții industriali sunt dirijați de computere pentru a realiza diferite sarcini, precum vopsirea caroseriei sau sudarea unor piese.

Multioperaționali 5 14

Unii roboți realizează mai multe sarcini în același timp. Sunt numiți roboți multioperaționali. Fiecare braț execută o sarcină diferită sau similară, dar în direcție diferită.

Roboți umanizați 6 17

Robotul japonez WABOT–2 poate cânta la pian mult mai rapid decât omul. Poate citi o partitură nouă sau poate alege un cântec pe care l-a păstrat în memorie. WABOT–2 poate cânta andante sau forte. Unii roboți pot vorbi în limbajul semnelor, iar alții se pot comporta ca animalele de casă.

UPHAUT 2 a explorat un puț îngust din Marea Piramidă de la Giseh, în 1993

Acces dificil 3 15 16

Cuvântul robot vine de la cuvântul slav *robota*, „muncă forțată“. Roboții sunt foarte utili la realizarea activităților periculoase. Unii sunt folosiți pentru dezamorsarea sau detonarea bombelor. Alții, în adâncurile oceanului pentru a explora epave sau zone periculoase.

Roboți pe Marte (10) (11) (13)

Roboții au călătorit mai departe decât omul. Începând din ianuarie 2004, roboții cunoscuți drept *Mars rovers* au explorat suprafața planetei Marte. Roboții cu camere video sunt alimentați de panouri solare care captează energia soarelui.

Dalek

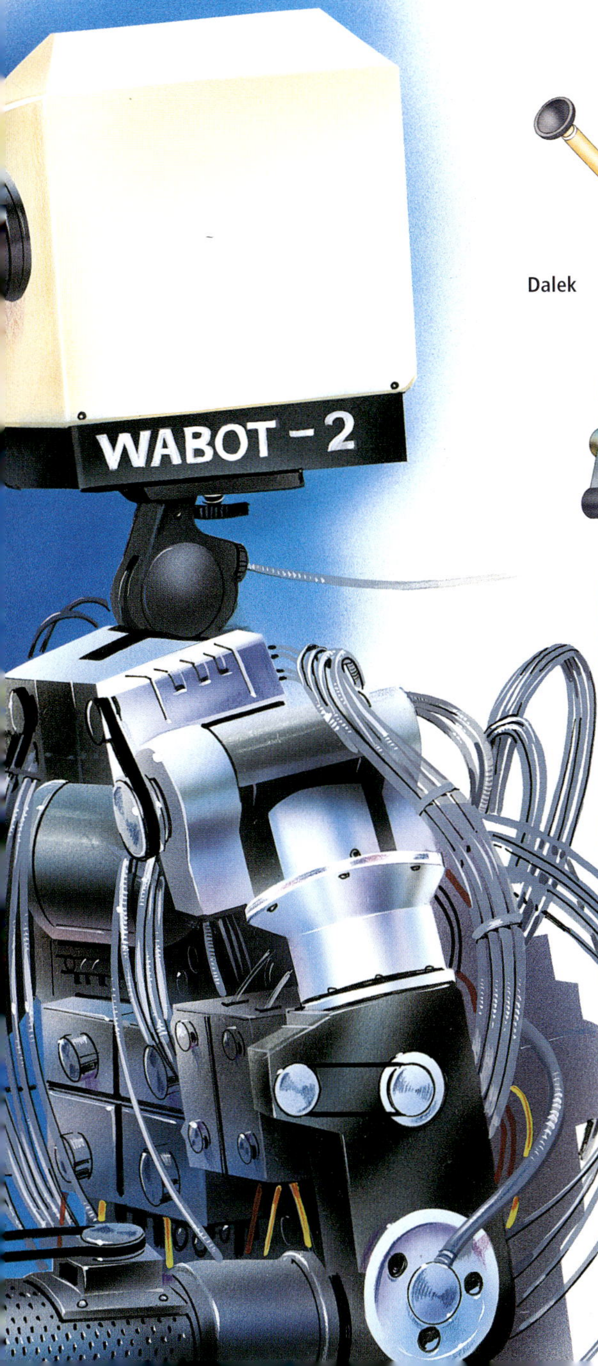

Vedete (4) (7) (12) (18)

Filmul de animație *Roboți* a apărut în 2005. Printre roboții de pe ecran se află „droizii" R2–D2 și C–3PO, din *Războiul Stelelor*, și Dalek, din *Doctor Who*.

ÎNTREBĂRI: Computere și jocuri

Nivelul 1

1. Ce începe cu I și reprezintă rețeaua care leagă computerele din lume?
2. PC înseamnă Perfect Computer sau Personal Computer?
3. Cum se numește un computer îndeajuns de mic pentru a fi ținut în palmă: portabil, mânuibil sau transportabil?
4. Ce începe cu M și este atașat computerului?
5. Ce se păstrează în fișiere MP3?

Nivelul 2

6. Unde se jucau jocuri computerizate înainte de a avea calculatoare acasă?
7. Pot oamenii să joace jocuri pe computer în timp ce merg?
8. Ce computer se numește prescurtat Mac?
9. Majoritatea jocurilor portabile au cartușe sau discuri?
10. Informațiile din computer sunt stocate în hard drive, în imprimantă sau în mouse?
11. Cum se numește echipamentul pentru computer prin care se copiază date pe CD?
12. O tastatură este un periferic sau un profiterol?
13. Ce începe cu C și o porți când joci un joc de realitate virtuală?
14. Ce cuvânt se pune după „realitate" pentru a descrie situații asemănătoare celor reale, dar produse de computere?
15. Literele TOP PAL pot fi rearanjate pentru a forma ce denumire a unui calculator portabil?

Nivelul 3

16. Ce se folosește pentru stocarea de date: CD-RAM, CD-REM sau CD-ROM?
17. Prin ce se conectează computerul de acasă la internet?
18. Ce fișiere se transferă pe un iPod?

GĂSIȚI RĂSPUNSUL

Computere și jocuri

În ultimele câteva decenii, computerele au schimbat complet modul în care muncesc oamenii. Au schimbat și modul în care ne jucăm, aducând în casele noastre o nouă lume a divertismentului. Există acum jocuri care se conectează la televizor, iar aparatele mici, portabile, ne permit să le jucăm oriunde.

Internet (1) (17)

Internetul este rețeaua de linii telefonice și de servere care conectează computerele din toată lumea. Internetul le permite oamenilor să schimbe informații repede și liber.

o fată folosind un laptop

Computere de acasă (2) (8) (15)

Mulți oameni au PC-uri (Personal Computer), alții au computere Macintosh, precum cel de mai jos. Computerele mai mici, portabile, se numesc laptopuri.

Hard drive (10)

Hard drive-ul stochează informațiile de care are nevoie un computer pentru a funcționa. Este cea mai importantă componentă.

Accesorii digitale (5) (18)

La computere pot fi conectate tot felul de echipamente. Fotografiile din aparatele foto digitale pot fi copiate pe hard diskul unui computer. Și muzica poate fi stocată pe computer și apoi descărcată în MP3 playere, precum iPod-ul.

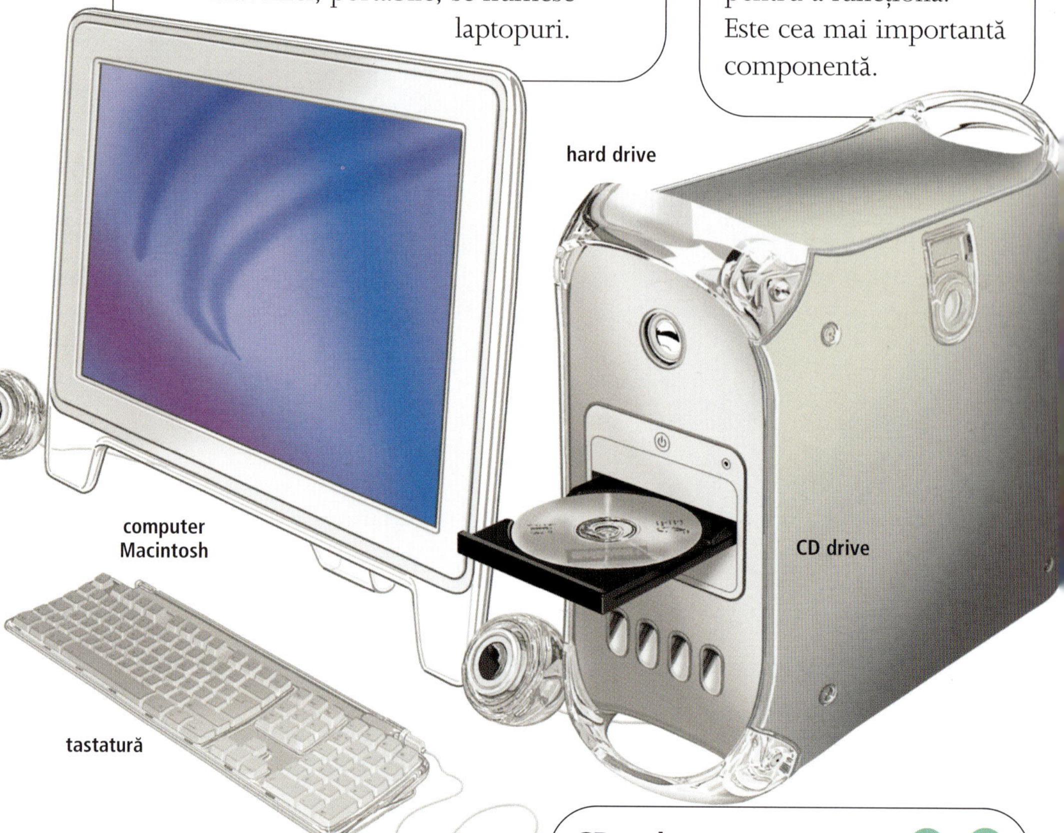

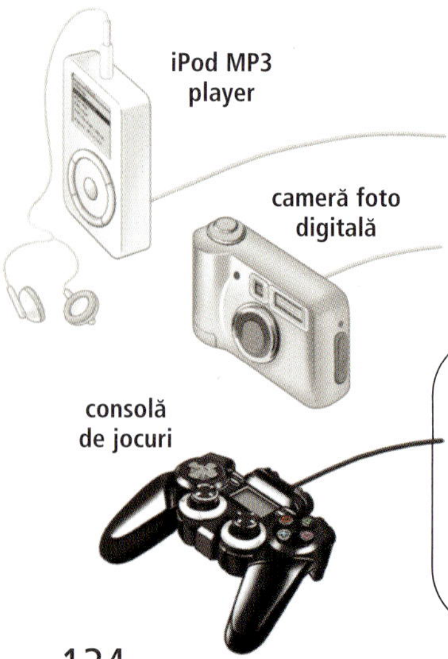

Periferice (4) (12)

Un periferic este un dispozitiv care se cuplează la un computer sau la jocurile portabile. Include tastatura, mouse-ul și consolele de jocuri.

CD-uri (11) (16)

CD-ROM-urile stochează date (informații). Fișierele muzicale digitale (sau MP3) pot fi puse pe un CD folosind un dispozitiv de copiat CD-uri.

Jocuri portabile (3) (7) (9)

Cu jocurile portabile te poți juca și când te deplasezi. Majoritatea jocurilor portabile au cartușe mici, care stochează informațiile pentru jocuri.

grafică computerizată

Jocuri (6)

În fiecare an, jocurile pe calculator devin din ce în ce mai complexe și mai realiste, pe măsură ce computerele devin mai performante. Înainte de computerele personale și de consolele de jocuri, jocurile video se jucau la sala de jocuri.

Realitate virtuală (13) (14)

Căști, mănuși și costume speciale le permit oamenilor să experimenteze jocuri de realitate virtuală. Acestea sunt programe de computer generatoare de situații care arată și pe care le percepi ca (aproape) reale.

ÎNTREBĂRI: Telefoane

Nivelul 1

1. Ce începe cu S și este un mesaj trimis de pe un telefon mobil?
2. Primele telefoane mobile erau mai mari sau mai mici decât cele de astăzi?
3. Majoritatea telefoanelor moderne au discuri rotative cu numere sau butoane?
4. Telefoanele mobile trimit SMS-uri prin microunde, unde acvatice sau unde mexicane?
5. Există telefoane mobile care se pot conecta la internet?

Nivelul 2

6. Primul telefon avea touch-tone?
7. În ce secol a fost inventat primul telefon: IX, XIX sau XXI?
8. Literele MACERĂ OTOF pot fi rearanjate pentru a numi ce dotare anume a unor telefoane mobile?
9. Literele TRĂSNARMTOȚI pot fi rearanjate pentru a forma ce parte a telefonului, aceea în care vorbești?
10. Ce cuvânt începe cu C și reprezintă locul în care sunt conectate apelurile telefonice?
11. Cum se numeau persoanele care conectau apelurile telefonice?
12. Câte nume apăreau în prima carte telefonică: 50, 500 sau 5 000?
13. Ce începe cu T și era un fel de mesaj codificat folosit înainte de inventarea telefoanelor?

Nivelul 3

14. Cum se genera electricitatea pentru primele telefoane?
15. Cine a inventat telefonul?
16. În ce țară s-a născut Alexander Graham Bell?
17. Cine a inventat microfonul cu granule de carbon?
18. Ce a fost inventat mai întâi: faxul sau telefonul?
19. Când au apărut discurile rotative: 1886, 1896 sau 1906?

GĂSIȚI RĂSPUNSUL

Telefoane

Telefonul este cel mai popular mijloc de comunicare. Telefoanele pun în legătură prietenii și rudele din întreaga lume și sunt un instrument vital pentru majoritatea afacerilor. În ultimii ani, telefonul a dus la nașterea unei noi invenții care a schimbat radical lumea: internetul.

Primii ani 14 17

Telefoanele de început aveau mânere care erau învârtite generând electricitatea cu care erau alimentate.
În 1878, americanul Thomas Edison a inventat microfonul cu granule de carbon care transmitea mai clar sunetul.

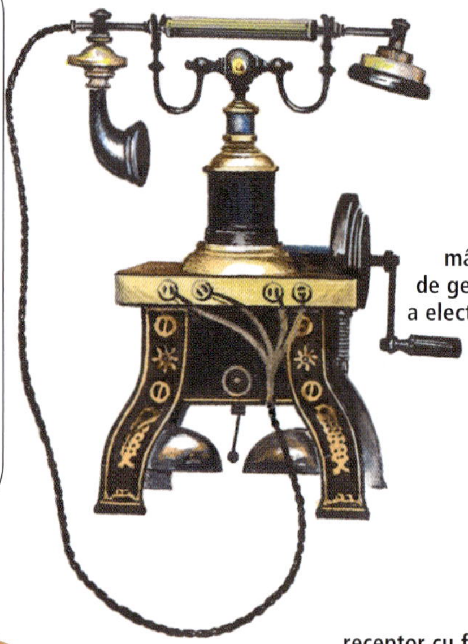

Inventarea telefonului 7 15 16 18

Scoțianul Alexander Graham Bell a inventat telefonul în 1876, cu ajutorul lui Thomas Watson. Prima replică i-a aparținut lui Bell: „Dl Watson, vino aici – am nevoie de tine".

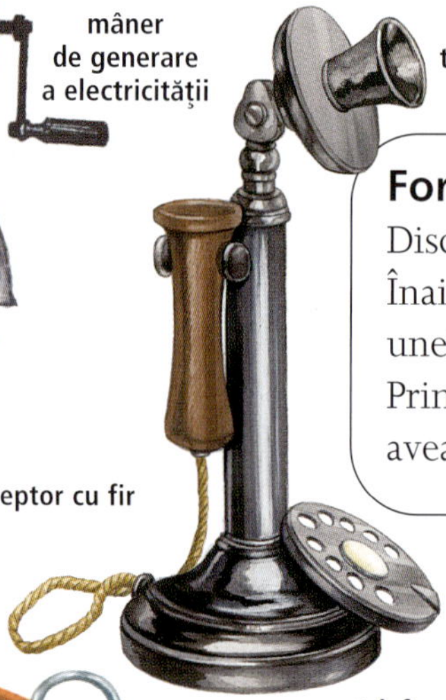

Formarea numerelor 9 19

Discurile rotative au apărut în 1896. Înainte, oamenii trebuiau să ceară unei centraliste să le facă legătura. Primele telefoane de tip „sfeșnic" aveau un receptor și un transmițător.

Centrală 10 11 12

Într-o centrală telefonică firele diferitelor telefoane sunt conectate, permițând realizarea convorbirilor. Mulți ani, în centralele telefonice au lucrat centraliste. Ele făceau legătura între telefoane, introducând firele în mufele corespunzătoare. Astăzi, majoritatea centralelor sunt automate. Prima carte de telefon a fost editată în 1878. Avea doar 50 de nume.

Telefoane moderne (3) (6)

Telefoanele moderne funcționează pe sistemul touch-tone. Fiecare buton generează propriul sunet, recunoscut de computerele din centrala telefonică.

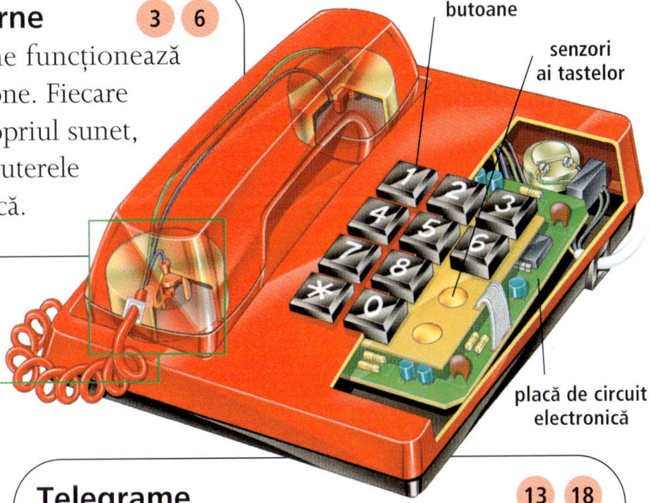

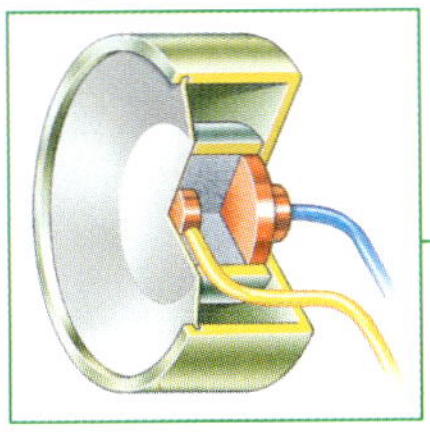

interiorul unui receptor

Telegrame (13) (18)

Înaintea telefoanelor, se foloseau telegramele – mesaje codificate, trimise prin cablu și decodificate. Faxul a fost inventat în 1843.

Telefoane mobile (2) (4)

Telefoanele mobile au devenit ceva obișnuit în anii 1980. La început, erau cât o cărămidă, dar, în timp, au devenit mai mici. Ele transmit mesaje prin microunde. Mesajele sunt recepționate de antene de telecomunicație speciale și trimise către centrale prin antene de telecomunicații sau prin cablu cu fibră optică sau prin centrale telefonice terestre.

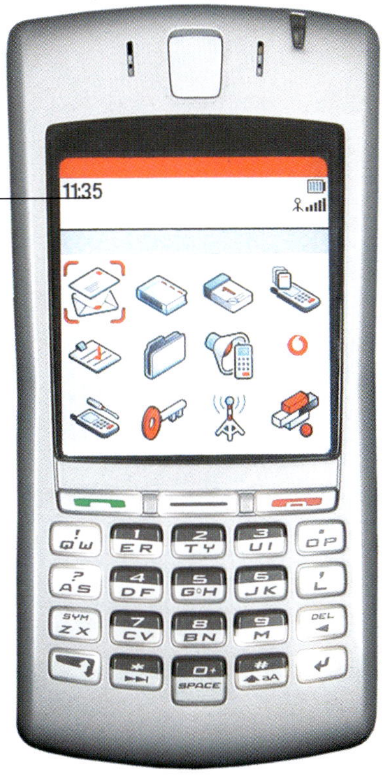

Caracteristici noi (1) (5) (8)

Telefoanele mobile evoluează tot timpul. Pe lângă mesajele voce, majoritatea pot transmite SMS-uri (mesaje scrise) și se pot conecta la internet și trimite e-mailuri. Multe pot fi folosite pentru alte scopuri, în afară de comunicare. Unele au camere foto și video, muzică și jocuri.

ÎNTREBĂRI: Descoperiri

Nivelul 1

1. Ce fruct se spune că a căzut în capul lui Isaac Newton, dându-i astfel ideea celebrei teorii?
2. Ce începe cu R și se învârte, făcând vehiculele să meargă?
3. Literele IVIȚAGRETA pot fi rearanjate pentru a forma numele cărei forțe care atrage obiectele către Pământ?

Nivelul 2

4. Ce matematician care a trăit în Grecia antică a strigat „Evrika!" atunci când era în cadă?
5. Ce naționalitate avea Isaac Newton?
6. În ce secol au apărut primele mașini cu motor pe benzină?
7. Michael Faraday a fost un om de știință american?
8. Ce începe cu A și a fost folosit pentru a alimenta primele mașini?
9. Karl Benz a fost un pionier al mașinilor cu motor?
10. Literele ZIFIANCI pot fi rearanjate pentru a forma numele unui anumit om de știință?
11. Cine este autorul teoriei relativității?
12. Roata a fost inventată acum mai mult de 3 000 de ani?
13. Ce începe cu M și desemnează lucrul pe care Michael Faraday ne-a ajutat să-l înțelegem mai bine?
14. Ce naționalitate avea Nicolas Cugnot, cel care a construit primul automobil?
15. Care este prescurtarea de la acid dezoxiribonucleic?

Nivelul 3

16. În ce țară de azi se află ruinele orașului Uruk?
17. Care sunt cei doi cercetători cărora le este atribuită descoperirea acidului dezoxiribonucleic?
18. În formula $E = mc^2$ ce înseamnă E?

Descoperiri

Istoria științei este istoria descoperirilor. Știm atâtea despre lumea înconjurătoare pentru că marii gânditori au avut idei pe care apoi le-au pus în practică pentru a vedea dacă sunt adevărate. Unele au dus la invenții utile. Altele ne-au ajutat să înțelegem mai bine lumea.

Arhimede
4

Omul de știință din Grecia antică a făcut o importantă descoperire despre cantitatea de apă dislocată când stătea în cadă și a văzut că apa se revărsa. Când i-a venit ideea, a strigat: „Evrika!"

Roata
2 12 16

Nu se știe cine a inventat roata. Cele dintâi imagini ale roții provin din Irak și datează de acum 5 500 de ani. La acea vreme, o mare civilizație trăia acolo, în jurul orașului Uruk. Însă este posibil ca roata să fi fost inventată mai înainte de această dată.

Sir Isaac Newton

Newton
1 3 5

Omul de știință englez sir Isaac Newton (1642–1727) a descoperit gravitația. Ideea i-a venit când stătea sub un copac și i-a căzut în cap un măr.

Faraday
7 13

Michael Faraday (1791–1867) a fost un chimist și fizician englez care ne-a ajutat să înțelegem natura electricității și a magnetismului.

Faraday demonstrează principiile electricității

Automobil 6 8 9 14

Primul vehicul autopropulsat a fost construit de francezul Nicolas Cugnot, în 1869, și era alimentat cu aburi. În anii 1880, Karl Benz și Gotttlieb Daimler, lucrând independent, au construit primul motor cu combustibil. În 1885, Benz a construit mașina motorizată cu trei roți, prima propulsată cu benzină.

Relativitate 10 11 18

Teoria relativității a fost produsul gândirii lui Albert Einstein (1879–1955). Teoria lui Einstein arată că timpul, spațiul și masa nu sunt fixe, ci se modifică în funcție de poziția din care sunt văzute sau măsurate. Teoria sa arată că masa și energia sunt interschimbabile.
El a rezumat teoria în ecuația: $E = mc^2$ (E = energie, m = masă, c = viteză a luminii).

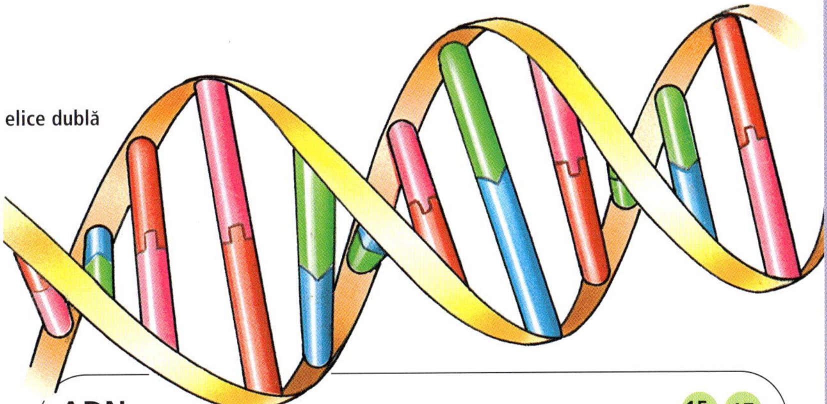

ADN 15 17

Toate plantele și animalele conțin molecule de ADN (acid dezoxiribonucleic) – amprenta vieții – format din lanțuri de unități pereche numite baze. Structura ADN, cunoscută ca elice dublă, a fost descrisă inițial în 1953 de James Watson și Francis Crick.

ÎNTREBĂRI: Soarele

Nivelul 1

1. Soarele are un nucleu. Adevărat sau fals?
2. În timp ce într-o parte a Pământului este zi, poate fi noapte în cealaltă?
3. Ce începe cu A și denumește sezoanele anului?
4. Literele RĂRITĂS pot fi rearanjate pentru a denumi momentul zilei în care Pământul se întoarce către Soare?

Nivelul 2

5. Energia emisă de Soare afectează sistemele electronice, precum rețelele telefonice. Adevărat sau fals?
6. La apus, Pământul se întoarce cu spatele sau cu fața spre Soare?
7. Petele strălucitoare care apar pe coroana Soarelui se numesc protuberanțe solare. Adevărat sau fals?
8. Cât durează, de obicei, un ciclu de pete solare?
9. Ce se interpune între Pământ și Soare la o eclipsă solară: Luna, Marte sau Venus?
10. Ce începe cu R și denumește mișcarea Pământului când orbitează Soarele?
11. Cum se numesc furtunile magnetice din Soare: coroane, pete solare sau eclipse?
12. Ce începe cu O și pare că Soarele se scufundă sub el la apus?
13. Ce se vede în timpul unei eclipse solare: pete solare, coroană sau nici una?
14. Solstițiile se produc când Pământul este cel mai mult sau cel mai puțin înclinat pe propria axă?

Nivelul 3

15. Cât de fierbinte este cea mai fierbinte zonă din Soare?
16. Ce începe cu A și separă ziua de noapte?
17. Cât de mari pot fi petele solare?
18. Ce unde sunt emise dintr-o concentrare de energie în coroana Soarelui?

GĂSIȚI RĂSPUNSUL

Soarele

Soarele este o stea de dimensiuni medii, compusă dintr-o enormă masă sferică de gaze fierbinți. Se află în galaxia (grup de sisteme stelare) numită Calea Lactee. Soarele se găsește în centrul sistemului solar, la 150 000 000 km de Pământ. Forța sa gravitațională ține pe orbită toate planetele din sistemul solar. Viața de pe Pământ depinde de căldura și de lumina Soarelui.

Nucleu (1) (15)

Partea cea mai fierbinte din Soare, nucleul, poate avea peste 15 000 000°C. Cantități mari de energie sunt eliberate din miez și duse în afara Soarelui.

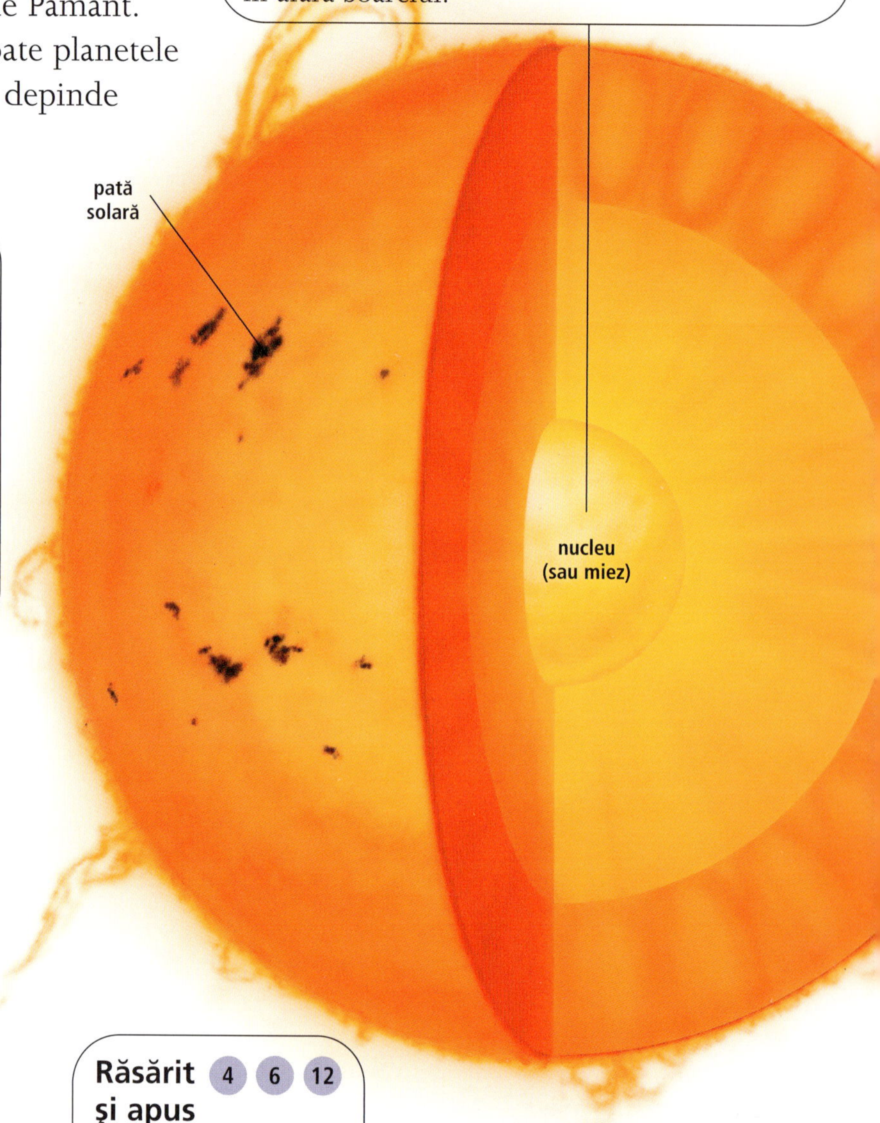

Anotimpuri (3) (14)

Pământul are anotimpuri – primăvara, vara, toamna și iarna – pentru că axa lui (linia imaginară ce trece prin centrul lui unind Polii) este înclinată. Diferite părți ale Pământului se află mai aproape de Soare, în diferite perioade din an, ceea ce afectează vremea. Solstițiile se produc când axa Pământului este cel mai înclinată.

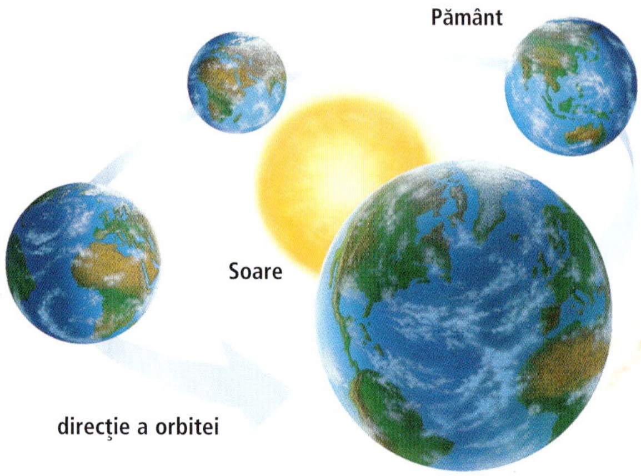

Zi şi noapte (2) (10) (16)

În timp ce orbitează (înconjoară) Soarele, Pământul se și rotește în jurul axei sale. În jumătatea de Pământ care privește Soarele este zi, iar în cealaltă jumătate este noapte. O linie imaginară numită „terminator“ delimitează ziua de noapte. Un avion supersonic poate trece de ea.

Răsărit şi apus (4) (6) (12)

Soarele pare că se scufundă la orizont. De fapt, cerul se întunecă pe măsură ce Pământul își rotește fața dinspre Soare. La răsărit, Pământul se întoarce către Soare.

Coroană
5 7 18

Temperaturile în atmosfera exterioară a Soarelui – coroană – depășesc 1 000 000°C. Jeturi de gaz – protuberanțe solare – sunt proiectate la milioane de kilometri în spațiu. Pete strălucitoare imense, numite flăcări, apar în coroană datorită acumulării de energie. Acestea sunt emise în spațiu ca unde radio, lumină ultraviolet și raze X, care pot crea haos în rețelele de telefonie.

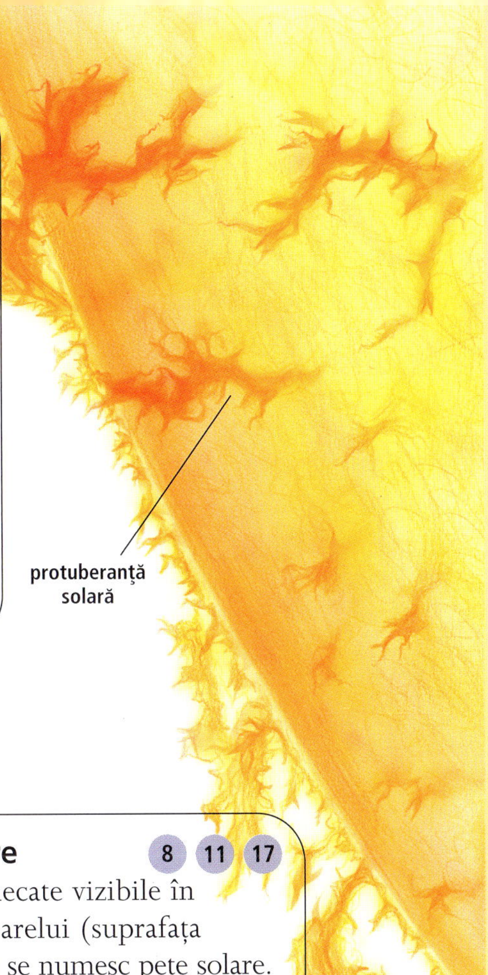

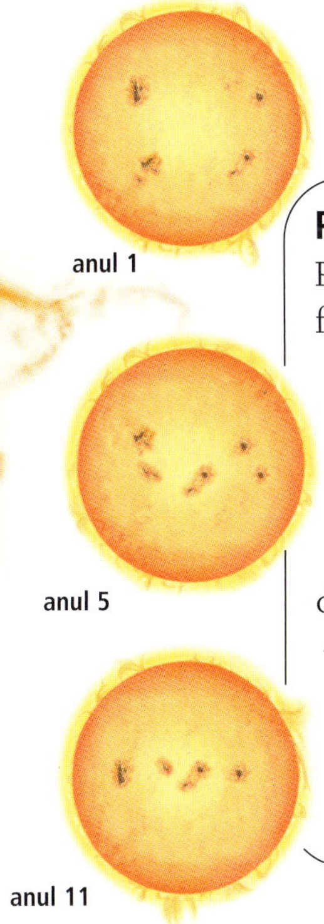

Pete solare
8 11 17

Petele întunecate vizibile în fotosfera Soarelui (suprafața exterioară) se numesc pete solare. Acestea sunt furtuni magnetice care au loc în Soare. Deși par mici de pe Pământ, petele solare pot avea până la 50 000 km diametru. Temperatura lor de 4 073°C este considerată mică pentru Soare. Petele solare apar și dispar cu regularitate, la intervale de 11 ani.

Eclipsă de Soare
9 13

În timpul unei eclipse solare, Luna se interpune între Pământ și Soare. De pe Pământ, Luna pare că acoperă Soarele, rămânând vizibilă numai coroana. Asta face Pământul să intre în amurg. Cum Pământul se rotește, eclipsa este vizibilă de-a lungul unei benzi care traversează planeta.

ÎNTREBĂRI:
Luna

Nivelul 1

1. Soarele sau Pământul luminează Luna?
2. Luna nu are atracție gravitațională. Adevărat sau fals?
3. Luna orbitează Pământul sau Soarele?
4. Când nivelul mării la țărm coboară se petrece refluxul. Adevărat sau fals?

Nivelul 2

5. Luna nouă este luminată de Soare pe partea pe care n-o putem vedea. Adevărat sau fals?
6. Există o față a Lunii pe care n-o vedem niciodată. Adevărat sau fals?
7. Ce începe cu G și determină mareele?
8. Ce fază a mareei se petrece când Luna este la apogeu: flux sau reflux?
9. În cât timp orbitează Luna Pământul: 24 de ore, 27,3 zile sau 39,5 zile?
10. Cine a fost primul astronaut care a pășit pe Lună: Al Shepard, Buzz Aldrin sau Neil Armstrong?
11. Umbra Soarelui sau umbra Pământului acoperă Luna în timpul unei eclipse lunare?
12. Ce începe cu D și arată că Luna devine mai puțin vizibilă?
13. În timpul mareei înalte, fluxul este mai mare sau mai mic?
14. Mareele joase au loc când Pământul, Luna și Soarele sunt aliniate?

Nivelul 3

15. Care este diametrul Lunii?
16. În cât timp trece Luna prin toate fazele?
17. Unde sunt Soarele și Luna când este Lună plină?
18. Când are loc o eclipsă de Lună?
19. Când a avut loc prima aselenizare americană?

GĂSIȚI RĂSPUNSUL

Luna

Luna este un satelit care orbitează Pământul. Este mai mare decât planeta pitică Pluto, dar nu are atmosferă. Mările care se văd pe suprafața Lunii sunt cratere făcute de asteroizii care au căzut pe Lună acum 3 000–4 000 de ani. Gravitația Lunii determină mareele – creșterea și descreșterea mărilor și a oceanelor de pe Pământ.

Maree 4 7 8

Când Luna se află la apogeu, gravitația ei atrage marea către mal – flux. Pe măsură ce Pământul se rotește, atracția Lunii se micșorează, iar marea se retrage – reflux.

flux

reflux

Luna 2 15

Diametrul Lunii este de 3 476 km, iar orbita sa se află la 384 400 km de Pământ. Gravitația sa este de numai o șesime din forța gravitațională de pe Pământ.

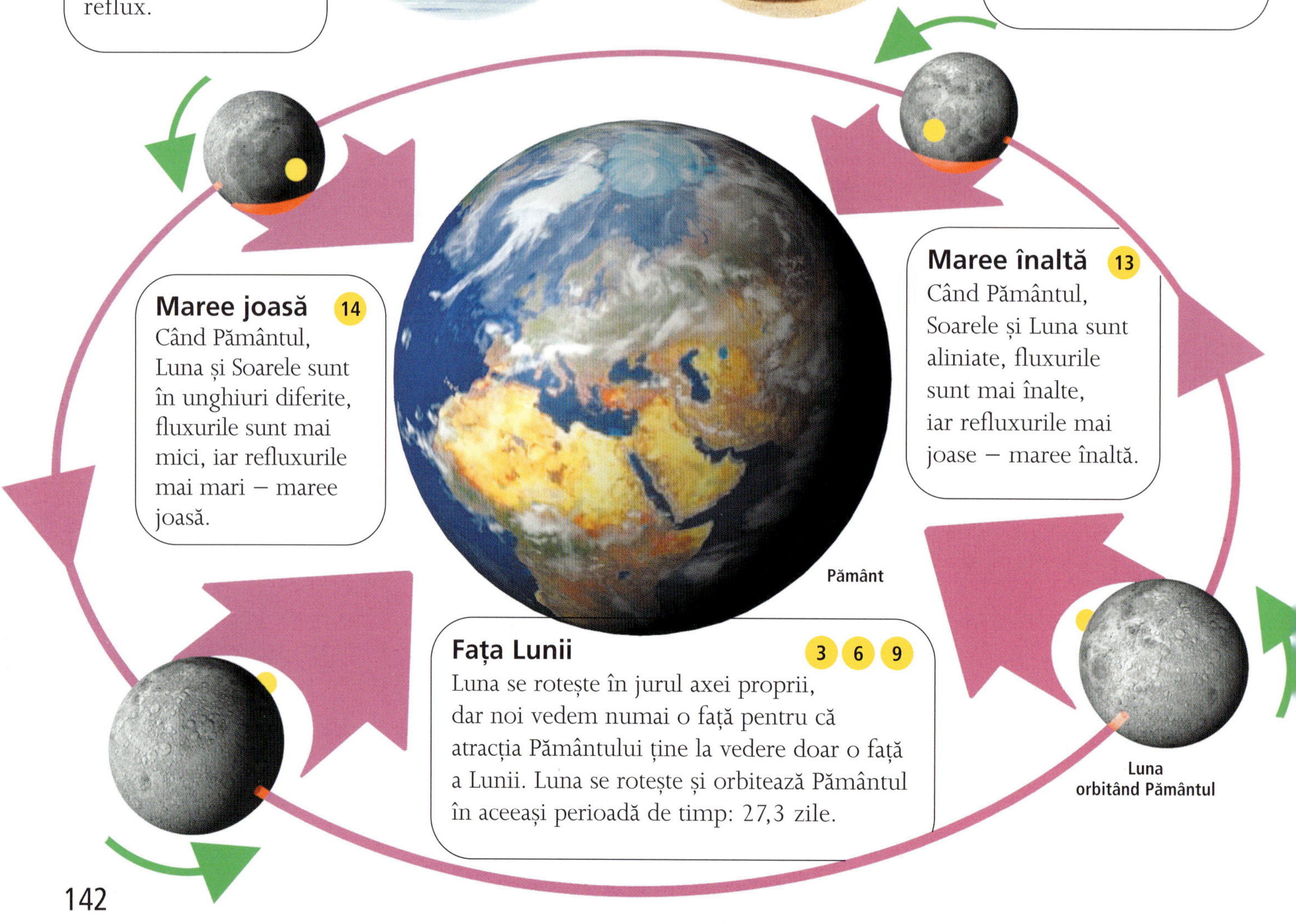

Maree joasă 14

Când Pământul, Luna și Soarele sunt în unghiuri diferite, fluxurile sunt mai mici, iar refluxurile mai mari – maree joasă.

Maree înaltă 13

Când Pământul, Soarele și Luna sunt aliniate, fluxurile sunt mai înalte, iar refluxurile mai joase – maree înaltă.

Fața Lunii 3 6 9

Luna se rotește în jurul axei proprii, dar noi vedem numai o față pentru că atracția Pământului ține la vedere doar o față a Lunii. Luna se rotește și orbitează Pământul în aceeași perioadă de timp: 27,3 zile.

lună nouă
ziua 1

semilună în creștere
ziua 4

primul pătrar
ziua 7

Faze ale Lunii (1) (5) (16)

Soarele luminează Luna din direcții diferite. La lună nouă îi luminează fața nevăzută. Luna trece prin opt faze, în 29,3 zile. Șase sunt prezentate alături.

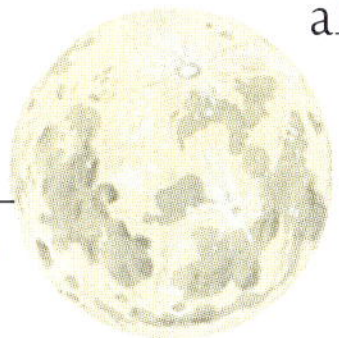

lună plină
ziua 14

Lună plină (12) (17)

La lună plină, Soarele și Luna se află pe părți opuse ale Pământului. O lună nouă „crește“ – zilnic, se vede mai mult din ea – până în ziua 14, când are loc luna plină. Apoi „descrește“ sau se subțiază.

ultimul pătrar
ziua 22

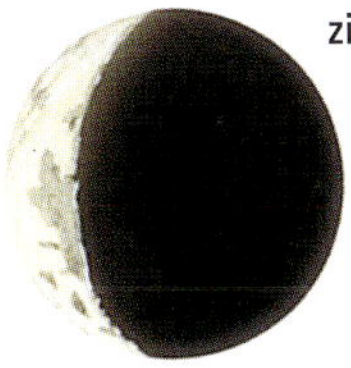

semilună
în descreștere
ziua 26

Eclipsă de Lună (11) (18)

Când luna plină trece exact prin spatele Pământului, acesta împiedică lumina Soarelui să ajungă la Lună. Noi vedem umbra Pământului trecând deasupra Lunii. Astfel are loc o eclipsă de Lună.

Pe Lună (10) (19)

Misiunile spațiale americane au aselenizat de șase ori, între 1969 și 1972. Neil Armstrong a fost primul astronaut pe Lună, pe 21 iulie 1969. Forța gravitațională a Lunii este mai mică decât a Pământului, de aceea astronauții făceau cu ușurință salturi pe suprafața Lunii.

ÎNTREBĂRI: Constelații

Nivelul 1

1. Întotdeauna trebuie să folosești un binoclu sau un telescop ca să vezi stelele. Adevărat sau fals?
2. Constelația Scorpionul se mai numește și Scorpius. Adevărat sau fals?
3. În câte părți poate fi împărțită bolta cerească: două sau trei?
4. Steaua Sudului poate fi văzută din emisfera nordică?
5. Centaurul este o constelație denumită după o creatură din mitologia greacă?

Nivelul 2

6. Constelația Pegas este numită astfel după ce animal din mitologia greacă: un cal înaripat, un taur sau o capră?
7. Constelația Columba este numită după o pasăre trimisă de pe Arcă de Noe, ca să caute uscatul: un porumbel, un guguștiuc sau un vultur?
8. Ce constelație se folosea pentru navigație în emisfera sudică?
9. Literele BUINLOC pot fi rearanjate ca să alcătuiască numele unui instrument folosit ca să privești stelele?
10. Care este mai strălucitoare: Sirius, Orion sau Lebăda?
11. Ce începe cu O și este constelația cu cel mai mare număr de stele strălucitoare?
12. Literele BEEGLUESET pot fi rearanjate pentru a alcătui numele supergigantei roșii care marchează umărul lui Orion?
13. Ce începe cu C și este o constelație sudică care poate fi văzută în emisfera nordică, în februarie?

Nivelul 3

14. Ce obiect înfățișează constelația Balanța?
15. Cum se numește a 13-a stea de pe cer ca luminozitate?
16. Când a putut fi văzută Crucea Sudului din Orientul Mijlociu?
17. Ce stea strălucitoare marchează coada Lebedei?

GĂSIȚI RĂSPUNSUL

Constelații

Constelațiile sunt grupuri de stele care formează un contur ca al unei creaturi mitologice. Există 88 de constelații și cel mai bine se văd în nopțile întunecate. Țăranii și astronomii au folosit constelațiile 6 000 de ani, pentru a identifica stelele.

Centaur (5)

Această constelație are forma unui centaur – creatură din mitologia greacă jumătate om și jumătate cal. Poate fi văzută în emisfera sudică.

Emisfere (3)

O linie imaginară, numită ecuator celest, împarte cerul în emisfera nordică și în cea sudică. Unele constelații și stele par a se mișca între emisfere, în decursul anului.

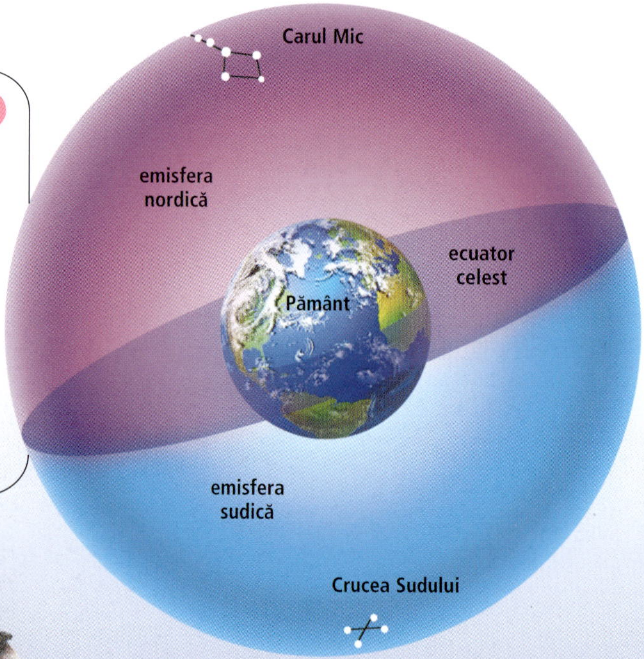

Crucea Sudului (4) (8) (16)

Marinarii din oceanele sudului folosesc această constelație pentru a naviga. În timpurile biblice, putea fi văzută din Orientul Mijlociu, astăzi însă numai din emisfera sudică.

Privind la stele (1) (9) (10) (11)

Pentru a vedea stelele slabe se folosește un binoclu sau un telescop, dar unele stele strălucitoare se pot vedea cu ochiul liber. Cea mai strălucitoare stea este Sirius, în constelația Canis Maior. Constelația Orion are cel mai mare număr de stele strălucitoare.

Balanță (Libra) (14)

Vechii greci vedeau Libra ca pe o balanță ținută de Demetra, zeița Justiției, a cărei constelație se afla în apropiere. Balanța se află în emisfera sudică, iar stelele sale sunt slab luminate.

Lebăda (Cygnus) 17

Lebăda apare ca zburând spre sud, de-a lungul Căii Lactee. Deneb este steaua strălucitoare din coadă. Cu binoclul se pot vedea milioanele de stele slabe ale acestei constelații.

Scorpion (Scorpius) 2 15

Scorpionul se ridică lângă orizont, pe măsură ce constelația Orion apune pe cerul verii. În ea se află Antares, o gigantă roșie și a treisprezecea stea de pe cer ca strălucire.

Pegas 6

Această constelație din emisfera nordică este numită după Pegas, un cal înaripat din mitologia greacă. Împarte o stea, Delta Pegasi, cu constelația Andromeda.

Columba 7 13

Deși o constelație sudică, Columba se mută pe cerul nordic în februarie. A fost botezată astfel după porumbelul biblic trimis de Noe ca să caute uscatul.

Orion 12

Patru stele strălucitoare formează corpul lui Orion, vânător din mitologia greacă. Se află în emisfera nordică, iar Betelgeuse, o supergigantă roșie, îi marchează umărul.

ÎNTREBĂRI: Spațiu cosmic

Nivelul 1

1. Ce poți găsi în spațiul cosmic: o gaură verde, neagră sau portocalie?
2. Cine a fost un astronom celebru: Rubble, Bubble sau Hubble?
3. Galaxia care include Pământul se numește Calea Lăptoasă. Adevărat sau fals?
4. O stea își începe viața în cuib sau într-o nebuloasă?

Nivelul 2

5. O galaxie este un grup mare de găuri negre. Adevărat sau fals?
6. De obicei, durata de viață a unei stele este de miliarde de ani. Adevărat sau fals?
7. Care este agenția spațială americană: LASA, MASA sau NASA?
8. Când o nebuloasă se micșorează sau se condensează, se încălzește sau se răcește?
9. Calea Lactee apare palidă, colorată sau neagră pe cerul nopții?
10. Literele RĂVENSOUP pot fi rearanjate pentru a forma numele unui tip de explozie în spațiu?
11. Câte galaxii există în Grupul Local: circa 3, circa 30 sau circa 300?
12. O nebuloasă este o stea mare. Adevărat sau fals?
13. Calea Lactee este o galaxie mare sau mică?
14. Câte tipuri de galaxii există: patru, cinci sau șapte?
15. Care se formează prima: o gigantă roșie sau o pitică albă?

Nivelul 3

16. În ce parte a Căii Lactee se află sistemul solar al Pământului?
17. Ce cred unii cercetători că s-ar afla în centrul galaxiei noastre?
18. Care este gazul principal din nebuloasa Vulturul?

Spațiu cosmic

Universul este atât de vast, încât astronomii (cercetătorii care studiază spațiul) măsoară distanțele în ani-lumină – distanța pe care lumina o parcurge într-un an. Sistemul solar în care se află Pământul este numai o mică parte din univers. Zona din afara sistemului solar este spațiul cosmic exterior. Astronomii află mereu lucruri noi despre spațiul cosmic, pe măsură ce tehnologia evoluează.

Calea Lactee

3 9 11 13 16

Sistemul solar al Pământului se află pe unul dintre brațele Căii Lactee, o mare galaxie spirală barată. Galaxia își ia numele de la faptul că pare lăptoasă pe cerul nopții. Calea Lactee face parte dintr-un grup de 30 de galaxii, cunoscut drept Grupul Local.

Tipuri de galaxii

2 5 12 14

Un grup mare de stele se numește galaxie. Astronomul Edwin Hubble a demonstrat că galaxiile se conformează unui set de forme de bază. Cele patru forme principale sunt: eliptică, spirală, spirală barată și neregulată. Fiecare galaxie are milioane de stele și nebuloase – nori de praf sau gaz.

Nebuloasa Vulturul

7 18

Cercetătorii americani de la NASA (Agenția Națională pentru Aeronautică și Administrarea Spațiului) studiază spațiul cosmic cu telescopul Hubble, care orbitează Pământul. Ei pot vedea stele noi formându-se în norii de hidrogen din nebuloasa Vulturul.

Ciclu de viață al unei stele 4 6 8 15

O stea își începe viața ca parte a unei nebuloase care se micșorează și se comprimă. Cu timpul, nebuloasa se încălzește. Când este îndeajuns de fierbinte, o nouă stea va începe să strălucească. În miliarde de ani, steaua se mărește și devine o gigantă roșie. Atunci, steaua își va expulza straturile exterioare, rămânând doar miezul încins, alb – o pitică albă.

Gaură neagră 1 10 17

Uneori, o stea extrem de mare, aflată la sfârșitul vieții, se umflă îndeajuns de mult pentru a deveni o supergigantă și explodează. Asta este o supernovă. Atunci, steaua se prăbușește în ea însăși, creând o gaură neagră – o cavitate fără fund care absoarbe totul din jur, inclusiv lumina. Unii cercetători cred că în mijlocul Căii Lactee se află o gaură neagră gigantică.

ÎNTREBĂRI: Aur

Nivelul 1

1. Ce culoare, care începe cu G, are aurul?
2. Unde în SUA a avut loc celebra Goană după Aur, care a început în 1848: California sau Ohio?
3. Aurul este un metal tare. Adevărat sau fals?
4. Ce este praful de aur: bucăți de aur sau particule fine?

Nivelul 2

5. Literele TIPEPE se pot rearanja pentru a forma denumirea bucăților de aur găsite prin minerit?
6. A existat în secolul XIX o goană după aur și în Africa de Sud, Rusia sau Japonia?
7. Ce începe cu M și este denumirea rocilor în care se găsesc metale precum aurul?
8. Literele RANTEDECA se pot rearanja pentru a denumi modalitatea de căutare a aurului în râuri, cu ajutorul unui lighean?
9. Ce începe cu B și este denumirea celui care face bijuterii din aur?
10. Ce începe cu L și este numele barelor de aur în care țările își țin o parte din rezervele monetare?
11. Expunerea aurului la aer îi poate răpi strălucirea?
12. Ce începe cu P și este numele dat persoanei care caută aur?
13. Aurul poate fi prelucrat pentru lițe?

Nivelul 3

14. Ce țară este cea mai mare producătoare de aur din lume?
15. Ce se folosea pentru a găsi bucățele de aur pe fundul râurilor?
16. Unde se află cea mai mare mină de aur din lume?
17. Cât timp s-a folosit aurul ca monedă?
18. Ce începe cu E și este o substanță ce nu poate fi descompusă?

GĂSIȚI RĂSPUNSUL

Aur

Aurul pur este un metal galben-portocaliu, care se formează în subteran, în straturi numite filoane. Puritatea lui se măsoară în carate, iar aurul pur are 24 de carate. Fiind un metal moale este, de obicei, amestecat cu alte metale. Acest amestec, numit aliaj, este de culoare galbenă pal, roșcată sau albă.

Aur 11 18

Aurul pur este un element chimic, adică nu mai poate fi descompus în alte componente. Dacă stă în apă sau este expus la aer, nu se distruge și nu își pierde strălucirea.

Goana după Aur 2 6

În secolul XIX au fost descoperite zăcăminte de aur în America de Nord, în Australia și în Africa de Sud. Oamenii au dezlănțuit o celebră Goană după Aur în 1848, în California, SUA.

Minerit 7 12 15

În mine se sapă după minereu (roci conținând aur). Majoritatea prospectorilor din secolul XIX au căutat aurul adus la suprafață de râuri subterane sau de scurgeri de lavă vulcanică. Ei spălau pietrișul din râuri în cutii-ecluză, care rețineau bucățelele de aur numite pepite.

Decantare 4 5 8

Unii mineri puneau noroiul din râuri într-un lighean puțin adânc din metal, plin cu apă, pe care îl roteau. Nisipul și pietrișul erau îndepărtate, dar aurul mai greu se lăsa la fund. Apoi culegeau pepitele, solzii și particule minuscule de aur.

Minerit modern (14) (16)

Minerii aruncă în aer roca și sapă tunele după filoane de aur. Minereul este rafinat pentru a separa aurul de rocă. Africa de Sud este cel mai mare producător de aur. Cea mai mare mină de aur se află în Papua de Vest, Indonezia.

Monedă (10) (17)

Aurul este folosit ca monedă de 4 000 de ani. Negustorii își plăteau marfa cu bare de aur, numite lingouri. Astăzi, majoritatea statelor păstrează lingouri de aur ca rezervă monetară.

lingouri de aur

Bijuterii (1) (3) (9) (13)

Aurul este apreciat pentru culoarea sa galbenă și pentru strălucire. Bijutierii fac bijuterii din aur. Pentru că aurul este un metal moale, îi pot da nenumărate forme sau îl pot trage în lițe subțiri.

inel de aur

ÎNTREBĂRI: Peșteri

Nivelul 1

1. În peșteri trăiesc câteodată viermi?
2. Liliecii sau vulturii își găsesc adăpost în peșteri?
3. Bacteriile și insectele se hrănesc cu ciuperci sau cu cartofi?
4. Plantele, precum ferigile și mușchii, nu pot crește la intrarea în peșteri. Adevărat sau fals?

Nivelul 2

5. Literele PARDEOLUL PELIZORZĂ se pot rearanja pentru a denumi o felină care își face culcuș în peșteri iarna?
6. Cum este lava vulcanului când este roșie, fierbinte, moale și lichidă: topită, topitoare, topitură?
7. Ce păsări își fac cuib în tavanele de la intrarea în peșteri?
8. Literele SLAGMITETA se pot rearanja pentru a denumi o formațiune de rocă formată pe podeaua unei peșteri?
9. Ciupercile care cresc în peșteri nu au nevoie de multă lumină, apă sau nutrienți. Adevărat sau fals?
10. Gândacii sau rândunelele se hrănesc cu excremente de lilieci găsite în peșteri?
11. Cum se numește o zonă dintr-un sistem de peșteri: zonă de răsărit, zonă crepusculară sau zona de miezul nopții?
12. Ce formațiuni de rocă atârnă precum țurțurii de gheață de tavanele peșterilor: stalagmite sau stalactite?
13. Ce animale târâtoare sau cățărătoare trăiesc în peșteri.

Nivelul 3

14. Ce începe cu C și este un mineral care se formează când calcarul este dizolvat?
15. Unde rămâne constantă temperatura?
16. Ce sapă râurile subterane?
17. Ce s-a întâmplat cu lava moale care umplea canalul de lavă?
18. Literele BLAMI EMPIRE pot fi rearanjate pentru a forma un alt cuvânt care înseamnă rezistent la apă?

GĂSIȚI RĂSPUNSUL

Peșteri

Unele peşteri sunt spaţii goale, de-a lungul bazei falezelor, săpate de valuri. Altele se formează în subteran când ploaia erodează roca moale de calcar. În multe peșteri se găsesc coloane și ace de stâncă minunate, depozite minerale, lacuri și râuri.

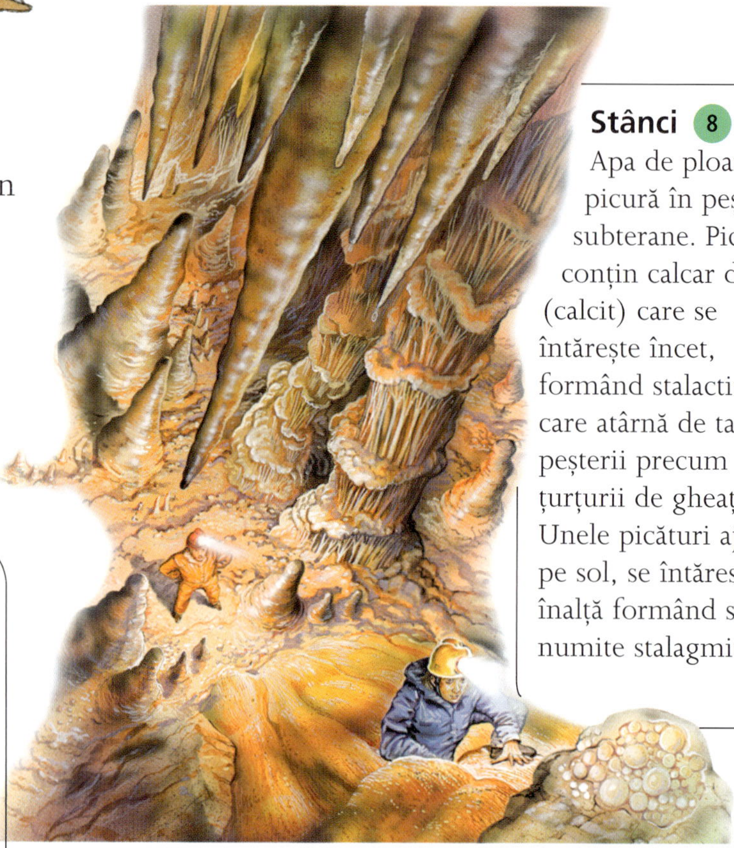

Stânci 8 12 14

Apa de ploaie picură în peșterile subterane. Picăturile conțin calcar dizolvat (calcit) care se întărește încet, formând stalactite, care atârnă de tavanul peșterii precum țurțurii de gheață. Unele picături ajung pe sol, se întăresc și se înalță formând spirale numite stalagmite.

În peşteră 3 9 13

Ciupercile sunt organisme care nu au nevoie de lumină ca să trăiască. Cresc în peșteri, unde există umezeală și nutrienți. Constituie hrană pentru bacterii și insecte. În peșteri trăiesc păianjeni, lilieci, salamandre și pești.

Sisteme de peşteri 1 2 10 11 1

Dincolo de intrarea în peșteră se află o zonă crepusculară. Acolo, liliecii atârnă cu capul în jos, iar gândacii, viermii și bacteriile se hrănesc cu excrementele lor. Și mai în adânc este zona întunecată, cu temperaturi de circa 13°C.

Intrare 4 5 7

Urșii și leoparzii zăpezilor se pot adăposti, pe vreme rea, la intrarea în peșteri. Dacă intrarea are îndeajuns de mult soare și umezeală, acolo cresc ferigi și mușchi – hrană pentru insecte și alte animale mici. Rândunelele și lăstunii își construiesc cuiburi pe cornișele înalte.

Râuri de peșteră
16 18

Râurile se formează în subteran, după ce ploaia se infiltrează prin calcarul cu crăpături și găuri. Apa de ploaie sapă până dă de rocă impermeabilă. Se formează un râu care curge către mare, săpând tunele și peșteri.

Canale de lavă
6 17

Se formează în lava unui vulcan. Lava care curge printr-un canal, pe un versant al vulcanului, se poate răci și întări la exterior, dar rămâne topită (moale) dedesubt. În timp, lava moale se scurge, formând o peșteră lungă, în interiorul unei cruste întărite.

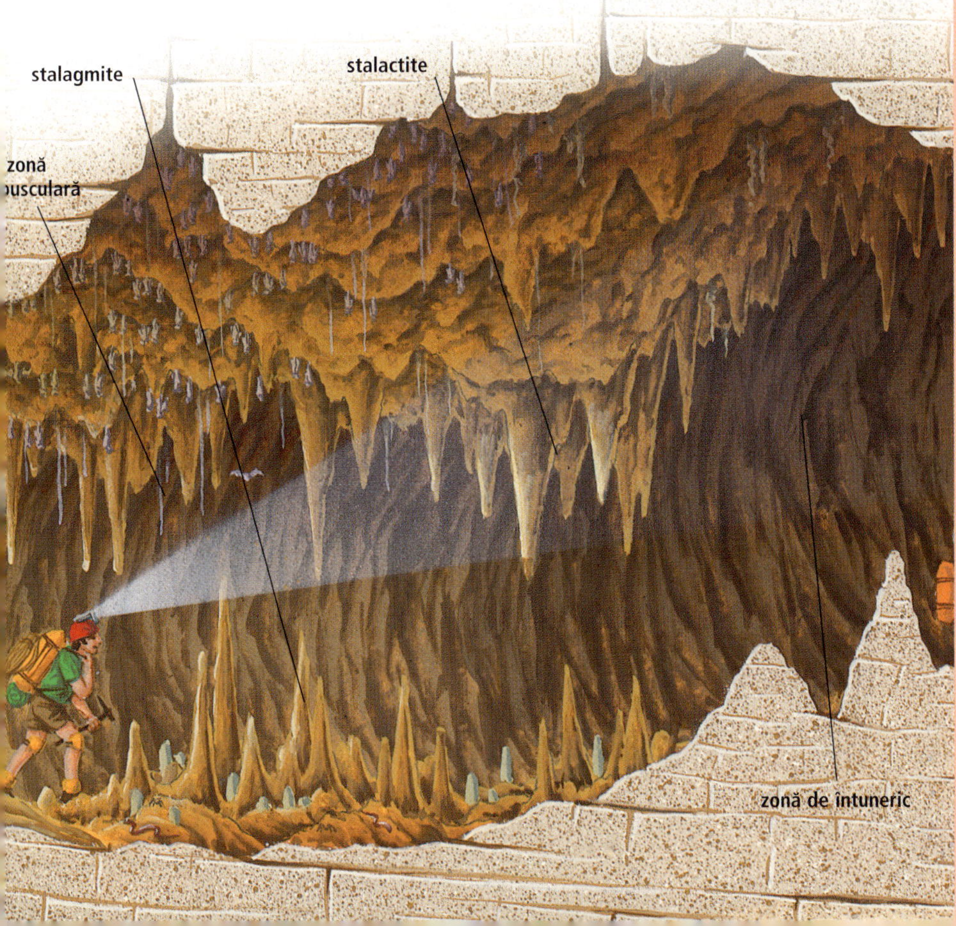

ÎNTREBĂRI: Climă

Nivelul 1

1. În timpul unei secete, apa e mai puțină sau mai multă decât în mod obișnuit?
2. Din ce sunt făcuți norii: vapori de apă sau apă înghețată?
3. Cirrus este numele unui tip de nor. Adevărat sau fals?

Nivelul 2

4. Ce începe cu S și este cel mai mare deșert din lume?
5. Care este un gaz de seră: oxigenul sau dioxidul de carbon?
6. În câți ani cred meteorologii că s-ar putea topi ghețarii: în 10, 20 sau 30 de ani?
7. Un climat arid este cald și umed, cald și uscat sau rece și înghețat?
8. Unde au găsit cercetătorii o gaură în stratul de ozon: deasupra Antarcticii, deasupra Arcticii sau în ambele locuri?
9. Câtă ploaie cade în deșert, în decursul unui an: mai puțin de 25 cm, mai puțin de 50 cm sau mai puțin de 1 m?
10. Care dintre aceste două tipuri de nori aduc ploaie: cirrus sau cumulonimbus?
11. Literele GAȚEHIR se pot rearanja pentru a forma denumirea unei surse de apă ce alimentează un râu?
12. Ce începe cu L și au început să sece în ultimii ani?
13. Norii cumulus sunt subțiri sau pufoși?
14. Cât din suprafața uscatului este deșert: o treime, o pătrime sau o cincime?

Nivelul 3

15. În timpul secetei, de ce mor culturile?
16. Stratul de ozon apără Pământul de ce fel de raze dăunătoare?
17. Ce nu se dezgheață niciodată în tundră?
18. Când a început seceta recentă din Sahel, Africa de Nord?
19. La ce distanță în atmosferă se află stratul de ozon?

GĂSIȚI RĂSPUNSUL

Climă

Atmosfera reprezintă un strat protector de gaze din jurul Pământului. Ea lasă să pătrundă lumina și căldura soarelui, dar trimite înapoi în spațiu razele ultraviolet (UV) dăunătoare. În lume există diferite zone climatice. Dar schimbările în atmosferă fac Pământul să se supraîncălzească. Și aceasta duce la schimbarea vremii.

râu secat

Nori 2 3 10 13

Norii sunt vapori de apă în cer. Norii înalți, precum transparentul cirrus și pufosul cumulus, se pot vedea în zilele senine. Norii gri de tip stratus și norii mari, negri, cumulonimbus de furtună, aduc ploaia.

Secetă 1 15 18

Perioada lungă în care nivelul precipitațiilor este sub cel obișnuit se numește secetă. Când este secetă, rezervele de apă se termină, iar recoltele se usucă. Fără apă și hrană, viețuitoarele mor. În regiunea Sahel din nordul Africii este secetă din 1968.

Ploaie şi apă 12

Apa de ploaie alimentează izvoarele, râurile și lacurile. Oamenii folosesc cantități din ce în ce mai mari de apă în case, orașe, ferme și fabrici. Multe râuri și lacuri au început să sece.

Munți și ghețari 6 11

Topirea zăpezii și a ghețarilor din munți primăvara și ploile de vară alimentează râurile folosite la pescuit, băut și udatul grădinilor. Din cauza schimbărilor climatice, cade mai puțină zăpadă și se formează mai puțină gheață, iar ghețarii s-ar putea topi definitiv în 30 de ani.

Zone (7) (17)

Există cinci mari zone climatice. Zona polară este înghețată. Vara este scurtă în tundră, astfel că solul nu se dezgheață. În fiecare zonă, există regiuni cu propriul climat.

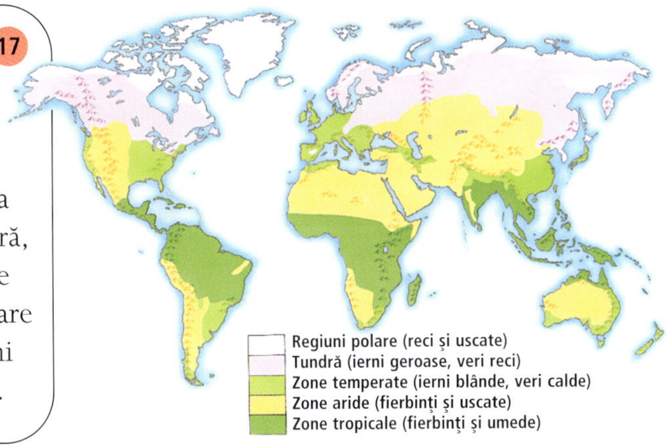

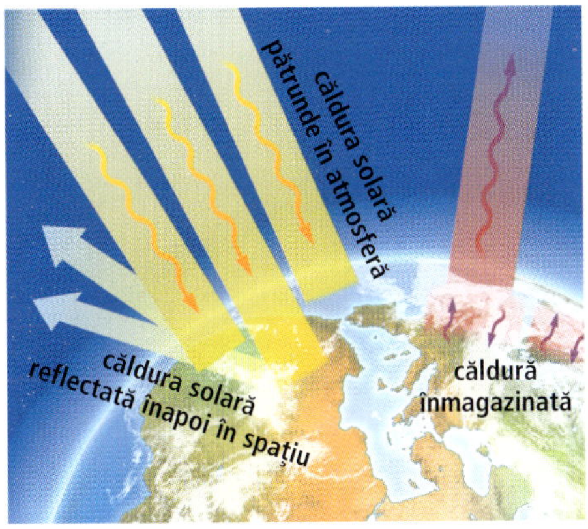

Efect de seră (5)

Atmosfera este alcătuită din gaze, precum dioxidul de carbon, care înmagazinează căldura ca sticla dintr-o seră. Când ardem cărbune, petrol și gaze naturale eliberăm în atmosferă și mai multe gaze, care supraîncălzesc Pământul.

Gaură în ozon (8) (16) (19)

Un strat de ozon, la 22 km înălțime în jurul Pământului, reflectă înapoi în spațiu razele ultraviolet dăunătoare pentru viețuitoare. Cercetătorii au descoperit găuri în stratul de ozon, deasupra Antarcticii și Arcticii.

Deșerturi (4) (9) (14)

Cam o treime din uscat este deșert. În deșerturi cad sub 25 cm de precipitații pe an. Cel mai mare este Sahara din nordul Africii, lângă ecuator. Sahara se întinde către sud, către regiunea caldă și uscată numită Sahel.

ÎNTREBĂRI: Furtuni

Nivelul 1

1. Fulgerul este o descărcare de electricitate într-un nor?
2. Viscolul este o furtună de zăpadă sau o furtună de nisip cu vânt puternic?
3. Unde au loc furtunile de nisip: în deșert sau în pădurile tropicale?
4. Când au loc furtuni cu fulgere și tunete: vara sau iarna?

Nivelul 2

5. Dacă un val doboară o barcă de salvare, acesta se scufundă?
6. Literele DINUINAȚE se pot rearanja pentru a forma un cuvânt care descrie ce se întâmplă când apa mării se revarsă pe uscat?
7. Câți oameni sunt uciși de fulgere în SUA într-un an: circa 10, 100 sau 1 000?
8. Câte furtuni au loc pe Pământ, în fiecare clipă: circa 20, 200 sau 2000?
9. Electricitatea se formează în nori nimbostratus, cumulonimbus sau cumulus?
10. Fulgerele au întotdeauna forma unei dungi în zigzag?
11. Ce începe cu M și este expertul în vreme?
12. Ce se întâmplă cu un copac lovit de fulger: se înmoaie, strălucește în întuneric sau este despicat?
13. Ce începe cu G și dotează bărcile de salvare?

Nivelul 3

14. O imensă maree, determinată de o furtună din Marea Nordului în 1953, a lovit ce țări?
15. Ce este tunetul?
16. Care este efectul când aerul cald de la sol se ridică repede în atmosfera rece?
17. Ce este un paratrăsnet?
18. Cât poate vântul să înalțe nisipul, pe timp de furtună?

GĂSIȚI RĂSPUNSUL

Furtuni

În funcție de climă, au loc diferite tipuri de furtuni. Aerul cald de la ecuator se înalță, aerul mai rece năvălind cu viteză, provocând vânturi puternice. În nordul Europei și în SUA, plouă și au loc furtuni de zăpadă iarna, când aerul înghețat de la Polul Nord întâlnește aerul mai cald din sud. Aerul cald se răcește, coboară și se transformă în vânt.

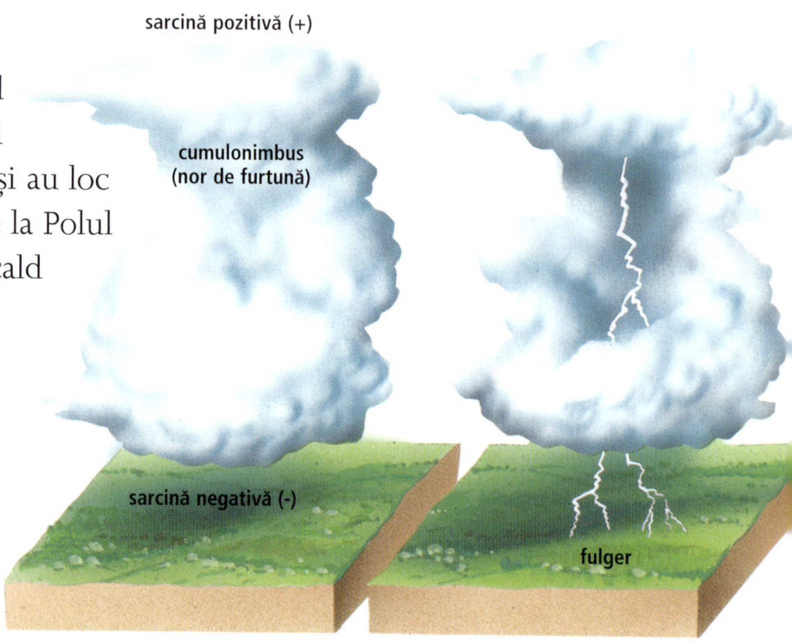

Cum se formează furtunile (4) (8) (16)

Furtunile au loc vara, când aerul cald se ridică repede de la suprafața solului în atmosfera rece. Astfel apar ploi, vânt, fulgere și tunete. În fiecare clipă, pe planetă au loc cam 2 000 de furtuni.

Tunete şi fulgere (1) (9) (15)

Fulgerul este o descărcare imensă de electricitate într-un nor. Norii cumulonimbus au sus o sarcină electrică pozitivă și jos una negativă. Această electricitate se acumulează și încinge aerul atât de repede încât vibrează, apărând tunetul. Electricitatea încărcată negativ se scurge la sol, iar o încărcătură pozitivă se ridică pentru a o întâlni, formând un canal prin care coboară fulgerul.

Pagube provocate de fulgere (7) (12) (17)

Pe lângă faptul că pot despica arborii, fulgerele omoară circa 100 de oameni anual doar în SUA. Clădirile înalte au paratrăsnete de metal în vârf. Acestea conduc fulgerele printr-un cablu în sol, unde nu provoacă pagube.

Fulgere sferice (10) (11)

Meteorologii (experții în vreme) nu pot explica fulgerele sferice, vizibile uneori. Pot fi de mărimea unei mingi de golf sau cât o minge de basket.

Furtuni de nisip şi furtuni de zăpadă 2 3 18

În zonele deșertice, vântul suflă nisipul formând nori la 1 500 m altitudine. În regiunile reci din nord, vântul spulberă zăpada și gheața în nori. O furtună mare, cu vânturi puternice, se numește viscol.

Maree de vânt 6

Vânturile puternice care bat deasupra oceanului zile în șir pot provoca maree. Vânturile ridică valurile peste nivelul normal al mării, iar acestea lovesc malurile provocând inundații. Asta se întâmplă deseori, când fluxul ridică apa la niveluri maxime.

Salvare pe mare 5 13 14

O imensă maree de vânt, în 1953, în Marea Nordului, a produs valuri cu 3,36 m mai înalte decât pe coastele Marii Britanii și Olandei. Mii de oameni au murit din cauza inundațiilor. Sute au murit pe mare, pentru că echipele de salvare nu i-au putut localiza în furtună. Astăzi, bărcile de salvare au GPS și rețele de comunicare bune, putând opera pe vreme rea. Dacă un val mare o răstoarnă, barca își revine imediat.

ÎNTREBĂRI: Uragane și tornade

Nivelul 1

1. Avioanele zboară vreodată în centrul unui uragan?
2. În timpul unui uragan plouă torențial. Adevărat sau fals?
3. Uraganele au loc în lunile calde sau în lunile reci?
4. Uraganele sunt îndeajuns de puternice ca să ridice în aer bărci și camioane?
5. Care este termenul pentru studierea de aproape a furtunilor: urmărirea, verificarea sau cartografierea furtunilor?

Nivelul 2

6. Tornadele nu au mai mult de 10 m diametru. Adevărat sau fals?
7. Cum se numește camionul folosit pentru studierea de aproape a furtunilor?
8. Uraganele se formează deasupra uscatului sau deasupra mării?
9. Unde se află Aleea Tornadelor: China, India sau SUA?
10. Ce începe cu D și este un fel de radar folosit la investigarea furtunilor?
11. Câte tornade au loc anual în SUA: 10, 100 sau peste 1 000?
12. Care este temperatura minimă a apei, necesară pentru formarea unui uragan: 22°C, 27°C sau 30°C?
13. Ce cuvânt începe cu R și denumește un echipament găsit pe avioanele meteorologice?
14. Uraganele încetinesc sau accelerează când se apropie de țărm?

Nivelul 3

15. Care sunt cele două lucruri pe care le măsoară avioanele meteo în ce privește un uragan?
16. În interiorul cărui tip de nori se formează tornadele?
17. Ce sunt valurile de uragan?

Uragane și tornade

Uraganele sunt furtuni mari, în formă de vârtej, care se rotesc și se formează deasupra oceanelor tropicale calde, la nord și la sud de ecuator. Tornadele sunt mai puternice și mai violente decât uraganele. Meteorologii folosesc sateliți, vapoare, baloane și avioane pentru a studia de aproape uraganele și tornadele și pentru a emite avertizări.

Urmărirea unui uragan (1) (13) (15)

Meteoavioanele au radare și sonde. Ele zboară în ochiul, adică în centrul uraganelor, pentru a măsura viteza vântului și presiunea.

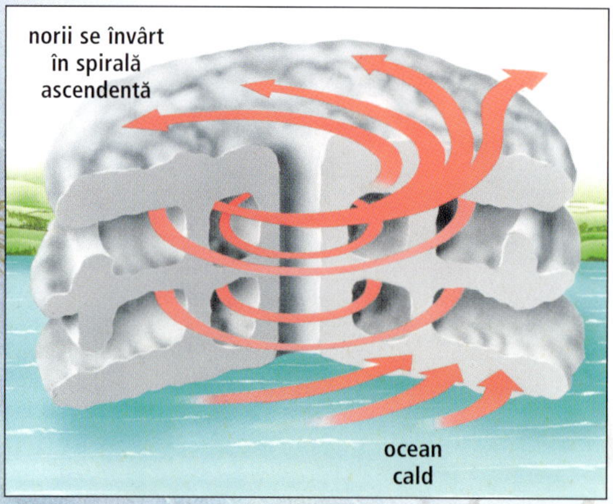

Uragane (3) (8) (12)

În lunile calde, uraganele se produc când două mase de aer se întâlnesc deasupra unui ocean cu o temperatură de peste 27°C. Aerul cald și umed este aspirat într-o mișcare lentă, circulară, cauzată de mișcarea de rotație a Pământului.

Începe furtuna (2) (4) (14) (17)

Uraganele pot avea peste 400 km diametru, cu viteze ale vântului de 120–350 km/h. Multe durează zile la rând. Pe mare pot ridica valuri uriașe, formând valuri de furtună care inundă țărmurile. Adesea devin mai mari și mai rapide cu cât se apropie de uscat. Când lovesc țărmul, ridică în aer bărci și camioane, smulg copaci și acoperișuri și dărâmă clădiri. Aduc ploaie torențială care poate produce inundații.

Tornade 6 16

În norii imenși de furtună, numiți supercelule, se formează tornadele, alimentate de curenți de aer cald care se ridică în norii de jos. Curenții încep să se învârtă și iau formă de pâlnie, cu diametrul de până la 1,5 km. Pe măsură ce se măresc, tornadele coboară și ating solul sau oceanul.

Urmărind furtunile 5 7 10

Cercetătorii pot folosi radare Doppler pentru a studia furtunile. Ei folosesc așa-anumitele Dopplere pe roți (camioane cu antene satelit), pentru a le urma îndeaproape și a le studia. Această meserie periculoasă se numește urmărirea furtunilor.

Aleea tornadelor 9 11

În SUA se produc peste 1 000 de tornade anual. Majoritatea lovesc Aleea Tornadelor, între golful Mexic și Marile Lacuri. Tornadele au loc și în Rusia și în Asia de Est.

Doppler pe roți

ÎNTREBĂRI: Tsunami

Nivelul 1

1. Un tsunami poate călători mii de kilometri. Adevărat sau fals?
2. Un tsunami are doar 1 m înălțime pe ocean?
3. Pot vapoarele să treacă peste un tsunami, înainte să ajungă la țărm?
4. Un tsunami este un val uriaș?
5. Un tsunami începe pe uscat sau pe mare?

Nivelul 2

6. Literele MURETURC se pot rearanja pentru a forma numele unui eveniment petrecut în adâncurile oceanului care poate provoca un tsunami?
7. Ce începe cu A și este o rocă din spațiu care se poate prăbuși în mare, declanșând un tsunami?
8. Tsunami pot fi cauzate de alunecări de pietre. Adevărat sau fals?
9. Care este înălțimea medie a unui val tsunami când lovește coasta: 3 m, 45 m sau 500 m?
10. Există o perioadă de respiro între două și patru ore între două valuri tsumani succesive?
11. Cât de rapid se poate deplasa o succesiune de valuri: 70 km/h, 170 km/h sau 700 km/h?
12. Valurile tsunami arată curbate sau pătrățoase văzute din lateral?
13. Valurile mega-tsunami au sub 4 m, 14 m sau peste 40 m înălțime?

Nivelul 3

14. Ce componente ale scoarței Pământului se mișcă provocând cutremure?
15. De ce tsunami încetinesc când se apropie de țărm?
16. Câți oameni au murit în tsunamiul din 2004, din Asia?
17. Ce vulcan din Indonezia a erupt în 1883, provocând valuri uriașe care au omorât 36 000 de oameni?
18. Ce înseamnă „lungime de undă“?

GĂSIȚI RĂSPUNSUL

Tsunami

Un semn că se apropie un tsunami este retragerea mării de la mal. Un val imens de apă se îndreaptă apoi spre mal, crescând continuu. Valul se revarsă pe uscat provocând daune îngrozitoare. Tsunamiul din 2004 din Asia a fost cauzat de un cutremur sub Oceanul Indian. Oceanul Pacific, unde au loc 85% dintre tsunamiuri, are sisteme de alarmă antitsunami.

Valuri

2 3 12

Tsunami de pe ocean au cam 1 m înălțime și vapoarele trec ușor peste ele. Când se adună lângă coastă, arată pătrățoase din lateral. Valurile provocate de uragane par curbate.

Mega-tsunami

13 17

Valurile unui mega-tsunami au o înălțime de 40 m sau mai mult. În 1883, Krakatau, un vulcan lângă Java, a erupt. Camera magmatică s-a golit și a colapsat. Marea a invadat uscatul cu valuri uriașe care au ucis 36 000 de oameni.

Serii

4 9 15

Un tsunami este format dintr-o succesiune sau o serie de valuri care cresc numai când ajung la țărm. Dacă fundul oceanului este ridicat lângă țărm, valurile încetinesc la circa 100 km/h. Apoi se adună unul peste celălalt. Ating o înălțime de circa 3 m deasupra nivelului mării, dar pot fi mult mai înalte. Marea se retrage de la mal înainte ca valurile să năvălească pe uscat.

Drumul unui tsunami 1 5 6 11

Un cutremur submarin împinge apa în sus și în jos. Apare o succesiune de valuri de circa 1 m înălțime. Ele pot atinge 700 km/h pe ocean, călătorind mii de kilometri.

Cum se formează 7 8 14

Majoritatea tsunamiurilor au loc când două părți ale scoarței Pământului – plăci tectonice – se mișcă sub fundul mării. Ele se zgâlțâie sau se deplasează una sub cealaltă. Tsunami pot fi cauzate și de căderi masive de roci sau de asteroizi în mare.

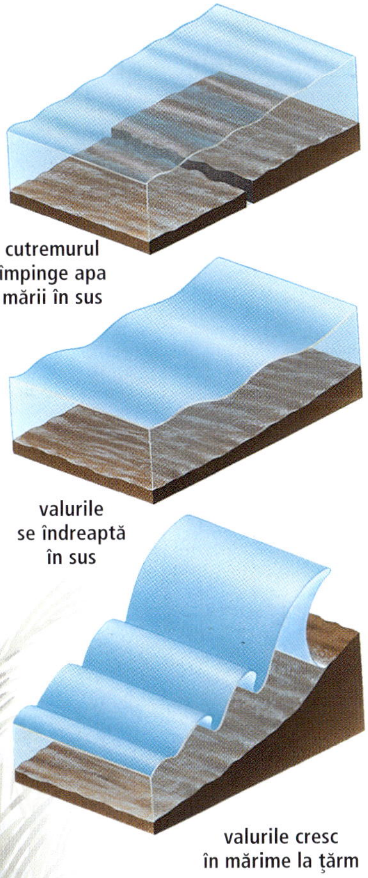

Urmări 10 16 18

Un tsunami poate avea o lungime de undă (distanță între valuri) de 100 m. Valurile se revarsă pe țărm la fiecare 15–60 de minute și se deplasează cam 1 km pe țărm. În 2004, un tsunami din Oceanul Indian a omorât cam 230 000 de oameni.

ÎNTREBĂRI: Simțuri

Nivelul 1

1. Cu ce parte a gurii guști?
2. Ca să miroși ceva trebuie să tragi mirosul pe nas. Adevărat sau fals?
3. Senzorii din ureche trimit informații despre sunete către cealaltă ureche sau către creier?
4. Dacă ai nevoie de ochelari, obiectele pe care le vezi sunt clare sau încețoșate?

Nivelul 2

5. Literele FULRÂV RETEGELOD pot fi rearanjate pentru a forma numele unei părți a corpului sensibilă la atingere?
6. Lumina intră în ochi prin pupilă, prin cristalin sau prin retină?
7. Undele sonore intră în ureche prin urechea externă, prin urechea medie sau prin urechea internă?
8. Literele LIBERAL pot fi rearanjate pentru a forma numele unei metode folosite pentru a citi cu vârfurile degetelor?
9. În urechea medie există oscioare mici, cili sau senzori?
10. Ce gusturi poate detecta limba?
11. Ce începe cu C și sunt firele mici de păr din nas?
12. Câte papile gustative se găsesc pe limbă și în gât: mai puțin de 100, 1 000 sau până la 10 000?
13. Ce începe cu O și se poartă pentru a corecta vederea?
14. Ce parte a urechii vibrează: timpanul, urechea medie sau cohleea?

Nivelul 3

15. Unde se găsesc senzorii care detectează temperatura?
16. Imaginile răsturnate se formează în ce parte a ochiului?
17. Literele CEERTOPIFTROO pot fi rearanjate pentru a forma denumirea celulelor din retină?
18. Sunetele de flaut au lungimi de undă lungi?

Simțuri

Oamenii au cinci simțuri – auz, văz, miros, gust și pipăit – pentru a putea strânge informații din mediul înconjurător. Milioane de celule senzoriale (de simț), aflate pe tot corpul, trimit informații creierului despre ceea ce simțim. Simțurile lucrează împreună. Mirosul și gustul sunt atât de strâns legate, încât, dacă suntem răciți și nu avem miros, mâncarea nu are niciun gust.

Miros 2 11

Când mirosim ceva, inhalăm particule fine de substanțe chimice. Acestea se dizolvă în mucusul din nas și sunt detectate de perii micuți din nas numiți cili. Cilii sunt atașați de celule receptoare de miros.

Pipăit 5 8 15

În piele există milioane de senzori de pipăit. Oamenii pot citi în Braille pipăind cu vârfurile degetelor punctele ridicate. Unii senzori detectează temperatura. Dacă bagi mâna în apă fierbinte, apoi o muți în apă rece, creierul va observa diferența.

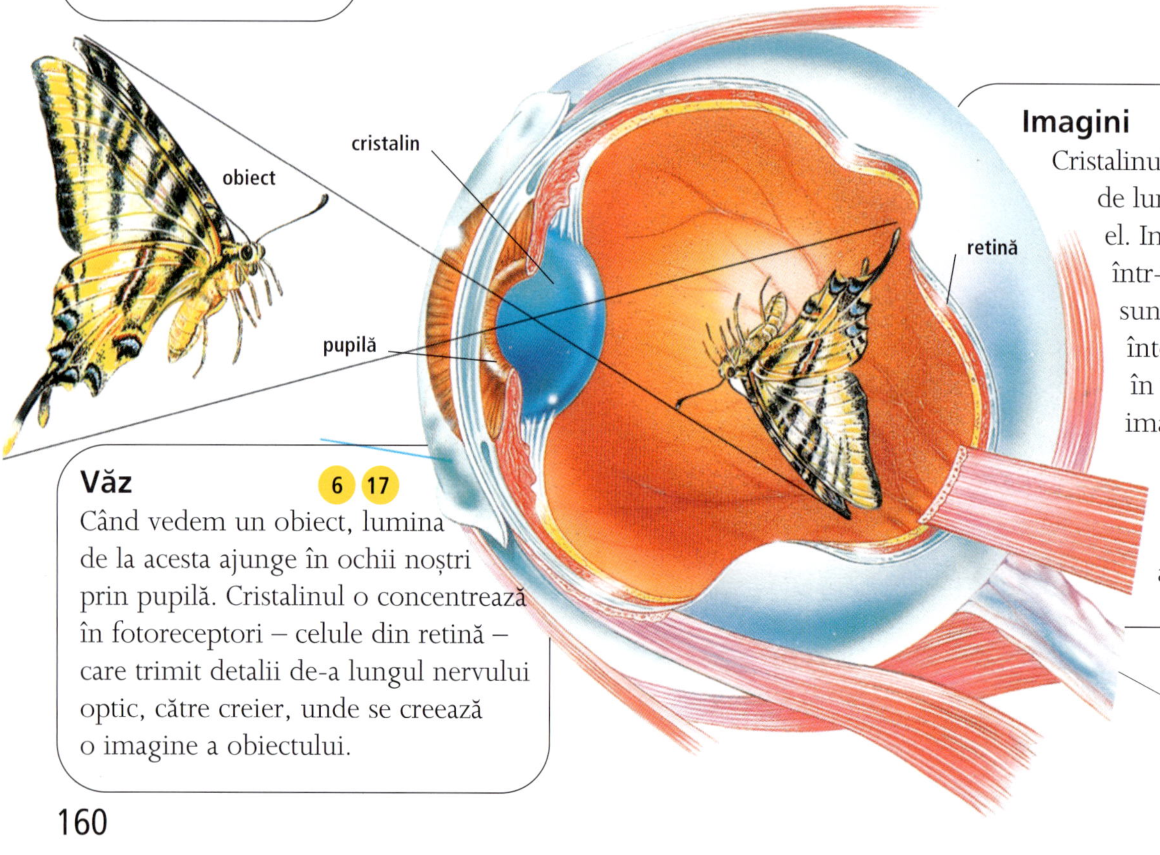

Imagini 4 13 16

Cristalinul flectează raza de lumină care trece prin el. Imaginile concentrate într-un punct al retinei sunt răsturnate. Creierul întoarce apoi imaginea în mod corect. Dacă imaginea nu ajunge în punctul corect de pe retină este încețoșată. Ochelarii pot corecta această problemă.

Văz 6 17

Când vedem un obiect, lumina de la acesta ajunge în ochii noștri prin pupilă. Cristalinul o concentrează în fotoreceptori – celule din retină – care trimit detalii de-a lungul nervului optic, către creier, unde se creează o imagine a obiectului.

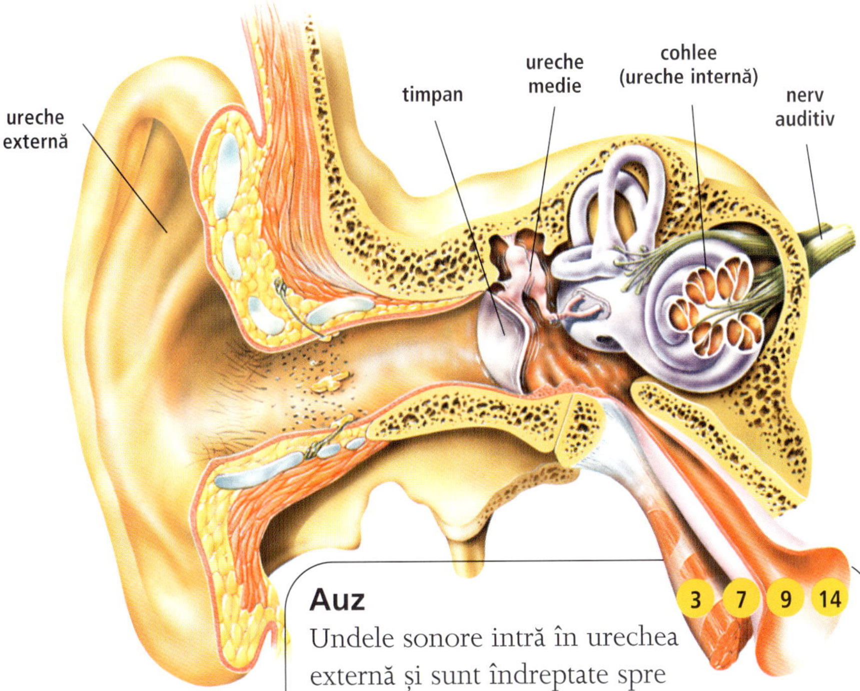

Auz

3 7 9 14

Undele sonore intră în urechea externă și sunt îndreptate spre timpan, făcându-l să vibreze. Oscioare mici din urechea medie transmit vibrațiile către cohlee. Senzorii din cohlee trimit apoi informația, prin nervul auditiv, către creier.

Sunete înalte și joase

18

Sunetele înalte, precum cele produse de flaut și fluierăturile, au lungimi de undă scurte. Sunetele joase au lungimi de undă mai lungi.

Gust

1 10 12

Avem aproximativ 10 000 de papile gustative pe limbă și în gât. Fiecare conține 50–100 de senzori. Există diferite zone de gust pe limbă, care sunt sensibile la dulce, sărat, amar și acru.

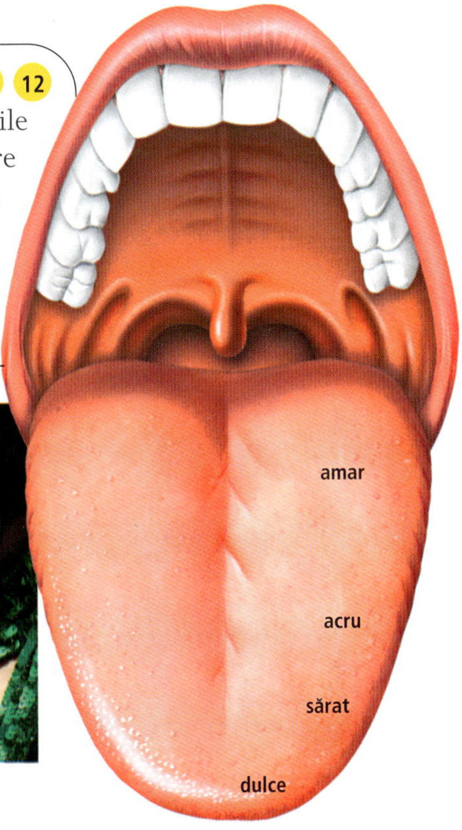

ÎNTREBĂRI: Digestie

Nivelul 1

1. Fecalele trec din intestinul gros în anus. Adevărat sau fals?
2. Ce trebuie să faci când ți-e sete: să mănânci înghețată sau să bei apă?
3. Unde este produsă saliva: în gură sau în ficat?
4. Ce începe cu L și adună mâncarea într-un bol alimentar, înainte să fie înghițită?

Nivelul 2

5. Majoritatea zaharurilor și a lipidelor sunt descompuse în intestinul gros. Adevărat sau fals?
6. Vilozitățile, în formă de degețel, se găsesc în intestinul subțire?
7. De ce avem nevoie de proteine: pentru a preveni bolile de inimă, pentru a avea energie sau pentru culturism?
8. Literele BOCHIDARRAȚI pot fi rearanjate pentru a forma denumirea unor substanțe din mâncare?
9. Urina este ținută în stomac, în vezica urinară sau în plămâni?
10. Unde este stocată bila: în intestinul subțire, în stomac sau în vezica biliară?
11. Digestia din stomac durează 1, 2 sau 4 ore?
12. Ce începe cu B și este mâncarea împinsă către stomac când înghițim?
13. Cât durează digestia în intestine: 8, 20 sau 30 de ore?
14. Cât la sută din corpul nostru este alcătuit din apă: o treime, două treimi sau patru cincimi?

Nivelul 3

15. Ce rol joacă saliva în digestie?
16. Ce sunt enzimele?
17. Ce face secreția biliară?
18. Ce începe cu P și este numele mișcărilor mușchiului care împinge mâncarea în jos, pe esofag?

GĂSIȚI RĂSPUNSUL

Digestie

Digestia este procesul prin care corpul obține energie din mâncare. Pe măsură ce mâncarea se deplasează din gură către stomac și intestine, este descompusă de acizi și de substanțe chimice digestive numite enzime. Corpul folosește proteinele, zaharurile, lipidele, vitaminele și alți nutrienți din mâncare.

Gură 3 15

Dinții mărunțesc hrana în gură. Glandele din gură produc saliva care începe să descompună zaharurile.

Stomac 11 16

Mâncarea este procesată în stomac cel puțin 4 ore. Este amestecată cu acizi pentru a ucide germenii. O enzimă începe să descompună proteinele.

Înghițire 4 12 18

Limba umezește cu salivă mâncarea mestecată și o adună într-un bol alimentar, împins pe esofag prin înghițire. Acest tub are mușchi care se relaxează înainte de sosirea bolului și se contractă după ce trece. Aceste mișcări numite peristaltism împing bolul în stomac, în mai puțin de 1 minut.

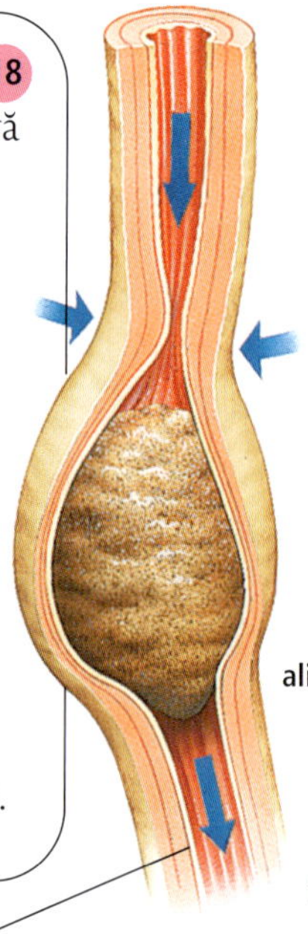

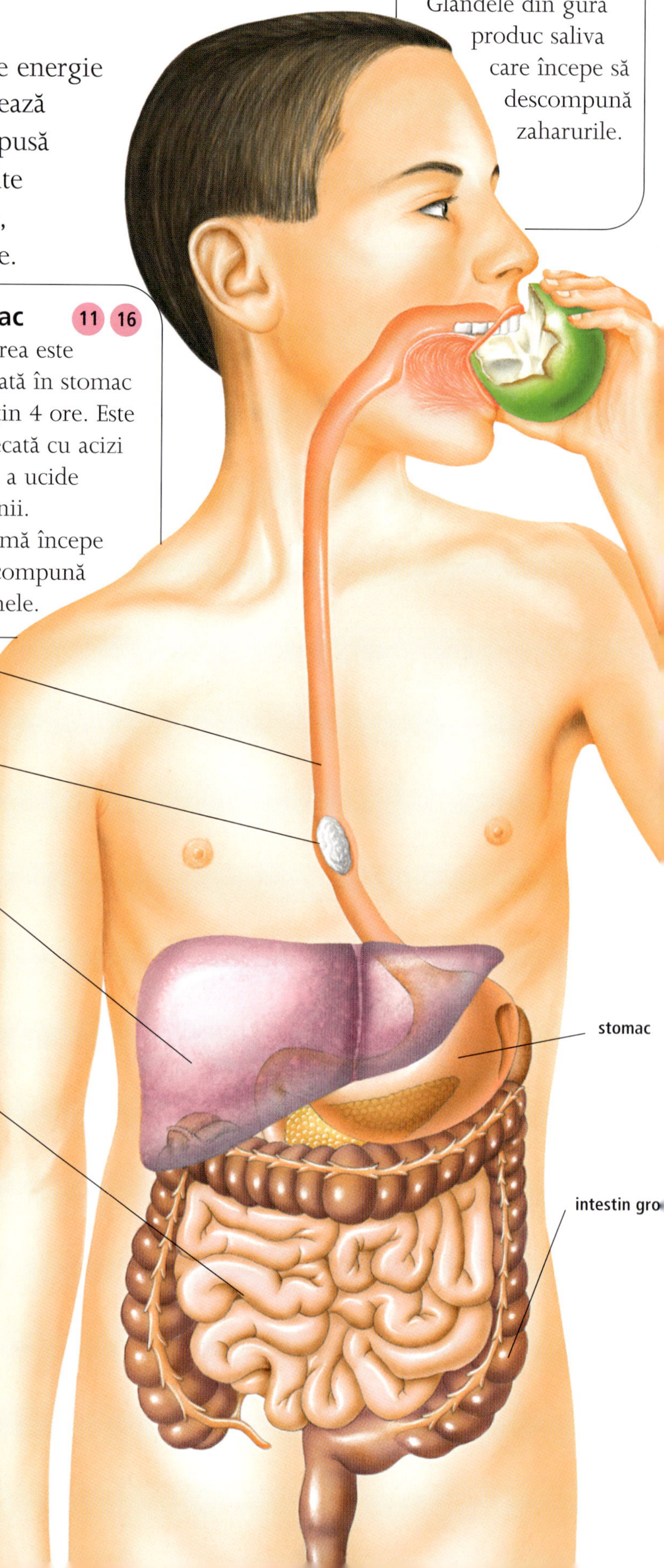

Intestine 1 5 6 13

Mâncarea parțial digerată trece prin peristaltism de-a lungul intestinului subțire. Acolo, enzimele descompun zaharurile și lipidele. Vilozitățile în formă de degețele le absorb cu apa și le trimit către vasele de sânge. Reziduurile trec în intestinul gros și sunt eliminate prin anus (fecale). Această etapă durează circa 20 de ore.

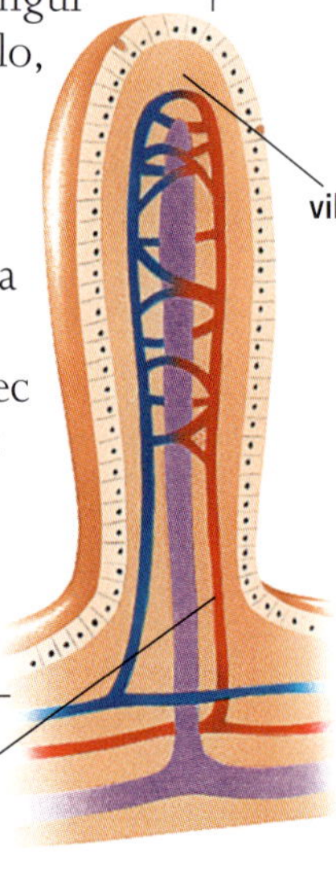

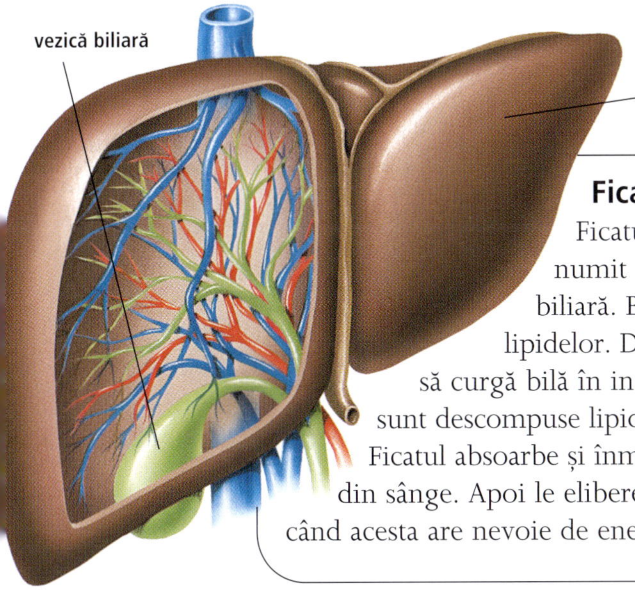

Ficat (9) (10) (17)

Ficatul produce un lichid numit bilă, stocat în vezica biliară. Bila ajută la digestia lipidelor. După masă, vezica lasă să curgă bilă în intestinul subțire, unde sunt descompuse lipidele din mâncare. Ficatul absoarbe și înmagazinează zaharuri din sânge. Apoi le eliberează în organism, când acesta are nevoie de energie.

Apă (2) (14)

Corpul nostru este alcătuit cam două treimi din apă, folosită pentru digestie, precum și pentru sânge și alte fluide. Dacă îți este sete, corpul îți spune să bei mai multă apă.

Ghid pentru alimentație sănătoasă (7) (8)

Pentru a fi sănătos, mănâncă zilnic carbohidrați (zaharuri și alimente cu amidon) și grăsimi pentru energie, proteine pentru celule, minerale pentru oase și dinți puternici, și vitamine pentru a preveni îmbolnăvirile.

ÎNTREBĂRI: Inventatori

Nivelul 1

1. Pentru a vedea planetele, se folosește un telescop sau un microscop?
2. Microscoapele se folosesc de cercetători sau de muzicieni pentru a realiza experimente?
3. Aristotel a studiat plantele și animalele?
4. Care se crede că a fost primul instrument de scris: un stil din trestie sau un stilou?

Nivelul 2

5. Celelalte planete din sistemul solar orbitează Pământul. Adevărat sau fals?
6. Literele MERINEIIUS pot fi rearanjate pentru a forma numele poporului antic care a inventat scrisul?
7. Ce începe cu O și este o clădire de unde astronomii cercetează cerul?
8. Când a început Aristotel să studieze natura: pe la 3000 î.Hr., 350 î.Hr., sau 1350 d.Hr.?
9. Cine a construit primul telescop?
10. Literele RUMOTEBAR pot fi rearanjate pentru a forma numele unui instrument științific?
11. Cine a descoperit mișcarea planetelor: Aristotel, Galileo sau Isaac Newton?
12. Cine a studiat plantele și animalele: Aristotel, Galileo sau Isaac Newton?
13. Benjamin Franklin a instalat un paratrăsnet pe casa lui?
14. Primele scrieri au fost realizate pe lut, pe hârtie sau pe frunzele unor plante?

Nivelul 3

15. Când a pus Alexander Graham Bell în funcțiune telefonul?
16. Cine a descoperit sarcinile electricității?
17. Cine a realizat primele hărți stelare?
18. Ce forme au literele cuneiforme?

GĂSIȚI RĂSPUNSUL

Inventatori

Primele observatoare și calendare au apărut în Egipt și în Mesopotamia (Irakul de astăzi), în jurul anului 3000 î.Hr. Telescoapele au fost inventate în Europa în secolul XVII și au ajutat cercetătorii să observe planete care nu mai fuseseră văzute înainte. Observațiile făcute de Galileo și de Newton au pus bazele științei moderne.

negustor cu stil și tăbliță de lut

Astronomie 7 17

Observatoarele au fost construite în Antichitate pentru a studia stelele și planetele. Astronomii chinezi au realizat primele hărți ale stelelor. Ei au înregistrat o eclipsă solară în 2136 î.Hr.

hartă chinezească a stelelor, circa 400 î.Hr.

Sumerienii și scrisul 4 6 14 18

Sumerienii din Mesopotamia au inventat scrisul pe la anul 3500 î.Hr. Foloseau un stil (o bucată de trestie) pentru a imprima linii pe tăblițe de lut. Făceau liste cu bunurile vândute folosind triunghiuri și linii pentru a alcătui imagini care țineau locul diverselor obiecte – pești, oi, numere și zile. Acest sistem de scriere se numește cuneiformă (în formă de cui).

Primul savant 3 8 12

În jurul anului 350 î.Hr., grecul Aristotel (384–322 î.Hr.) a fost primul filosof care a observat natura și a făcut experimente pe plante și pe animale. A făcut descrieri ale acestora și a încercat să explice rolul diferitelor părți – creier, inimă, frunze, tulpină.

Aristotel

Galileo 1 5 9

Galileo (1564–1642) a studiat cum cădeau greutăți din Turnul Înclinat din Pisa, Italia. Când cea mai grea și cea mai ușoară au atins pământul în același timp, și-a dat seama că viteza obiectelor în mișcare nu este afectată de greutate. A construit primul telescop și a descoperit că planetele orbitează Soarele.

Telescopul lui Newton 11

Sir Isaac Newton (1642–1727) a proiectat un telescop mai puternic decât al lui Galileo. El a descoperit legile mișcării planetelor.

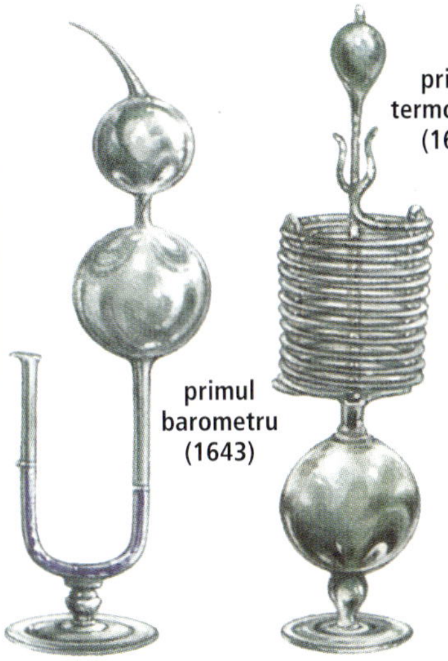

Instrumente 2 10

Inventarea microscopului, a termometrului și a barometrului a ajutat cercetătorii să realizeze experimente mai corecte.

Benjamin Franklin 13 16

Benjamin Franklin (1706–1790) a studiat electricitatea. Se spune că, în 1752, a înălțat un zmeu cu o bucată de metal în el, într-un nor de ploaie, pentru a dovedi că fulgerul este o descărcare electrică. El a descoperit că electricitatea are sarcină negativă și pozitivă. A inventat paratrăsnetul și și-a instalat unul pe casă.

Alexander Graham Bell

Alexander Graham Bell 15

Comunicarea în masă s-a născut când Alexander Graham Bell (1847–1922) a transmis vocea umană pe unde electrice. În martie 1876, el a vorbit cu asistentul său la telefonul pe care-l inventase. În 1877, a pus bazele Companiei Telefonice Bell.

ÎNTREBĂRI: Mașini

Nivelul 1

1. Ce începe cu B și este combustibilul cu care funcționează majoritatea mașinilor?
2. Modelul T de la Ford a fost prima mașină accesibilă ca preț?
3. Mașina Mini Cooper a fost proiectată inițial ca să fie condusă în oraș sau la țară?
4. De unde se alimentează mașinile cu energie solară?

Nivelul 2

5. Câte roți avea Motorwagenul lui Karl Benz: două, trei sau patru?
6. Literele PLAXRATANE pot fi rearanjate pentru a forma numele unei piese de mașină?
7. Ce naționalitate avea Henry Ford: britanică, americană sau australiană?
8. Câte portiere avea Mini Cooperul original?
9. Ce mașină este mai prietenoasă cu mediul înconjurător: cea pe benzină sau cea cu energie solară?
10. Ce începe cu M și face să meargă o mașină?
11. Modelul T de la Ford era cunoscut și ca: Lizzie cea Slabă, Lizzie de Tinichea sau Dizzy de Tinichea?
12. Care a fost prima mașină ce a folosit un motor pe benzină?
13. Când a fost introdus Mini Cooperul: 1950, 1960 sau 1970?
14. În 1914, un model Ford putea fi asamblat în 93 de minute. Adevărat sau fals?
15. Mașinile alimentate cu panouri solare pot merge tot timpul?

Nivelul 3

16. Un arbore de transmisie este o tijă lungă, o serie de schimbătoare de viteze sau un mecanism de direcție?
17. Ce formă care începe cu A ajută la economia de energie?
18. Ce începe cu C și ajută la schimbarea vitezelor?

GĂSIȚI RĂSPUNSUL

Mașini

Mașina este una dintre cele mai populare forme de transport din lume. Înainte de inventarea vehiculelor cu motor, oamenii călătoreau în trăsuri trase de cai. Inginerii încă folosesc termenul de „cal-putere“ când vorbesc de mașini. Mașinile sunt una dintre principalele cauze ale poluării, astfel încât se caută modalități de a le face mai curate și mai sigure pentru mediu.

Karl Benz 5 12

În 1885, inventatorul german Karl Benz a realizat Motorwagenul cu trei roți, primul vehicul cu motor cu combustie internă. Mergea cu circa 15 km/h. Motorul și pasagerii stăteau pe roțile din spate, cea din față fiind pentru direcție.

La început 2 7 11 14

În 1908, americanul Henry Ford a introdus Modelul T (sau „Lizzie de Tinichea“), prima mașină accesibilă ca preț și produsă în serie, pe o linie de asamblare. În 1914, o mașină putea fi asamblată în doar 93 de minute.

Mini revoluție 3 8 13

Mini Cooperul a fost introdus în anii 1950 și este una dintre cele mai populare mașini din lume. Modelul original avea numai două portiere și era făcut pentru a fi condus în oraș.

Maşini moderne (17)

Aerul circulă peste mașină. Astfel, mașina poate să meargă mai repede, folosind mai puțină energie. Acest fenomen se numește aerodinamică.

mașină aerodinamică

La interior (6) (10) (16) (18)

Motorul propulsează mașina. O tijă lungă, numită arbore de transmisie, transmite energia de la motor către axul planetarei și roți. Cutia de viteze ajută la schimbarea vitezelor.

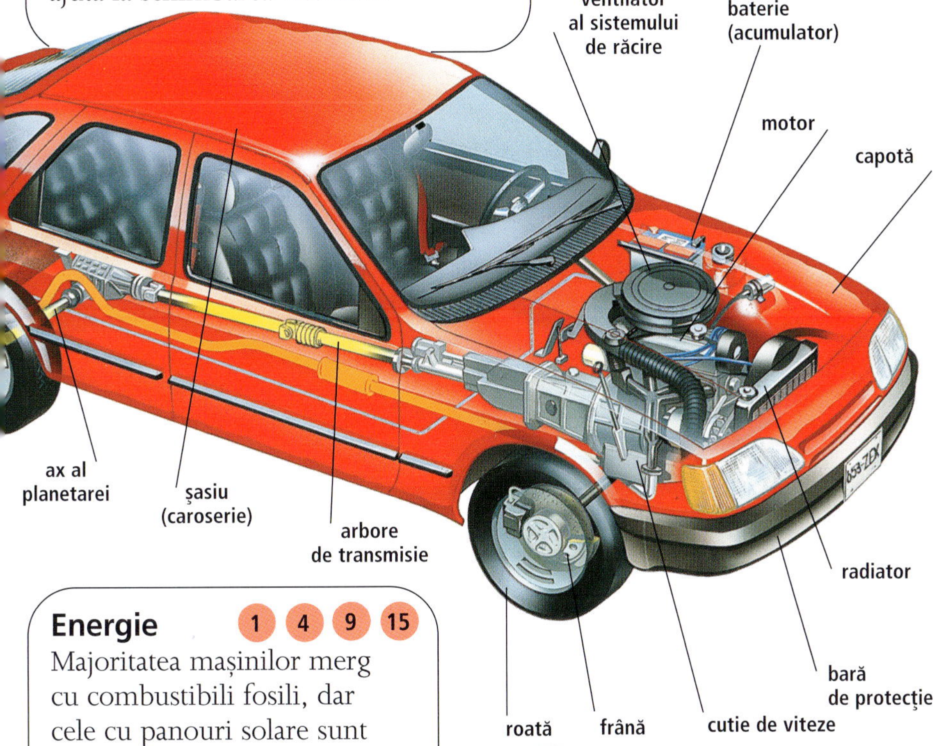

Energie (1) (4) (9) (15)

Majoritatea mașinilor merg cu combustibili fosili, dar cele cu panouri solare sunt alimentate de la soare. Deși costă mai puțin și sunt mai prietenoase cu mediul, nu pot merge pe vreme rea.

ÎNTREBĂRI: Motociclete

Nivelul 1

1. Lambretta este un scuter?
2. Un chopper este o motocicletă modificată prin tăierea anumitor părți din caroserie. Adevărat sau fals?
3. Literele EMPOD pot fi rearanjate pentru a forma denumirea unui tip de motocicletă foarte mică?
4. Prima motocicletă a fost făcută în Germania?

Nivelul 2

5. În cursele moto, motocicletele au aceeași capacitate cilindrică sau nu?
6. Ghidoanele chopperelor sunt așezate mai sus sau mai jos decât ale altor motociclete?
7. Ce începe cu A și este o motocicletă de motocros?
8. Vespa a fost introdusă în 1946, 1956 sau 1966?
9. Ce începe cu A și este denumirea anexei cu o roată de la motocicletă?
10. Motocicleta testată de frații Hildebrand în 1889 avea un motor cu aburi sau pe benzină?
11. Superbike sunt motociclete cu care să mergi pe șosea?
12. Cât durează cursele cu motociclete acrobatice?
13. Harley Davidson este cunoscută pentru scutere sau choppere?

Nivelul 3

14. Care sunt clasele cilindrice din circuitul Grand Prix al motocicletelor?
15. În ce an a câștigat Eric Oliver pentru prima dată campionatul mondial de motocicletă cu ataș?
16. Ce începe cu P și este un alt nume pentru un model aflat în teste?
17. Care era viteza maximă a motocicletei construite de frații Hildebrand și de Alois Wolfmuller?
18. Cum se numește cel mai mare producător de atașe?

GĂSIȚI RĂSPUNSUL

Motociclete

Motocicleta a fost inventată în 1885, când inginerul german Gottlieb Daimler a atașat un motor pe benzină la o bicicletă. Motocicletele sunt mai ieftine decât mașinile, ceea ce le-a făcut populare în anii 1920 și 1930 și după al Doilea Război Mondial. Campionatele mondiale de motociclism au început în 1949. Cursele pe șosea sau cele pe piste și pe teren accidentat sunt foarte populare.

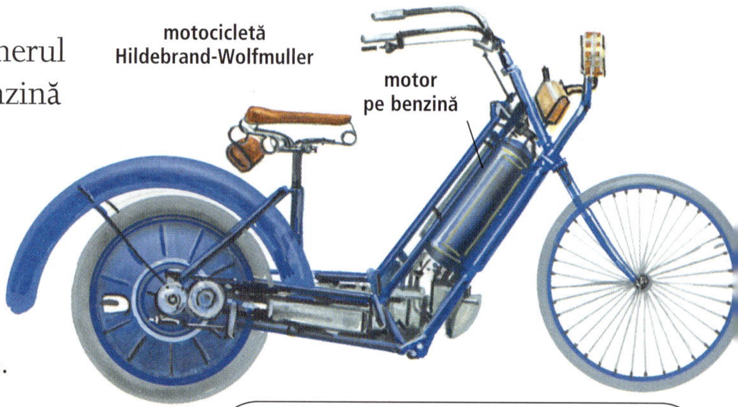

Primele motociclete 4 10 16 17

În 1889, frații Hildebrand din München, Germania, au construit un prototip (model de încercare) cu un motor pe aburi. În 1894, împreună cu Alois Wolfmuller, au construit o motocicletă pe benzină. Viteza maximă era de 40 km/h.

Ataş 9 15 18

Anexa cu o roată a motocicletei se numește ataș. Watsonian-Squire a început producția în 1912 și este cel mai mare producător de atașe. Eric Oliver a câștigat primul campionat de motociclete cu ataș în 1949.

Curse 5 11 14

În curse se întrec motociclete cu aceeași capacitate cilindrică (putere). Circuitul Grand Prix la motociclism include trei clase cilindrice: 125 cc, 250 cc și Moto GP (până la 800 cc). Concurenții de la superbike folosesc motociclete rutiere adaptate la cursele pe circuit.

Scutere (1) (3) (8)

Mopedele au motoare de până la 50 cc, iar scuterele de până la 250 cc. Au devenit populare de când au apărut Vespa, în 1964, și Lambretta, în 1947.

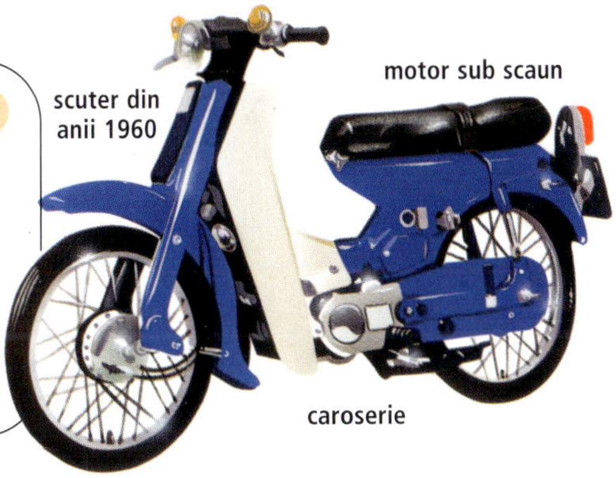

Chopper (2) (6) (13)

În anii 1950, motocicliștii din SUA și-au făcut aparate mai ușoare tăind părți din caroserie. Au adăugat furci angulare roții din față și ghidoane înalte. Această motocicletă se numește chopper. Harley Davidson construiește choppere foarte populare.

Acrobații (7) (12)

Profesioniștii merg cu motociclete acrobatice care au suspensii, frâne și cauciucuri rezistente pe un circuit care durează între 10 și 40 de minute. Circuitul implică adesea sărituri și răsuciri în pantă. Motocrosul este unul dintre cele cinci tipuri de întreceri off-road (pe teren accidentat).

ÎNTREBĂRI: Avioane

Nivelul 1

1. Locurile de la clasa economică se află în partea din spate sau din față a avionului?
2. Avioanele rulează sau ricoșează pe sol?
3. Încărcătura este depozitată în containere?
4. Literele NICERSOUPS pot fi rearanjate pentru a forma un cuvânt ce descrie avioanele extrem de rapide?

Nivelul 2

5. La aeroport, pasagerii pot fi conduși cu un autobuz către avionul staționat pe pistă. Adevărat sau fals?
6. Ce începe cu T și denumește o clădire dintr-un aeroport?
7. Ce începe cu P și este numele acelei părți din avion unde se află ecrane digitale care oferă date despre zbor?
8. Cala se găsește sub cabină?
9. Care a fost primul avion de mari dimensiuni: Boeing 747 sau Airbus A380?
10. Motostivuitoarele ridică containerele în cală sau pasagerii în cabină?
11. Avionul Concorde a zburat de la Londra, Paris, New York sau din toate trei?
12. Care este mai puțin zgomotos: un Boeing 747 sau un Airbus A380?
13. Ce verb începe cu V și desemnează întoarcerea la stânga sau la dreapta în aer?
14. Unde se duc pasagerii ca să aștepte îmbarcarea?

Nivelul 3

15. Ce fac flapsurile de pe aripi când sunt deschise?
16. În ce an a început Concorde să efectueze zboruri cu pasageri?
17. Cum se numesc fâșiile de metal de pe aripile avionului care îl ajută să vireze?
18. Ce viteză înseamnă Mach 2.2?

GĂSIȚI RĂSPUNSUL

Avioane

Evoluția avioanelor a înregistrat un progres enorm în 1939, când primul avion cu reacție a zburat pilotat de un german. Avioanele cu reacție pot zbura cu mai mulți oameni și pe distanțe mai mari decât primul avion cu motor, în 1903. Avioanele de azi sunt proiectate să fie mai silențioase, să consume mai puțin și să transporte mai mulți oameni.

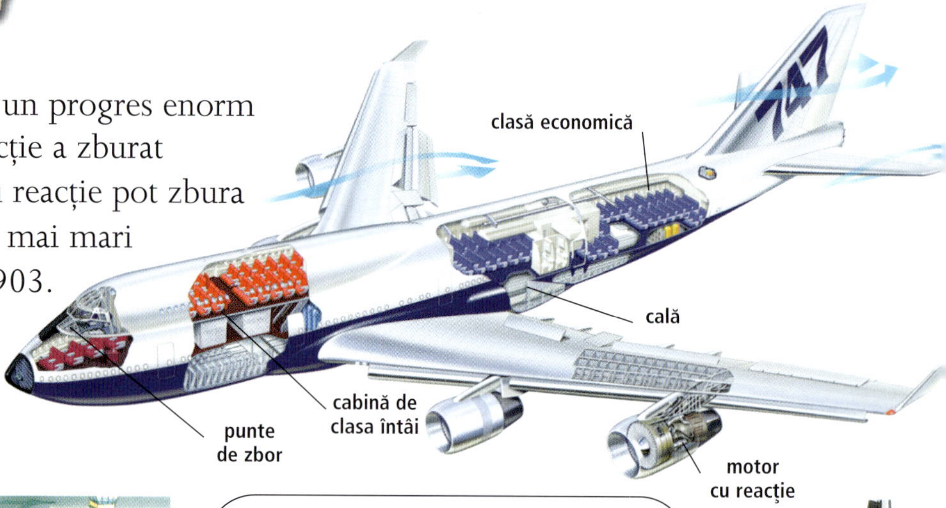

În avion (1) (7)

Ecranele digitale din cabina de zbor oferă informații despre zbor. Există și un panou cu instrumente de zbor, cu 350 de butoane. Pasagerii stau la clasa întâi, în spatele cabinei de zbor, sau la clasa economică.

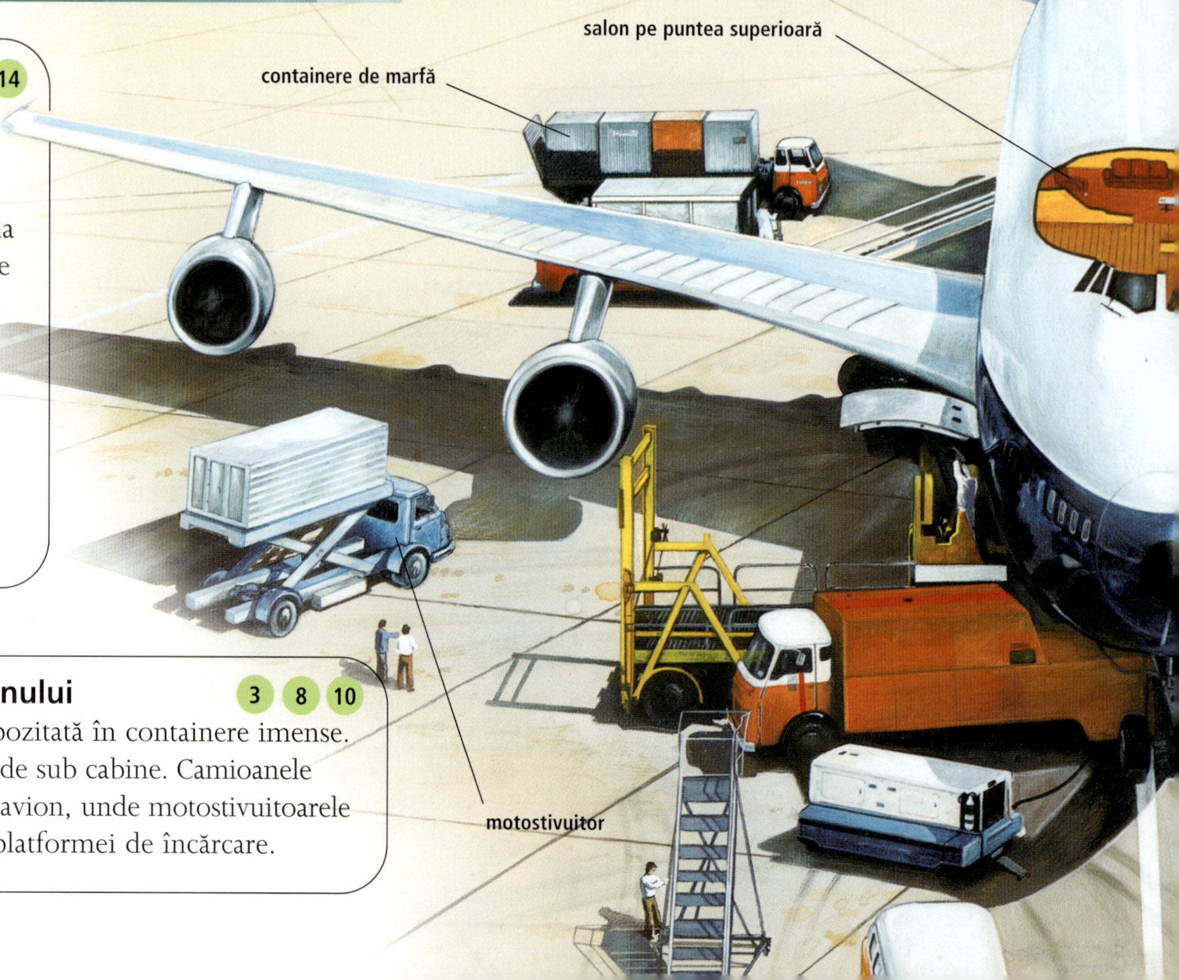

Azi, pe aeroport (2) (6) (14)

Pe aeroporturile mari, avioanele rulează către și de la zonele de staționare de lângă terminale. În sala de așteptare stau pasagerii în așteptarea îmbarcării. Ei intră și ies din avion printr-o pasarelă.

Încărcătura avionului (3) (8) (10)

Încărcătura este depozitată în containere imense. Unele încap în cala de sub cabine. Camioanele cară containerele la avion, unde motostivuitoarele le ridică la nivelul platformei de încărcare.

Jumbo jet (9) (12)

În 1970, Boeing 747 a fost primul avion mare cu reacție care a zburat. Poate transporta 500 de pasageri. Cel mai mare avion este acum Airbus A380, mai silențios și mai eficient.

Avioane supersonice (4) (11) (16) (18)

Concorde, primul avion supersonic de pasageri, a fost construit de Marea Britanie și Franța. Viteza maximă a fost 2.2 Mach (2 200 km/h), mai mult de dublul vitezei oricărui alt avion de pasageri. A zburat între New York, Londra și Paris, din 1976 până în 2003.

Concorde

Aripi și flapsuri (13) (15) (17)

Când flapsurile și voletele se deschid, ele acționează ca niște frâne. Eleroanele sunt fâșii de metal care se mișcă în sus și în jos, pentru a ajuta avionul să vireze.

Scară (5)

Dacă un avion oprește pe pistă, departe de terminal, sunt aduse scări și pasarele. Pasagerii pot fi transportați cu un autobuz la aeroport.

ÎNTREBĂRI: Unde în lume?

Nivelul 1

1. Cambridge este în Anglia sau în Egipt?
2. Foarfeca a fost inventată de Toshiba. Adevărat sau fals?
3. Ce începe cu A și este numele unei companii americane producătoare de calculatoare?

Nivelul 2

4. Praful de pușcă a fost inventat în China, în Franța sau în Rusia?
5. Literele ERENGIE OLARSĂ pot fi rearanjate pentru a forma numele unui tip de energie folosit în Australia?
6. Firma Sony este originară din Europa, din SUA sau din Asia?
7. În ce stat din SUA se află Silicon Valley: Kentucky, Vermont sau California?

Nivelul 3

8. Ce începe cu E și este folosit de mașinile din Brazilia în loc de benzină?
9. Ce începe cu T și este numele plantei din care se extrage acest combustibil?
10. În ce an a avut loc primul transplant de inimă din lume: 1967, 1977 sau 1987?

GĂSIȚI RĂSPUNSUL

Unde în lume?

Progresele în domeniul științei și al tehnologiei au determinat schimbări peste tot în lume. În unele cazuri, au îmbogățit țările. În altele, au îmbunătățit viețile. În fiecare an, oamenii de știință fac noi descoperiri, iar inventatorii vin cu idei și produse noi. În 50 de ani, multe alte descoperiri vor schimba radical modul în care trăiesc oamenii.

Japonia (4) (6)

Asia are o lungă tradiție a invențiilor. Praful de pușcă, de exemplu, a fost inventat în China. Astăzi, Japonia este cunoscută pentru companiile de înaltă tehnologie, precum Sony, Toshiba și Hitachi. Firmele Honda și Toyota proiectează automobile care folosesc electricitatea drept combustibil.

Anglia (1)

Cele mai celebre universități din Anglia, Oxford și Cambridge, au dat oameni de știință revoluționari, printre care Sir Isaac Newton și Sir Stephen Hawkins.

Brazilia (8) (9)

În Brazilia, mașinile merg cu etanol (alcool) în loc de benzină. Astfel este protejat mediul și sunt folosite resturile de trestie de zahăr din care este extras etanolul.

Egipt (2)

În Egiptul antic s-au realizat, pentru prima dată, multe dintre obiectele cotidiene obișnuite astăzi, precum materialul pentru scris (papirus) și foarfeca.

SUA (3) (7)

În California, SUA, se găsește Sillicon Valley, unde își au sediul multe dintre cele mai mari firme de calculatoare din lume, printre care Apple și Microsoft.

Africa de Sud (10)

În 1967, doctorul Christian Baarnard a realizat primul transplant uman din istorie, în Africa de Sud, revoluționând medicina.

Australia (5)

Având deșerturi și zone aride întinse, Australia este una dintre cele mai mari producătoare de energie solară. Ea găzduiește o mare cursă de mașini alimentate cu energie solară, la care iau parte echipe din toată lumea.

Răspunsuri 1) Anglia **2)** Fals (a fost inventată în Egiptul antic) **3)** Apple **4)** China **5)** Energie solară **6)** Asia **7)** California **8)** Etanol **9)** Trestie de zahăr **10)** 1967

TESTUL PATRU

Istorie

ÎNTREBĂRI:

Egiptul antic

Nivelul 1

1. Ce fluviu străbate Egiptul?
2. Cum se numeau conducătorii din Egiptul antic?
3. Egiptenii credeau în viața după moarte?
4. Ce anume se confecționa din lână sau din păr uman?
5. Din ce erau făcute hainele egiptenilor?

Nivelul 2

6. Ce formă de scris foloseau egiptenii?
7. Din ce era făcut papirusul?
8. Cu ce era, de obicei, îngropat un egiptean?
9. Cum își decorau, de obicei, egiptenii sarcofagele?
10. Ce era „deschiderea gurii"?
11. Cum se numește cea mai mare piramidă?
12. Ce floare era simbolul Nilului?

Nivelul 3

13. Ce parte a corpului era etalonul de măsură: piciorul, talpa sau antebrațul?
14. Cum transportau egiptenii corpul faraonului mort?
15. Ce foloseau egiptenii ca să deshidrateze corpul în timpul îmbălsămării?
16. Ce animal este asociat cu zeul egiptean al regilor?
17. Ce spunea preotul în timpul ceremoniei de înmormântare?
18. Cât timp au condus faraonii Egiptul?
19. Cine este înmormântat în Marea Piramidă de la Giseh?

GĂSIȚI RĂSPUNSUL

Egiptul antic

Acum mai bine de 5 000 de ani, în Egipt a apărut o mare civilizație pe malurile fluviului Nil. Egiptenii erau conduși de un singur rege, aveau un set de legi și venerau un grup de zei. Civilizația lor a durat mii de ani. Viața oamenilor depindea de Nilul care se revărsa în fiecare an și fertiliza pământul.

sarcofag egiptean

Viața de apoi (3, 8)

Egiptenii credeau că, atunci când cineva moare, merge să trăiască într-un tărâm sacru unde avea nevoie de aceleași lucruri ca în Egipt, inclusiv de corpul lui. Erau îngropate în mormânt haine și mobilă, împreună cu apă și hrană.

Scrisul (6, 7)

Egiptenii scriau pe papirus (hârtie făcută din trestie). Foloseau cerneală roșie sau neagră și un condei din trestie sau o pensulă. Scrierea lor conținea imagini numite hieroglife, care reprezentau obiecte și sunete.

Nilul (1, 12)

Floarea de lotus era simbolul Nilului în Egipt. În fiecare an, fluviul se revărsa, lăsând în urmă un strat de sol fertil, în care fermierii își cultivau recoltele.

Artă (9)

Egiptenii își pictau sicriele (sarcofage) și pereții mormintelor. Sarcofagul era, de obicei, împodobit cu un portret al persoanei decedate.

Faraoni (2, 16, 18)

Faraonii (regi puternici) au condus Egiptul timp de 3 000 de ani. Egiptenii credeau că faraonii erau zei înrudiți cu Horus (zeul regilor), care lua forma unui șoim.

Mumii 15

După moarte, egiptenii conservau corpurile prin îmbălsămare. Foloseau natron pentru a deshidrata corpul, apoi îl înfășurau în pânză. Capul era acoperit cu o mască.

Morminte 10 11 14 17 19

Piramidele erau mormintele faraonilor. Cea mai impresionantă este Marea Piramidă de la Giseh, construită pentru faraonul Kheops (Khufu). Corpul era dus la mormânt într-o barcă funerară. Preoții oficiau o ceremonie numită „deschiderea gurii“, spunând „Trăiești din nou, trăiești din nou veșnic“.

sarcofag al faraonului pe o barcă funerară

Unități de măsură 13

Un cot are 66 cm – distanța medie dintre degetul mijlociu și cot. Egiptenii aveau măsuri de lungime speciale, pentru a măsura exact.

Îmbrăcăminte 4 5

Egiptenii mergeau, de obicei, desculți sau cu sandale din trestie. Se îmbrăcau cu haine simple din pânză de in, iar uneori purtau peruci din lână sau din păr de om. Purtau multe bijuterii pentru a ține la distanță spiritele malefice.

rața pictată pe un perete

ÎNTREBĂRI: Grecia antică

Nivelul 1

1. Ce începe cu M și este una dintre mările din jurul Greciei?
2. Cine era conducătorul zeilor greci?
3. Unde se organizau Jocurile Olimpice în Antichitate?
4. Calul troian a fost făcut din piatră sau lemn?
5. Grecii aveau sclavi. Adevărat sau fals?

Nivelul 2

6. Literele ASPRAT pot fi rearanjate pentru a forma numele cărui oraș-stat din Grecia antică?
7. Ce foloseau femeile pentru a țese materiale pentru haine?
8. Pe la ce vârstă se căsătoreau femeile?
9. Cine s-au ascuns în interiorul calului troian?
10. Literele SNOODPIE pot fi rearanjate pentru a forma numele cărui zeu grec?
11. Din ce material făceau grecii cărămizile?
12. Cum călătoreau grecii bogați pe uscat: călare sau pe jos?
13. Imperiul grec era alcătuit din mai multe insule. Adevărat sau fals?
14. Când călătoreau prin Grecia, oamenii dormeau sub cerul liber. Adevărat sau fals?
15. Unde se credea că locuiesc zeii?

Nivelul 3

16. În ce țară de astăzi se află orașul antic Troia?
17. Ce primea câștigătorul Jocurilor Olimpice?
18. Ce era un *chiton*?
19. În ce colț al locuinței aveau grecii altarul casei?
20. Cine era zeița căsătoriei?

Grecia antică

Civilizația greacă a apărut în jurul anului 1200 î.Hr. și a ajuns la apogeu pe la anul 500 î.Hr. Grecii au fost primii care au introdus democrația, atunci când bărbații din Atena au primit dreptul de vot. Mulți erau țărani, dar, în orașe, a apărut o clasă de mijloc de negustori și de meșteșugari. Grecii au creat o filosofie, o artă și o arhitectură care au rezistat de-a lungul secolelor.

Geografie
1 6 13

Grecia este înconjurată de Marea Mediterană și de Marea Egee. Imperiul grec includea orașele-stat din Grecia însăși, precum Atena (cel mai mare) și Sparta, și multe insule.

Case
5 11 19

Casele grecilor erau făcute din cărămizi de lut și din lemn. Erau, de obicei, construite în jurul unei curți, unde se afla un altar. Existau încăperi separate pentru femei, bărbați și sclavi.

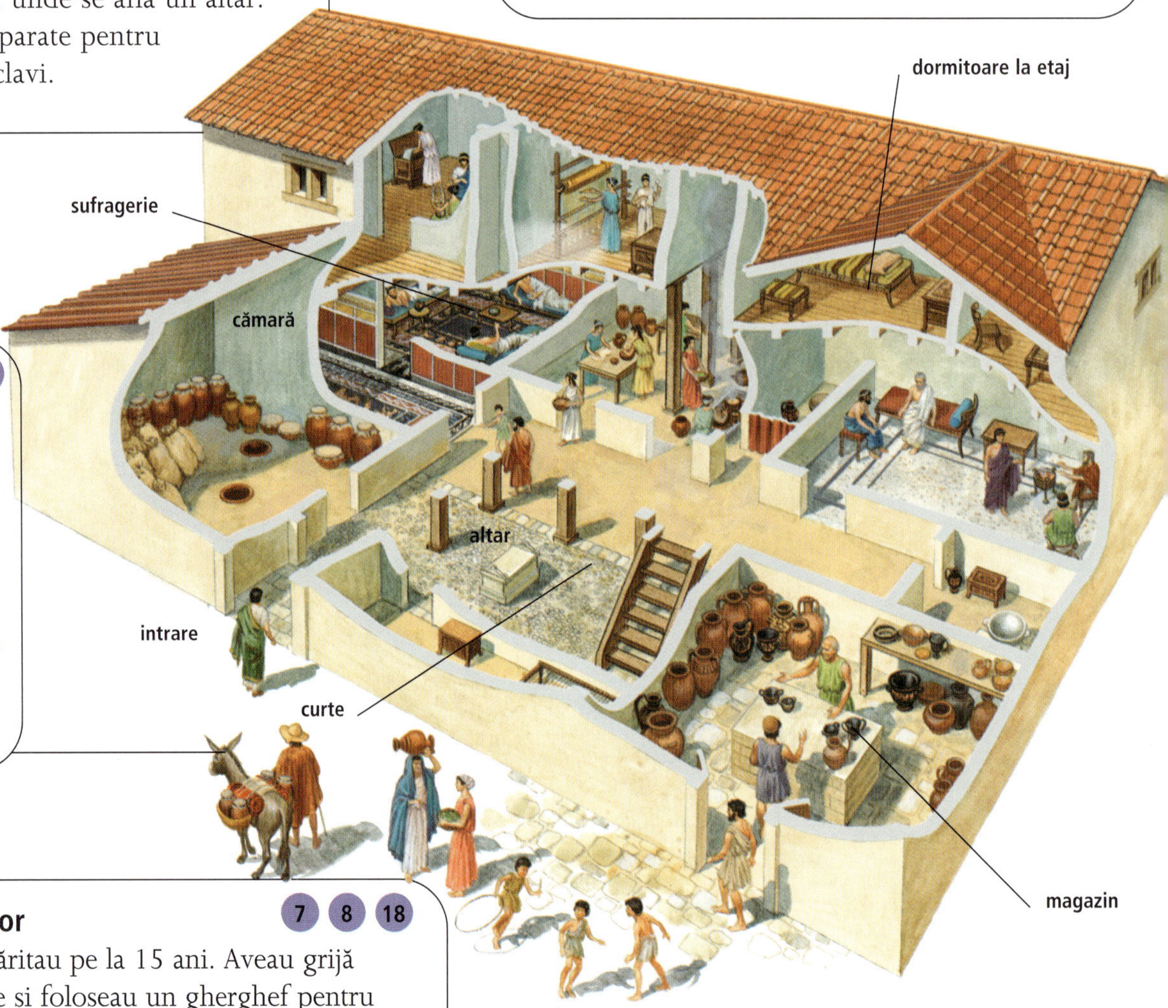

Călătorii
12 14

Pe uscat, cetățenii bogați călătoreau în care sau călare. Ceilalți, pe jos. Dormeau adesea în aer liber sau pe treptele unei clădiri publice când erau departe de casă.

Viața femeilor
7 8 18

Femeile se măritau pe la 15 ani. Aveau grijă de gospodărie și foloseau un gherghef pentru a țese pânza. O bucată dreptunghiulară de pânză alcătuia rochia simplă purtată de femei, *chiton*.

Zei greci

10 15 20

Grecii credeau în mulți zei, reprezentând fiecare aspect al vieții lor: de la muzică (Apollo) la dragoste (Afrodita), de la mare (Poseidon) la căsătorie (Hera). Se credea că zeii locuiau pe Muntele Olimp, în Grecia continentală.

Jocurile Olimpice

2 3 17

Jocurile Olimpice erau organizate din 4 în 4 ani, la Olimpia, în onoarea lui Zeus, regele zeilor. Printre întreceri se numărau alergările și cursele cu care. Câștigătorul era premiat cu o cunună în frunze de măslin.

Calul troian

4 9 16

Troia era un oraș aflat în Turcia de astăzi. Grecii au vrut să cucerească Troia, așa că le-au oferit troienilor un mare cal din lemn, în care erau ascunși soldați greci. Noaptea, soldații au ieșit din cal și au cucerit orașul.

ÎNTREBĂRI: Colosseum

Nivelul 1

1. Ce gladiator celebru a condus o revoltă a sclavilor?
2. La Colosseum existau elefanți. Adevărat sau fals?
3. Ce semn făcea mulțimea când dorea moartea unui gladiator?
4. Literele CUTROSE pot fi rearanjate pentru a forma numele cărui tip de gladiator?

Nivelul 2

5. În ce parte a Colosseumului erau ținuți gladiatorii și animalele?
6. Ce împărat roman lupta adesea în Colosseum?
7. Ce era un *bestiarius*?
8. Ce folosea un *retiarius* ca să-și prindă adversarul?
9. Cine era aruncat la fiare?
10. Ce fel de gladiator purta un coif decorat cu un pește?
11. În câți ani a fost construit Colosseumul: 10, 20 sau 30?
12. *Venationes* erau soldați romani. Adevărat sau fals?

Nivelul 3

13. Ce primea un gladiator eliberat?
14. Câți oameni puteau asista la jocurile de la Colosseum?
15. Când au fost organizate primele lupte cu gladiatori?
16. De unde provine numele de Colosseum?
17. De câte ori a luptat Commodus la Colosseum?
18. Câte animale au fost ucise la primele jocuri de la Colosseum?

GĂSIȚI RĂSPUNSUL

Colosseum

Vechii romani au construit arene imense, numite amfiteatre, pentru spectacole. Colosseumul de la Roma era unul dintre cele mai mari, ridicat din porunca împăratului Vespasian. Primele jocuri au durat 100 de zile și au inclus simularea unei bătălii navale. Romanilor le plăceau jocurile sângeroase din Colosseum și le-au privit 400 de ani.

Pedeapsă 7 9

Creștinii, criminalii și sclavii erau aruncați în arenă împreună cu animale sălbatice. *Bestiarius*, pe de altă parte, era antrenat să se lupte cu animalele.

Gladiatori 3 15

Primele lupte cu gladiatori au fost organizate în 264 î.Hr. Majoritatea gladiatorilor erau prizonieri, sclavi sau criminali antrenați să lupte. Dacă unul era rănit, mulțimea decidea soarta lui fie ridicând în sus degetul mare (să trăiască), fie coborându-l (să moară).

coif de gladiator

Tipuri de gladiatori 4 8 10

Existau diferite tipuri de gladiatori. *Secutor* era bine înarmat. *Murmillo* purta un coif împodobit cu un pește; *retiarius* încerca să-și prindă adversarul cu o plasă și o lance cu trei vârfuri – trident.

Commodus 6 17

Împăratul Commodus a condus Roma între 180–192 d.Hr. În timpul domniei, se îmbrăca în gladiator, luptând în Colosseum de 735 de ori. Nu a pierdut niciodată. Acest comportament i-a șocat pe romani, care credeau că gladiatorii erau clasa cea mai de jos a societății.

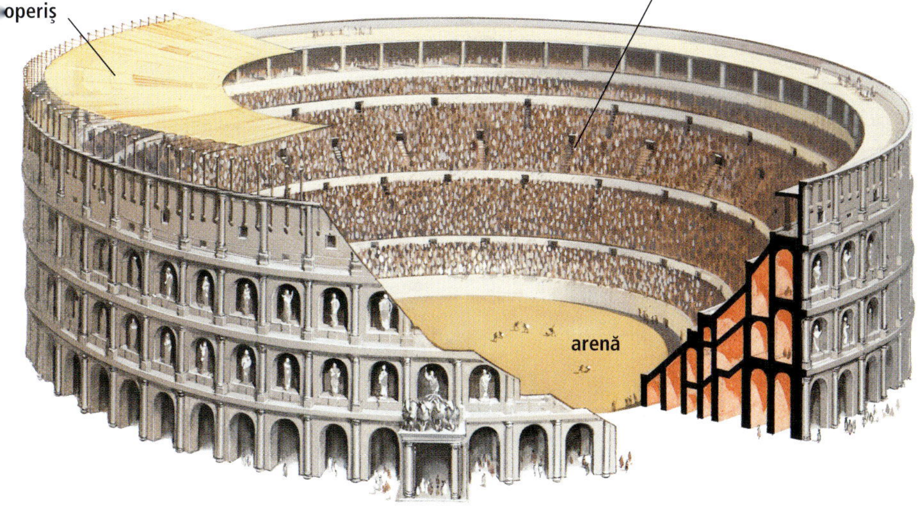

Colosseum

5 11 14 16

Colosseumul, care și-a luat numele de la o statuie (*colossus*) a lui Nero aflată în apropiere, a fost construit în zece ani. Avea 80 de intrări și era împărțit în estradă, arenă și *cavea* (unde se stătea jos), dispunând de 50 000 de locuri. Gladiatorii și animalele stăteau la subsol.

Spartacus

1

Spartacus, un soldat trac, a fost vândut ca sclav și a devenit gladiator în Capua. În 73 î.Hr., a condus o revoltă a sclavilor, dar a fost învins și ucis.

Animale exotice

2 12 18

Venationes (vânători regizate) erau organizate dimineața. Animale exotice, precum elefanți și tigri, erau aduse de peste mări. În timpul primelor jocuri de la Colosseum, au fost ucise 5 000 de animale.

tăbliță din os și monede

Libertate

13

Dacă un gladiator lupta bine, putea fi eliberat. Stăpânul îi dădea o tăbliță din os cu numele său și un dar în monede.

ÎNTREBĂRI: Viața în Evul Mediu

Nivelul 1

1. Un banchet este un fel de luptă. Adevărat sau fals?
2. Oamenii mâncau în sala mare. Adevărat sau fals?
3. Un *jongleur* era o persoană sau un instrument muzical?
4. Cine deținea pământul în Evul Mediu?
5. Cine îi învăța pe copiii nobililor: preoții sau servitorii?

Nivelul 2

6. Cine arenda pământul de la nobili?
7. Cum se numeau *jongleurii* în Anglia?
8. Cum se numea sistemul prin care era acordat pământul?
9. Cum se numea centrul castelului?
10. Unde stăteau oamenii de vază în timpul unui banchet?
11. Cum erau încălzite podelele castelelor?
12. Unde erau școlite fetele în Evul Mediu?
13. La ce servea bufetul?
14. Ce se folosea pentru a scăpa de mirosurile neplăcute ale podelelor castelului?

Nivelul 3

15. Ce limbă străină învățau fiii nobililor?
16. De ce le plăcea oamenilor să asculte muzică atunci când mâncau?
17. Unde învățau meserii copiii din sat?
18. Ce era un fund din lemn?

GĂSIȚI RĂSPUNSUL

Viața în Evul Mediu

Societatea Evului Mediu era strict organizată. Regele deținea tot pământul, dar le permitea nobililor să-l folosească în schimbul loialității și al serviciilor în război. Țăranii aveau o viață grea și puține drepturi. Evenimentele sociale erau importante pentru toți. Nobilii organizau banchete în castelele lor, iar țăranii participau la nunți și la târguri.

muzicanți itineranți

Marea sală

2 10 13 18

Oamenii luau masa și petreceau în marea sală. Nobilul și alți oameni de vază stăteau la „masa înaltă“, lângă un bufet conținând cupe și farfurii care demonstrau bogăția nobilului. Mesenii mâncau de pe niște tăblii, numite fund din lemn.

Muzică

3 7 16

Muzicanții itineranți, numiți *jongleuri* în Franța și menestreli în Anglia, distrau invitații cântând, acompaniindu-se la instrumente muzicale precum lăuta și harfa. Oamenii credeau că muzica ajută la digestie.

Banchete

1

Banchetele erau organizate pentru a arăta generozitatea și bogăția nobilului, dar și la sărbători. Felurile includeau carne de vită, miel, vânat, pește, brânză, ouă, pâine, legume și fructe, precum și vin și bere. La banchetele bogate se serveau curmale, smochine și citrice.

Castel 9 11 14

O scară în spirală ducea în turnul principal, folosit pentru apărare. Centrul castelului, donjonul, includea marea sală, bucătăria și camere de culcare aflate la etaj.

Podelele de piatră erau acoperite cu trestii ca să țină de cald și erau stropite cu esențe de ierburi aromatice, pentru a reduce duhoarea.

Educație 5 12 15 17

Copiii nobililor erau educați de preoți. Învățau gramatică, logică, latină și matematică. Copiii țăranilor învățau meserii, precum zidăria în piatră, la ghildele locale, iar fetele erau învățate să gătească și să coasă acasă.

Sistem feudal 4 6 8

În societatea feudală, regele acorda loturi de pământ nobililor. Acest pământ era apoi arendat de cavaleri și de nobili mai mici, care aveau iobagi pentru a-l lucra. Țăranii sau iobagii puteau să lucreze o bucată mică de pământ ca să-și hrănească familia.

ÎNTREBĂRI: Cavaleri

Nivelul 1

1. Ce începe cu L și era o armă folosită de cavalerii călare?
2. Pentru ce era folosit un berbece?
3. Literele NULMAP pot fi rearanjate pentru a forma numele cărei arme folosite de cavaleri?
4. Cavalerii luptau doar de pe cal. Adevărat sau fals?

Nivelul 2

5. Ce devenea un scutier în timpul ceremoniei de investire?
6. Ce era un buzdugan?
7. Cum își trântea un cavaler adversarul de pe cal într-un turnir?
8. Ce fel de proiectile lansa un mangonel?
9. Cavalerii foloseau o arbaletă sau un arc mare?
10. De ce au început turnirurile?
11. Ce arme erau folosite pentru a arunca săgeți și lănci într-un castel?
12. Cum se deosebeau cavalerii în luptă?
13. Ce este o catapultă?
14. Cum puteau atacatorii să-i facă pe apărătorii unui castel să se predea?

Nivelul 3

15. Cum se numea taxa plătită de cavalerii care nu voiau să lupte?
16. Ce era un grumăjer?
17. Cum era făcut cavaler un scutier?
18. În ce secol au început cavalerii să poarte armură din plăci?

GĂSIȚI RĂSPUNSUL

Cavaleri

Cavalerii erau fii de nobili, care se antrenau pentru a deveni soldați ai regelui. Un cavaler începea antrenamentul ca paj, la vârsta de 7 ani. Ulterior, devenea scutier și asistent al cavalerului, înainte să devină el însuși cavaler, la vârsta de 21 de ani. Cavalerii trebuiau să respecte regulile cavalerești și luptau până la moarte pentru a-și apăra regele și țara.

Turniruri
7 10

Deși au început ca antrenamente pentru bătălii, turnirurile au devenit spectacole populare, în care cavalerii își etalau talentul la călărie și în luptă. Ei foloseau lănci boante ca să-și doboare adversarul de pe cal.

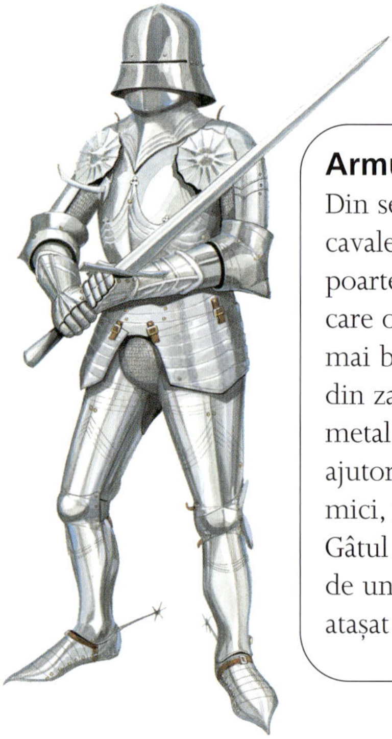

Armură
16 18

Din secolul XV, cavalerii au început să poarte armură din plăci care oferea o protecție mai bună decât cea din zale. Plăci mari de metal se îmbinau cu ajutorul unor plăci mai mici, numite „lamele". Gâtul era protejat de un grumăjer, atașat de platoșă.

Ridicare în rang
5 17

Scutierii deveneau cavaleri în cadrul unei ceremonii numite „ridicare în rang". Nobilul îl atingea pe umăr cu lama sabiei.

Apărare
14

Apărătorii trăgeau cu săgeți de pe metereze și aruncau în atacatori cu pietre, apă fiartă și fiare înroșite. Multe asedii se încheiau când apărătorii înfometați se predau.

Arme de asediu

8 11 13

O catapultă arunca bolovani în zidurile castelului. O balistă, o arbaletă gigantică, arunca săgeți și lănci. Un mangonel era o catapultă cu care se aruncau pietre.

Bătălii

1 4 12 15

Cavalerii luptau de pe cal cu lăncile și pe jos cu alte arme. Un cavaler era identificat după blazonul de pe mantie. Cavalerii care nu voiau să lupte trebuiau să plătească regelui o taxă numită „scutaj“.

Arme

3 6 9

Printre armele unui cavaler se numărau: arbaleta, toporul, buzduganul, arcul mare, sabia lată, pumnalul și scutul.

Asediu la castel

2

Atacatorii foloseau un berbece și catapulte pentru a slăbi porțile și zidurile castelului. Săpau și tunele sub castel și îl atacau dintr-un turn de asediu. În același timp, arcașii de la sol trăgeau necontenit cu un val de săgeți asupra apărătorilor.

ÎNTREBĂRI: Renașterea

Nivelul 1

1. Renașterea s-a caracterizat printr-o „înflorire“ sau printr-o „revoltă“?
2. Literele MURĂRAM pot fi rearanjate pentru a forma numele cărui material folosit de sculptori în Renaștere?
3. Donatello a fost pictor sau sculptor?
4. Lăuta este un instrument muzical. Adevărat sau fals?

Nivelul 2

5. Ghiberti a fost un filosof din Renaștere. Adevărat sau fals?
6. Unde a fost inventat tiparul?
7. La ce era folosită *lira da braccio*?
8. În ce tablou apar filosofii antici Platon și Aristotel?
9. Care a fost prima carte din lume tipărită în tiraj mare?
10. Literele LEFARA pot fi rearanjate pentru a forma numele cărui artist din Renaștere?
11. Ce naționalitate avea Erasmus?
12. Care sunt cele două civilizații care au influențat artiștii din Renaștere?
13. Cum se numea tamponul de piele cu care se aplica cerneala la primul tipar din Europa?
14. Ce filosofi credeau că lecțiile morale puteau fi învățate din textele antice?

Nivelul 3

15. Numele cărui arhitect renascentist celebru începe cu B?
16. În ce an a fost inventat tiparul în Europa?
17. Până în ce secol a durat Renașterea?
18. Cine a inventat tiparul în Europa?

GĂSIȚI RĂSPUNSUL

Renașterea

Renașterea a fost o epocă de mari schimbări, care au scos Europa din Evul Mediu, numit și Întunecat. A început în secolul XIV, în orașele italiene Florența și Veneția, iar apoi s-a răspândit în toată Europa. Pictorii, muzicienii, arhitecții și filosofii au prosperat cu sprijinul patronilor bogați ai artelor, precum familia Medici. Au fost înființate biblioteci, academii și universități.

lira da braccio

psalterion

Muzică
4 7

Instrumentele includeau psalterionul și *lira da braccio*, folosită de poeți pentru a se acompania când își recitau poeziile. Lăuta, flautul și *organetto*, care folosea tuburi, erau și ele populare.

Idei
1 11 14 17

Renașterea s-a caracterizat prin înflorire. S-a manifestat un interes renăscut pentru știință, artă și literatură. Această perioadă a durat până în secolul XVII. Umanismul a fost o mișcare importantă. Umaniștii, precum filosoful olandez Erasmus, erau de părere că lecțiile morale puteau fi învățate din texte grecești și latine.

Pictură
8 10 12

Artiștii erau atrași de formele corpului uman, de natură și de arta Greciei și a Romei antice. Rafael i-a pictat pe filosofii greci, precum Aristotel și Platon, în tabloul *Școala din Atena*.

Sculptură 2 3 5

Sculptori precum Donatello și Ghiberti au creat minunate lucrări realiste, inspirate de sculptura clasică, deși nu au folosit numai teme clasice. Donatello a sculptat sfinți și profeți îmbrăcați în stil roman și grecesc. Sculptorii foloseau materiale precum bronzul și marmura.

boltă
în stil clasic

Arhitectură 15

Arhitecții italieni de la începutul Renașterii, precum Brunelleschi și Palladio, s-au inspirat din stilurile clasice, folosind coloane grecești și bolți romane la multe clădiri.

Invenții 6 9 13 16 18

Tiparul a fost inventat în China, dar Johannes Gutenberg, un german, a inventat tiparul în Europa, în 1440. Avea caractere mobile într-o ramă de lemn, iar cerneala era aplicată cu un tampon de piele, numit „minge de cerneală". În 1455, Gutenberg a tipărit o biblie, prima carte din lume în tiraj mare.

tiparul
lui Gutenberg

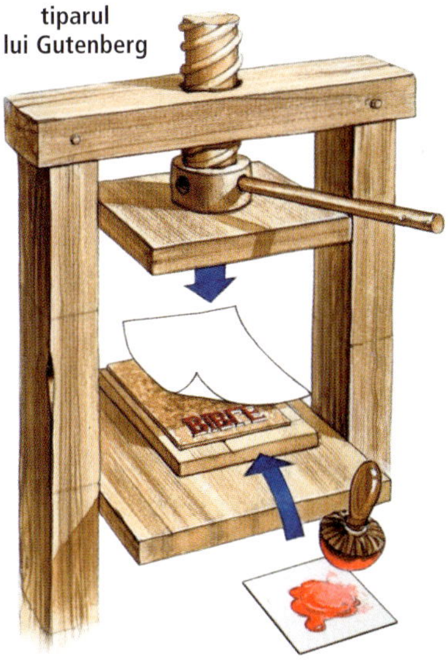

ÎNTREBĂRI: Marile Descoperiri Geografice

Nivelul 1

1. Sir Francis Drake a fost englez sau spaniol?
2. Cum se numea cea mai mare navă a lui Columb: *Santa Maria*, *Santa Ana* sau *Santa Barbara*?
3. Francisco Pizarro i-a învins pe incași. Adevărat sau fals?
4. Din ce țară era Bartolomeo Diaz?

Nivelul 2

5. Ce a descoperit Magellan: Oceanul Indian sau Oceanul Pacific?
6. Câți oameni erau în echipajul celui mai mare vas al lui Columb: 30, 40 sau 60?
7. Cine l-a trimis pe Columb să găsească o nouă rută către India?
8. Diaz sau da Gama a navigat în jurul punctului cel mai sudic al Africii?
9. Cine a ajuns în India în 1498?
10. Ce anume a făcut Zheng He pentru prima dată?
11. Care erau numele celor două caravele ale lui Columb?
12. La ce era folosit cvadrantul?
13. De ce n-a mai ajuns la destinația finală Fernando Magellan?
14. Unde credea Columb că ajunsese?
15. Ce parte din lume stăpâneau incașii?

Nivelul 3

16. Pe ce insulă a acostat Columb?
17. Ce oraș a fost descoperit în 1911?
18. Ce e o *nao*?
19. Când s-a navigat pentru prima dată în jurul lumii?

Marile Descoperiri Geografice

În secolele XV și XVI europenii au devenit din ce în ce mai dornici să cunoască lumea. Exploratorii făceau pași îndrăzneți în eforturile lor de a impulsiona comerțul, de a găsi bogății și de a descoperi lumi noi. La sfârșitul acestei epoci, exploratorii portughezi, spanioli și englezi ajunseseră în Africa, India, China, America și în jurul lumii.

busolă

Navigație

10 12

Busolele, hărțile cerești și cvadrantul, care măsura unghiul Soarelui, i-au ajutat pe exploratori să-și găsească drumul. Zheng He a fost primul care a folosit busola pe mare.

Columb

7 14 16

Cristofor Columb a fost trimis de regele Spaniei pentru a găsi o cale de navigație către India. Când Columb a sosit pe insula caraibiană San Salvador, în 1492, a crezut că ajunsese în Extremul Orient.

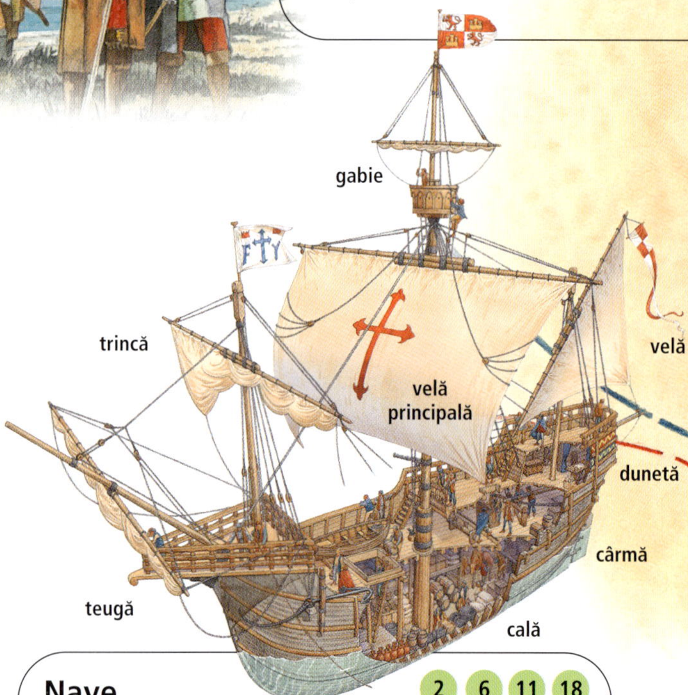

Nave

2 6 11 18

Cea mai mare navă a lui Cristofor Columb a fost *Santa Maria*, o *nao* sau navă de comerț folosită pentru transportul mărfurilor. Celelalte, numite *Niña* și *Pinta*, erau caravele, nave mult mai ușoare. *Santa Maria* dispunea de un echipaj de 40 de oameni și avea vele mari pătrate, care-i confereau forță pe mare.

Rutele Marilor Descoperiri

1 4 8 9

În 1488, exploratorul portughez Bartolomeo Diaz a navigat în jurul vârfului sudic extrem al Africii. În 1497–1498, Vasco da Gama a călătorit în India. Un secol mai târziu, Sir Francis Drake, un englez, a călătorit în jurul lumii.

Pizarro 3 15 17

Conchistadorul spaniol Francisco Pizarro i-a cucerit pe incași, în 1532. Incașii stăpâneau coasta de vest a Americii de Sud, Peru de azi, iar capitala era la Cuzco. Orașul incaș Machu Picchu, construit în vârful Munților Anzi, nu a fost descoperit decât în 1911.

Magellan 5 13 19

Navigatorul portughez Fernando Magellan a descoperit Oceanul Pacific, dar, ulterior, a fost omorât în Filipine. Nava sa a devenit prima care a făcut înconjurul lumii, în 1522.

ÎNTREBĂRI: Primul Război Mondial

Nivelul 1

1. Ce mașină de luptă a fost folosită pentru prima dată în Primul Război Mondial?
2. Ce este o luptă aeriană?
3. Cum se numea zona dintre tranșeele inamice?
4. O grenadă este o armă. Adevărat sau fals?

Nivelul 2

5. Ce echipament de protecție purtau soldații împotriva gazelor toxice?
6. Cu ce scop erau folosiți caii?
7. Ce mare bătălie navală începe cu I?
8. Unde era Frontul de Vest?
9. Cum se numește trăgătorul care încearcă să ochească soldați izolați?
10. Ce armă poate fi atașată unei puști?
11. Câte vieți s-au pierdut în război: peste 7,5 milioane, peste 8,5 milioane, peste 10 milioane?
12. În ce țară se află Iutlanda?
13. Ce se afla deasupra tranșeelor?
14. Cu ce arme erau dotate avioanele de luptă?

Nivelul 3

15. În ce an a fost folosit, pentru prima dată, gazul toxic?
16. Ce model de tanc a fost primul care a rezistat puștilor antitanc?
17. Cum se numeau soldații britanici care antrenau cai?
18. Ce avion de luptă german a fost considerat cel mai bun în război?

GĂSIȚI RĂSPUNSUL

Primul Război Mondial

Despre Primul Război Mondial, adesea numit Marele Război, s-a crezut că va fi „războiul care va pune capăt tuturor războaielor“. A început cu asasinarea arhiducelui Franz Ferdinand, în 1914. Puterile Centrale – Germania, Bulgaria, Austro-Ungaria și Turcia – au luptat împotriva Forțelor Aliate, din care făceau parte Marea Britanie, Franța, Rusia și multe alte țări. Războiul s-a terminat în 1918, când Puterile Centrale s-au predat Aliaților.

tancul britanic Mark IV

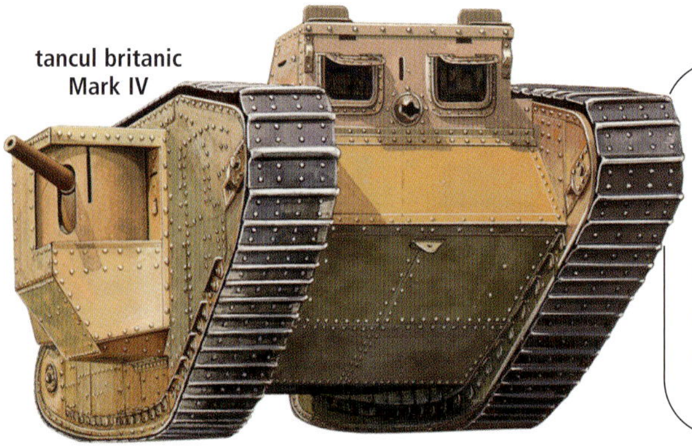

Tancuri

1 16

În Primul Război Mondial, tancurile au fost folosite pentru prima dată. Tancul britanic Mark IV, introdus în 1918, a fost primul îndeajuns de puternic pentru a rezista puștilor antitanc.

Bătălia Iutlandei

7 12

Cea mai mare bătălie pe mare din timpul Primului Război Mondial a avut loc lângă Iutlanda, Danemarca. Atât Aliații, cât și Puterile Centrale au susținut că au câștigat.

Frontul de Vest

8 11

Luptele cele mai grele s-au dat în tranșeele construite în Belgia și Franța, cunoscute ca Frontul de Vest. Războiul a costat 8,5 milioane de vieți.

Război de tranşee

3 13

Sistemele de tranșee erau alcătuite din adăposturi conectate între ele. Terenul dintre două tranșee se numea „pământul nimănui“. Deasupra tranșeelor erau puși saci de nisip care opreau focul inamic. Soldații din tranșeele noroioase, reci și insalubre sufereau de infecții, dizenterie și aveau păduchi.

avion britanic Sopwith Camel

avion german Fokker D VII

Război aerian 2 14 18

Luptele aeriene aveau loc între două sau mai multe avioane echipate cu mitraliere. Avionul german Fokker D VII a fost considerat cel mai bun avion de luptă din război.

Gaz toxic 5 15

Gazul toxic a fost folosit pentru prima dată la Ypres. Deși soldații aveau măști de protecție, peste 9 000 au murit otrăviți.

soldat purtând o mască de gaze

Cai 6 17

Soldații britanici, „dresori de nărăvași", antrenau cai nărăvași, precum caii australieni Waler, pentru a trage ambulanțe și a căra armament.

Trăgători de elită 9

Erau antrenați special pentru a fi atenți la orice mișcare din tranșeele inamice, încercând să țintească soldații izolați.

Armament 4 10

Grenadele sunt bombe de mână. Soldaților li se dădeau baionete, lame scurte de cuțit care puteau fi atașate la puști. Acestea erau folosite în lupta corp la corp.

ÎNTREBĂRI: Viața în Egiptul antic

Nivelul 1

1. Ce animale vânau egiptenii: hipopotami, cai sau hamsteri?
2. Din ce materiale își construiau egiptenii bărci: plastic, furnir sau papirus?
3. Egiptenii nu cultivau pământul de lângă Nil. Adevărat sau fals?
4. Egiptenii construiau case din cărămizi de lut. Adevărat sau fals?

Nivelul 2

5. Țăranii egipteni erau bătuți deseori?
6. Literele AHPRON pot fi rearanjate pentru a forma numele cărei arme folosite la vânătoare?
7. La ce vârstă începeau școala copiii egipteni: 3, 4 sau 5 ani?
8. Egiptenii beau bere. Adevărat sau fals?
9. Când se revărsa Nilul: primăvara, vara sau iarna?
10. Cine făcea pâine în Egiptul antic: bărbații sau femeile?
11. Numai băieții egipteni mergeau la școală. Adevărat sau fals?
12. În ce anotimp se strângeau recoltele în Egipt?
13. Ce era un *mertu*: o persoană, un fel de mâncare sau un fel de casă?
14. Ce animale foloseau egiptenii la arat?
15. Ce începe cu I și se folosește la confecționarea hainelor din pânză?

Nivelul 3

16. Cum numeau egiptenii o echipă de cinci muncitori?
17. Ce începe cu C și era o tunsoare purtată de copiii egipteni?
18. Ce începe cu O și este o plantă folosită de egipteni la fabricarea unei băuturi populare?

GĂSIȚI RĂSPUNSUL

Viața în Egiptul antic

Pentru majoritatea țăranilor din Egiptul antic, viața era grea. Nouă zile din zece lucrau din greu pe pământurile nobililor bogați și erau plătiți în bere, cereale și pâine, în loc de bani. Plata depindea de cât de bogată era recolta. Egiptenii obișnuiți trebuiau să muncească o parte din an, ajutând la construirea enormelor morminte pentru faraonii (regii) Egiptului.

Țărani

5 9 13 14

Mertu (țăranii) egipteni erau cei mai de jos membri ai societății. Anul lor de lucru începea după inundațiile de vară ale Nilului. Unii mânau boi ca să are pământul, iar alții împrăștiau semințe. Dacă nu lucrau îndeajuns de mult, stăpânii îi băteau.

Hipopotami

1 2 6

Egiptenii vânau hipopotami pentru că aceștia le călcau în picioare recoltele. Vânătorii mergeau cu bărci de papirus, având la ei harpoane (sulițe).

Educație

7 11 17

Copiii țăranilor începeau să meargă la școală la patru ani și părăseau școala la 12 ani, pentru a începe munca. La școală, băieții și fetele învățau să scrie și să citească. Purtau părul împletit în codițe laterale.

Recoltă

3 8 12 15 16 18

Strângerea recoltelor în Egiptul antic avea loc primăvara. Lucrătorii munceau în echipe de câte cinci, numite „mâini", culegând grâu ca să facă pâine, orz pentru bere și in folosit la țesutul hainelor. Boii călcau grânele pe parcela de treierat. Egiptenii cultivau numai pământul de lângă Nil, fertil datorită revărsărilor fluviului.

Case

4 10

Lucrătorii construiau case mici, din cărămizi de lut (chirpici) uscate la soare. Adesea nu aveau mai mult de două, trei camere. Multe familii aveau un cuptor de pâine, pe care femeile îl foloseau ca să coacă pâinea.

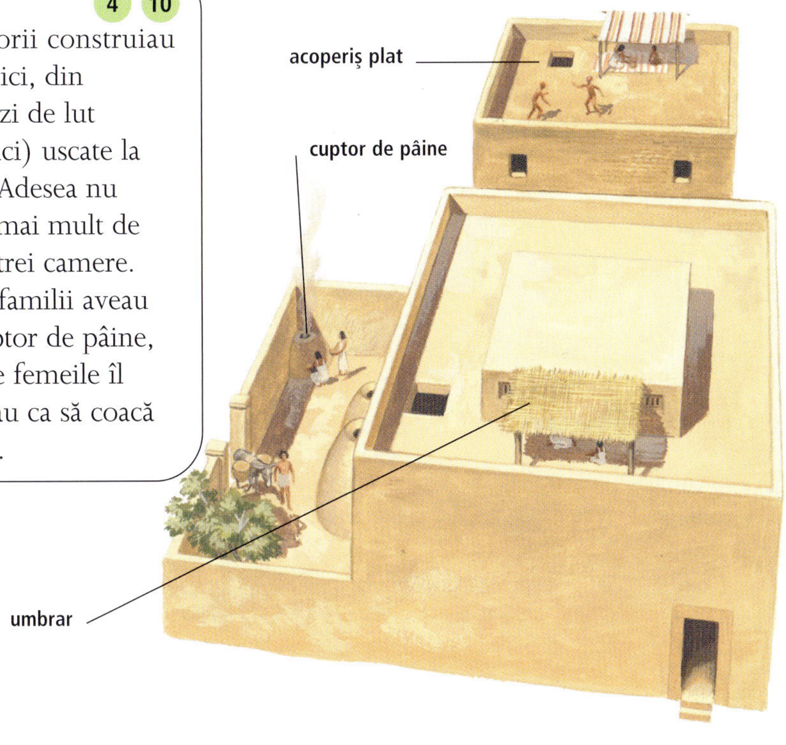

ÎNTREBĂRI: Zei și zeițe în Egiptul antic

Nivelul 1

1. Egiptenii credeau în magie. Adevărat sau fals?
2. Cine era conducătorul zeilor: Ma, Ra sau Pa?
3. Cum mai este numită magia rea: roșie, neagră sau albastră?
4. Egiptenii le făceau statui zeilor. Adevărat sau fals?

Nivelul 2

5. Ce era „scoaterea afară": o naștere, o moarte sau un tip de procesiune?
6. Numai preoții luau parte la ritualurile zilnice din marile temple. Adevărat sau fals?
7. Literele ALETUMĂ pot fi aranjate pentru a forma numele cărui obiect despre care se spune că protejează împotriva magiei?
8. Ce animal l-a mușcat pe zeul Ra: un tigru, o cobră sau un păianjen?
9. Anubis avea capul cărui animal: șarpe, șacal sau rinocer?
10. Amon era un zeu al focului sau al aerului?
11. Pe ce tip de bijuterie aveau egiptenii imprimat modelul unei mâini?
12. Ce zeu era paznicul lumii subpământene?
13. Cine era soțul lui Isis?

Nivelul 3

14. Cine a aflat numele secret al lui Ra?
15. Ce mască purtau preoții când pregăteau corpul decedatului pentru înmormântare?
16. Ce zeu egiptean avea un nume ce însemna „cel ascuns"?
17. Ce începe cu K și este locul în care se afla un mare templu al lui Amon?
18. În ce oraș a fost venerat inițial Amon?

Zei și zeițe în Egiptul antic

Vechii egipteni venerau mulți zei și multe zeițe. Unii aveau înfățișare de bărbat sau de femeie, iar alții aveau formă de animale, precum zeul crocodil Sobek. Egiptenii le-au construit temple grandioase zeilor, temple pe care le îngrijeau preoții. Toată lumea participa la ceremoniile religioase și la procesiuni.

Anubis

Anubis 9 12 15

Anubis era paznicul lumii subpământene. El proteja sufletele celor morți în drumul către viața de dincolo. Avea corp de bărbat și cap de șacal. Preoții purtau adesea o mască de șacal, când pregăteau de înmormântare corpul decedatului.

cobră

Isis

Ra

Numele secret 2 8 13 14

Isis voia ca soțul ei, Osiris, să conducă Egiptul; a trimis o cobră să-l muște pe Ra, regele zeilor. După ce Ra a fost mușcat, Isis i-a promis că-l vindecă dacă-i spune numele lui secret, cheia puterii sale. Ra a acceptat și i-a cedat puterea lui Osiris.

Isis

Osiris

Horus

Amon 10 16 17 18

În Teba, zeul Amon („cel ascuns“) a fost inițial venerat ca zeu al aerului, dar, ulterior, a fost considerat rege al zeilor. Construcția marelui său templu de la Karnak a durat mai multe secole.

Magie 1 3 7 11

Egiptenii credeau că magia poate ajuta sau vătăma. Bijuteriile numite amulete protejau de magia rea (neagră). Amuletele redând o mână erau purtate pe brățări, iar cele înfățișând un picior, pe glezniere.

amuletă Ochiul lui Horus

amuletă mână

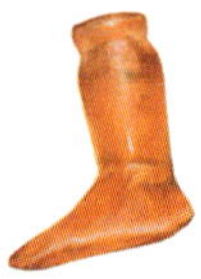

amuletă picior

Interior de templu 4 5 6

Numai preoții luau parte la ritualurile zilnice din marile temple. În unele zile avea loc procesiunea „scoaterii afară“, în timpul căreia statuia zeului era plimbată în afara templului.

ritual de dimineață în templul lui Amon

ÎNTREBĂRI: Războiul în Grecia antică

Nivelul 1

1. Din ce erau făcute scuturile grecilor: din in, din hârtie sau din lemn?
2. Literele LUSIȚĂ pot fi rearanjate pentru a forma numele cărei arme folosite de greci?
3. Unde a avut loc bătălia de la Salamina: pe uscat sau pe apă?
4. Din ce erau făcute coifurile: bronz, cupru sau aluminiu?

Nivelul 2

5. Principala tactică de luptă a vaselor de război grecești era izbirea vasului dușman. Adevărat sau fals?
6. Ce este o falangă: o armă, o formație de luptă sau o vâslă?
7. Literele RITMERĂ pot fi rearanjate pentru a forma numele cărei corăbii de război grecești?
8. Spartanii erau greci. Adevărat sau fals?
9. La ce vârstă începeau să se antreneze băieții din Sparta: 7, 9 sau 11 ani?
10. Cum își vopseau spartanii scuturile: roșu sau galben?
11. Cine a câștigat bătălia de la Salamina: grecii sau perșii?
12. Literele IPASS pot fi rearanjate pentru a forma numele unui scut grecesc?
13. Ce începe cu H și era numele celui mai întâlnit tip de soldat din Grecia antică?
14. Ce parte a corpului era protejată de apărători?
15. Cine a fost Xerxes: un rege persan, un general spartan sau un zeu teban?

Nivelul 3

16. Ce literă își pictau spartanii pe scuturi?
17. Cum își numeau spartanii țara?
18. Din ce oraș erau grecii care au luptat la Salamina?
19. Ce fel de armă este un *xifos*?

GĂSIȚI RĂSPUNSUL

Războiul în Grecia antică

Grecii antici au purtat multe războaie, atât între ei, cât și împotriva invadatorilor străini precum perșii. În orașul Atena fiecare bărbat trebuia să lupte în armată și să-și procure singur armele și armura. Macedonenii au cucerit întreaga Grecie în secolul IV î.Hr.

Sparta 8 9

Grecii din Sparta se antrenau pentru luptă de la 7 ani, prin exerciții fizice grele. Uneori erau biciuiți pentru a se vedea cine îndură durerea mai mult. Se spune că Sparta nu avea ziduri de apărare, astfel că soldații trebuiau să lupte cu îndârjire.

Salamina 3 11 15 18

Atenienii au câștigat o mare bătălie contra perșilor la Salamina. Deși în inferioritate numerică față de perși, de două ori mai mulți, ei și-au folosit corăbiile mai rapide și mai grele ca să prindă în cursă flota inamică. Regele persan Xerxes a renunțat la invadarea Greciei.

Scuturi spartane 10 16 17

Spartanii își pictau câte un L mare roșu pe scut – prima literă din „Lacedaemonia“, numele pe care îl dădeau țării lor.

Vase 5 7

Un vas de război grecesc se numea triremă. Principala tactică era să izbească și să scufunde vasele inamice.

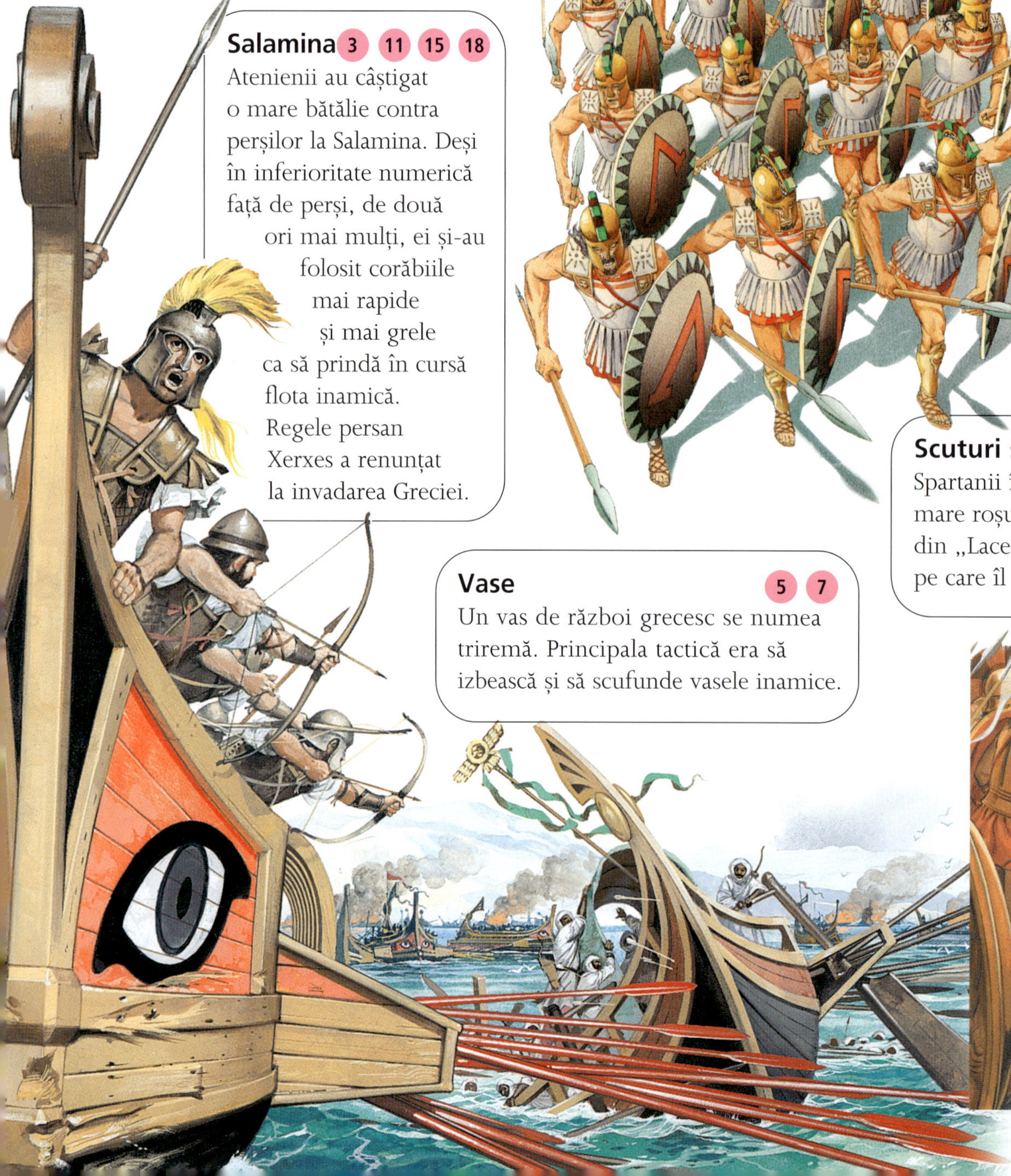

Hopliți 4 13 14

Armatele grecești erau alcătuite, în principal, din infanteriști, numiți hopliți. Ei purtau platoșe grele de bronz și coifuri, precum și apărători de gambe. Unii aveau o creastă din păr de cal pe coifuri pentru a-și speria inamicii.

Arme 1 12 19

Hopliții erau înarmați cu *xifos* (sabie scurtă cu două tăișuri) și cu suliță și aveau *aspis* (scut de lemn) pentru protecție.

Lupta 2 6

Hopliții luptau în formație strânsă, numită falangă. Soldații creau un zid de scuturi și își foloseau lăncile lungi pentru a ataca inamicul. Dacă murea sau cădea cineva din rândul din față, un hoplit din rândul al doilea îi lua locul.

ÎNTREBĂRI: Zei și zeițe în Grecia antică

Nivelul 1

1. Cine era regele zeilor?
2. Grecii sacrificau tauri în cinstea zeilor. Adevărat sau fals?
3. Afrodita era zeița dragostei și a frumuseții sau zeița urii și a urâțeniei?

Nivelul 2

4. Numele cărui zeu grec al războiului începea cu A?
5. Care era simbolul Atenei: bufnița, vulturul sau corbul?
6. Literele LAMUE BUSNEATĂMÂNPĂ pot fi rearanjate pentru a forma numele cărui loc în care mergeau grecii după moarte?
7. Asclepios era zeul justiției sau al medicinei?
8. Care era zeul grec al soarelui: Artemis, Poseidon sau Apollo?
9. Cine mergea în Câmpiile Elizee?
10. Ce începea cu L și era un dar de vin turnat peste altar?
11. Ce începea cu S și era un râu pe care grecii îl treceau când mureau?
12. Atena era zeița vânătorii. Adevărat sau fals?
13. Unde se țineau sărbătorile Panatenee?
14. Literele TARRAT pot fi rearanjate pentru a forma numele unei gropi de foc?
15. Ce animal era simbolul lui Asclepios: un șarpe, un păianjen sau un scorpion?
16. Ce templu începea cu O și era locul în care oamenii puteau să pună întrebări legate de viitor?

Nivelul 3

17. Ce dar a făcut zeița Atena orașului Atena?
18. Cine era soțul Afroditei?
19. Ce templu din Atena avea o mare statuie de aur și fildeș a Atenei?

GĂSIȚI RĂSPUNSUL

Zei și zeițe în Grecia antică

Vechii greci credeau că zeii și zeițele cu multă putere aveau grijă de lume și se implicau în treburile oamenilor. Acești zei se comportau exact ca oamenii: se îndrăgosteau, se certau și încercau să se păcălească unul pe celălalt. Grecii organizau festivaluri în cinstea zeilor și aveau întotdeauna grijă să nu-i supere.

statuia Atenei

Afrodita

3 4 18

Deși Afrodita era zeița dragostei și a frumuseții, soțul ei era urâtul zeu Hefaistos, iar ea era îndrăgostită de Ares, zeul războiului. Era adesea geloasă pe fetele frumoase și le pedepsea sever.

Afrodita

Atena

1 5 12 17 19

Zeus, regele zeilor, era tatăl Atenei, zeița înțelepciunii și a meșteșugurilor. Simbolul Atenei era bufnița. Atena a dăruit orașului Atena primul măslin. Măslinul oferea hrană, lemn și ulei de măsline, astfel încât cetățenii recunoscători au ales-o pe Atena drept zeița protectoare a orașului. I-au construit o statuie mare de aur și fildeș în Partenon, un mare templu dedicat zeiței.

Viața de apoi

6 9 11 14

Grecii credeau că, după moarte, treceau râul Styx către lumea de apoi. Hades, zeul morților, îi judeca după cât de buni fuseseră în viață. Cei care duseseră vieți virtuoase mergeau în Câmpiile Elizee. Cei care duseseră vieți păcătoase mergeau în groapa de foc Tartar. Cei care nu fuseseră nici buni, nici răi mergeau în Câmpiile cu asfodele, tărâmul umbrelor.

Ofrande

7 15

Grecii lăsau ofrande la statuile zeilor, sperând în ajutorul lor. Aici (vezi dreapta) oamenii bolnavi cer să fie vindecați de Asclepios, zeul medicinei și al vindecărilor. Zeul ține în mâna stângă un șarpe înfășurat în jurul unui toiag, simbolul său.

Oracole

8 16

Zeul soarelui, Apollo, avea un oracol (templu unde oamenii puneau întrebări despre viitor) la Delfi. Apollo le răspundea prin preoteasa Pitia.

Venerație și sacrificiu

2 10 13

Grecii sacrificau animale în cinstea zeilor. Ei credeau că taurul era cea mai bună ofrandă. Făceau și libații zeului (daruri de vin turnat peste altar). Sărbătorile mari, precum Panateneele, se organizau la fiecare patru ani la Atena și aproape fiecare casă avea un altar privat pentru rugăciune.

ÎNTREBĂRI: Imperiul Roman

Nivelul 1

1. Ce nu putea purta nimeni, în afara împăratului: picățele, purpură sau pălării?
2. Romanii au construit drumuri șerpuite. Adevărat sau fals?
3. Literele SETAN pot fi rearanjate pentru a forma numele cărui grup de cetățeni?

Nivelul 2

4. Ce anume transportau apeductele: apă, oameni sau hrană?
5. Roma a fost fondată de doi frați gemeni sau de doi iubiți?
6. Ce roman celebru a fost ucis: Hadrian, Augustus sau Iulius Caesar?
7. Ce începe cu V și a vandalizat Roma?
8. Augustulus înseamnă „tatăl lui Augustus". Adevărat sau fals?
9. Augustus i-a cucerit pe daci. Adevărat sau fals?
10. Ce era o togă: o coroană, un pantof sau o robă?
11. Cât de lung este apeductul Zaghouan: peste 74 km, peste 92 km sau peste 109 km?
12. Odoacru era german sau grec?
13. Literele SOULRUM pot fi rearanjate pentru a forma numele cărui fondator al Romei?
14. Iulius Caesar a fost primul împărat. Adevărat sau fals?
15. Augustus era fiul lui Iulius Caesar. Adevărat sau fals?
16. Sub ce împărat a avut imperiul cea mai mare întindere: Nero, Traian sau Vespasian?

Nivelul 3

17. Cine a fost primul împărat creștin?
18. Cine a spus: „Am găsit o Romă din cărămizi, las una din marmură"?
19. Cine s-a sinucis ca să nu fie capturat de Traian?

GĂSIȚI RĂSPUNSUL

Imperiul Roman

Romanii din Antichitate au construit un mare imperiu, care se întindea în Europa, Asia și Africa. Influența sa poate fi resimțită și astăzi în limbă, justiție și arhitectură. Romanii și-au folosit armatele puternice pentru a menține sub control provinciile (țările cucerite). Îi numeau pe străini „barbari“ și credeau că romanii aveau datoria de a aduce pacea și civilizația în lume.

Senat (1) (3) (10)

Senatorii erau cei mai de seamă cetățeni, care ajutau la guvernarea Romei. Purtau robe albe, lungi, numite togi, care le indicau statutul. Numai împăratul purta purpură.

Imperiu (9) (16) (19)

Imperiul a ajuns la cea mai mare întindere sub împăratul Traian. Un general strălucit, Traian i-a cucerit pe dacii din sud-estul Europei. Regele dac Decebal s-a sinucis, pentru a nu fi capturat.

imperiul la sfârșitul domniei lui Traian (în roșu)

Oraş (5) (13) (18)

Romanii spuneau că orașul lor fusese fondat de doi frați gemeni, Romulus și Remus. De-a lungul timpului, Roma s-a transformat într-o mare metropolă. Împăratul Augustus a cheltuit enorm pentru a înfrumuseța orașul. El spunea: „Am găsit o Romă din cărămizi, las una din marmură“.

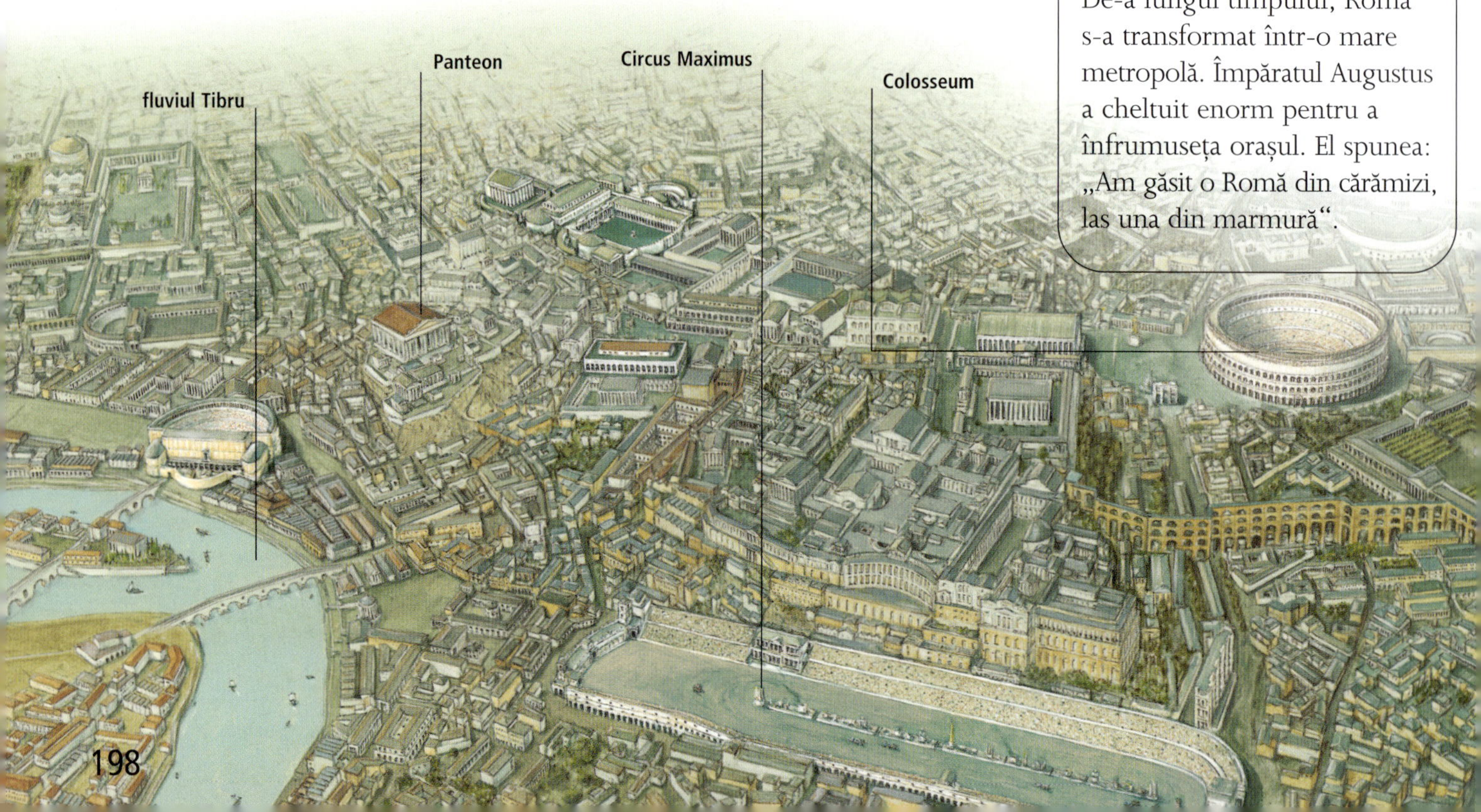

Iulius Caesar — Augustus — Hadrian — Constantin

Conducători 6 14 15 17

Iulius Caesar a fost asasinat în 44 î.Hr. Nepotul său, Augustus, a devenit primul împărat. Împăratul Hadrian a construit ziduri mari în jurul imperiului. Constantin a fost primul împărat creștin.

Inginerie 2 4 11

Imperiul Roman a adus tehnologii și o arhitectură nouă în ținuturile cucerite. Romanii au construit drumuri lungi și drepte și apeducte imense pentru transportul apei. Unele țări încă le mai folosesc. Apeductul Zaghouan, cel mai lung construit de romani, avea mai mult de 92 km și traversa nordul Africii.

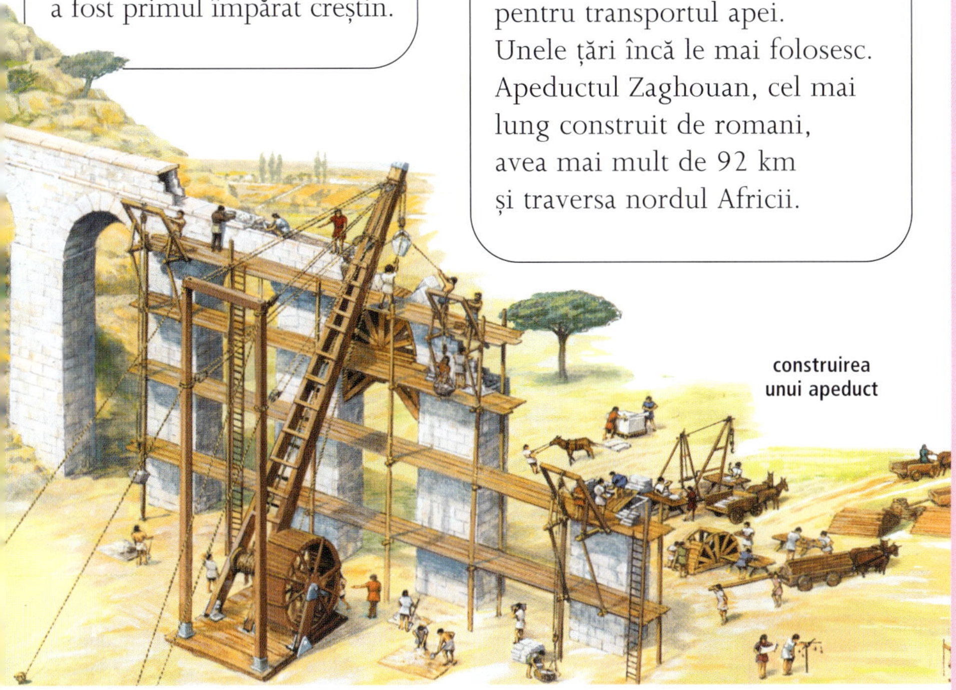

construirea unui apeduct

Sfârşitul Romei 7 8 12

În 455 d.Hr., o armată de vandali din Germania a jefuit Roma. Ultimul împărat, un băiat de 13 ani numit Augustulus (micul Augustus), s-a predat căpeteniei germane Odoacru, 20 de ani mai târziu. A fost sfârșitul imperiului.

ÎNTREBĂRI:
Războiul în Imperiul Roman

Nivelul 1

1. Soldații romani luptau împreună, în formații de luptă. Adevărat sau fals?
2. Care era simbolul armatei romane: un șoarece, o acvilă sau o girafă?
3. Soldații romani se grupau în formații de luptă de forma unui tigru, a unei țestoase sau a unei broaște?

Nivelul 2

4. Ce era un *aquilifer*: un general, un doctor sau un purtător de stindard?
5. Ce începe cu L și era numele infanteriștilor romani?
6. Balista era folosită pentru a arunca lănci sau pietre?
7. Literele COINTUNER pot fi rearanjate pentru a forma numele cărui ofițer din armată?
8. Ce era o catapultă: o mașină de război, un soldat sau un scut?
9. Romanii au cucerit triburile germanice. Adevărat sau fals?
10. Ce începe cu G și este numele unui ținut cucerit de Iulius Caesar?
11. Cum se numeau soldații din provincii?
12. Literele TOE STUD pot fi rearanjate pentru a forma numele cărei formații de luptă?
13. Câți oameni erau într-o legiune: 50, 500 sau 5 000?
14. Ce începe cu P și era numele unui imperiu aflat în estul Romei?
15. Câți ani trebuia un auxiliar să petreacă în armată înainte de a primi cetățenia romană?

Nivelul 3

16. Câți soldați erau într-o centurie?
17. Cine s-a luptat cu Iulius Caesar într-un mare război civil?
18. Ce general roman a fost ucis în bătălia de la Carrhae?

GĂSIȚI RĂSPUNSUL

Războiul în Imperiul Roman

Armata romană nu a fost învinsă aproape niciodată. Pe lângă faptul că au inventat multe tactici de luptă, romanii își antrenau soldații să fie disciplinați și rezistenți și să nu fugă niciodată dintr-o luptă. Când nu cucerea noi teritorii, armata romană trebuia să mențină *pax romana* („pacea romană“) în imperiu și să se asigure că nimeni nu se împotrivea stăpânirii romane.

Iulius Caesar 10 17

Iulius Caesar a fost un general strălucit care a cucerit Gallia (Franța). Ulterior, și-a înfrânt rivalul, pe Pompei, într-un mare război civil și a devenit conducătorul Romei.

Soldați 5 7 13 16

Legionarii (infanteriștii) luptau în legiuni formate din 5 000 de oameni. O centurie era formată din 100 de oameni.

Stindard 2 4

Acvila era simbolul armatei romane și era purtată de *aquilifer* („purtător de stindard“). Soldații luptau din greu ca să apere acvila, pentru că era dezonorant să fie pierdută în luptă.

Mașinării de război 6 8

Romanii foloseau mașinării puternice de război atunci când atacau orașe sau forturi. Balista putea arunca săgeți mari, de parcă ar fi fost un arc gigantic. Catapultele erau folosite la aruncarea unor bolovani enormi.

romani luptându-se cu triburile germane

auxiliari

Inamici 9 14 18

Romanii nu au cucerit niciodată triburile germanice sau Imperiul Part din est. Germanii luptau în păduri și nu riscau bătălii în câmp deschis. Parții luptau cu arcuri și au câștigat o mare bătălie la Carrhae, unde a murit generalul roman Crassus.

Auxiliari 11 15

Soldații din provincii – care purtau adesea arme specializate, precum praștii sau arcuri – se numeau auxiliari. După 25 de ani în armată, puteau să se pensioneze și să devină cetățeni romani.

Testudo 1 3 12

Legionarii luptau în formații. Formația numită *testudo* („țestoasa") îi proteja din toate părțile. Soldații din centru își țineau scuturile deasupra capului. Cei din lateral le țineau în față.

ÎNTREBĂRI: Aztecii

Nivelul 1

1. Aztecii aveau uneori nevoie de prizonieri pentru sacrificii umane. Adevărat sau fals?
2. Ce făceau scribii: scriau sau luptau?
3. Majoritatea caselor aztecilor erau făcute din piatră. Adevărat sau fals?

Nivelul 2

4. Aztecii aveau echipe de bărbați care colectau deșeurile menajere. Adevărat sau fals?
5. Ce înseamnă *tlatoani*: vorbitor sau ascultător?
6. Literele BUTTIR pot fi rearanjate pentru a forma numele cărui tip de plată făcută aztecilor?
7. Unde a fost construită capitala aztecă: pe lacul Texcoco, pe muntele Texcoco sau pe râul Texcoco?
8. Capitala aztecă nu avea străzi. Adevărat sau fals?
9. Cine i-a cucerit pe azteci: spaniolii, francezii sau portughezii?
10. Cuvântul aztec *hueyi* înseamnă „mic". Adevărat sau fals?
11. Casele aztecilor nu aveau toalete. Adevărat sau fals?
12. O *chinampa* era un fel de casă plutitoare. Adevărat sau fals?
13. Ce era o „femeie-șarpe": o războinică, o doctoriță sau o sfătuitoare?
14. Ce începe cu G și era folosit de azteci pentru a scrie?
15. Câte zile avea calendarul sacru aztec: 160, 260 sau 360?

Nivelul 3

16. Câte feluri de calendare aveau aztecii?
17. Care era capitala aztecilor?

Aztecii

Aztecii s-au stabilit în Mexicul de azi pe la 1325 d.Hr. și au devenit rapid conducătorii unui mare imperiu. Au dezvoltat o comunitate bine organizată, cu reguli stricte de comportament, de la conducător, *tlatoani*, până la sclavii aflați pe ultima treaptă a societății. Imperiul lor a durat până în secolul XVI, când au venit conchistadorii spanioli și le-au distrus civilizația.

Case

3 4 11

Majoritatea caselor aztece erau făcute din lemn, dar unele aveau pereți de piatră și o curte în centru. Aztecii erau curați. Fiecare casă avea o toaletă și o echipă de bărbați colecta gunoiul menajer.

Tenochtitlán

7 8 12 17

Cam 200 000 de oameni trăiau în Tenochtitlán, capitala aztecă construită în mijlocul lacului Texcoco. Oamenii mergeau pe canale în loc de străzi, iar țăranii își cultivau recoltele în grădini plutitoare, numite *chinampa*. Drumuri de acces legau orașul de restul țării.

Calendar

15 16

Acest calendar aztec are forma unui soare, având chipul zeului soare sculptat în centru. Aztecii aveau un calendar solar de 365 de zile și un calendar sacru de 260 de zile, împărțit între zeii azteci. Preoții îl foloseau pentru a afla dacă era de bun augur să facă un anume lucru, într-o zi anume.

Tribut

1 6

Aztecii cereau tribut (plată anuală în bunuri) de la populațiile care trăiau în imperiul lor. Sute de conducători străini veneau la palat pentru a aduce bunuri de tot felul. Aztecii îi pedepseau pe cei care nu plăteau atacându-i sau cerând prizonieri pentru sacrificii umane.

Scriere

2 9 14

Scribii țineau evidența tributului plătit conducătorilor azteci. Scriau liste folosind glife (imagini mici) în loc de cuvinte. Când spaniolii au cucerit Tenochtitlán, au ars majoritatea acestor documente.

Tlatoani

5 10 13

Nobilii azteci își alegeau conducătorul pe care-l numeau *tlatoani* („vorbitorul“). Liderul suprem al tuturor aztecilor se numea *hueyi tlatoani* („mare vorbitor“), iar oamenii îl venerau ca pe un zeu. *Hueyi tlatoani* avea un sfătuitor numit *cihuacoatl* („femeia-șarpe“), care superviza administrarea de zi cu zi a orașului Tenochtitlán.

ÎNTREBĂRI: Religia aztecilor

Nivelul 1

1. Aztecii sacrificau numai animale?
2. Din ce erau făcute mingile pentru *tlachtli*: din cauciuc, din fier sau din lemn?
3. Huitzilopochtli era zeul soarelui sau al nopții?

Nivelul 2

4. Unde făceau aztecii sacrificiile: în vârful unui templu, în interiorul unui templu sau în fața unui templu?
5. Care era culoarea aztecă a sacrificiului: roșu, galben sau albastru?
6. Preoții azteci își rădeau capul. Adevărat sau fals?
7. Ce era scos din victimă în timpul sacrificiului: limba, ficatul sau inima?
8. Tlaloc era zeul ploii sau al lunii?
9. Unde era altarul lui Huitzilopochtli: în toate templele sau în Marele Templu din capitală?
10. Ce azteci își pileau dinții pentru a și-i ascuți: războinicii, preoții sau conducătorii?
11. Cât de des făceau sacrificii aztecii pentru Huitzilopochtli: în fiecare oră, zilnic, la cinci ani?
12. Care era pedeapsa dacă pierdeai la jocul de *tlachtli*?
13. Cât au susținut aztecii că a durat să sacrifice 84 000 de victime: 4 zile, 4 luni sau 4 ani?

Nivelul 3

14. Literele BISONAID pot fi rearanjate pentru a forma numele cărei roci vulcanice folosite pentru cuțite?
15. Jucătorii de *tlachtli* își puteau folosi doar mâinile. Adevărat sau fals?
16. Ce animal mâncând un șarpe reprezenta un semn pentru azteci să construiască un oraș?
17. Ce foloseau preoții azteci ca să-și vopsească pielea?

GĂSIȚI RĂSPUNSUL

Religia aztecilor

Aztecii din Mexic și din America Centrală credeau că trebuie să sacrifice oameni zeilor, ca să țină lumea în echilibru. Preoții lor ucideau cam 10 000 de oameni în fiecare an. Aztecii credeau că există cinci ere (perioade) de viață pe pământ și că trăiau în ultima eră înainte de sfârșitul lumii.

Huitzilopochtli

3 4 11

Aztecii au construit mari temple în formă de piramidă, pe care făceau sacrificii zilnice către Huitzilopochtli, zeul soare. Aztecii credeau că Huitzilopochtli lupta cu noaptea și avea nevoie de sacrificii pentru a înlocui sângele pe care îl pierdea din răni.

Sacrificii

1 5 7 14

Majoritatea victimelor sacrificiilor erau războinici inamici prinși în luptă. Preoții țineau victima pe o piatră de sacrificiu, aflată în vârful unui templu, și îi scoteau inima cu un cuțit de obsidian (piatră vulcanică neagră). Uneori, victima era vopsită în albastru, culoarea sacrificiului.

Tlachtli

2 12 15

În jocul sacru de *tlachtli*, jucătorii câștigau dacă introduceau o mică minge de cauciuc printr-un inel de piatră, fără să-și folosească mâinile. Jocul reprezenta lupta dintre zi și noapte. După aceea, jucătorii din echipa învinsă erau oferiți ca sacrificiu zeilor.

preot ținând o mască sacrificială

Preoți

6 10 17

Preoții azteci aveau un rang înalt în societate. Își pictau pielea cu funingine și aveau părul lung. Unii își pileau dinții pentru a-i ascuți.

Semne

16

Un vultur pe un fruct de cactus mâncând un șarpe era un semn de la zei pentru primii azteci să-și construiască orașul în acel loc.

Temple

8 9 13

Marele templu piramidă din Tenochtitlán avea două altare în vârf – unul pentru zeul ploii Tlaloc și unul pentru Huitzilopochtli. Aztecii susțineau că sacrificaseră 84 000 de victime, în patru zile, pe acest templu.

ÎNTREBĂRI:

Unde în lume?

Nivelul 1

1. Unde a început civilizația Greciei antice: la Roma sau la Atena?
2. Olmecii au fost prima civilizație mexicană, înainte de azteci. Adevărat sau fals?
3. Primii oamenii au călătorit în insulele din Oceanul Pacific înotând, vâslind în bărci sau cu avioane?

Nivelul 2

4. Ce fel de organizare politică au inventat vechii greci: dictatura sau democrația?
5. Armata de Teracotă din China este formată din statui ale soldaților și ale căror animale care încep cu C?
6. Ce popor al cărui nume începe cu I avea ingineri experți, dar nu știa să scrie?
7. Ce civilizație antică a construit temple, orașe și piramide pe la anul 3000 î.Hr.?
8. Ce civilizație antică mexicană a sculptat capete gigantice din piatră: inca sau olmecă?

Nivelul 3

9. Cine a fost primul împărat chinez?
10. Când a început civilizația greacă?

GĂSIȚI RĂSPUNSUL

Unde în lume?

Civilizațiile au apărut în regiuni diferite, în momente diferite. Prima mare civilizație a luat naștere acum circa 5 000 de ani, în Mesopotamia (Irakul de astăzi). Acolo, sumerienii au construit temple, au inventat transportul pe roți, olăritul și scrisul. Civilizația romană a început acum 3 000 de ani și s-a răspândit în Grecia și Mesopotamia și către nord, în Britannia.

Asia 5 9

Qin Shi Huangdi, primul împărat chinez, a condus între 221–210 î.Hr. El a construit Marele Zid și a fost îngropat cu Armata de Teracotă – statui înfățișând oameni și cai.

America de Nord 2 8

Prima civilizație din Mexic, înaintea aztecilor, a fost cea olmecă, apărută pe la anul 1150 î.Hr. Ei au sculptat capete din piatră imense.

Europa 1 4 10

Civilizația Greciei antice a început în Atena, prin anul 1000 î.Hr. Filosofia, democrația și știința greacă au influențat Europa timp de aproape 2 000 de ani.

Africa 7

Egiptenii antici au făurit una dintre cele mai vechi civilizații în Africa de Nord, pe la 3000 î.Hr. Au construit temple imense, orașe și piramide.

America de Sud 6

Incașii au stăpânit din Ecuador până în Chile, între 1438–1532 d.Hr. Erau ingineri foarte buni, dar nu cunoșteau nici scrisul, nici roata.

Polinezia 3

Către 2500 î.Hr., oameni din Asia de Sud-Est au început să navigheze cu bărcile către Polinezia, un grup de insule din Pacific. Se crede că s-au orientat după stele și zborul păsărilor migratoare.

Răspunsuri 1) Atena **2)** Adevărat **3)** Cu bărcile **4)** Democrația **5)** Cai **6)** Inca **7)** Vechii egipteni **8)** Olmecă **9)** Qin Shi Huangdi (221–210 î.Hr.) **10)** Înainte de 1000 î.Hr.

TESTUL CINCI

Sport și artă

ÎNTREBĂRI:

Olimpiada de Vară

Nivelul 1

1. Câte cercuri se află în simbolul olimpic?
2. Ce sport olimpic se face cu o prăjină de 5 m?
3. Cât de des se organizează Olimpiada de Vară?
4. Sporturile ecvestre folosesc cai, biciclete sau pistoale?
5. Ce cursă de înot este mai lungă: un sprint sau o cursă de rezistență?

Nivelul 2

6. Un traseu de maraton are 20 km, 42 km sau 50 km?
7. Cum se numește competitorul din lupta de judo?
8. Ce sport ecvestru durează trei zile?
9. Cum se numește clădirea în care concurează cicliștii?
10. Cine a stabilit recordul mondial de 6,14 m la săritura cu prăjina?
11. Care este cea mai lungă cursă de atletism pe pistă la olimpiadă?
12. La câte olimpiade a participat Jeannie Longo-Ciprelli: trei, patru sau șase?
13. La ce sport a câștigat Mark Spitz șapte medalii de aur, în 1972?

Nivelul 3

14. Cât de lungă este o cursă cu obstacole la olimpiadă?
15. Când a fost inclus judoul la Jocurile Olimpice?
16. Câte lungimi de bazin trebuie să înoate sportivii în cursa de 1 500 m?
17. Cu cât sunt mai scurte reprizele la judo femei decât la judo bărbați?
18. Cât la sută din numărul total de medalii de aur la judo a câștigat Japonia în 2004?

GĂSIȚI RĂSPUNSUL

Olimpiada de Vară

Organizate pentru prima dată în 1896, Jocurile Olimpice de Vară sunt cel mai mare eveniment sportiv din lume. Jocurile sunt vizionate de sute de milioane de telespectatori din întreaga lume. Mii de sportivi se întrec în competiții diverse, precum tir, sărituri în apă sau scrimă. Ei vor să fie cei mai buni din lume și să câștige o mult râvnită medalie de aur.

Steag olimpic 1

În 1913, fondatorul Jocurilor Olimpice moderne, baronul Pierre de Coubertin, a dezvelit simbolul Jocurilor Olimpice: cinci cercuri.

Întreceri ecvestre 4 8

Întrecerile ecvestre, pentru călăreți și cai, au fost introduse în 1912. Caii se întrec în sărituri peste obstacole, în cadrul unui circuit. Competiția durează trei zile.

Atletism 6 11 14

Probele pe pistă cuprind toate cursele de alergări și de marș. Cea mai scurtă este sprintul de 100 m. Cele mai lungi sunt maratonul de 42 km și marșul de 50 km. Se sare peste garduri în cursele de 100 m, 110 m și 400 m. În cursa de 3 000 m se sare peste obstacole.

Ciclism 9 12

Printre curse sunt și cea de mountain bike și ciclism pe pistă în velodrom. Franțuzoaica Jeannie Longo-Ciprelli a participat la șase olimpiade.

Înot 5 13 16

În bazinul olimpic, lung de 50 m, au loc competiții începând de la sprint de 50 m până la curse de rezistență de 1 500 m. Înotătorul american Mark Spitz a câștigat șapte medalii de aur la Jocurile Olimpice din 1972.

Oraşe gazdă (3)

La fiecare patru ani, orașele concurează pentru a organiza Olimpiada. Sydney, Australia, a organizat jocurile din 2000, Atena, Grecia, pe cele din 2004 și Beijing, China, pe cele din 2008. În 2012, Jocurile au fost la Londra, Marea Britanie.

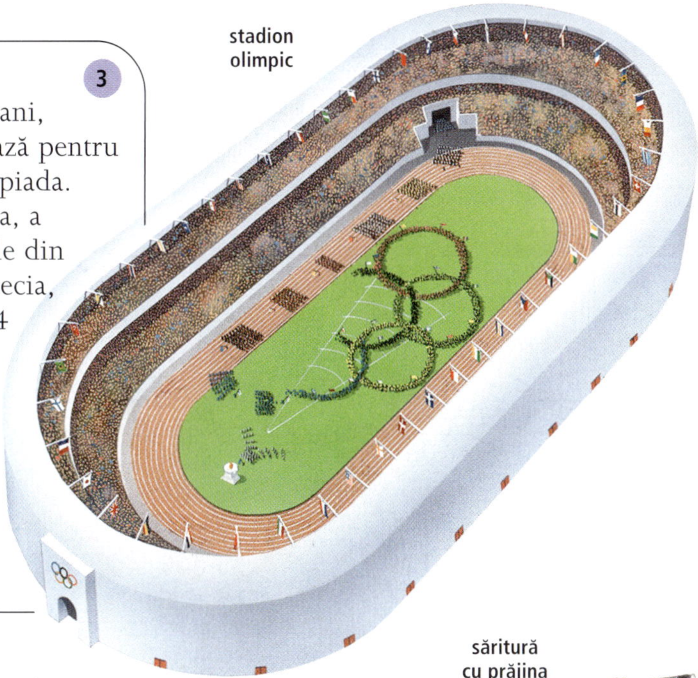
stadion olimpic

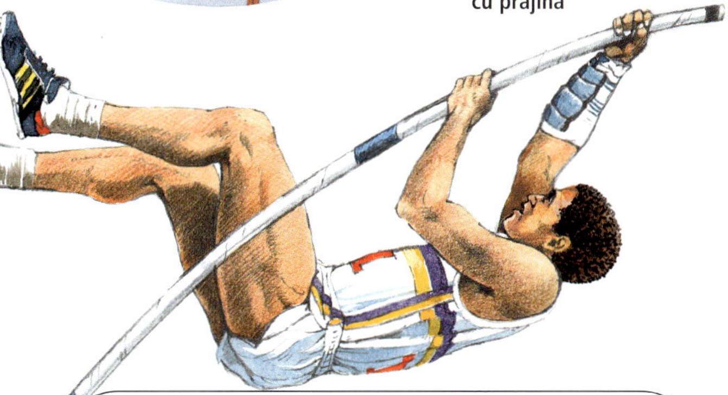
săritură cu prăjina

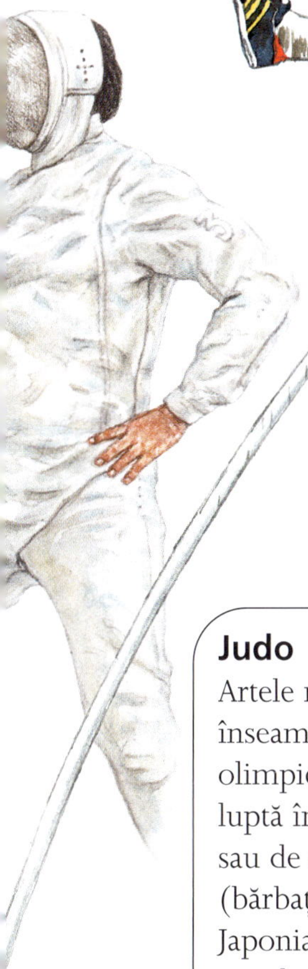
scrimă

Săritură cu prăjina (2) (10)

Săritorii folosesc o prăjină flexibilă pentru a se înălța în aer și a trece dincolo de bară. Săritorii cei mai buni pot sări peste 5 m. Recordul mondial masculin, de 6,14 m, este deținut de ucraineanul Serghei Bubka.

Judo (7) (15) (17) (18)

Artele marțiale japoneze numite judo, care înseamnă „în mod blând", au devenit disciplină olimpică în 1964. Doi competitori, judoka, luptă în reprize de patru minute (femei) sau de cinci minute (bărbați). În 2004, Japonia a câștigat opt din cele 16 medalii la judo.

judo

ÎNTREBĂRI: Gimnastică

Nivelul 1

1. Când își fac sportivii încălzirea?
2. Cum se numesc cei care practică gimnastica?
3. Câte mânere are calul cu mânere?
4. Inelele se folosesc doar de bărbați sau și de bărbați și de femei?
5. Cu ce își dau unii sportivi pe mâini ca să îi ajute la priză?

Nivelul 2

6. În gimnastică, la câte probe participă femeile?
7. Gimnastica ritmică a devenit sport olimpic în 1932, în 1968 sau în 1984?
8. Câte tipuri de obiecte există în gimnastica ritmică?
9. Prima persoană care a obținut punctajul maxim la gimnastică artistică la olimpiadă a fost un bărbat sau o femeie?
10. Care este cea mai mare notă posibilă ce poate fi acordată unui concurent pentru un exercițiu: 10, 15 sau 20?
11. Ce începe cu C și este un obiect folosit în gimnastica ritmică?
12. Cum se numesc cele două cercuri care atârnă deasupra solului?
13. Ce fel de gimnastică se face pe muzică?
14. Câte echipe de arbitraj acordă note în gimnastica ritmică?

Nivelul 3

15. La ce înălțime față de sol sunt puse paralelele?
16. Cine a fost prima sportivă care a obținut punctajul maxim la gimnastică artistică la olimpiadă?
17. Cine a inventat paralelele?
18. De pe ce aparat cu două mânere poate coborî un gimnast?

Gimnastică

Gimnastica este un sport în care sportivii execută o serie de mișcări ce necesită forță, echilibru și flexibilitate. Gimnastica artistică înseamnă executarea acestor mișcări pe un aparat, precum paralelele, inelele sau calul cu mânere. Gimnastica ritmică este o combinație de mișcări de gimnastică și de dans.

Cal cu mânere 2 3 18

Calul cu mânere are două mânere deasupra. Gimnastul (cel care execută exercițiul) realizează o serie de mișcări de oscilație înainte să se desprindă și să aterizeze. Această mișcare se numește coborâre de pe aparat.

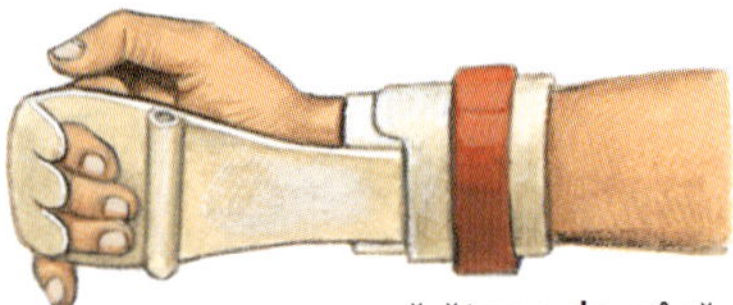

apărătoare de mână din piele, pentru bărbați

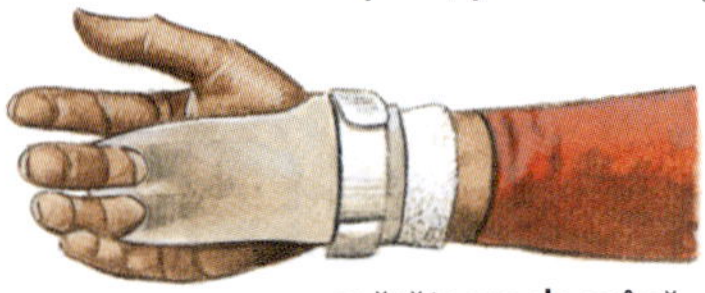

apărătoare de mână din piele, pentru femei

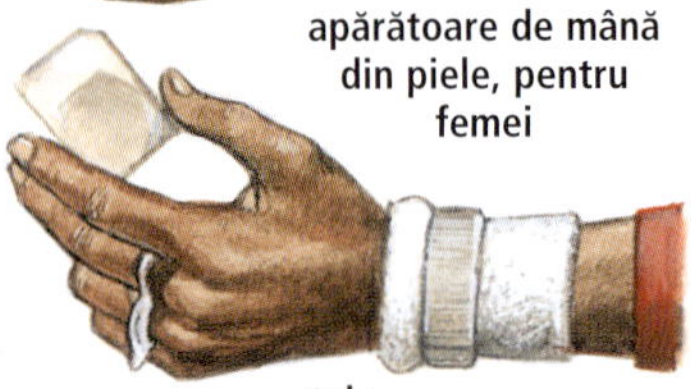

talc

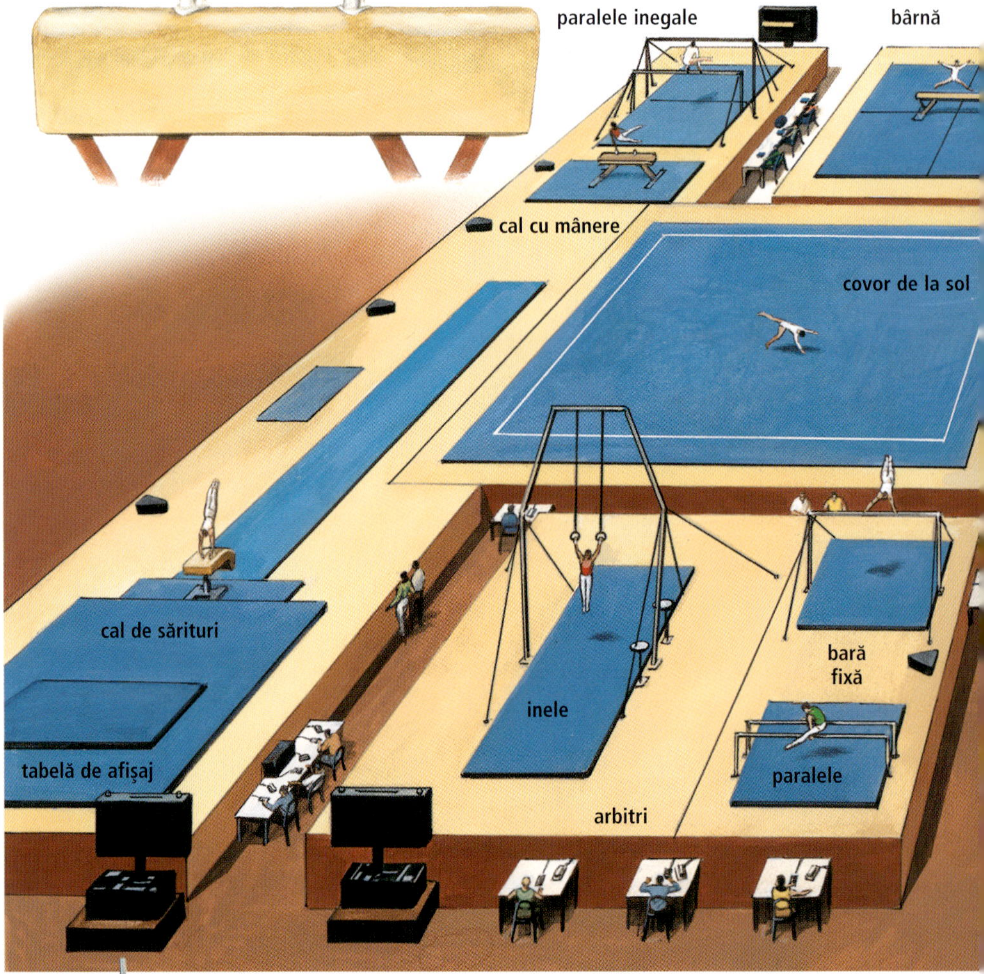

Apucă bine! 5

Mulți gimnaști se dau cu talc pe mâini, care îi ajută să prindă bine aparatele. Unii folosesc și o apărătoare de mână din piele, pentru a preveni luxațiile și loviturile.

Inele 4 12

Acest aparat este numai pentru bărbați. Gimnastul se balansează agățat de două inele, la 2,75 m deasupra solului acoperit de un covor. Are nevoie de forță pentru aceste exerciții.

Arbitraj 6 9 10 16

În gimnastica artistică, bărbații arbitrează șase aparate, iar femeile, patru. În 1976, Nadia Comăneci a devenit prima gimnastă care a obținut nota 10.

Gimnastică ritmică 7 13 14

Gimnastica ritmică a fost introdusă ca disciplină olimpică în 1984. Exercițiile sunt realizate pe muzică și durează între 60 și 120 de secunde, fiind arbitrate de trei grupuri de arbitri.

Obiecte 8 11

Gimnastele de la gimnastică ritmică folosesc cinci obiecte la exerciții: măciuci, panglică, coardă, minge și cerc.

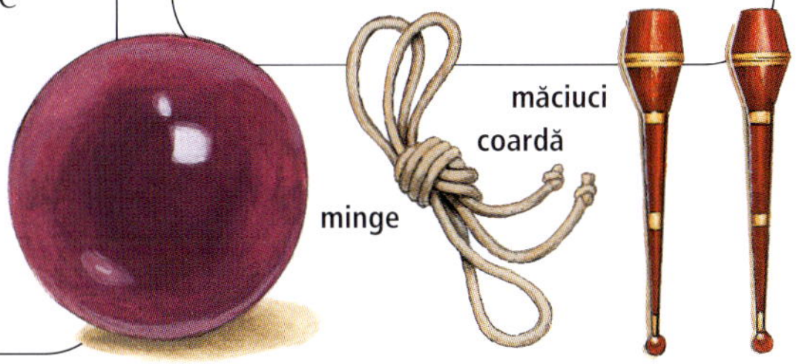

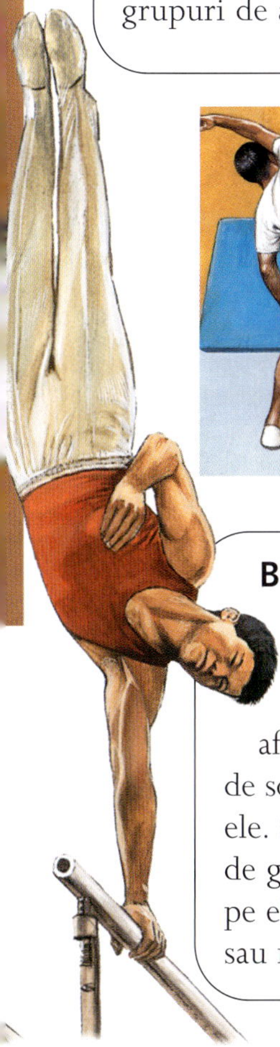

Bare paralele 15 17

Inventate de Friedrich Jahn, cele două bare paralele flexibile se află la 1,75 m înălțime de sol și au 42–52 cm între ele. Sunt folosite doar de gimnaști, care se rotesc pe ele, apoi stau în mâini sau numai într-un braț.

Încălzire 1

Gimnaștii se încălzesc înainte de competiție. Își întind mușchii, astfel încât să fie în cea mai bună formă, încălzirea ajutând și la prevenirea leziunilor.

ÎNTREBĂRI: Sporturi de iarnă

Nivelul 1

1. Câte schiuri poartă un schior?
2. Patinatorii de viteză patinează la vale, în jurul unei piste sau pe stradă?
3. În ce țară s-a inventat hocheiul pe gheață?
4. Ce alt nume are schiul fond: nordic sau coborâre?
5. Cum se numește cel care îi învață pe alții să schieze?

Nivelul 2

6. În ce sport de iarnă jucătorii lovesc un puc?
7. Cum se numește partea anterioară unei plăci de snowboard?
8. Coborârea la schi este un sport din cadrul Jocurilor Olimpice de Iarnă?
9. Cum se numesc bețele pe care le ține în mână schiorul?
10. În ce sport de iarnă competitorii ating viteze de 60 km/h, în timp ce se întrec în jurul unei piste?
11. În hocheiul pe gheață fiecare echipă are 6, 9 sau 11 jucători?
12. Schiorii nordici sau schiorii de slalom se întrec pe un circuit în zigzag?
13. Cum se numește partea din spate a unei plăci de snowboard?
14. Câte reprize are un meci de hochei pe gheață?
15. Biatlonul este compus din tir cu pușca și din ce fel de schi?
16. În ce an a devenit snowboardingul probă olimpică?

Nivelul 3

17. Cine are o viteză mai mare: patinatorii viteză sau schiorii de coborâre?
18. Ce obiect fixează bocancii de schiuri?
19. Care schiuri sunt mai scurte și mai late: cele de schi nordic sau de coborâre?
20. Cum se numește jucătorul care apără poarta la hochei?

GĂSIȚI RĂSPUNSUL

Sporturi de iarnă

schior în coborâre

Toate sporturile de iarnă presupun zăpadă sau gheață și, câteodată, ambele. Sunt foarte distractive, dar majoritatea sunt și sporturi de competiție. Multe sporturi de iarnă, precum schiul și patinajul, au apărut din cauza nevoii oamenilor de a se deplasa pe zăpadă și pe gheață. De exemplu, oamenii patinează de peste 3 000 de ani.

Coborâre

8 12 17

Coborârea este una dintre cele mai interesante întreceri de la Jocurile Olimpice de Iarnă. Schiorii ating uneori viteze de peste 130 km/h în competiții. Slalomul este o altă formă a coborârii. Competitorii trebuie să coboare în zigzag, printre niște porți, cât mai repede posibil.

Cum înveți să schiezi

1 5 9 18

Milioane de oameni învață să schieze pe pârtii cu grad mic de dificultate sau pe pârtii artificiale uscate. Profesorii se numesc monitori. Schiorii poartă clăpari, care se prind de cele două schiuri cu cârlige numite clape. Ei folosesc bețe de schi pentru a înainta.

schi nordic în Finlanda

Schi nordic

4 15 19

În schiul nordic, sau schi fond, schiorii parcurg distanțe mari pe suprafețe nivelate sau pe pante cu înclinații mici. Ei folosesc schiuri mai lungi și mai înguste decât cele de coborâre. În competiții, un schior foarte bun poate parcurge 15 km în mai puțin de 50 de minute. Unii schiori participă și la biatlon, care combină schiul fond cu tirul.

un snowboarder execută o figură

Snowboarding

7 13 16

Snowboardingul a devenit sport olimpic în 1998. În snowboardingul freestyle, participanții execută figuri acrobatice precum în skateboarding. Ei apasă pe partea din spate sau coada plăcii pentru a ridica fața sau nasul acesteia și pentru a face sărituri sau alte mișcări.

Hochei pe gheață

3 6 11 14 20

Hocheiul pe gheață a fost inventat în Canada. Echipele din șase jucători patinează pe gheață și înscriu lovind un puc și dând gol în poarta adversă apărată de un portar. Jocul are trei reprize de câte 20 de minute.

patinaj în parcul orașului

Patinaj viteză

2 10 17

Patinajul poate fi distractiv, dar și un sport serios. Patinatorii viteză se întrec pe o pistă de gheață, la 60 km/h. Patinatorii artistici sunt notați pentru exercițiile lor cu mișcări de patinaj.

ÎNTREBĂRI: Fotbal

Nivelul 1

1. Cum se numesc jucătorii care încearcă să dea goluri?
2. Ce jucător poate să atingă mingea cu mâna?
3. Cartonașul de avertisment este galben. Adevărat sau fals?
4. Deposedarea prin alunecare se numește pasă, lovitură sau tackling?
5. Pe ce fel de teren se joacă, de obicei, fotbal?

Nivelul 2

6. Pentru ce țară a jucat Pelé?
7. Cine a înscris peste 100 de goluri pentru echipa sa națională: Wayne Rooney, Michael Ballack sau Ali Daei?
8. Cum se numește persoana care supraveghează un meci de fotbal?
9. De câte ori și-a ajutat Pelé echipa să câștige Cupa Mondială?
10. Câți jucători sunt într-o echipă de fotbal?
11. Ce culoare are cartonașul care înseamnă că jucătorul este eliminat de pe teren?
12. În ce oraș au fost întocmite primele reguli adevărate ale fotbalului?
13. Câte goluri a înscris Pelé în cariera lui: 478, 809 sau 1 281?
14. Cristiano Ronaldo joacă pentru echipa națională a Portugaliei, a Franței sau a Braziliei?

Nivelul 3

15. De care dintre următoarele părți ale corpului poate să se folosească un fotbalist ca să controleze mingea: cap, piept, brațe, coapse sau mâini?
16. Pentru ce țară a jucat Ali Daei?
17. Din vezica urinară a cărui animal erau confecționate primele mingi de fotbal?
18. Ce americancă a înscris 158 de goluri pentru echipa națională?

GĂSIȚI RĂSPUNSUL

Fotbal

Fotbalul este un sport de echipă, jucat cu o minge rotundă. Este cel mai popular sport de echipă din lume, cu zeci de milioane de jucători și de fani. Cea mai importantă competiție din fotbal este Cupa Mondială FIFA, organizată o dată la patru ani.

Primele meciuri (12)

Jocuri care presupun lovirea unei mingi au existat din cele mai vechi timpuri. În unele țări se juca fotbal între sate rivale. Primele reguli adevărate au fost stabilite la Londra, în Marea Britanie, în secolul XIX.

Teren (1) (5) (10)

Fotbalul se joacă pe un teren cu iarbă. Fiecare echipă, de câte 11 jucători, include apărători, mijlocași, atacanți și un portar.

Controlul mingii (2) (15)

Un jucător poate să-și folosească orice parte a corpului în afară de brațe. Numai portarul poate să atingă mingea cu mâinile. Jucătorii își folosesc picioarele pentru a manevra mingea.

Minge (14) (17)

Primele mingi de fotbal au fost confecționate din vezici de porc acoperite cu piele. Azi, mingile de fotbal sunt mai ușoare și cu ele pot jongla jucători precum portughezul Cristiano Ronaldo.

Tackling (4) (11)

Tacklingul este deposedarea prin alunecare a adversarului. Dacă un jucător face un tackling incorect, arbitrul îi arată cartonașul roșu și îl elimină.

Gol!!!

7 16 18

Pentru a înscrie, o echipă trebuie să trimită mingea dincolo de linia porții echipei adverse. Ali Daei, din Iran, a fost primul care a înscris mai mult de 100 de goluri pentru echipa lui națională. Fotbalista Mia Hamm a înscris 158 de goluri pentru SUA, în toată cariera.

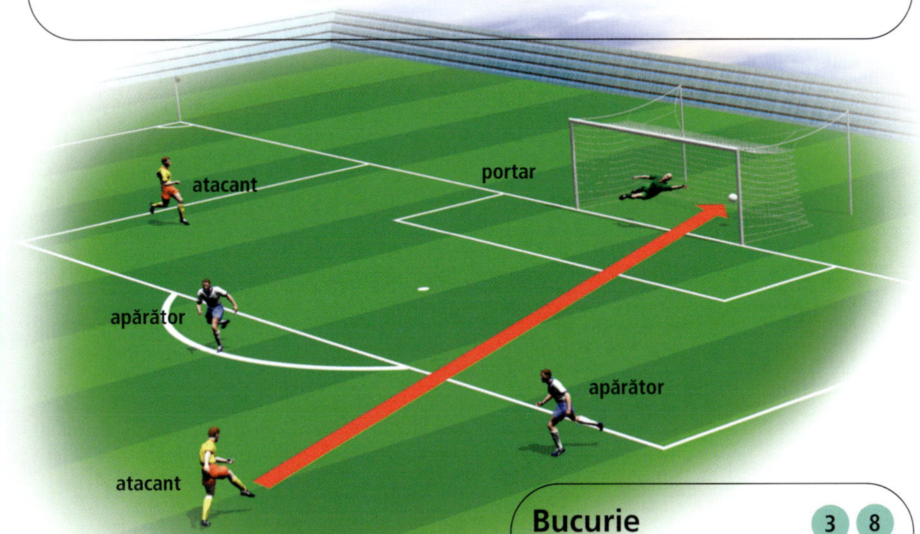

Bucurie

3 8

Jucătorii se bucură după ce dau un gol. Dar, dacă sărbătoarea durează prea mult, arbitrul, care supraveghează jocul, poate arăta un cartonaș galben pentru tragere de timp.

Fotbal de stradă

6 9 13

Peste tot în lume, copiilor le place să joace fotbal pe stradă. Marele jucător brazilian Pelé a început să joace fotbal pe stradă când era copil. La maturitate, echipa sa a câștigat Cupa Mondială de trei ori, el înscriind 1 281 de goluri.

ÎNTREBĂRI: Artă și pictură

Nivelul 1

1. Celebrul artist Michelangelo era din Italia. Adevărat sau fals?
2. Care era prenumele lui Van Gogh?
3. În ce țară se află faimoasele picturi rupestre de la Lascaux?
4. Pe tencuiala umedă se făceau: sculpturi, picturi rupestre sau fresce?
5. Picturile rupestre de la Lascaux redau imagini ale unor reni. Adevărat sau fals?

Nivelul 2

6. Ce parte din ou a fost folosită de pictorii din preistorie?
7. Ce culori erau folosite cel mai frecvent de greci, în Antichitate, pe obiectele de ceramică?
8. Cei care făceau fresce trebuiau să lucreze încet sau repede?
9. Culorile sunt mai bogate în tempera sau în pictura în ulei?
10. Michelangelo a pictat o frescă pe ușile, pe pereții sau pe tavanul Capelei Sixtine?
11. Din ce a fost sculptată statuia lui Moise de Michelangelo?
12. Pictura în ulei sau cea în tempera se usucă mai încet?
13. Ce parte din ou era folosită la picturile în tempera?

Nivelul 3

14. *Blam!* este o celebră pictură Pop Art. Cine este autorul?
15. În ce secol a sculptat Michelangelo o statuie a lui Moise?
16. Câți ani avea Van Gogh când a pictat *Noapte înstelată?*
17. În ce deceniu a apărut Pop Art?
18. Picturile preistorice din peștera de la Lascaux datează de acum circa 15 000 de ani, 16 000 de ani sau 17 000 de ani?

GĂSIȚI RĂSPUNSUL

Artă și pictură

Arta reprezintă orice lucrare de creație folosită pentru a reda imagini și a exprima sentimente. Oamenii au făcut artă timp de zeci de mii de ani. Arta îmbracă multe forme, de la fotografie, la desen și sculptură. Pictura este un tip de artă care a fost realizată timp de cel puțin 30 000 de ani.

Picturi rupestre

3 5 18

Cele mai celebre picturi din vechime au fost descoperite în 1940, în peșterile de la Lascaux, Franța. Picturile realiste redând animale, printre care cai, reni și bivoli, datează de acum circa 17 000 de ani.

Vopsele

6 13

Oamenii preistorici își făceau singuri vopselele din ingrediente naturale, precum pământ, sânge, sucuri din plante și albuș de ou. Începând din secolul II d.Hr., pictorii au început să realizeze picturi în „tempera“, amestecând pigmenții cu gălbenuș de ou.

Pictură în ulei

9 12

În timpul Renașterii (circa 1350–1500) pictorii striveau minerale colorate și le amestecau cu ulei pentru a face picturi în ulei. Tablourile în ulei au culori mai bogate și se usucă mai încet decât tempera.

Arte decorative

7

Printre artele decorative se numără executarea de mobilă, ceramică, bijuterii, obiecte de metal și sticlă. Multe civilizații au realizat minunate lucrări de artă decorativă. Grecii din Antichitate, de exemplu, erau cunoscuți pentru ceramica lor. Oalele erau adesea pictate în roșu sau negru, cu imagini ale eroilor greci.

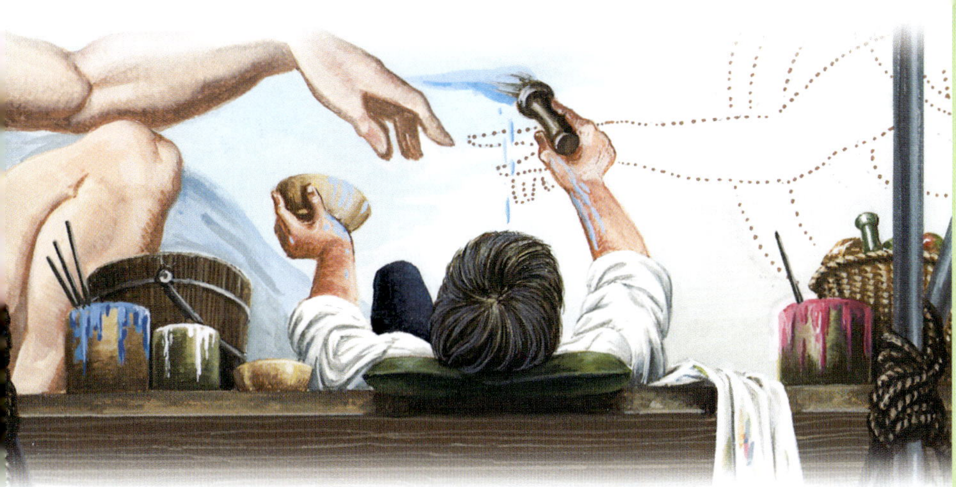

Fresce
1 4 8 10

O frescă este o pictură realizată pe tencuiala udă a unei clădiri. Tencuiala se usucă rapid, astfel încât pictorul trebuie să lucreze repede. Artistul italian Michelangelo (1475–1564) a pictat celebra frescă de pe tavanul Capelei Sixtine de la Vatican, Roma, Italia.

Sculptură
11 15

O sculptură este o operă de artă tridimensională. Este realizată prin cioplirea pietrei, a lemnului sau a unui alt material. Această statuie în marmură a lui Moise a fost realizată de Michelangelo în 1513.

Van Gogh
2 16

Pictorul Vincent Van Gogh (1853–1890) a pictat *Noapte înstelată* în 1889. Este celebru pentru folosirea expresivă a culorilor.

Pop Art
14 17

În anii 1950 și 1960, Pop Art a fost la modă. În stânga vedeți *Blam!*, realizată de pictorul american Roy Lichtenstein (1923–1997).

ÎNTREBĂRI: Balet

Nivelul 1

1. Majoritatea dansatorilor de balet încep de copii, în adolescență sau la maturitate?
2. Baletul se practică într-un ring, într-o curte sau într-un teatru?
3. Balerinii poartă machiaj?
4. Un tutu este un pantof de balet, o fustă sau un tip de mișcare de balet?

Nivelul 2

5. Ce fel de instrumentiști cântă, de obicei, la lecțiile de balet?
6. În *Lacul Lebedelor*, ce parte a corpului își mișcă balerina pentru a da impresia că are aripi?
7. Înainte de spectacol, unde se machiază balerinii?
8. Un exercițiu *port de bras* implică mișcarea cărei părți din corp?
9. Câte poziții de bază ale picioarelor există în balet?
10. Călcâiele se ating în ce poziție: prima, a doua sau a treia?
11. Literele CALUL BELELEDOR pot fi rearanjate pentru a forma numele cărui balet?
12. De ce poartă dansatorii jambiere la repetiții?
13. Ce termen desemnează dansul pe vârfurile picioarelor?
14. Cum se numește la balet pauza dintre acte?
15. Un spectacol mare de balet necesită chiar și 30, 300 sau 3 000 de costume?

Nivelul 3

16. Din ce țară vine baletul *Lacul Lebedelor*?
17. Ce termen se folosește pentru dansatoarea principală dintr-o companie de balet?
18. Ce începe cu O și este numele prințesei transformate în lebădă,

GĂSIȚI RĂSPUNSUL

Balet

Baletul este un tip de dans plin de grație și de mișcări artistice, acompaniate de muzică. Ele spun o poveste. Baletul a apărut în Europa, în secolele XVI–XVII. Printre baletele celebre se numără *Spărgătorul de nuci* și *Frumoasa din Pădurea Adormită*.

Balerină

6 11 16 17 18

Prima ballerina înseamnă „prima balerină“ și vine din italiană. Este numele dansatoarei principale dintr-o companie de balet. Dansatoarea din imagine are rolul principal din baletul rus *Lacul Lebedelor*. În rolul Odette, o prințesă transformată în lebădă își întinde gâtul și își mișcă brațele de parcă ar avea aripi.

Îmbrăcăminte

12

Dansatorii de balet poartă haine speciale când repetă. Jambierele și jachetele (cardigan) le păstrează mușchii încălziți, prevenind întinderile musculare și accidentările.

Poziții

9 10

Balerinii învață cinci poziții de bază ale picioarelor. În prima poziție, picioarele sunt întoarse către exterior, călcâiele atingându-se.

Exerciții

1 5 8

Majoritatea balerinilor încep cursurile din copilărie. Învață pașii de bază pe muzică. Adesea, clasele de balet au pianiști care acompaniază. Elevii din clasa de balet (stânga) exersează mișcarea brațelor în poziția *port de bras*.

Machiaj (3) (7)

Sub luminile puternice ale reflectoarelor, trăsăturile balerinilor tind să se estompeze. Pentru a se asigura că spectatorii îi văd, dansatorii trebuie să se machieze. Ei își fac machiajul și coafura într-o cabină de machiaj.

balerină aplicându-și machiajul

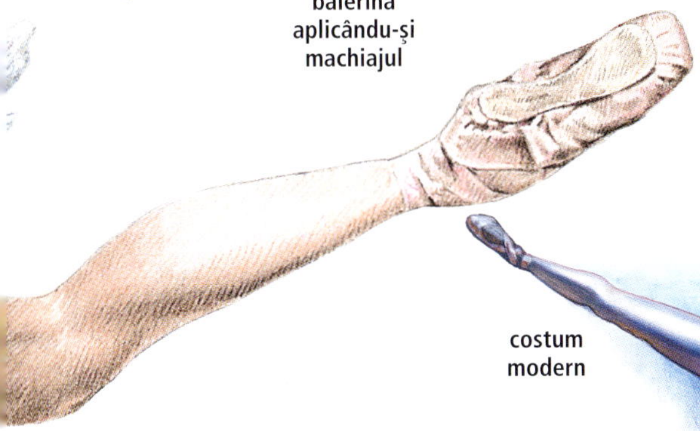

costum modern

Costume (4) (13) (15)

Costumele pot fi tradiționale sau moderne. Multe balerine poartă fuste plisate numite tutu. Un spectacol de balet poate avea până la 300 de costume. O balerină poartă poante, care-i permit să danseze pe vârfuri. Acestea sunt legate cu panglici lungi.

Sus cortina (2) (14)

Un spectacol mare de balet are loc la teatru. Adesea, o orchestră condusă de un dirijor asigură acompaniamentul muzical. Un balet este de multe ori împărțit în secțiuni numite acte, cu pauze scurte între ele, numite antracte.

ÎNTREBĂRI: Arhitectură

Nivelul 1

1. Cine a construit Partenonul: grecii, egiptenii sau romanii?
2. Cum se numesc construcțiile mari, realizate pentru a îngropa conducătorii (faraonii) din Egiptul antic?
3. Primele cărămizi au fost făcute din lut și argilă sau din ciment și nisip?
4. Piramidele Egiptului antic sunt făcute din lut, din lemn sau din piatră?
5. Primele cărămizi au fost uscate arzându-le în foc, lăsându-le să se usuce la soare sau înghețându-le?

Nivelul 2

6. Ce civilizație a inventat cimentul?
7. Partenonul este făcut din granit, din ciment sau din marmură?
8. În ce oraș se află Partenonul?
9. De ce are Hardwick Hall multe ferestre?
10. Casa Albă a avut mai întâi instalate conductele de apă sau iluminarea cu gaz?
11. Stilul gotic în arhitectură a apărut în Europa, în Asia sau în Africa?
12. Cum se numește scheletul de lemn umplut cu tencuială?
13. Cine a construit Hardwick Hall?

Nivelul 3

14. Cum se numesc planurile detaliate ale arhitectului pentru o clădire?
15. Ce clădire celebră a reconstruit James Hoban?
16. Partenonul a fost un templu pentru venerarea cărei zeițe?
17. Ce este un contrafort?
18. În ce secol a apărut arhitectura gotică?

GĂSIȚI RĂSPUNSUL

Arhitectură

piramide egiptene

Arhitectura este arta proiectării clădirilor și a unor structuri, precum poduri, case și temple. Fiecare clădire își are propria destinație, dar toți arhitecții vor să facă clădirile să dăinuie cât mai mult și să arate cât mai bine. Arhitecții diferitor civilizații și din diverse epoci istorice au găsit modalități diferite de a realiza acest lucru.

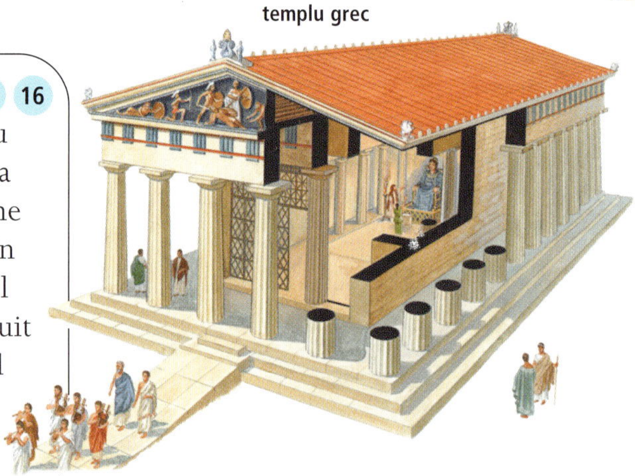

templu grec

Partenonul 1 7 8 16

Grecii din Antichitate au folosit piatra și marmura pentru a construi coloane și structuri frumoase. Un exemplu este Partenonul din Atena. A fost construit din marmură, în secolul V î.Hr., ca templu dedicat zeiței Atena.

Piramide 2 4

Vechii egipteni au construit mari piramide pentru a-și îngropa conducătorii (faraonii). Cea mai mare, Marea Piramidă de la Giseh, a fost construită acum 4 500 de ani. Este realizată din peste 2 milioane de blocuri mari din piatră, fiecare cântărind două tone și jumătate.

Ziduri 12

În clădirile cu structură de lemn, un schelet de lemn este umplut cu un fel de tencuială – un amestec de paie, lut și balegă, formând paianta.

Materiale 3 5

De-a lungul timpului, oamenii au construit folosind piatră, lemn, paie, frunze și ierburi. Primele cărămizi erau din lut și argilă. Erau lăsate să se usuce și să se întărească la soare.

construire a unei case

Constructori romani 6

Romanii foloseau elemente ale arhitecturii grecești, precum coloanele acestei case. Ei au fost primii care au realizat clădiri cu arcade și au inventat cimentul care se folosește și azi.

Biserici 11 17 18

Între anii 1140–1500, în Europa, multe biserici au fost construite într-un stil arhitectonic numit gotic. Un suport lateral special, numit contrafort, le-a permis arhitecților să construiască biserici cu pereți foarte subțiri și ferestre mari.

Case impunătoare 9 13

O casă mare arăta cât de bogat și puternic era proprietarul. Hardwick Hall, din Marea Britanie, construită de Bess de Hardwick, are multe ferestre – simbol al bogăției într-o vreme în care sticla era scumpă.

Hardwick Hall

Casa Albă 10 15

Casa Albă, din Washington DC, SUA, a fost începută în 1792. A ars din temelii în 1814 și a fost reconstruită de arhitectul James Hoban. Conductele de apă au fost instalate în 1833, urmate de iluminatul cu gaz (1848), de lift (1881) și de instalația electrică (1891).

Planurile arhitecților 14

Arhitecții realizează desene și planșe pentru a fi discutate cu clienții (cei care-i plătesc să construiască). Planurile moderne se numesc proiecte.

ÎNTREBĂRI: Film și TV

Nivelul 1

1. Primele transmisii TV au fost alb-negru sau color?
2. Ce începe cu R și este persoana care realizează un film?
3. Cum se numesc cei care intervievează oamenii la știri?
4. Cum se numesc cei care joacă diverse personaje și apar în filme?
5. Cum se numește versiunea scrisă a unui film?

Nivelul 2

6. Cine sunt cele trei persoane necesare unei echipe de știri?
7. Cum se numește transmiterea unui eveniment în desfășurare?
8. Primul film sonor a fost *Casablanca*, *Cântărețul de jazz* sau *Albă ca Zăpada*?
9. Literele WOOLYHOLD pot fi rearanjate pentru a forma numele cărei localități importante pentru industria filmului din SUA?
10. Lângă ce mare oraș american se află acest loc?
11. Cum este supranumită industria filmului din India?
12. Cum se numesc programele de știri 24 de ore din 24?

Nivelul 3

13. Telstar a fost numele uneia dintre primele televiziuni sau al unui satelit?
14. În ce an s-a realizat primul film „vorbit“ (sonor)?
15. În 1962, cât la sută dintre casele din America aveau TV?
16. În ce an a fost realizată prima transmisiune TV prin satelit?
17. Cum se numește transmiterea de programe de la o stație TV?
18. Ce țară asiatică are una dintre cele mai importante industrii cinematografice din lume?

GĂSIȚI RĂSPUNSUL

Film și TV

Un film este compus dintr-un număr mare de imagini, numite cadre, prezentate într-un ritm rapid, pentru a da impresia de imagini care se mișcă. Filmele sunt redate cu ajutorul proiectoarelor, la cinematograf, sau pot fi înregistrate pe casete sau pe DVD. Filmele pot fi trimise (transmise) prin unde aeriene sau prin cablu către televizoare.

Echipă de filmare 8 14

Zeci de oameni lucrează pe platoul de filmare. Unii se ocupă de costume, alții construiesc decorurile sau operează echipamentul. La început, filmele nu aveau sunet. Primul film sonor a fost *Cântărețul de jazz* (1927).

Regizor 2 4 5

Persoana responsabilă de realizarea unui film este regizorul. El lucrează cu versiunea scrisă a unui film (scenariu) și cu oamenii care interpretează personajele din film (actorii).

Platouri 9 10 11 18

Pe platou se realizează un film. Poate fi în aer liber sau în studio. Hollywood, lângă Los Angeles, SUA, și Mumbai, India, sunt cele mai importante locuri ale industriei filmului. Industria de film din India este supranumită Bollywood.

Ştiri

6 7

Transmisiunile în direct sunt realizate simultan cu evenimentele. O echipă de știri poate avea doar trei persoane: reporterul, cameramanul și sunetistul.

Reporter

3 12

Reporterul este persoana care intervievează oamenii la știri. Unele televiziuni au programe de știri 24 de ore din 24, cunoscute și ca știri non-stop.

Studio

17

Multe programe TV sunt filmate în studio. O cameră TV folosește un tub electronic sensibil, pentru a transforma lumina în semnale electrice trimise ulterior în casele oamenilor prin transmițătoare. Trimiterea unui program se numește transmisiune.

În casă

1 13 15 16

La începuturile televiziunii, în anii 1930, programele erau alb-negru. Primele televizoare color au fost realizate în SUA, în 1956. În 1962, 90% dintre casele din SUA aveau televizor. În același an, primul semnal TV a fost transmis de un satelit numit Telstar. Azi, multe case au antenă satelit sau televiziune prin cablu.

ÎNTREBĂRI: Basme

Nivelul 1

1. Cenușăreasa se mărită cu un prinț. Adevărat sau fals?
2. Hansel și Gretel sunt abandonați în pădure sau în oraș?
3. Cine este trezită de un sărut al prințului: Gretel, Cenușăreasa sau Frumoasa din pădurea adormită?
4. Flautistul îi atrage pe copii în afara orașului sau îi face să se întoarcă în oraș?

Nivelul 2

5. Câți ani doarme Frumoasa din pădurea adormită: 10, 50 sau 100 de ani?
6. În *Rumpelstiltskin* ce anume devine aur la tors: paiele, frunzele de palmier sau lâna de oaie?
7. Ce începe cu T și este materialul din care este făcută casa vrăjitoarei din versiunile ulterioare din *Hansel și Gretel*?
8. La ce cântă tânărul ca să atragă copiii?
9. Există peste 30, 340 sau 560 de versiuni ale *Cenușăresei*?
10. Ce sunt sirenele: jumătate bărbați-jumătate țapi, jumătate bărbați-jumătate pești sau jumătate femei-jumătate pești?
11. Hamelin este un oraș german, francez sau austriac?
12. Hansel și Gretel sunt copiii unui morar, ai unui prinț sau ai unui tăietor de lemne?
13. Cine i-a spus regelui că este posibil să torci paie în aur: Rumpelstiltskin, morarul sau fata lui?

Nivelul 3

14. În versiunea chinezească a *Cenușăresei*, ce personaj cu R găsește papucul?
15. Cine a scris *Mica sirenă*?
16. În ce poveste o zână aruncă o vrajă?
17. În ce an au plecat, cu adevărat, copiii din Hamelin?
18. Când a fost scrisă prima versiune a *Cenușăresei*?

GĂSIȚI RĂSPUNSUL

Basme

Basmele sunt îndrăgite de sute de ani. În loc să fie scrise, poveștile erau spuse prin viu grai de mame și de bunici. Personajele din basme sunt bazate pe oameni adevărați, dar anumite trăsături sunt exagerate. Este vorba de oameni obișnuiți, dar cărora li se întâmplă lucruri neobișnuite sau chiar magice.

Flautul fermecat

4 8 11 17

Povestea unui flautist, care cântă pentru a atrage șoarecii, apoi copiii departe de un sat german, este bazată pe o întâmplare reală din 1284, în care copiii chiar au plecat din Hamelin, probabil la o cruciadă.

Cenușăreasa

1 9 14 18

Există peste 340 de versiuni ale *Cenușăresei*, povestea unei fete sărace care merge la bal și își pierde un pantof. Prințul găsește pantoful și se căsătorește cu Cenușăreasa. Cea mai veche versiune provine din China, de pe la 850 d.Hr. Aici găsim un festival și un războinic.

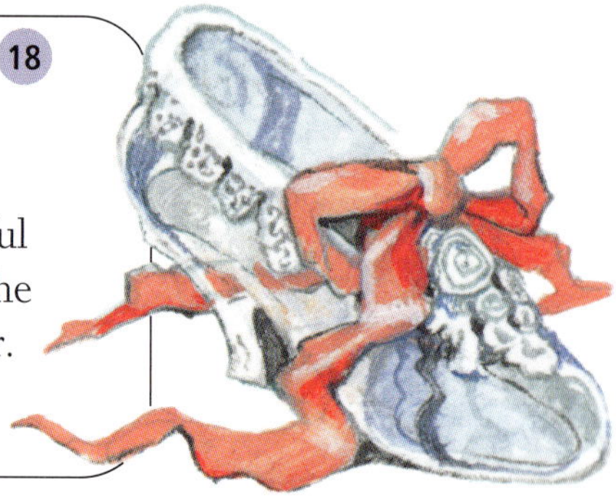

Rumpelstiltskin 6 13

Povestea toarcerii paielor în fire de aur poate fi socotită un avertisment împotriva lăudăroșeniei. Un morar s-a lăudat regelui că fiica lui putea să toarcă aur din paie, iar fata a fost pedepsită pentru minciunile lui.

Sirene 10 15

Basmele despre sirene, ființe jumătate femei, jumătate pește, sunt cunoscute în multe țări. În celebra poveste *Mica sirenă* a lui Hans Christian Andersen, o sirenă se îndrăgostește de un prinț.

Frumoasa din pădurea adormită 3 5 16

Există diferite versiuni în care zânele oferă daruri unei prințese. O zână aruncă o vrajă malefică asupra ei, vrajă care implică un fus de tors. În această versiune, prințesa se înțeapă în deget cu fusul și doarme 100 de ani, până când este sărutată de un prinț.

Hansel și Gretel 2 7 12

Povestea unui tăietor de lemne care își abandonează copiii în pădure se întâmpla adesea în Evul Mediu, când hrana era puțină. În povestea originală, copiii ajung la casa unei vrăjitoare făcută din pâine, pentru a atrage copiii. În versiunile ulterioare, casa este făcută din turtă dulce.

ÎNTREBĂRI: Teatru

Nivelul 1

1. Tâmplarii din teatru lucrează în lemn. Adevărat sau fals?
2. Mașiniștii de scenă au, de obicei, grijă de costumele actorilor. Adevărat sau fals?
3. Cine realizează schema scenei: directorul de costume sau directorul de scenă?
4. Constructorii de decoruri realizează decorul într-un teatru?
5. Fumul este un tip de efect special?

Nivelul 2

6. Ce începe cu C și sunt hainele pe care le poartă actorii?
7. Un realizator de costume colaborează cu directorul de scenă?
8. Ce începe cu C și curăță și repară costumele?
9. Metropolitan Opera are nevoie de 200, 500 sau 1 000 de persoane pentru a pune în scenă un spectacol?
10. Locul în care stau spectatorii se numește aripă, culise sau sală?
11. Pe scenă, cum ar fi privită o valiză: ca decor, costum sau recuzită?
12. Marginile scenei care nu se văd din sală se numesc culise, spatele scenei sau fața scenei?
13. Metropolitan Opera mai este supranumită și: Casa Operei, Met sau Marea Scenă?
14. Literele ATBEL pot fi rearanjate pentru a alcătui numele unui tip de reprezentație care are nevoie de un costumier?

Nivelul 3

15. Unde sunt asamblate, de obicei, decorurile?
16. Care este numărul maxim de spectatori la Metropolitan Opera din New York?
17. Cine îi ajută pe actori să-și schimbe repede costumele?
18. Cine folosește machete la scară ale decorurilor?

GĂSIȚI RĂSPUNSUL

Teatru

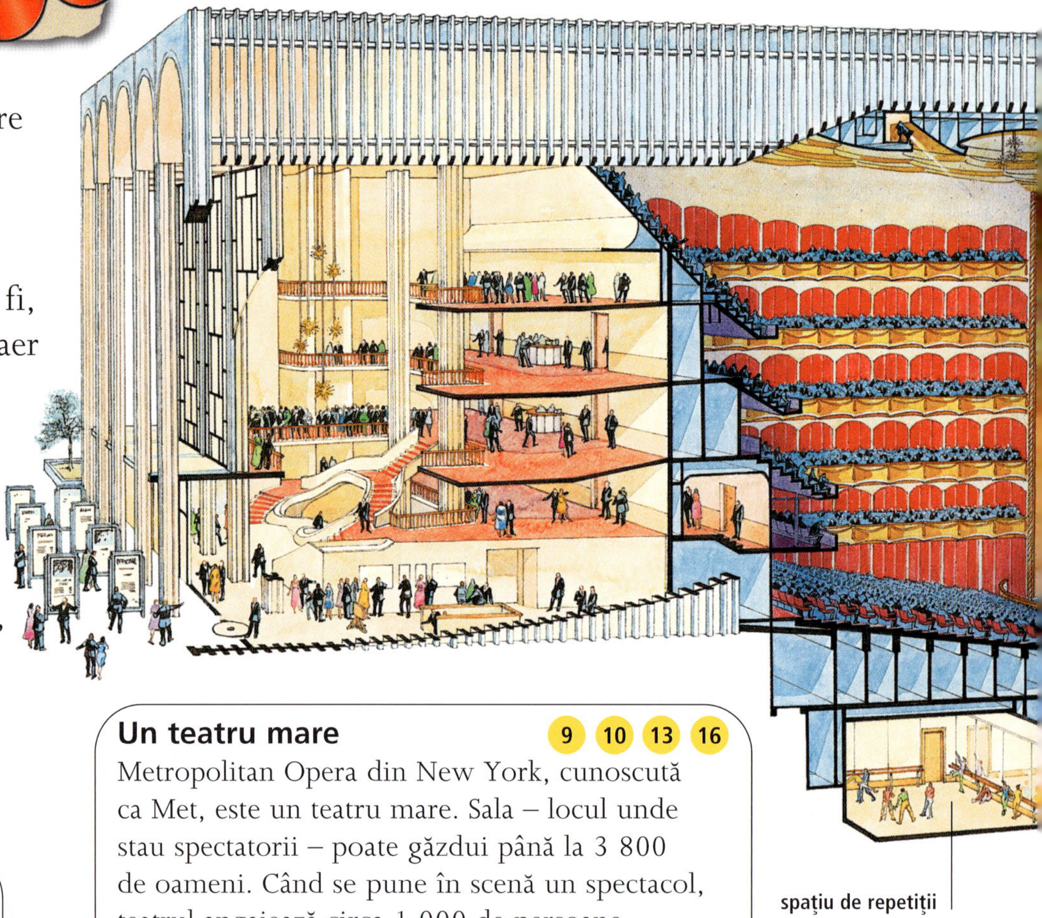

Un teatru este locul în care sunt puse în scenă piese de teatru și alte tipuri de spectacole, precum balet sau operă. Un teatru poate fi, pur și simplu, un teren în aer liber sau o clădire imensă și complicată proiectată special pentru reprezentații teatrale. O producție mare necesită mulți oameni, de la regizor și producător, la cei care realizează decoruri (scenografi).

Un teatru mare 9 10 13 16

Metropolitan Opera din New York, cunoscută ca Met, este un teatru mare. Sala – locul unde stau spectatorii – poate găzdui până la 3 800 de oameni. Când se pune în scenă un spectacol, teatrul angajează circa 1 000 de persoane.

Costume 6 7

Hainele pe care le poartă artiștii se numesc costume. Sunt realizate cu grijă, pentru că materialele arată diferit pe scenă, sub lumina reflectoarelor, decât la lumina zilei. Realizatorii de costume lucrează cu inginerii de lumini și cu directorii de scenă.

Scenografi 3 18

Persoana care proiectează decorurile și care aranjează scena este numită scenograf. Adesea realizează o machetă la scară pentru ca și ceilalți să poată vedea proiectul.

Constructori de scenă 1 4 15

Oamenii care construiesc decorul sunt constructori de scenă. Unii sunt tâmplari în lemn. Alții sunt pictori de decoruri, tencuitori sau sudori. Un decor poate fi construit într-un atelier, apoi asamblat pe scenă.

Maşinişti

2 5 11

Oamenii care se ocupă de sunet, lumini, decoruri și efecte speciale, precum fumul, sunt mașiniștii. Ei sunt responsabili și de recuzită. Aceasta este formată din obiectele folosite într-o piesă de teatru, precum o valiză sau o tavă.

Costumieri

8 12 14 17

Cei care se ocupă de costume se numesc costumieri. Ei curăță hainele și le repară, dacă sunt rupte sau deteriorate. Îi ajută pe actori să se îmbrace și să-și schimbe repede costumele, dacă e nevoie, uneori chiar în culise (aripi laterale ale scenei, unde spectatorii nu pot vedea ce se întâmplă).

ÎNTREBĂRI: Shakespeare

Nivelul 1

1. *Macbeth* este o piesă despre un personaj din istoria Scoției?
2. Teatrul lui Shakespeare se numea Lebăda sau Globe?
3. *Hamlet* este o comedie. Adevărat sau fals?
4. Shakespeare a scris *Romeo și Julieta* sau *Verona și Julieta*?

Nivelul 2

5. Cei care priveau o piesă din jurul scenei se numeau: spectatori de la galerie sau spectatori din fosă?
6. Shakespeare s-a născut la Londra, la Stratford upon Avon sau la Paris?
7. Cum se numea partea neacoperită a teatrului în care stăteau oamenii pentru a vedea piesele?
8. Oamenii mai bogați priveau piesele de la Globe din partea acoperită. Adevărat sau fals?
9. În Teatrul Globe puteau să încapă 500, 1 500 sau 3 000 de persoane?
10. Ce piesă începe cu M și este cea mai sângeroasă piesă a lui Shakespeare?
11. Replica „A fi sau a nu fi“ este din *Macbeth*, din *Hamlet* sau din *Romeo și Julieta*?
12. *Romeo și Julieta* se bazează pe povestea unor îndrăgostiți care au existat în realitate sau este inventată?
13. Teatrul Globe era construit aproape de ce fluviu din Londra?
14. *Hamlet* a fost jucată pentru prima dată în 1550, în 1600 sau în 1625?

Nivelul 3

15. Unde se află casa adevăraților îndrăgostiți pe a căror poveste se bazează *Romeo și Julieta*?
16. Ce rege englez era prieten cu Shakespeare?
17. În ce an a fost reconstruit Teatrul Globe?
18. În ce an a fost Shakespeare recunoscut ca dramaturg?

Shakespeare

Dramaturgul englez William Shakespeare a scris piese de teatru, poeme lungi și poezii mai scurte, cunoscute sub numele de sonete. El a scris zeci de comedii, tragedii și piese istorice faimoase, care sunt iubite și astăzi. Acestea sunt jucate în teatrele din întreaga lume. Shakespeare este considerat cel mai mare dramaturg englez și multe dintre piesele sale au fost transformate în film.

Scriitorul 6 18

Shakespeare (1564–1616) s-a născut în Stratford upon Avon, Anglia. S-a mutat la Londra și, în 1592, a devenit cunoscut ca dramaturg.

William Shakespeare

Macbeth 1 10 16

Cea mai scurtă, dar și cea mai sângeroasă tragedie a lui Shakespeare este *Macbeth*, bazată pe un personaj din istoria Scoției. Piesa reflectă prietenia cu regele Iacob I, care pretindea că are strămoși scoțieni.

Hamlet 3 11 14

„A fi sau a nu fi" este cea mai celebră replică din această tragedie cu premiera în 1600. A fost un mare succes la momentul respectiv și este și astăzi una dintre cel mai jucate piese.

Romeo și Julieta 4 12 15

Tragedia a doi îndrăgostiți, care mor unul pentru celălalt, este bazată pe povestea a doi îndrăgostiți reali din Verona, Italia, morți în 1303. Shakespeare a transformat povestea lor într-o piesă, la începutul carierei sale, prin 1594–1595.

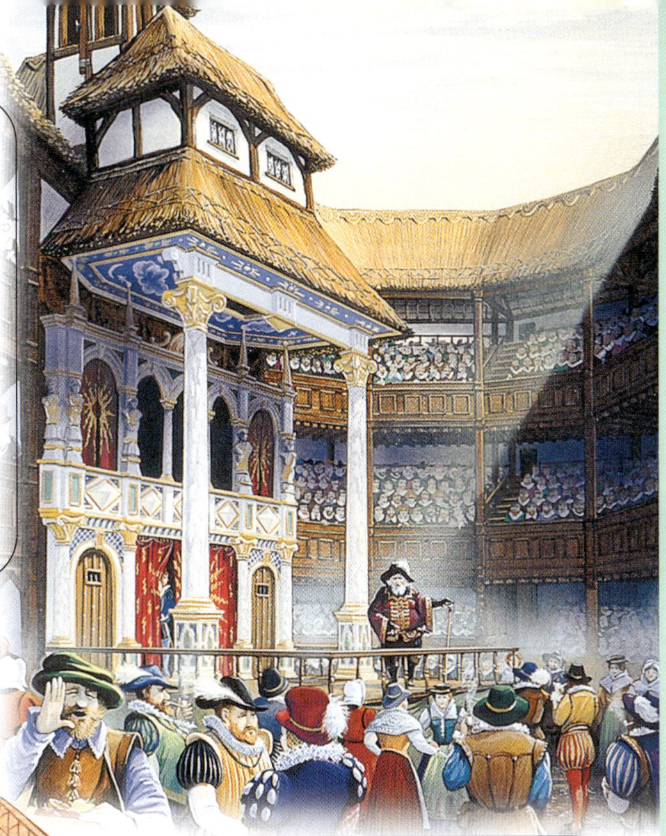

Fosă 7 8

Zona din fața scenei unui teatru era numită fosă. Era neacoperită și oamenii stăteau în picioare pentru a vedea piesa. Cei mai bogați o priveau de pe scaune, cu un acoperiș deasupra.

Globe 2 9 13 17

Teatrul Globe a fost deschis în 1599, pe malul sudic al fluviului Tamisa din Londra. Avea o capacitate de circa 3 000 de spectatori. Multe piese shakespeariene au fost jucate aici. A ars din temelii în 1613, dar a fost reconstruit anul următor. În 1997, o copie a fost deschisă lângă amplasamentul original. Oamenii merg acolo pentru a vedea piesele lui Shakespeare.

Spectatori din fosă 5

Oamenii care plăteau să vadă piesele din fosă se numeau spectatori din fosă. Ei plăteau un penny pe bilet.

ÎNTREBĂRI: Balete celebre

Nivelul 1

1. *Spărgătorul de nuci* prezintă un spărgător de nuci transformat în prinț?
2. *Lacul Lebedelor* este un balet dificil?
3. *Giselle* a fost pus în scenă în premieră la Londra sau la Paris?
4. Balerinii juniori au câteodată numere de soliști?

Nivelul 2

5. *Pasărea de foc* este bazată pe o piesă de Shakespeare sau pe povești populare rusești?
6. Cine a compus muzica pentru baletul *Frumoasa din pădurea adormită*: Ceaikovski sau Petipa?
7. *Giselle* se dansează în continuare ca la premieră?
8. În *Pasărea de foc*, dansatorul care interpretează pasărea de foc poartă adesea un costum simplu. Adevărat sau fals?
9. Ce fel de creatură este Odile din *Lacul Lebedelor*?
10. Ce roluri care încep cu P nu sunt potrivite pentru soliștii juniori?
11. Compozitorul *Frumoasei din pădurea adormită* a fost rus, francez sau american?
12. *Spărgătorul de nuci* este un balet foarte prezentat în ce moment al anului?
13. În afară de Odile, ce alt personaj mai cunoști din *Lacul Lebedelor*?

Nivelul 3

14. Care este prenumele compozitorului muzicii baletului *Pasărea de foc*?
15. În ce an a fost pus în scenă, în premieră, *Spărgătorul de nuci*?
16. Motanul încălțat apare în ce balet?
17. În ce an a fost pus în scenă în premieră baletul *Giselle*?
18. Cine a realizat coregrafia pentru baletul *Frumoasa din pădurea adormită*?

GĂSIȚI RĂSPUNSUL

Balete celebre

Baletele se dansează pe muzica scrisă de un compozitor, mișcările de dans fiind aranjate de un coregraf. Multe dintre primele balete au fost produse în Rusia. Baletele Ruse a fost o companie de balet care a făcut turnee în Europa și SUA, la începutul anilor 1900, stârnind un imens interes.

Frumoasa din pădurea adormită 6 11 18

Compozitorul rus Ceaikovski a scris muzica pentru *Frumoasa din pădurea adormită*, primul său balet de succes, asigurat, în mare măsură, datorită colaborării cu coregraful Marius Petipa.

Spărgătorul de nuci 1 12 15

După *Frumoasa din pădurea adormită*, Ceaikovski și Petipa au creat *Spărgătorul de nuci*, în 1892, despre o fată care visează că un spărgător de nuci de jucărie se transformă în prinț. Baletul este adesea prezentat de Crăciun.

Motanul încălțat 4 10 16

Personajul principal al poveștii *Motanul încălțat* – pisica săritoare care își ajută stăpânul – are o apariție în *Frumoasa din pădurea adormită*. Personajul simpatic și Pisica Albă sunt adesea interpretați de soliști juniori, încă nepregătiți să joace roluri principale.

Lacul Lebedelor 2 9 13

Lacul Lebedelor este unul dintre cele mai dificile balete. Printre personaje se numără Odile (Lebăda neagră), un prinț și un vrăjitor malefic.

Giselle (3) (7) (17)

Acest balet franțuzesc a avut premiera la Paris, în 1841. *Giselle* este unul dintre cele mai vechi balete încă reprezentate, deși au fost făcute schimbări față de debut.

Pasărea de foc (5) (8) (14)

În 1910, compozitorul rus Igor Stravinski a scris muzica pentru *Pasărea de foc*, după basme populare rusești despre o pasăre magică, una dintre cele mai bune compoziții ale lui. Baletele Ruse au beneficiat pentru prima dată de muzică special compusă pentru companie. Baletul include un dans energic al păsării de foc, îmbrăcată într-un costum foarte elaborat.

ÎNTREBĂRI: Baschet

Nivelul 1

1. Copiii pot juca baschet?
2. Michael Jordan este britanic sau american?
3. Un coș obișnuit echivalează cu două puncte?
4. Mingile de baschet de competiție sunt portocalii, galbene sau verzi?

Nivel 2

5. La câți metri deasupra solului se află coșul: 2 m, 3 m sau 5 m?
6. În ce an a fost inventat baschetul: 1891, 1911 sau 1931?
7. O minge de baschet cântărește: între 600 și 650 g, între 700 și 750 g sau între 800 și 850 g?
8. Ce fel de linie, care începe cu C, este linia de-a latul mijlocului terenului de baschet?
9. Literele CHAIN pot fi rearanjate pentru a forma numele țării din care provine jucătorul de baschet Yao Ming?
10. În ce parte a terenului pot jucătorii de baschet să țină mingea numai trei secunde: în suprafața de aruncări libere, în centrul terenului sau în colțurile terenului?
11. Din câte bucăți îmbinate este alcătuită o minge de baschet: 3, 6 sau 8?
12. Mingile folosite de copii sunt mai mici, mai mari sau de aceeași mărime ca mingile pentru adulți?
13. Ce fel de coș a fost folosit inițial: un coș pentru piersici, un coș pentru afine sau un coș pentru roșii?

Nivelul 3

14. Ce lățime are un teren de baschet?
15. Cu cât este mai înalt Yao Ming decât Michael Jordan?
16. Cine a inventat baschetul?
17. Care este numărul maxim de puncte ce pot fi marcate dintr-o aruncare la baschet?
18. Câte puncte valorează o aruncare liberă?

GĂSIȚI RĂSPUNSUL

Baschet

Baschetul este un sport de echipă jucat în ritm alert, îndrăgit în toată lumea. Mingea este pasată de la un jucător la altul din aceeași echipă sau este driblată, fiind bătută de pământ. Scopul este să înscrii puncte aruncând mingea printr-un coș și marcând unul, două sau trei puncte. Echipa cu cele mai multe puncte câștigă.

Primul joc
6 13 16

De la inventarea sa, în 1891, de către James Naismith, baschetul a devenit un sport extrem de iubit. La început, jucătorii aruncau mingea într-un coș pentru piersici. Coșurile deschise au fost folosite prima dată în 1903.

Minge
4 7 11

Inițial, pentru baschet s-a folosit o minge de fotbal. Astăzi, mingile pentru competiții sunt portocalii, făcute din opt bucăți de piele. Cântăresc între 600 și 650 g.

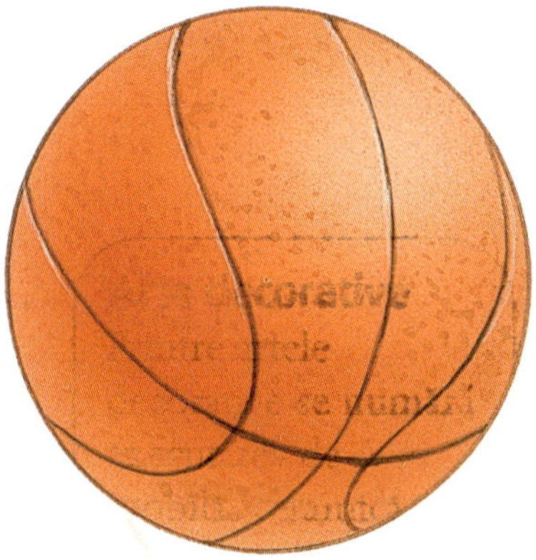

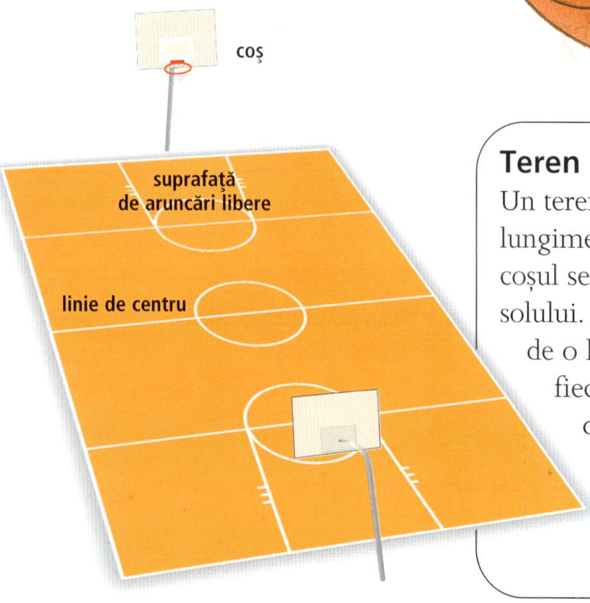

Teren
5 8 10 14

Un teren de baschet are 28 m lungime și 15 m lățime, iar coșul se află la 3 m deasupra solului. Terenul este împărțit de o linie de centru. Sub fiecare coș se află o zonă de aruncări libere, unde jucătorii pot ține mingea doar trei secunde.

Pentru copii 1 12

Copiii folosesc mingi mai mici și mai ușoare. Baschetul este un joc care îi ajută pe copii să-și îmbunătățească condiția fizică și coordonarea.

cine prinde mingea

Coş 3 17 18

Printr-o aruncare obișnuită marchezi două puncte. O aruncare de la distanță aduce trei puncte. Fiecare aruncare liberă aduce un punct.

La înălțime 2 9 15

Majoritatea jucătorilor profesioniști de baschet sunt foarte înalți, ceea ce le conferă un avantaj. Michael Jordan, un celebru jucător american, măsoară 1,98 m, iar Yao Ming din China, 2,29 m. Însă nu trebuie să fii atât de înalt pentru a juca baschet.

ÎNTREBĂRI:
Cai și ponei

Nivelul 1

1. Cailor le place să fie îngrijiți?
2. Cailor li se face uneori masaj?
3. Locul pe care stă călărețul se numește căpăstru sau șa?
4. Caii mănâncă, în principal, fân și iarbă. Adevărat sau fals?
5. Caii se țin în clădiri numite: grajduri sau padocuri?

Nivelul 2

6. Cum se numește laveta folosită la sfârșitul toaletei calului: mănușă de plastic, mănușă de grajd sau ghebrea?
7. Împletirea coamei se realizează înainte sau după tuns și țesălat?
8. Ce fel de țesală al cărei nume începe cu P este folosită pentru a îndepărta noroiul uscat de pe corpul calului?
9. Ce nume care începe cu C poartă părul de pe gâtul calului?
10. Literele ȘUCLUC pot fi rearanjate pentru a forma numele unui lucru care este schimbat zilnic în grajd?
11. De câte ori pe zi este hrănit un cal: o dată, de două ori sau de trei ori?
12. Ce cereale cu O constituie o hrană în cantitate limitată pentru cai?
13. Calul este spălat în jurul ochilor cu un burete, cu un cui sau cu un săpun de curățat șaua?
14. Caii pot mânca numai cantități mici de cereale sau numai cantități mari?

Nivelul 3

15. Cât bălegar poate produce, într-o săptămână, un cal adult?
16. Cum se spune când pui șaua și căpăstrul pe un cal?
17. Ce obiect conținând mâncare pentru cai este agățat într-un grajd?
18. Câte kilograme de fân poate mânca un cal adult într-o zi?

GĂSIȚI RĂSPUNSUL

Cai și ponei

Să ai un cal sau un ponei înseamnă să ai mult de muncă. Proprietarul trebuie să aibă grijă de cal, să-l curețe și să-l hrănească și să îl scoată la plimbare regulat. Majoritatea cailor și a poneilor trăiesc afară, într-o zonă îngrădită a câmpului, numită padoc. Când e frig sau ploaie sau calul este bolnav, poate sta într-un grajd. Unii cai de competiție își petrec toată noaptea în grajd. Când este frig, se pun pături pe cai, ca să le țină de cald.

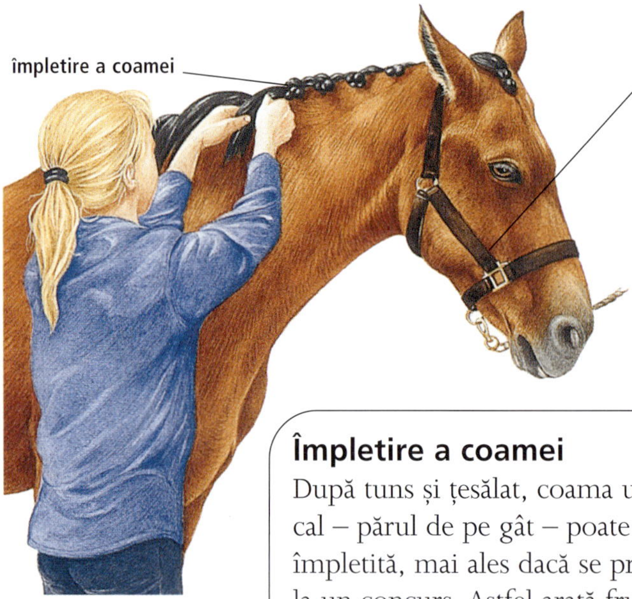

Împletire a coamei 7 9

După tuns și țesălat, coama unui cal – părul de pe gât – poate fi împletită, mai ales dacă se prezintă la un concurs. Astfel arată frumoasă și îngrijită. Și coada poate fi împletită.

Grajd 5 11 18

Caii ținuți în grajd, o clădire care îi adăpostește, trebuie hrăniți cel puțin de două ori pe zi. Se adaugă țesălatul, plimbarea, rânirea grajdului și umplerea desagilor de fân și a găleților cu apă. Un cal adult poate mânca până la 10 kg de fân pe zi.

Rânire a grajdurilor 10 15

Curățarea grajdurilor se numește rânire. Un cal adult poate produce 20 kg de balegă pe săptămână. Culcușul vechi de paie este scos cu o furcă și înlocuit zilnic cu paie noi.

Înșeuare 3 16

Șaua este locul pe care stă călărețul, iar căpăstrul este sistemul de curele care se pune pe cap. Montarea acestor elemente se numește înșeuare.

Îngrijire 1 8 13

Se folosesc multe unelte pentru a menține părul și pielea curate și sănătoase. Majorității cailor le place să fie țesălați. O țesală sau o perie de plastic îndepărtează noroiul uscat. Cu un burete umed calul este curățat în jurul ochilor.

Hrănire 4 12 14 17

Fânul și iarba sunt furaje de bază și alcătuiesc mare parte din dieta calului. Fânul este atârnat într-o desagă, încât să mănânce când vrea. Caii pot mânca numai cantități mici de cereale, precum tărâțe, orz și ovăz – un fel de gustări.

Ghebrea 2 6

O lavetă, numită ghebrea, se folosește la sfârșitul țesălatului pentru a îndepărta firele de praf. Se folosește și pentru masaj.

ÎNTREBĂRI: Arte marțiale

Nivelul 1

1. Luptătorii de arte marțiale sunt antrenați pentru a se apăra sau a ataca?
2. Mișcările de tai chi sunt rapide și violente. Adevărat sau fals?
3. Karate este un tip de arte marțiale în care lovești cu viteză?
4. Tehnicile de aruncare și de blocare a brațelor fac parte din judo sau din kung fu?

Nivelul 2

5. Ce sport combină boxul cu loviturile de picioare: kickbox, tai chi sau karate?
6. Un luptător de kickboxing punctează dacă lovește cu mâinile, cu picioarele sau cu amândouă?
7. Antrenamentul de karate este împărțit în tehnici și lupta cu un partener?
8. Din ce țară, al cărei nume începe cu J, provine kendo?
9. Ce culoare desemnează cel mai înalt rang în sistemul de centuri din artele marțiale: maro, neagră sau roșie?
10. Ce calități sunt necesare pentru a reuși în artele marțiale: disciplină și autocontrol sau preluarea conducerii și răspunsul rapid?
11. Ce artă marțială cu K se caracterizează prin lovituri și tehnici cu palmele deschise?
12. Ce artă marțială copiază pozițiile animalelor: tai chi, karate sau kendo?
13. Din ce țară europeană vine o formă de kickbox numită „savate": Italia, Spania sau Franța?

Nivelul 3

14. De ce se schimbă culoarea centurii purtate de un practicant de judo sau de karate?
15. Cum se numește sabia folosită în kendo?
16. Învățăturile cărui budist au dus la apariția multor arte marțiale?
17. Ce artă marțială se bazează pe jujutsu?

GĂSIȚI RĂSPUNSUL

Arte marțiale

Artele marțiale cuprind mai multe tipuri și mișcări de luptă. Multe s-au dezvoltat în diferite țări din Asia, de-a lungul secolelor. Milioane de oameni din lume practică astăzi artele marțiale ca exercițiu. Alții le practică în competiții sau pentru autoapărare.

Origine 16

Multe arte marțiale se bazează pe învățăturile lui Bodhidharma, un budist din secolul V, care a vizitat Templul Shaolin din China.

Judo 4 17

Bazat pe vechea artă jujutsu, judo folosește tehnici de aruncare. Dintr-o mișcare, adversarul este țintuit la pământ, folosind mișcări de blocare a brațelor, de control și de sufocare speciale.

Karate 3 7 11

Un tip de arte marțiale bazat pe lovituri cu mâinile și cu picioarele, cu genunchii și cu coatele, dar și cu palmele deschise. Antrenamentul este împărțit în două părți: tehnicile de bază – tipuri de folosire a loviturilor – și lupta cu un partener.

Antrenament 1 10

Succesul în artele marțiale cere disciplină. Practicanții exersează foarte multe ore și sunt antrenați să-și păstreze mereu controlul folosindu-și cunoștințele pentru a se apăra, nu pentru a ataca.

Centuri 9 14

În multe arte marțiale, culoarea centurii indică progresele realizate de practicanți. Centura neagră este, de obicei, rangul cel mai înalt. Culorile și ordinea variază în funcție de școală.

Kendo
8 15

Sportul japonez de lupte cu sabia se numește kendo. Săbiile, numite *shinai*, sunt făcute din patru bucăți de bambus, lipite una de alta. Adversarii poartă echipament de protecție, numit *do*, și un coif cu grilaj, numit *men*.

Kickbox
5 6 13

În această combinație de box și arte marțiale se folosesc mâinile și picioarele pentru a lovi și a obține puncte. În kickboxul francez, numit savate, luptătorii poartă, de obicei, pantofi.

Tai chi
2 12

Bazat pe poziții animaliere, tai chi este o formă blândă de exercițiu. Mișcările sunt legate într-o secvență grațioasă, curgătoare.

ÎNTREBĂRI: Curse de mașini

Nivelul 1

1. Casca îl protejează pe pilot împotriva: gheții, a vântului sau a focului?
2. Literele ROTOM pot fi rearanjate pentru a forma numele unei părți a mașinii?
3. Mașinile de F1 sunt joase și aerodinamice. Adevărat sau fals?
4. Echipa decide asupra unei strategii pentru a câștiga o cursă?

Nivelul 2

5. Cum se numesc cei care se ocupă cu protecția împotriva incendiilor?
6. Cât de repede poate o echipă de asistență de F1 să schimbe patru cauciucuri: în 4, 17 sau 37 de secunde?
7. Mulți piloți de F1 consideră Silverstone drept unul dintre cele mai rapide circuite de F1. Adevărat sau fals?
8. Câți litri de benzină consumă, de obicei, o mașină de F1 pe suta de km: 25, 50 sau 75?
9. Care a fost recordul de viteză pe uscat stabilit de o mașină de F1 în 2006: 35 km/h, 355 km/h sau 1 550 km/h?
10. Care sunt cele mai importante trei curse NASCAR?
11. Care este cea mai importantă diferență între costumele obișnuite de curse și costumele de curse folosite de piloți?
12. Din ce este făcută caroseria unei mașini NASCAR?
13. În cursele NASCAR, mașinile ating viteze de: 160 km/h, 303 km/h sau 320 km/h?

Nivelul 3

14. Ce trebuie să facă un pilot la pit stop?
15. Ce sunt forțele G?
16. Ce face echipa de asistență cu o mașină F1 la pit stop?
17. Care este avantajul de a porni într-o cursă F1 cu rezervorul pe jumătate plin?

Curse de mașini

Cursele de mașini sunt un sport popular, practicat peste tot. Două dintre cele mai populare sunt Formula Unu (F1 sau curse auto clasa întâi) și NASCAR. F1 a început în 1950, iar, în 2006, erau organizate 19 curse pe circuite din toată lumea. NASCAR, Asociația Națională Americană a Curselor de Mașini de Serie, a fost înființată în 1948.

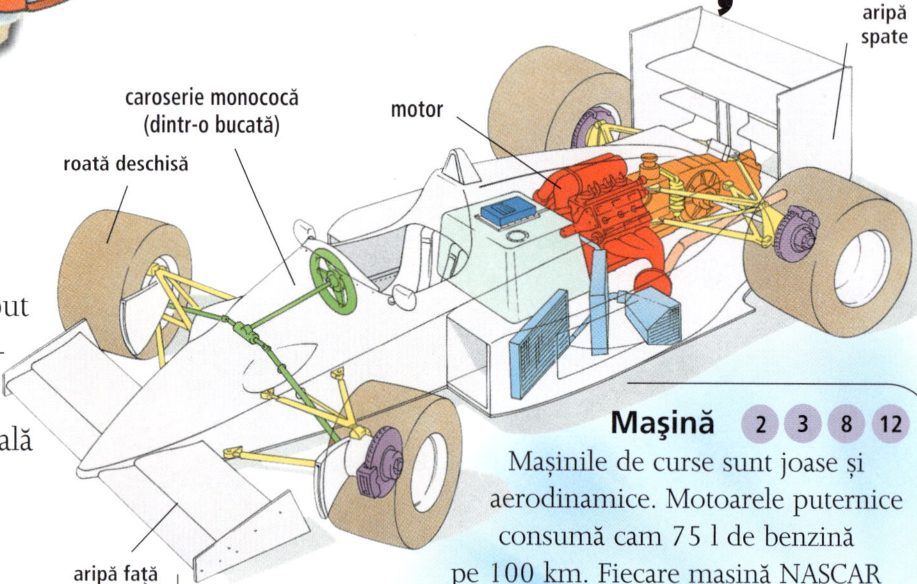

Mașină

2 3 8 12

Mașinile de curse sunt joase și aerodinamice. Motoarele puternice consumă cam 75 l de benzină pe 100 km. Fiecare mașină NASCAR este construită special, în jurul unei carcase de oțel.

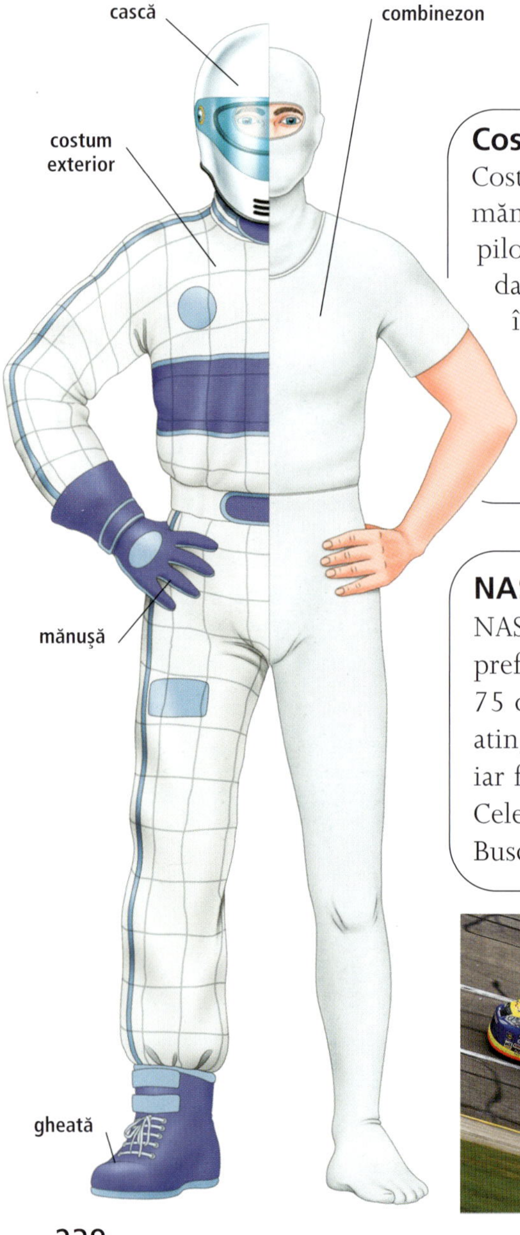

Costum

1 5 11

Costumul, ghetele, mănușile și combinezonul piloților sunt ignifuge – dacă mașina ia foc, ele îi protejează până când pompierii sting focul. Casca rezistentă, dar flexibilă, este și ea ignifugă.

NASCAR

10 13

NASCAR este astăzi sportul auto preferat al americanilor, cu peste 75 de milioane de fani. Mașinile ating viteze de peste 320 km/h, iar finalurile sunt la fotografie. Cele trei mari competiții sunt: Busch, Craftsman Truck și Nextel Cup.

Strategie 4 17

O echipă are nevoie de un plan: rezervoarele pe jumătate pline vor face mașina mai ușoară și mai rapidă, dar cele pline înseamnă mai puține opriri pentru realimentare. Echipa decide cea mai bună strategie.

Pit stop 6 14 16

Mecanicii F1 pot schimba patru roți (e mai rapid decât să schimbe cauciucuri uzate) și realimenta în patru secunde. Fac și reparații. Pilotul trebuie să oprească mașina la punct fix și să aștepte semnalul înainte de a relua cursa.

Viteză 7 9 15

În 2006, Honda a stabilit un record mondial de viteză pe uscat de 335 km/h pentru o mașină de F1. Mașini rapide precum Ferrari depășesc 300 km/h. Unul dintre cele mai rapide circuite este Silverstone din Marea Britanie. În viraje rapide, pilotul poate suferi leziuni la gât din cauza forțelor G mari (accelerație gravitațională).

RĂSPUNSURI

Ai răspuns corect? Acum, dacă tot ai terminat, poți da pagina ca să afli răspunsurile. Și ține minte că, dacă te ajută un prieten, poți folosi secțiunea cu răspunsuri pentru un test rapid. Faceți cu rândul și vedeți cine răspunde mai bine!

RĂSPUNSURI: Pădurea tropicală umedă

Nivelul 1

1. Ce sunt broaștele: reptile sau amfibieni?
   Răspuns: Amfibieni
2. Reptilele au sânge rece sau sânge cald?
   Răspuns: Sânge rece
3. Ce fluviu care începe cu litera A este cel mai mare?
   Răspuns: Amazon
4. Cât de des plouă în pădurea tropicală umedă: zilnic, săptămânal sau lunar?
   Răspuns: Zilnic

Nivelul 2

5. Pe ce continent crește copacul cinchona?
   Răspuns: America de Sud
6. Ce fel de animal este un boa?
   Răspuns: Șarpe
7. Ce plantă are cea mai mare floare din lume?
   Răspuns: Rafflesia
8. În care parte a pădurii tropicale umede trăiesc cele mai multe animale?
   Răspuns: Coronament
9. Cu ce se hrănesc plantele carnivore?
   Răspuns: Insecte
10. A ce miroase floarea de rafflesia?
    Răspuns: Carne putrezită
11. Literele GREENIȚEM pot fi rearanjate pentru a forma numele cărui grup de copaci înalți?
    Răspuns: Emergenți
12. În ce parte a lumii trăiesc broaștele otrăvitoare?
    Răspuns: America de Sud
13. Bromelia este animal sau plantă?
    Răspuns: Plantă
14. Pielea unei broaște otrăvitoare conține destulă otravă cât să omoare un om. Adevărat sau fals?
    Răspuns: Adevărat
15. Unde trăiește molia Atlas?
    Răspuns: Asia de Sud-Est

Nivelul 3

16. Șerpii sunt mai înrudiți cu broaștele sau cu șopârlele?
    Răspuns: Cu șopârlele
17. Cât de lat este fluviul Amazon la gura de vărsare: peste 300 km, peste 400 km sau peste 500 km?
    Răspuns: Peste 300 km
18. Ce boală se tratează cu chinină?
    Răspuns: Malaria
19. Ce parte a corpului folosesc șopârlele geko pentru a apuca?
    Răspuns: Degetele de la picioare
20. Unde cresc plantele numite epifite?
    Răspuns: Pe alte plante

RĂSPUNSURI: Furnici

Nivelul 1

1. Cine are cele mai puternice mandibule (fălci): furnicile lucrătoare sau furnicile soldat?
   Răspuns: Furnicile soldat
2. Ce începe cu R și denumește o furnică mare, care depune toate ouăle dintr-o colonie?
   Răspuns: Regina
3. Afidele sunt viermi sau insecte?
   Răspuns: Insecte
4. Furnicile de lemn sunt mai mari sau mai mici?
   Răspuns: Mai mari

Nivelul 2

5. Există furnici care aduc afide în mușuroi?
   Răspuns: Da
6. Majoritatea furnicilor își construiesc mușuroaiele sub pământ. Adevărat sau fals?
   Răspuns: Adevărat
7. Cu ce se hrănesc afidele?
   Răspuns: Seva plantelor
8. Cum se numește substanța zaharoasă secretată de afide?
   Răspuns: Rouă de miere
9. Furnicile de miere se întâlnesc în locuri umede sau uscate?
   Răspuns: În locuri uscate
10. Furnicile tăietoare de frunze trăiesc în păduri calde sau reci?
    Răspuns: În păduri calde
11. Furnicile de lemn pișcă oamenii?
    Răspuns: Da
12. Ce substanțe folosesc unele furnici ca să se apere?
    Răspuns: Acid
13. Din ce își construiesc mușuroaiele furnicile de lemn?
    Răspuns: Ace de pin
14. Furnicile atacă vreodată păsări?
    Răspuns: Da

Nivelul 3

15. Furnicile tăietoare de frunze mănâncă frunze?
    Răspuns: Nu
16. Câte tipuri de furnici se găsesc într-o colonie?
    Răspuns: Trei (regina, furnicile lucrătoare și furnicile soldat)
17. Ce înseamnă cuvântul metamorfoză?
    Răspuns: Schimbare de formă
18. În ce fel de păduri trăiesc furnicile de lemn?
    Răspuns: Păduri de pin
19. Toate lucrătoarele dintr-o colonie de furnici de miere înmagazinează hrană în corp?
    Răspuns: Nu
20. Unde trăiesc și furnici de miere, și furnici tăietoare de frunze?
    Răspuns: America de Nord sau de Sud

RĂSPUNSURI: Dinozauri

Nivelul 1

1. Ce avea *Spinosaurus* pe spate: aripi sau o aripioară dorsală?
   Răspuns: Aripioară dorsală
2. Ce tip de stegozaur care începe cu S este cel mai mare?
   Răspuns: Stegosaurus
3. Ce dinozaur avea plăci pe spate: *Kentrosaurus* sau *Tyrannosaurus rex*?
   Răspuns: Kentrosaurus
4. Cine aveau cei mai mari dinți: dinozaurii erbivori sau carnivori?
   Răspuns: Dinozaurii carnivori

Nivelul 2

5. Dinții de *Tyrannosaurus rex* puteau să aibă mai mult de 10 cm lungime. Adevărat sau fals?
   Răspuns: Adevărat
6. Fosilele se formează în milioane de ani?
   Răspuns: Da
7. Sauropodele aveau gâturi lungi sau scurte?
   Răspuns: Gâturi lungi
8. Existau dinozauri cu cioc?
   Răspuns: Da
9. Ce avea *Styracosaurus* pe bot?
   Răspuns: Un corn
10. La ce își foloseau cornul dinozaurii masculi cu corn?
    Răspuns: Pentru apărare și pentru a se lupta între ei
11. Ce găsim mai des: oase fosile separate sau schelete fosile întregi?
    Răspuns: Oase fosile separate
12. Ce fel de dinozaur era *Kentrosaurus*?
    Răspuns: Stegozaur
13. Cum se răcorea un *Spinosaurus*?
    Răspuns: Pompând sânge în aripioara dorsală
14. Unde sunt expuse oasele de dinozaur?
    Răspuns: La muzeu

Nivelul 3

15. Ce mânca *Tyrannosaurus rex*?
    Răspuns: Carne
16. Cine era mai mare: *Seismosaurus* sau *Stegosaurus*?
    Răspuns: Seismosaurus
17. Fosilele sunt formate din oase sau din minerale din roci?
    Răspuns: Minerale din roci
18. *Styracosaurus* se hrănea cu carne. Adevărat sau fals?
    Răspuns: Fals
19. Un *Apatosaurus* este înrudit mai îndeaproape cu un *Seismosaurus* sau cu un *Styracosaurus*?
    Răspuns: Cu Seismosaurus
20. Câte rânduri de plăci aveau majoritatea stegozaurilor?
    Răspuns: Două

RĂSPUNSURI: Șerpi

Nivelul 1

1. Pitonii sunt șerpi?
   Răspuns: Da
2. Șerpii au picioare?
   Răspuns: Nu
3. Șerpii pot vedea?
   Răspuns: Da

Nivelul 2

4. Există șerpi care mănâncă ouă?
   Răspuns: Da
5. Ce șerpi au o glugă pe care o desfășoară când se simt amenințați?
   Răspuns: Cobrele
6. Unde se află clopoțeii unui șarpe cu clopoței: în gură sau în vârful cozii?
   Răspuns: În vârful cozii
7. Șerpii sunt vertebrate sau nevertebrate?
   Răspuns: Vertebrate
8. Din ce este făcut scheletul șerpilor?
   Răspuns: Din oase
9. Ouăle șerpilor au coajă moale sau tare?
   Răspuns: Moale
10. Există șerpi care nasc pui vii?
    Răspuns: Da
11. Șerpii cu clopoței trăiesc în Africa. Adevărat sau fals?
    Răspuns: Fals (trăiesc în America)
12. Cobrele au colți plini sau goi pe dinăuntru?
    Răspuns: Goi
13. Anacondele cresc peste 50 cm lungime, peste 3 m sau peste 8 m?
    Răspuns: Peste 8 m
14. Camuflajul face șarpele mai greu sau mai ușor de observat?
    Răspuns: Mai greu de observat

Nivelul 3

15. Ce are un pui de șarpe pe bot, care să îl ajute să iasă din ou?
    Răspuns: Un dinte de ou
16. De ce șerpii își tot scot limba?
    Răspuns: Pentru a gusta aerul
17. Cum se deplasează șerpii?
    Răspuns: Prin ondularea mușchilor din partea inferioară a corpului
18. Cum își ucid prada pitonii?
    Răspuns: Prin constricție (sufocare)
19. Ce folosește șarpele african mâncător de ouă pentru a sparge ouăle?
    Răspuns: Spini ascuțiți de pe coloana vertebrală

RĂSPUNSURI: Rechini

Nivelul 1

1. Rechinii sunt pești sau reptile?
   Răspuns: Pești
2. Rechinul-balenă este cel mai mare pește din lume. Adevărat sau fals?
   Răspuns: Adevărat
3. Marii rechini albi mănâncă lei sau lei de mare?
   Răspuns: Lei de mare
4. Cojile goale ale oului de rechin se numesc trăistuța sirenei sau punga marinarului?
   Răspuns: Trăistuța sirenei

Nivelul 2

5. Rechinii au același set de dinți toată viața?
   Răspuns: Nu
6. Rechinii uriași trăiesc în ape mai reci sau mai calde decât rechinii-balenă?
   Răspuns: Mai reci
7. Cei mai mari rechini albi pot ajunge până la 6 m lungime. Adevărat sau fals?
   Răspuns: Adevărat
8. Cum se numesc micile animale marine cu care se hrănesc rechinii-balenă?
   Răspuns: Plancton
9. Care este mai mare: rechinul uriaș sau marele rechin alb?
   Răspuns: Rechinul uriaș
10. Literele CANIOC pot fi rearanjate pentru a forma numele cărei specii de rechin?
    Răspuns: Rechin-ciocan
11. La ce greutate poate ajunge un rechin-balenă: 11 tone, 21 tone sau 31 tone?
    Răspuns: 21 tone
12. Toți rechinii depun ouă?
    Răspuns: Nu (unii dau naștere la pui vii)
13. Dinții unui rechin au toți aceeași formă. Adevărat sau fals?
    Răspuns: Adevărat
14. Ce rechin atacă mai des oamenii: marele alb sau rechinul-ciocan?
    Răspuns: Marele alb
15. Rechinii sunt canibali (se mănâncă unul pe altul)?
    Răspuns: Da

Nivelul 3

16. Ce ajută un rechin-ciocan să urmărească un miros prin apă?
    Răspuns: Nările depărtate
17. Care este cel mai mare pește din apele teritoriale ale Marii Britanii?
    Răspuns: Rechinul uriaș
18. Care este cel mai mare rechin care își vânează activ prada?
    Răspuns: Marele alb

RĂSPUNSURI: Viețuitoare ale mării

Nivelul 1

1. Câte tentacule are o caracatiță?
   Răspuns: Opt
2. Mare parte din corpul unei meduze este alcătuit din aer. Adevărat sau fals?
   Răspuns: Fals (este alcătuit în majoritate din apă)
3. La ce ajută echipamentul SCUBA?
   Răspuns: La respiratul sub apă
4. Căluții de mare sunt pești sau moluște?
   Răspuns: Pești

Nivelul 2

5. Care este cea mai mare specie de pisică de mare?
   Răspuns: Diavolul de mare
6. Există mai mult de 100 de specii de rechini în lume?
   Răspuns: Da
7. Câte tentacule are un calamar?
   Răspuns: Zece
8. Ce mănâncă calamarii: meduze, plancton sau pește?
   Răspuns: Pește
9. Cu ce își atacă prada meduzele?
   Răspuns: Cu tentaculele care înțeapă
10. Calamarii sunt nevertebrate?
    Răspuns: Da
11. Ce habitat oceanic găzduiește cele mai multe specii de pești?
    Răspuns: Reciful de corali
12. Cât timp pot sta scafandrii sub apă: 10 minute sau mai mult, 15 minute sau mai mult, 20 de minute sau mai mult?
    Răspuns: 20 de minute sau mai mult
13. Ce conțin rezervoarele din echipamentul de SCUBA?
    Răspuns: Aer comprimat
14. Rechinii sunt înrudiți mai îndeaproape cu calamarii sau cu pisicile de mare?
    Răspuns: Cu pisicile de mare
15. Calamarii își petrec cea mai mare parte a timpului în ape deschise sau pe fundul oceanului?
    Răspuns: În ape deschise

Nivelul 3

16. Ce începe cu P și lasă în urmă cochilii tari, ca de piatră, pe care le vedem în recifele de corali?
    Răspuns: Polipi
17. Cu ce animale sunt înrudiți mai îndeaproape coralii: meduze, scoici-gigant sau rechini?
    Răspuns: Meduze
18. Ce cuvânt se folosește pentru a descrie o coadă care poate apuca anumite lucruri?
    Răspuns: Prehensilă

RĂSPUNSURI: Mamifere marine

Nivelul 1

1. Care este cel mai mare animal de pe Pământ: elefantul sau balena albastră?
   Răspuns: Balena albastră
2. Focile mănâncă pește sau alge?
   Răspuns: Pește
3. Sub ce nume mai sunt cunoscute orcile: balene ucigașe sau foci?
   Răspuns: Balene ucigașe
4. Puii de focă de Groenlanda se nasc cu blană gri. Adevărat sau fals?
   Răspuns: Fals

Nivelul 2

5. Cine folosește ecolocația ca să găsească prada: delfinii sau morsele?
   Răspuns: Delfinii
6. Ce începe cu K și sunt viețuitoare ca niște creveți, pe care le mănâncă balenele cu cocoașă?
   Răspuns: Krill
7. Focile nasc puii în mare. Adevărat sau fals?
   Răspuns: Fals (nasc pe gheață sau pe uscat)
8. Toate morsele au colți sau numai masculii?
   Răspuns: Toate morsele au colți
9. Ce începe cu T și desemnează un grup de balene ucigașe?
   Răspuns: Turmă
10. De ce sunt rar întâlnite balenele de mari dimensiuni?
    Răspuns: Pentru că, în trecut, au fost vânate
11. Ce mamifere marine ucid câteodată și mănâncă balene mai mari decât ele?
    Răspuns: Balenele ucigașe (orcile)
12. Toate balenele mănâncă animale mari?
    Răspuns: Nu, unele mănâncă pradă mică
13. Ce ocean înconjoară Polul Nord?
    Răspuns: Oceanul Arctic
14. Ce începe cu M și este mâncat de morse?
    Răspuns: Moluscă

Nivelul 3

15. Unde se găsesc fanoanele unei balene?
    Răspuns: În gură
16. Ce începe cu C și este numele unui grup de mamifere marine care cuprinde balenele și delfinii?
    Răspuns: Cetacee
17. Lângă ce pol trăiesc morsele: Polul Nord sau Polul Sud?
    Răspuns: Polul Nord
18. Ce parte a balenei albastre cântărește cât un elefant?
    Răspuns: Limba
19. Ce lungime avea cea mai mare balenă măsurată vreodată?
    Răspuns: 33,5 m

RĂSPUNSURI: Păsări marine

Nivelul 1

1. Macareii (papagali de mare sau pufini) aduc hrana ținând-o cu ciocul, cu ghearele sau pe aripi?
   Răspuns: Cu ciocul
2. Pescărușii se hrănesc vreodată pe uscat?
   Răspuns: Da
3. Literele CAMAREU pot fi rearanjate pentru a forma numele cărei păsări marine?
   Răspuns: Macareu
4. Un albatros este o specie de pasăre marină. Adevărat sau fals?
   Răspuns: Adevărat
5. Ce cuvânt începe cu P și constituie hrana de bază a majorității păsărilor marine?
   Răspuns: Pește

Nivelul 2

6. Unele păsări marine duc puilor hrană în stomac. Adevărat sau fals?
   Răspuns: Adevărat
7. De ce stau cormoranii cu aripile deschise după ce vânează în apă?
   Răspuns: Pentru a le usca
8. Macareii își folosesc aripile sau picioarele pentru a înota?
   Răspuns: Aripile
9. Corbii de mare vânează plonjând în apă sau scufundându-se de la suprafața mării?
   Răspuns: Plonjând în apă
10. Sacul de la gâtul unui mascul de fregată este roșu, galben sau albastru?
    Răspuns: Roșu
11. Cormoranii își folosesc aripile sau picioarele pentru a înota?
    Răspuns: Picioarele
12. Petrolul plutește pe apă sau se scufundă?
    Răspuns: Plutește
13. Fregatele trăiesc la tropice sau lângă Polul Nord?
    Răspuns: La tropice

Nivelul 3

14. Ce începe cu G și este o pasăre de mare care își face cuibul pe faleze stâncoase?
    Răspuns: Gâsca de mare
15. Ce înseamnă cuvântul „a regurgita"?
    Răspuns: A-i veni înapoi alimentele în gură
16. Cum își procură hrana fregatele?
    Răspuns: Atacând alte păsări și furându-le hrana
17. De ce masculii de fregată își umflă pungile de la gât cu aer?
    Răspuns: Pentru a atrage femelele
18. Ce curenți încep cu T și sunt curenți de aer cald pe care fregatele îi folosesc ca să se ridice în aer?
    Răspuns: Termali

RĂSPUNSURI: Păsări

Nivelul 1

1. Păsările au dinți?
   Răspuns: Nu
2. Păsările sunt singurele animale din lume care au pene. Adevărat sau fals?
   Răspuns: Adevărat
3. Păsările dau din aripi când plutesc?
   Răspuns: Nu
4. Lebedele pot să zboare?
   Răspuns: Da

Nivelul 2

5. Literele ANETE FILM pot fi rearanjate ca să dea numele căror părți ale unei pene?
   Răspuns: Filamente
6. Care este cea mai mare pasăre din lume?
   Răspuns: Strutul
7. Păsările au articulații ale umărului. Adevărat sau fals?
   Răspuns: Adevărat
8. Oasele păsărilor sunt pline sau goale în interior?
   Răspuns: Goale
9. Literele NAJPE pot fi aranjate ca să dea un nume penelor care acoperă o pasăre?
   Răspuns: Penaj
10. Un vânturel mănâncă fructe, semințe sau carne?
    Răspuns: Carne
11. Ce păsări sunt, de obicei, mai viu colorate: masculii sau femelele?
    Răspuns: Masculii
12. Ce începe cu P și înseamnă a sta în aer fără a da din aripi?
    Răspuns: A plana
13. Cine are ciocul mai lung: culicul mare sau prigoria?
    Răspuns: Culicul mare
14. De câte ori pe secundă pot să bată din aripi păsările colibri: de 7 ori, de 70 de ori sau de 700 de ori?
    Răspuns: De 70 de ori

Nivelul 3

15. Cum se numește camera aflată între gura și stomacul unei păsări?
    Răspuns: Gușă
16. Câte compartimente are stomacul unei păsări?
    Răspuns: Două
17. Cu ce se hrănesc păsările colibri?
    Răspuns: Cu nectar
18. Ce pasăre care începe cu N este o pasăre mare, nezburătoare?
    Răspuns: Nandu

RĂSPUNSURI: Erbivore africane

Nivelul 1

1. Zebrele au pete sau dungi?
   Răspuns: Dungi
2. Rinocerii sunt mai mari sau mai mici decât iepurii?
   Răspuns: Mai mari
3. Zebrele sunt înrudite cu caii sau cu oile?
   Răspuns: Cu caii
4. Unde se află trompa unui elefant?
   Răspuns: Pe față

Nivelul 2

5. Care este cel mai mare animal terestru din lume?
   Răspuns: Elefantul
6. Care este cel mai înalt animal terestru din lume?
   Răspuns: Girafa
7. Câte tone pot cântări elefanții masculi adulți?
   Răspuns: 12 tone
8. Cum își folosește un elefant trompa pentru a se răcori?
   Răspuns: Stropindu-se cu apă
9. Elefanții africani pot cântări peste o tonă. Adevărat sau fals?
   Răspuns: Adevărat
10. Cât de înalte cresc girafele mascul: 3 metri, 6 metri sau 10 metri?
    Răspuns: 6 metri
11. Rinocerii au vederea excelentă. Adevărat sau fals?
    Răspuns: Fals (au vederea foarte slabă)
12. Girafele se hrănesc mai ales cu iarbă, cu insecte sau cu frunze?
    Răspuns: Cu frunze
13. Ce animal de pradă african poate ucide un elefant?
    Răspuns: Leul
14. Câte specii de zebră există: trei, cinci sau șapte?
    Răspuns: Trei

Nivelul 3

15. Ce începe cu B și vânează elefanți pentru colții lor?
    Răspuns: Braconieri
16. Câte specii de rinocer există?
    Răspuns: Cinci
17. Ce începe cu J și este o specie de rinocer care trăiește în Asia?
    Răspuns: Javanez
18. Din ce sunt făcuți colții de elefant?
    Răspuns: Din fildeș

RĂSPUNSURI: Lei

Nivelul 1

1. Cum se numește o femelă de leu?
   Răspuns: Leoaică
2. Literele MAI ELFI pot fi rearanjate pentru a forma numele unui grup de lei?
   Răspuns: Familie
3. Care lei au coamă: masculii sau femelele?
   Răspuns: Masculii
4. Femelele sau masculii de leu vânează cel mai mult?
   Răspuns: Femelele
5. Cine este mai mare: masculul sau femela de leu?
   Răspuns: Masculul

Nivelul 2

6. Care sunt ultimii membri ai unei familii care se hrănesc dintr-o pradă?
   Răspuns: Puii
7. În afară de vânătoare, cu ce altceva se mai ocupă leoaicele dintr-o familie?
   Răspuns: Au grijă de pui
8. Care membri ai unei familii de lei vânează cele mai multe prăzi?
   Răspuns: Femelele
9. Femelele de leu stau cu familia sau o părăsesc când cresc?
   Răspuns: Stau cu familia
10. Leii vânează de obicei în grup sau singuri?
    Răspuns: În grup
11. Leii masculi se luptă vreodată până la moarte?
    Răspuns: Da
12. Cât timp stau puii de leu departe de restul familiei: 8 zile, 8 săptămâni sau 8 luni?
    Răspuns: 8 săptămâni
13. Ce au pe blană puii de leu și adulții nu au?
    Răspuns: Pete
14. Câți lei masculi conduc, de obicei, un grup?
    Răspuns: Unul

Nivelul 3

15. Cum se numește zona în care o familie de lei trăiește și vânează?
    Răspuns: Teritoriu
16. Cu ce marchează leii masculi limitele acestei zone?
    Răspuns: Cu urină, fecale și zgârieturi pe copaci
17. Ce fac masculii de leu pentru a ține la distanță alți masculi?
    Răspuns: Rag
18. Cum preia un leu mascul conducerea unei familii?
    Răspuns: Îl provocă la luptă pe masculul dominant

RĂSPUNSURI: Animale polare

Nivelul 1

1. Pinguinii pot să zboare?
   Răspuns: Nu
2. Urșii polari pot să înoate?
   Răspuns: Da
3. Urșii polari ajung să cântărească peste o tonă. Adevărat sau fals?
   Răspuns: Adevărat
4. Urșii polari pândesc prada?
   Răspuns: Da
5. Urșii polari mănâncă foci. Adevărat sau fals?
   Răspuns: Adevărat

Nivelul 2

6. În ce anotimp sosesc păsările migratoare în regiunile polare?
   Răspuns: Primăvara
7. Balenele ucigașe trăiesc în ape polare. Adevărat sau fals?
   Răspuns: Adevărat
8. De ce puii anumitor specii de focă au blănița albă?
   Răspuns: Pentru a se putea camufla în zăpadă
9. Urșii polari trăiesc lângă Polul Nord sau lângă Polul Sud?
   Răspuns: Lângă Polul Nord
10. Pinguinii trăiesc în Antarctica. Adevărat sau fals?
    Răspuns: Adevărat
11. Literele LEGUBA pot fi rearanjate pentru a forma numele cărei balene care trăiește în apele arctice?
    Răspuns: Beluga
12. Ce simț își folosesc urșii polari ca să-și găsească prada: văzul, auzul sau mirosul?
    Răspuns: Mirosul
13. Cum se deplasează pinguinii prin apă: cu aripile sau cu picioarele?
    Răspuns: Cu aripile
14. Care este cel mai mare pinguin din lume?
    Răspuns: Pinguinul imperial

Nivelul 3

15. Ce pasăre zboară din Antarctica până în Arctica și înapoi, în fiecare an?
    Răspuns: Rândunica arctică
16. Cum pot oamenii să protejeze puii de focă de cei care îi vânează pentru blana lor?
    Răspuns: Vopsindu-le blana cu vopsea spray inofensivă
17. Narvalii trăiesc lângă Polul Nord sau lângă Polul Sud?
    Răspuns: Lângă Polul Nord
18. Ce verb se folosește pentru a spune că un ou este ținut cald până când puiul eclozează?
    Răspuns: A incuba

RĂSPUNSURI: Animale de curte

Nivelul 1

1. Vacile de lapte sunt crescute pentru lapte sau pentru blană?
   Răspuns: Pentru lapte
2. Un cocoș este un mascul sau o femelă?
   Răspuns: Mascul
3. Ce animal cresc fermierii pentru a vâna șoareci și șobolani?
   Răspuns: Pisică
4. Ce animal de curte produce lână?
   Răspuns: Oaie

Nivelul 2

5. Ce începe cu I și înseamnă pui de capră?
   Răspuns: Ied
6. Azi, vacile de lapte sunt mulse manual. Adevărat sau fals?
   Răspuns: Fals (sunt mulse cu o mașină de muls)
7. Unde se află țâțele unei vaci?
   Răspuns: Pe uger
8. Câte țâțe are o vacă?
   Răspuns: Patru
9. Cine are creasta mai mare: găinile sau cocoșii?
   Răspuns: Cocoșii
10. De la ce animal provine untul?
    Răspuns: Vacă
11. Literele CRUEDET pot fi rearanjate pentru a forma denumirea cărui fel de găină?
    Răspuns: De curte
12. Ce alt nume mai au porcii?
    Răspuns: Suine
13. Ce începe cu litera M și se mănâncă de Paște?
    Răspuns: Miel
14. Ce începe cu L și este luat de pe oaie prin tundere?
    Răspuns: Lână

Nivelul 3

15. Cum se numește femela porcului?
    Răspuns: Scroafă
16. Câte țâțe are o capră?
    Răspuns: Două
17. Care este cel mai întâlnit câine ciobănesc din Marea Britanie?
    Răspuns: Border Collie
18. Cum se numește un porc mascul?
    Răspuns: Vier
19. Cum se numesc puii de găină crescuți în baterii?
    Răspuns: De baterie

RĂSPUNSURI: Cai

Nivelul 1

1. Cum se numesc puii de cal?
   Răspuns: Mânji
2. Ce poartă un cowboy pentru a se apăra de soare?
   Răspuns: O pălărie cu boruri mari
3. La săriturile peste obstacole, călăreții încearcă să sară peste acestea sau să le doboare?
   Răspuns: Încearcă să sară peste obstacole
4. Caii sunt folosiți la tragerea plugurilor. Adevărat sau fals?
   Răspuns: Adevărat
5. Ce începe cu L și este frânghia pe care o folosesc cowboy-ii pentru a prinde animale?
   Răspuns: Lasou
6. Poneii sunt mai mari sau mai mici decât caii?
   Răspuns: Mai mici

Nivelul 2

7. Exmoor este o rasă de ponei sau de cai?
   Răspuns: Rasă de ponei
8. Care este cea mai mare rasă de cai?
   Răspuns: Calul Shire
9. Care este principala diferență dintre scheletul unui cal și scheletul unui om?
   Răspuns: Scheletul cailor are picioare în față în loc de brațe
10. Când își arată dinții și își dezvelesc gingiile caii?
    Răspuns: Când adulmecă o femelă
11. Literele HUNCARRI pot fi rearanjate pentru a forma numele căror ferme unde lucrează cowboy?
    Răspuns: Ranchuri
12. Ce poartă caii care sar peste obstacole pentru a le fi protejate gleznele?
    Răspuns: Bandaje
13. Literele PIERE pot fi rearanjate pentru a forma numele cărui obiect folosit la îndepărtarea mizeriei de pe un cal?
    Răspuns: Perie

Nivelul 3

14. Ce începe cu C și este o specie de ponei din Iran?
    Răspuns: Caspic
15. Cum își arată agresivitatea un cal?
    Răspuns: Ținându-și urechile pe spate
16. Cum se numesc oasele care alcătuiesc coloana vertebrală a unui cal?
    Răspuns: Vertebre
17. Cum se numește peria folosită pentru a da jos părul unui cal când năpârlește?
    Răspuns: Perie de țesălat din cauciuc
18. Ce începe cu D și este o ramură a echitației?
    Răspuns: Dresaj

RĂSPUNSURI: Pisici

Nivelul 1

1. Cum se numesc puii de pisică?
   Răspuns: Pisoi
2. Iarba mâței este o specie de plantă sau de animal?
   Răspuns: Specie de plantă
3. Pisicile pândesc și apoi sar asupra prăzii sau o fugăresc până când aceasta obosește?
   Răspuns: Pândesc și apoi sar
4. Stăpânii folosesc perii pentru a îngriji blana pisicilor sau pentru a le hrăni?
   Răspuns: Pentru a îngriji blana
5. Pisicile pot să se cațere?
   Răspuns: Da
6. Pisoii preferă să se joace cu gheme de lână sau cu andrele?
   Răspuns: Cu gheme de lână
7. Pisicile se pricep să sară?
   Răspuns: Da

Nivelul 2

8. Pisicile au gheare. Adevărat sau fals?
   Răspuns: Adevărat
9. La ce folosește un stâlp-grifoar?
   Răspuns: La ascuțit ghearele
10. Pisicile preferă să trăiască singure sau în grup?
    Răspuns: Singure
11. Cât timp rămân închiși ochii unui pisoi după ce se naște?
    Răspuns: O săptămână
12. Cât de des trebuie hrănită o pisică?
    Răspuns: Cel puțin o dată pe zi
13. Cine se bat mai des: masculii sau femelele de pisică?
    Răspuns: Masculii
14. Cum sunt numiți masculii de pisică?
    Răspuns: Motani
15. De ce e bine să folosești un vas special pentru hrana pisicii?
    Răspuns: Ca sa vină imediat când stăpânul se apropie de vas

Nivelul 3

16. Ce parte a corpului unei pisici este retractilă?
    Răspuns: Ghearele
17. Din ce animal se trag pisicile domestice?
    Răspuns: Pisica sălbatică africană
18. De ce pisicile stropesc cu urină și își lasă mirosul pe diferite lucruri?
    Răspuns: Pentru a avertiza alte pisici să stea departe de teritoriul lor

RĂSPUNSURI: Câini

Nivelul 1

1. Cum se numește un pui de câine?
   Răspuns: Cățel
2. Majoritatea câinilor polițiști sunt alsacieni sau dalmațieni?
   Răspuns: Alsacieni
3. Pitbull terrierii au fost crescuți inițial pentru lupte sau pentru a aduce papucii?
   Răspuns: Pentru lupte
4. Majoritatea labradorilor sunt prietenoși sau agresivi?
   Răspuns: Prietenoși
5. Terrierul este cea mai diversificată rasă de câini. Adevărat sau fals?
   Răspuns: Fals

Nivelul 2

6. Ce fac mulți dintre oameni cu puii?
   Răspuns: Îi vând
7. În cât timp crește un cățel și ajunge adult: șase luni, un an sau trei ani?
   Răspuns: Un an
8. Ce rasă de câini care începe cu C este adesea antrenată să ia urma?
   Răspuns: Cocker Spaniel
9. Cum poate un câine care aude să ajute un stăpân surd?
   Răspuns: Anunțându-l că bate cineva la ușă
10. Dacă un câine dă din coadă, este fericit sau trist?
    Răspuns: Fericit
11. Un câine trist își lasă coada în jos sau o ridică?
    Răspuns: O lasă în jos
12. Ce animal sălbatic este strămoșul tuturor câinilor domestici?
    Răspuns: Lupul
13. Literele EDGIER REVEL TORN pot fi rearanjate pentru a forma numele cărei rase de câini folosiți adesea drept câini însoțitori?
    Răspuns: Golden retriever
14. Ce câine este mai bun pentru pază: un rottweiler sau un labrador?
    Răspuns: Un rottweiler

Nivelul 3

15. Cât timp ar trebui să aștepți înainte să dai cățeii unui nou stăpân?
    Răspuns: Câteva săptămâni
16. La ce vârstă este mai ușor să dresezi un câine?
    Răspuns: La un an
17. Ce cuvânt desemnează tăierea cozii unui câine?
    Răspuns: Cupare
18. Cum poți să-ți dai seama că un câine este speriat?
    Răspuns: Își ține coada între picioare
19. Ce rasă de câine a fost creată pentru a vâna animale mari?
    Răspuns: Copoi

RĂSPUNSURI: Vietuitoare ale deșertului

Nivelul 1

1. Coiotul e câine sălbatic sau pisică sălbatică?
   Răspuns: Câine sălbatic
2. Ce sunt diavolul țepos și monstrul gila: reptile, păsări sau insecte?
   Răspuns: Reptile
3. Vulpile deșertului au urechi mari ca să le ajute să se răcorească?
   Răspuns: Da

Nivelul 2

4. Unele păsări ale deșertului își construiesc cuiburile pe cactuși. Adevărat sau fals?
   Răspuns: Adevărat
5. Păsările de pradă din deșert mănâncă plante cu țepi?
   Răspuns: Fals (mănâncă rozătoare, iepuri și șerpi)
6. Ce șopârlă de deșert este otrăvitoare: monstrul gila sau cameleonul?
   Răspuns: Monstrul gila
7. Ce pasăre nu este o pasăre de pradă din deșert: vulturul-curcan, vulturul nubian sau vindereul?
   Răspuns: Vindereul (nu trăiește în deșert)
8. Ce vulpe trăiește în deșert: roșcată, artică sau fenecul?
   Răspuns: Fenecul
9. Diavolul țepos colectează roua de pe propriul corp sau de pe plante?
   Răspuns: De pe propriul corp
10. Ce caracteristici ajută animalele de pradă din deșert: mișcările rapide, vederea bună, ghearele sau toate?
    Răspuns: Toate de mai sus
11. Vulpea peruană trăiește în deșertul Atacama din America de Sud sau în deșertul Sahara din Africa de Nord?
    Răspuns: Deșertul Atacama din America de Sud
12. Ce mănâncă râsul roșu?
    Răspuns: Rozătoare

Nivelul 3

13. Ce specie de șopârlă trăiește toată viața într-un cactus putred?
    Răspuns: Șopârla Xanturia vigilis
14. Coiotul de deșert cântărește mai mult sau mai puțin decât coiotul de munte?
    Răspuns: Mai puțin
15. Ce caracteristică a râsului roșu îl ajută să audă mai bine?
    Răspuns: Perii de pe urechi
16. Ce începe cu L și este un animal zburător care mănâncă nectar din florile de cactus?
    Răspuns: Liliac
17. Cum se mai numește vulpea peruană?
    Răspuns: Vulpe Sechuran
18. Ce șopârlă cu G poate trăi luni la rând fără hrană?
    Răspuns: (Monstrul) gila

RĂSPUNSURI: Păianjeni

Nivelul 1

1. Corpul unui păianjen este alcătuit din două, trei sau opt părți?
   Răspuns: Din două părți
2. Câte aripi au păianjenii: o pereche, două perechi sau nici o pereche?
   Răspuns: Nici o pereche
3. Păianjenii țes mătase ca să facă pânze. Adevărat sau fals?
   Răspuns: Adevărat
4. Majoritatea păianjenilor nu au ochi. Adevărat sau fals?
   Răspuns: Fals (majoritatea au șase sau opt ochi)

Nivelul 2

5. Păianjenul-cârtiță își prinde prada într-o pânză. Adevărat sau fals?
   Răspuns: Fals (prinde prada într-o capcană)
6. În forma cărei litere țese pânza păianjenul de grădină, după ce face conturul: X, Y, Z?
   Răspuns: Y
7. Organele producătoare de mătase ale păianjenului sunt pe abdomen?
   Răspuns: Da
8. Picioarele unui păianjen sunt atașate de partea din față sau de abdomen?
   Răspuns: De partea din față
9. Unii păianjeni pot vedea numai lumini și umbre?
   Răspuns: Da
10. Cum își mănâncă un păianjen prada: mestecând-o, lichefiindu-i interiorul și sugându-l sau înghițind-o întreagă?
    Răspuns: Lichefiindu-i interiorul și sugându-l
11. În ce parte a corpului păianjenului, care începe cu A, se găsesc organele pentru digestie?
    Răspuns: Abdomen
12. Care este cel mai mare păianjen?
    Răspuns: Păianjenul mâncător de păsări
13. Imensul păianjen mâncător de păsări se hrănește numai cu păsări?
    Răspuns: Fals (de obicei, mănâncă insecte, șoareci sau șopârle)

Nivelul 3

14. Când păianjenul termină de țesut pânza, aceasta conține și un fir uscat. Adevărat sau fals?
    Răspuns: Fals (firul uscat este îndepărtat)
15. Ce fel de păianjeni sunt păianjenul-lup și tarantula?
    Răspuns: Păianjeni vânători
16. Ce conțin colții goi în interior ai unui păianjen?
    Răspuns: Venin din glandele cu venin
17. Se crede că păianjenii săritori au vedere bună sau slabă?
    Răspuns: Bună
18. Cum detectează mișcarea un păianjen mâncător de păsări?
    Răspuns: Cu perii de pe corp
19. Cum lichefiază un păianjen interiorul prăzii?
    Răspuns: Injectând-o cu un amestec special de substanțe

RĂSPUNSURI: Albine

Nivelul 1

1. Mierea este produsă de lilieci, de albine sau de urși?
   Răspuns: De albine
2. Ce cuvânt începe cu T și denumește masculii de albină?
   Răspuns: Trântori
3. Albinele sălbatice își construiesc propriii stupi, numiți cuiburi. Adevărat sau fals?
   Răspuns: Adevărat
4. Albinele nu au abdomen. Adevărat sau fals?
   Răspuns: Fals

Nivelul 2

5. Aripile albinei sunt atașate de torace (partea de mijloc a corpului) sau de cap?
   Răspuns: De torace
6. Albinele lucrătoare colectează polen și nectar. Adevărat sau fals?
   Răspuns: Adevărat
7. Ce începe cu N și din el se face miere?
   Răspuns: Nectar
8. Ce cuvânt începe cu H și reprezintă forma unei celule dintr-un fagure?
   Răspuns: Hexagon
9. Albina are două sau trei tipuri de aripi?
   Răspuns: Două (anterioare și posterioare)
10. Ouăle albinelor eclozează în trei zile, o săptămână sau o lună?
    Răspuns: În trei zile
11. Albinele au glande speciale pentru ceară, ulei sau grăsime?
    Răspuns: Pentru ceară
12. Unele albine au un stomac special „de miere“, unde depozitează nectarul. Adevărat sau fals?
    Răspuns: Adevărat
13. Care este numărul mediu de flori pe care îl vizitează o albină într-un drum: 5–10, 50–100 sau 500–1 000?
    Răspuns: 50–100

Nivelul 3

14. Unde colectează albinele polenul?
    Răspuns: Într-un „coș“ de polen aflat pe picioarele posterioare
15. Cum se numește tubul folosit de albine pentru a colecta nectar?
    Răspuns: Trompă (proboscis)
16. În medie, câte ouă poate să depună o matcă?
    Răspuns: Până la 200 000 pe an
17. Cum se colectează mierea dintr-o albină?
    Răspuns: Mierea este aspirată de o albină lucrătoare
18. Cu ce substanță produsă de albinele lucrătoare sunt hrănite viitoarele mătci?
    Răspuns: Lăptișor de matcă
19. Ce face o albină când găsește o nouă sursă de hrană?
    Răspuns: Execută un dans special

RĂSPUNSURI: Creaturi mortale

Nivelul 1

1. Unii șerpi sunt veninoși. Adevărat sau fals?
   Răspuns: Adevărat
2. Ce animale vânează marii rechini albi: foci, delfini sau ambele?
   Răspuns: Ambele
3. Femelele de păianjen văduva neagră sunt periculoase pentru om. Adevărat sau fals?
   Răspuns: Adevărat
4. Ce animal își înfășoară corpul în jurul victimei ca să o omoare: șarpele boa sau meduzele?
   Răspuns: Șarpele boa

Nivelul 2

5. Ce începe cu T și au meduzele?
   Răspuns: Tentacule
6. Cum își omoară crocodilul prada: aruncând-o în aer sau înecând-o?
   Răspuns: Înecând-o
7. Cobra își omoară prada înfășurându-se în jurul ei?
   Răspuns: Nu
8. Cum își găsesc rechinii prada: după miros, prin folosirea unor celule care detectează mișcarea sau cu ambele?
   Răspuns: Cu ambele metode
9. Ce mănâncă meduzele: pești mici, viermi sau ambele?
   Răspuns: Pești mici
10. Cât cântărește un mare rechin alb: 200 kg, 1 000 kg, 2 000 kg?
    Răspuns: 2 000 kg
11. Rechinul-tigru este considerat periculos sau inofensiv pentru om?
    Răspuns: Periculos (este un prădător redutabil)
12. Crocodilul se ascunde încât prada să nu-l vadă?
    Răspuns: Da (în apă)

Nivelul 3

13. Cum se mai numesc meduzele-cutie?
    Răspuns: Viespi de mare
14. Câte mănunchiuri de tentacule au meduzele-cutie?
    Răspuns: Patru
15. Ce specie de piranha este cea mai periculoasă?
    Răspuns: Piranha cu burtă roșie
16. Care este cel mai periculos păianjen?
    Răspuns: Păianjenul călător brazilian
17. Ce caracteristică specială are crocodiulul care îi permite să stea sub apă?
    Răspuns: Membrane impermeabile peste ochi, urechi, nări și gât
18. Ce începe cu S și este detectat de piranha, cu un sistem special de senzori?
    Răspuns: Sânge

RĂSPUNSURI: Broaște

Nivelul 1

1. Un pui de broască se numește mormoloc. Adevărat sau fals?
   Răspuns: Adevărat
2. Broaștele zburătoare au pene sau membrane de piele?
   Răspuns: Membrane de piele
3. Broaștele adulte au coadă. Adevărat sau fals?
   Răspuns: Fals
4. Broaștele depun ouă în apă sau în cuiburi în copaci?
   Răspuns: În apă

Nivelul 2

5. Mormolocii au coadă, branhii și picioare. Adevărat sau fals?
   Răspuns: Fals (nu au picioare)
6. Cât de des își leapădă pielea broaștele: o dată pe săptămână, o dată pe an sau niciodată?
   Răspuns: O dată pe săptămână
7. Cât planează o broască zburătoare: 2 m, 12 m sau 22 m?
   Răspuns: 12 m
8. Toate broaștele prind prada cu limba. Adevărat sau fals?
   Răspuns: Fals (unele își folosesc picioarele)
9. După câte zile eclozează puii din ouăle unei broaște: 3–5 zile, 3–25 de zile sau 25–35 de zile?
   Răspuns: 3–25 de zile
10. Literele RĂSUBCOȚ pot fi rearanjate pentru a forma numele cărui stadiu în dezvoltarea unei broaște?
    Răspuns: Broscuță
11. Urechile broaștelor sunt special adaptate pentru a auzi prădătorii sau alte broaște din specia lor?
    Răspuns: Alte broaște din specia lor
12. Broaștele își umflă gușa ca să cheme alte broaște, ca să alunge un dușman sau pentru ambele?
    Răspuns: Pentru ambele
13. Ce plante cu A sunt mâncate de mormoloci?
    Răspuns: Alge

Nivelul 3

14. Unde trăiesc broaștele otrăvitoare?
    Răspuns: În pădurile tropicale din America Centrală și de Sud
15. O broască de copac poate sări pe o distanță de 2 ori, de 10 ori sau de 30 de ori mai mare decât lungimea corpului ei?
    Răspuns: De 30 de ori mai mare
16. Ce începe cu M și se referă la schimbările prin care trece un mormoloc?
    Răspuns: Metamorfoză
17. Ce specie de broască își păzește ouăle de prădători?
    Răspuns: Broasca lui Darwin sau broasca otrăvitoare (și multe alte specii)
18. La ce folosesc unele triburi otrava broaștei otrăvitoare?
    Răspuns: La vânătoare (vârfurile săgeților sunt înmuiate în otravă)
19. De ce broaștele trebuie să aibă pielea umedă?
    Răspuns: Pentru a-și putea lua oxigenul necesar din aer

RĂSPUNSURI: Viețuitoare din recifele de corali

Nivelul 1

1. Coralilor le place apa caldă și puțin adâncă?
   Răspuns: Da
2. Este peștele-anemonă una dintre multele specii de pești care trăiesc în recifele de corali?
   Răspuns: Da
3. Stelele de mare nu sunt pești. Adevărat sau fals?
   Răspuns: Adevărat
4. Meduzele au creier?
   Răspuns: Nu (au o„ rețea de nervi“)

Nivelul 2

5. Unii pești sunt colorați sau au modele pentru a se recunoaște unii pe alții. Adevărat sau fals?
   Răspuns: Adevărat
6. Literele CULATNETE pot fi aranjate pentru a forma numele cărei părți dintr-o meduză?
   Răspuns: Tentacule
7. Ce detectează rețeaua de nervi a unei meduze: atingerea sau lumina?
   Răspuns: Atingerea
8. Câte specii de pești trăiesc în recifele de corali: peste 3 000, peste 4 000 sau peste 5 000?
   Răspuns: Peste 4 000
9. Ce viețuitoare pare inofensivă ca o piatră?
   Răspuns: Peștele-piatră
10. Coralii-creier și coralii corn de cerb sunt moi sau tari?
    Răspuns: Tari
11. Pentru ce își folosesc coralii tentaculele: să meargă pe fundul oceanului, să se hrănească sau să înoate?
    Răspuns: Să se hrănească
12. Anemonele de mare protejează peștii-anemonă sau îi mănâncă?
    Răspuns: Îi protejează

Nivelul 3

13. Ce viețuitoare cu P sunt mâncate de corali?
    Răspuns: Plancton
14. Ce începe cu S și înseamnă „viață împreună“?
    Răspuns: Simbioză
15. Cum se numește un grup mare de meduze?
    Răspuns: Banc
16. Câte tentacule au coralii moi?
    Răspuns: Opt
17. Ce parte a corpului își mișcă peștii pentru a înota?
    Răspuns: Coada
18. Ce animal începe cu S și este o echinodermă?
    Răspuns: Steaua de mare

RĂSPUNSURI: Delfini și marsuini

Nivelul 1

1. Bot gros este numele unui delfin, al unui crab sau al unui homar?
   Răspuns: Al unui delfin
2. Majoritatea marsuinilor sunt mai mici decât delfinii. Adevărat sau fals?
   Răspuns: Adevărat
3. Ce joc le place delfinilor să joace: fotbal, tenis sau călărirea valurilor?
   Răspuns: Călărirea valurilor
4. Ce este delfinul: mamifer sau reptilă?
   Răspuns: Mamifer

Nivelul 2

5. Delfinii au un „melon" în zona capului care să-i ajute să găsească pești. Adevărat sau fals?
   Răspuns: Adevărat (îl folosesc la ecolocație)
6. Delfinii scot păcănituri, fluierături sau ambele sunete pentru a comunica între ei?
   Răspuns: Ambele sunete
7. De ce înoată marsuinii cu susul în jos: pentru a atrage o parteneră sau pentru a mânca?
   Răspuns: Pentru a atrage o parteneră
8. Cât de rapid poate să înoate marsuinul lui Dall?
   Răspuns: 55 km/h
9. Ce începe cu A și sunt jucăriile preferate ale delfinilor?
   Răspuns: Alge
10. Delfinii sau marsuinii au o aripioară dorsală triunghiulară?
    Răspuns: Delfinii
11. Unde nasc femelele de delfin: lângă fundul oceanului sau lângă suprafața acestuia?
    Răspuns: Lângă suprafața oceanului
12. Câte jocuri se crede că știu delfinii: mai mult de 3, mai mult de 30 sau mai mult de 300?
    Răspuns: Mai mult de 300
13. Care este rolul unui delfin doică?
    Răspuns: Să o ajute pe mamă să-l învețe pe pui
14. Femelele de delfin nasc pui, pisoi sau cățeluși?
    Răspuns: Pui

Nivelul 3

15. Câte specii de marsuini există?
    Răspuns: Șase
16. Care este cel mai mic marsuin?
    Răspuns: Vaquita
17. Cum se numește ciocul unui delfin?
    Răspuns: Rostrum
18. Ce înseamnă a călări valurile?
    Răspuns: A face surf pe valurile ridicate de vapoare
19. Ce sunet începe cu C și este folosit de delfini pentru a investiga mediul și a găsi pești?
    Răspuns: Clic

RĂSPUNSURI: Balene ucigașe

Nivelul 1

1. Balenele ucigașe trăiesc în familii numite turme?
   Răspuns: Da
2. Un alt nume al balenei ucigașe este orcă. Adevărat sau fals?
   Răspuns: Adevărat
3. Balenele ucigașe adulte au grijă de pui sau puii au grijă singuri de ei înșiși?
   Răspuns: Au grijă de pui
4. Cum se numește săritura balenei: salt sau hop?
   Răspuns: Salt

Nivelul 2

5. Balena ucigașă se mai numește și rechinul oceanului sau lupul mării?
   Răspuns: Lupul mării
6. Câți metri măsoară un mascul de balenă ucigașă: până la 4 m, 6 m sau 10 m?
   Răspuns: Până la 10 m
7. Balenele ucigașe vânează uneori balene albastre tinere. Adevărat sau fals?
   Răspuns: Adevărat
8. De ce face salturi balena: pentru a speria prada, pentru a avertiza cu privire la un pericol, pentru a atrage un partener sau toate de mai sus?
   Răspuns: Toate de mai sus
9. Ce fel de sunete care încep cu literele C și F folosește o balenă pentru a transmite mesaje altor balene?
   Răspuns: Clicuri și fluierături
10. Un clan este alcătuit din mai multe turme. Adevărat sau fals?
    Răspuns: Adevărat
11. Balenele ucigașe scot din apă coada sau capul atunci când spionează?
    Răspuns: Capul
12. Balenele ucigașe sunt mamifere sau pești mari?
    Răspuns: Mamifere
13. Balenele ucigașe îi protejează, îi atacă sau îi îndepărtează pe membrii bolnavi sau răniți ai turmei?
    Răspuns: Îi protejează

Nivelul 3

14. Care este viteza de croazieră a unei balene ucigașe?
    Răspuns: 10 km/h
15. Ce înseamnă a bate apa?
    Răspuns: A lovi apa cu coada
16. Cu cât mai repede înoată o balenă ucigașă atunci când vânează?
    Răspuns: Cu 38 km/h mai rapid
17. Rearanjați literele LIDEATC pentru a defini sunetele folosite de o turmă de balene?
    Răspuns: Dialect
18. Cât timp poate o balenă să stea pe verticală?
    Răspuns: Până la 30 de secunde

RĂSPUNSURI: Cetacee

Nivelul 1

1. Este balena albastră cel mai mare mamifer de pe Pământ?
   Răspuns: Da
2. Ce mănâncă cetaceele: păsări sau krill?
   Răspuns: Krill
3. Balenele nu migrează niciodată împreună cu puii. Adevărat sau fals?
   Răspuns: Fals
4. Balena albastră scoate sunete mult mai înalte decât oamenii. Adevărat sau fals?
   Răspuns: Adevărat

Nivelul 2

5. Numai balena albastră are două găuri de respirație. Adevărat sau fals?
   Răspuns: Fals (toate cetaceele au)
6. Balenei de Groenlanda îi plac apele calde ale Mării Mediterane. Adevărat sau fals?
   Răspuns: Fals (trăiește în apele arctice)
7. Balena cenușie migrează de-a lungul cărei coaste a Statelor Unite: coasta de est sau coasta de vest?
   Răspuns: Coasta de vest
8. La ce se folosesc fanoanele: la sfâșierea peștelui, la prinderea krillului sau la înot?
   Răspuns: La prinderea krillului
9. Balenele cu cocoașă folosesc bule de aer pentru a prinde krill?
   Răspuns: Da (formează o plasă de bule)
10. De ce migrează balenele?
    Răspuns: Pentru a se hrăni sau a se înmulți
11. De ce balena de Groenlanda are un strat gros de grăsime?
    Răspuns: Pentru a-i ține de cald
12. Cât migrează balena cenușie: 1 000 km, 5 000 km sau 10 000 km?
    Răspuns: 10 000 km
13. Rearanjați literele PRFIAREINLTR pentru a descrie cum mănâncă o balenă cu fanoane.
    Răspuns: Prin filtrare

Nivelul 3

14. Cât de sonoră este chemarea unei balene albastre?
    Răspuns: Până la 188 de decibeli
15. Balenele cu cocoașă mănâncă hrana pe care o prind prin crearea unei plase de bule pe fundul oceanului sau la suprafață?
    Răspuns: La suprafață
16. Cât la sută din lungimea sa totală o reprezintă capul unei balene de Groenlanda?
    Răspuns: 40%
17. Câți krilli poate mânca o balenă albastră pe zi?
    Răspuns: 4 milioane

RĂSPUNSURI: Păsări de pradă

Nivelul 1

1. Care este pasărea națională a SUA: vulturul auriu, harpia sau vulturul pleșuv?
   Răspuns: Vulturul pleșuv
2. Vulturul-pescar trăiește lângă apă sau în zone cu pășuni?
   Răspuns: Lângă apă
3. Șoimul călător este mai rapid decât orice altă viețuitoare din lume. Adevărat sau fals?
   Răspuns: Adevărat
4. Ce caracteristică specială are vulturul-pescar?
   Răspuns: Solzi spinoși pe exteriorul ghearelor

Nivelul 2

5. Câte specii de șoimi există: 5, 35 sau 75?
   Răspuns: circa 35
6. Cu cine seamănă harpia sud-americană: vultur șerpar, uliu șorecar sau vultur de mare?
   Răspuns: Uliu șorecar
7. Cât de rapid poate plonja un șoim călător: 23 km/h, 230 km/h, 320 km/h?
   Răspuns: 320 km/h
8. Ce păsări de pradă au gheare mai lungi: cele care prind iepuri sau cele care prind pești?
   Răspuns: Cele care prind pești
9. Câte specii de vulturi există: 20, 40 sau 60?
   Răspuns: 60
10. Ce pasăre de pradă are cea mai mare anvergură a aripilor?
    Răspuns: Condorul andin
11. Care este cel mai mare vultur din lume?
    Răspuns: Harpia sud-americană
12. Ce mănâncă vulturul pleșuv: animale mici, pește sau ambele?
    Răspuns: Ambele
13. Ce tip de aripi le permit vulturilor și uliilor să stea în aer, la mare înălțime, mult timp: aripi mari sau aripi lungi și conice?
    Răspuns: Aripi mari
14. Vindereul este un șoim sau un vultur?
    Răspuns: Șoim

Nivelul 3

15. Ce formă a aripilor le permite păsărilor să se miște cu ușurință?
    Răspuns: Scurtă și rotundă
16. Ce fel de vultur este vulturul auriu?
    Răspuns: Vultur încălțat
17. Ce este neobișnuit la partea inferioară a ghearelor unui vultur-pescar?
    Răspuns: Solzii cu care sunt acoperite
18. Ce se întâmplă cu vulturii pleșuvi la trei sau patru ani?
    Răspuns: Capul le devine alb, iar ciocul galben

RĂSPUNSURI: Șoareci și șobolani

Nivelul 1

1. Șoarecii și șobolanii sunt rozătoare, insecte sau reptile?
   Răspuns: Rozătoare
2. Șoarecele de laborator este cel mai întâlnit șoarece animal de companie?
   Răspuns: Da
3. Șobolanul norvegian este cel mai răspândit șobolan din lume. Adevărat sau fals?
   Răspuns: Adevărat
4. Ce boală au răspândit șobolanii: ciuma, gripa sau răceala?
   Răspuns: Ciuma

Nivelul 2

5. Un șoarece are multă blană când se naște. Adevărat sau fals?
   Răspuns: Fals (nu are deloc blană)
6. Șobolanul norvegian a omorât mulți șobolani negri când a ajuns în Europa. Adevărat sau fals?
   Răspuns: Adevărat
7. Unii șoareci trăiesc în case și în alte clădiri?
   Răspuns: Da
8. Pârșii își construiesc cuiburi sau trăiesc în peșteri?
   Răspuns: Își construiesc cuiburi
9. De unde provine șobolanul norvegian: Europa, Asia sau Africa?
   Răspuns: Asia
10. Ce dinți cu I au și șoarecii, și șobolanii?
    Răspuns: Incisivi
11. Câte specii de șoareci există: mai puțin de 10, între 10 și 100 sau peste 100?
    Răspuns: Peste 100
12. Cum se mai numește șobolanul norvegian?
    Răspuns: Șobolan maro
13. Ce cuvânt începe cu H și reprezintă ceea ce fac pârșii iarna?
    Răspuns: Hibernează

Nivelul 3

14. Ce șoarece are un nume care începe cu C și este una dintre cele mai mici specii de șoarece?
    Răspuns: Șoarecele de câmp
15. În ce regiuni este mai întâlnit șobolanul negru decât cel maro?
    Răspuns: În zonele tropicale
16. Ce înseamnă cuvântul latin *rodere*?
    Răspuns: A roade
17. Cum a ajuns șobolanul norvegian în America de Nord?
    Răspuns: Pe vapoarele coloniștilor
18. Cât de repede poate alerga un șoarece?
    Răspuns: Cu până la 13 km/h
19. Câți pui poate făta femela de șoarece într-un an?
    Răspuns: Circa 40

RĂSPUNSURI: Lilieci

Nivelul 1

1. Liliecii sunt mamifere zburătoare. Adevărat sau fals?
   Răspuns: Adevărat
2. Liliecii-vampir se hrănesc cu sângele căror animale: vite, șopârle sau melci?
   Răspuns: Vite
3. Sunt oasele unui liliac ușoare pentru a-i înlesni zborul?
   Răspuns: Da

Nivelul 2

4. Cum se mai numesc liliecii fructivori: pisici zburătoare, vulpi zburătoare sau maimuțe zburătoare?
   Răspuns: Vulpi zburătoare
5. Toți liliecii folosesc ecolocația ca să găsească hrană?
   Răspuns: Nu (unii își folosesc mirosul)
6. Unii pui de liliac pot să zboare încă de la vârsta de două săptămâni. Adevărat sau fals?
   Răspuns: Adevărat
7. La ce își folosesc liliecii degetele cu gheare de pe aripi: pentru a se cățăra sau pentru a atârna cu capul în jos?
   Răspuns: Pentru a se cățăra
8. Câte țipete pe secundă poate scoate un liliac în timpul ecolocației: 2, 200 sau 2 milioane?
   Răspuns: 200
9. Ce parte a corpului își folosește un liliac-vampir pentru a detecta căldura?
   Răspuns: Senzorul de căldură
10. Literele CALILI VORTICRUF pot fi rearanjate pentru a forma numele cărui liliac care trăiește în Asia, Africa și Oceania?
    Răspuns: Liliac fructivor
11. Liliecii au picioare puternice sau firave?
    Răspuns: Firave
12. Care este anvergura aripilor celui mai mare liliac: 1,5 m, 1,8 m sau 2,5 m?
    Răspuns: 1,8 m

Nivelul 3

13. De ce liliacul-vampir are mai puțini dinți?
    Răspuns: Nu are nevoie să-și mestece hrana
14. Cum se mai numește liliacul-bondar?
    Răspuns: Liliacul cu nas de porc
15. Prin ce diferă degetele unui liliac fructivor de ale celorlalți lilieci?
    Răspuns: Au gheare și pe al doilea deget
16. Care este diferența de anvergură a aripilor dintre cel mai mic și cel mai mare liliac?
    Răspuns: 165 cm
17. Cum găsesc unii lilieci fructe și nectar?
    Răspuns: Folosindu-și mirosul
18. Unde se găsește membrana de piele la un liliac?
    Răspuns: Între picioare și coadă

RĂSPUNSURI: Feline mari

Nivelul 1

1. Leii vânează în grup. Adevărat sau fals?
   Răspuns: Adevărat
2. Cum se numește un grup de lei: familie sau ceată?
   Răspuns: Familie
3. Și leii, și tigrii rag?
   Răspuns: Da
4. Toate felinele mari sunt mamifere?
   Răspuns: Da
5. Ce mănâncă leii: zebre, pinguini sau homari?
   Răspuns: Zebre

Nivelul 2

6. Tigrul, leopardul, jaguarul și râsul sunt feline mari. Adevărat sau fals?
   Răspuns: Fals (râsul nu este o felină mare)
7. Cât de mult poate mânca un tigru la o masă: 10 kg, 40 kg sau 80 kg de carne?
   Răspuns: 40 kg de carne
8. Care este cel mai rapid animal terestru: jaguarul, leul sau ghepardul?
   Răspuns: Ghepardul
9. Care este cea mai mare felină: leul, tigrul sau ghepardul?
   Răspuns: Tigrul
10. Rearanjați literele RODLEAP pentru a forma numele unei feline mari care mănâncă antilope impala, iepuri și păsări.
    Răspuns: Leopard
11. Fiecare tigru are același model de dungi pe ambele părți ale corpului. Adevărat sau fals?
    Răspuns: Fals (are un model diferit pe fiecare parte)
12. Ce feline își ascund prada în copaci: leii, tigrii sau leoparzii?
    Răspuns: Leoparzii
13. Care este singura felină mare care trăiește în America: ghepardul, jaguarul sau ocelotul?
    Răspuns: Jaguarul
14. Ce începe cu P și descrie modul de vânătoare al leilor și al tigrilor?
    Răspuns: Pândă

Nivelul 3

15. Ce tigru mai mic trăiește în Asia?
    Răspuns: Tigrul de Sumatra
16. Ce grup de mamifere include leii, tigrii, leoparzii și jaguarii?
    Răspuns: Panthera
17. Ce ajută o felină mare să se ascundă?
    Răspuns: Iarba și culoarea blanei
18. Cât de departe poate ajunge un ghepard dintr-un salt?
    Răspuns: 6–7 metri
19. Care felină mare nu-și poate retracta complet ghearele?
    Răspuns: Ghepardul

RĂSPUNSURI: Maimuțe

Nivelul 1

1. Cimpanzeii trăiesc în grupuri?
   Răspuns: Da
2. Cum se numește un mascul adult de gorilă: gorilă cu spate argintiu, gorilă cu față cenușie sau gorilă cu cap albastru?
   Răspuns: Gorilă cu spate argintiu
3. Cimpanzeii folosesc strigăte pentru a comunica?
   Răspuns: Da
4. Pentru că pădurile tropicale sunt distruse, toate maimuțele sunt amenințate cu dispariția?
   Răspuns: Da

Nivelul 2

5. Gorilele și cimpanzeii trăiesc atât în Africa cât și în Asia. Adevărat sau fals?
   Răspuns: Fals (trăiesc numai în Africa; urangutanii trăiesc în Asia)
6. La ce vârstă învață gorilele să „meargă în pumni": la trei săptămâni, la nouă luni sau la nouă ani?
   Răspuns: La nouă luni
7. Urangutanul este un animal sociabil. Adevărat sau fals?
   Răspuns: Fals (trăiește singur după ce se desparte de mamă)
8. Spatele negru este specific unui tânăr mascul de gorilă, de urangutan sau de cimpanzeu?
   Răspuns: Unui tânăr mascul de gorilă
9. Cine este dușmanul gorilei: leopardul, tigrul sau jaguarul?
   Răspuns: Leopardul
10. Cât timp stă cu familia un tânăr mascul de gorilă: până la 3 ani, până la 8 ani sau până la 11 ani?
    Răspuns: Până la 11 ani
11. Câte gorile trăiesc într-un grup: 10, 30 sau 200?
    Răspuns: 30
12. Ce trăsătură caracteristică au adulții masculi de gorilă: o dungă argintie, neagră sau maro de-a lungul spatelui?
    Răspuns: O dungă argintie
13. Cum se numește un grup de gorile: clan, ceată sau familie?
    Răspuns: Ceată
14. Unde trăiesc urangutanii: în copaci, în peșteri sau în iarbă?
    Răspuns: În copaci

Nivelul 3

15. Ce cuvânt începe cu B și denumește un cimpanzeu pigmeu?
    Răspuns: Bonobo
16. Câte cuiburi poate să-și facă un urangutan în șapte zile?
    Răspuns: 14
17. Ce poate face o maimuță cu degetul mare opozabil?
    Răspuns: Să fabrice unelte
18. Ce membru al unui grup de gorile ia decizii?
    Răspuns: Masculul dominant
19. Ce mănâncă gorilele?
    Răspuns: Mai ales plante, dar și insecte

RĂSPUNSURI: Urși

Nivelul 1

1. Urșii hibernează vreme îndelungată. Adevărat sau fals?
Răspuns: Adevărat
2. Unde trăiesc urșii polari: Arctica, Antarctica sau America de Sud?
Răspuns: Arctica
3. Puii de urs se numesc: pisoi, cățel sau ursuleți?
Răspuns: Ursuleți
4. Unde fată ursoaicele: sub apă, lângă un lac sau în bârlog?
Răspuns: În bârlog
5. Urșii, câteodată, mănâncă animale moarte. Adevărat sau fals?
Răspuns: Adevărat

Nivelul 2

6. Ursul grizzly este o specie de urs brun. Adevărat sau fals?
Răspuns: Adevărat
7. Cât timp poate hiberna un urs negru: 50, 100 sau 200 de zile?
Răspuns: 100 de zile
8. Care este cel mai mic urs: ursul malaysian, ursul Kodiak sau ursul cu ochelari?
Răspuns: Ursul malaysian
9. Ursul polar are un strat de grăsime pe corp gros de 10 cm, 30 cm sau 50 cm?
Răspuns: 10 cm
10. La ce vârstă își părăsește mama puiul: un an, doi ani sau trei ani?
Răspuns: La trei ani
11. Ce începe cu S și le place urșilor bruni din Alaska să mănânce?
Răspuns: Somon
12. Unde trăiește ursul cu ochelari: în munți, în deșert, în tundră?
Răspuns: În munți

Nivelul 3

13. Dacă un urs negru cântărește 180 kg primăvara, cât cântărește când începe să hiberneze?
Răspuns: 360 kg
14. Cu ce animal marin cu F se hrănesc urșii polari?
Răspuns: Focă
15. Ce lucruri importante învață ursuleții de la mamă?
Răspuns: Cum să vâneze sau cum să-și facă adăpost
16. Ce este un omnivor?
Răspuns: Un animal care se hrănește și cu plante, și cu carne
17. Care este cel mai mare urs?
Răspuns: Ursul polar
18. Ce urs mănâncă bromelii?
Răspuns: Ursul cu ochelari
19. Toamna, câte ore pe săptămână petrece un urs mâncând?
Răspuns: 140 de ore

RĂSPUNSURI: Animale de companie

Nivelul 1

1. Peștii sunt ținuți în acvariu. Adevărat sau fals?
Răspuns: Adevărat
2. Pisicile își folosesc mustățile pentru a se orienta noaptea?
Răspuns: Da
3. Iepurii aleargă repede sau încet?
Răspuns: Repede
4. O pisică ținând coada sus e fericită sau tristă?
Răspuns: Fericită

Nivelul 2

5. Cobaii se mai numesc și porcușori de Guineea. Adevărat sau fals?
Răspuns: Adevărat
6. Pisicile domestice au păr scurt, lung sau de ambele feluri?
Răspuns: De ambele feluri
7. Câinii sunt înrudiți îndeaproape cu iepurii, cu vulpile sau cu lupii?
Răspuns: Cu lupii
8. Iepurii au câmp vizual de 90, de 180 sau de 360 de grade?
Răspuns: 360 de grade
9. Care dintre următorii nu este un papagal: macaw, papagalul pitic australian sau quetzalul?
Răspuns: Quetzalul
10. Ce începe cu E și desemnează un animal mâncător de plante?
Răspuns: Erbivor
11. Porcușorul de Guineea abisinian are păr scurt și moale. Adevărat sau fals?
Răspuns: Fals (are păr aspru și încâlcit)
12. Ce animal este cunoscut sub numele de șobolan de deșert: porcușorul de Guineea, gerbilul sau iepurele?
Răspuns: Gerbilul
13. Rearanjați literele ED SĂRA pentru a forma un cuvânt folosit pentru a descrie un anumit tip de pisici.
Răspuns: De rasă

Nivelul 3

14. Ce trebuie să facă hamsterii fiindcă dinții le cresc continuu?
Răspuns: Trebuie să roadă tot ce găsesc
15. Pentru ce este cunoscut papagalul cenușiu african?
Răspuns: Este unul dintre cei mai buni imitatori
16. Ce alt nume al hamsterului auriu începe cu S?
Răspuns: Sirian
17. Ce parametru cu T trebuie controlat în acvariu?
Răspuns: Temperatura
18. Câte rase de câini există?
Răspuns: Peste 400
19. Când sunt iepurii mai activi?
Răspuns: La răsărit și la apus
20. În ce state din SUA este ilegal să ai gerbili?
Răspuns: În California și în Hawaii

RĂSPUNSURI: Continente

Nivelul 1

1. Unde se află Nilul?
   Răspuns: În Africa
2. Ce continent se întinde la est de Europa?
   Răspuns: Asia
3. Este Asia al doilea continent din lume ca populație?
   Răspuns: Nu (este cel mai populat continent)
4. America Centrală face parte din America de Nord sau din America de Sud?
   Răspuns: Din America de Nord
5. Care este cel mai mic continent?
   Răspuns: Australia

Nivelul 2

6. Care este cea mai mare țară din lume?
   Răspuns: Federația Rusă
7. Ce separă Europa de Africa?
   Răspuns: Marea Mediterană
8. La ce cifră ajunsese populația planetei în 1802?
   Răspuns: Un miliard
9. Capitala Australiei este Sydney?
   Răspuns: Nu (Canberra)
10. Pe ce continent se găsesc cei mai înalți munți din lume?
    Răspuns: Asia
11. În ce masă mare de uscat este inclusă Europa?
    Răspuns: Eurasia
12. Câte miliarde de oameni a atins populația globului în 1999: unu, cinci, șase sau 11 miliarde?
    Răspuns: Șase miliarde
13. Munții Anzi se află pe coasta de est sau de vest a Americii de Sud?
    Răspuns: Pe coasta de vest

Nivelul 3

14. Cât la sută din pădurea amazoniană se află în afara Braziliei?
    Răspuns: 40%
15. Cum se numesc grupurile de insule din Pacificul de Sud?
    Răspuns: Melanezia, Micronezia și Polinezia
16. La ce populație se estimează că va ajunge planeta noastră în 2040?
    Răspuns: La 9 miliarde
17. Câte țări sunt în Africa: 47, 52 sau 54?
    Răspuns: 54
18. Pe ce continent se află cel mai mare lac cu apă dulce?
    Răspuns: America de Nord
19. Cât de lung este lanțul munților Anzi?
    Răspuns: 7 000 km lungime

RĂSPUNSURI: Comunitatea internațională

Nivelul 1

1. Organizația Națiunilor Unite a fost înființată în timpul Primului Război Mondial. Adevărat sau fals?
   Răspuns: Fals (a fost înființată oficial chiar după terminarea celui de-al Doilea Război Mondial)
2. Ce înseamnă NATO: Organizația Tratatului Atlanticului de Nord sau Organizația Tratatului Antarcticii de Nord?
   Răspuns: Organizația Tratatului Atlanticului de Nord
3. Toate unitățile de menținere a păcii sunt înarmate. Adevărat sau fals?
   Răspuns: Fals (unele sunt înarmate, altele sunt neînarmate)
4. Care este moneda unică europeană?
   Răspuns: Euro
5. Literele CERUCA OREȘI pot fi rearanjate pentru a forma numele unei organizații care oferă ajutor medical?
   Răspuns: Da, Crucea Roșie

Nivelul 2

6. De ce a fost înființat NATO?
   Răspuns: Pentru a asigura pacea în țările membre
7. Ce convenție protejează soldații răniți și prizonierii?
   Răspuns: Convenția de la Geneva
8. În ce oraș se află sediul general al ONU?
   Răspuns: New York
9. Câte țări fac parte din ONU?
   Răspuns: 193
10. Ce tratat a marcat începutul Uniunii Europene?
    Răspuns: Tratatul de la Paris
11. În ce clădire se întâlnesc reprezentanții statelor membre ale ONU?
    Răspuns: Clădirea Adunării Generale
12. În ce scop își pot folosi armele unitățile de menținere a păcii?
    Răspuns: Pentru autoapărare

Nivelul 3

13. În ce an a fost deschis oficial sediul general al ONU?
    Răspuns: 1951
14. Ce tratat a dus la formarea Uniunii Europene?
    Răspuns: Tratatul de la Maastricht
15. Care este numele complet al Crucii Roșii?
    Răspuns: Mișcarea Internațională Crucea Roșie și Semiluna Roșie
16. Câți bani au fost donați pentru cumpărarea de teren pentru construirea sediului ONU?
    Răspuns: 8,5 milioane de dolari
17. Care este numele centrului de comandă a forțelor militare ale NATO?
    Răspuns: SHAPE (Comandamentul Suprem al Forțelor Aliate din Europa)
18. Cine a folosit pentru prima dată termenul „Națiunile Unite“?
    Răspuns: Președintele american F.D. Roosevelt

RĂSPUNSURI: Steaguri

Nivelul 1

1. Ce culori avea steagul piraților?
   Răspuns: Roșu sau negru
2. Unde se folosesc steagurile navale: pe mare sau în spațiu?
   Răspuns: Pe mare
3. În ce tip de sport se folosește un fanion cu pătrățele alb-negru?
   Răspuns: Cursele de mașini și de motociclete
4. Ce steag înfig exploratorii în pământurile nou descoperite?
   Răspuns: Steagul național
5. Cine are cel mai vechi steag național: Scoția sau SUA?
   Răspuns: Scoția

Nivelul 2

6. Ce sport folosește fanioane: rugby, ciclism, canotaj sau toate trei?
   Răspuns: Toate trei
7. Cum se mai numesc steagurile navale?
   Răspuns: Steaguri de semnalizare
8. Ce eveniment a determinat schimbarea steagului francez?
   Răspuns: Revoluția Franceză
9. Steagurile de semnalizare se folosesc individual, împreună sau în ambele moduri?
   Răspuns: În ambele moduri
10. Ce este semnalizarea prin semafoare?
    Răspuns: Un sistem de semnalizare cu steaguri
11. Câte steaguri SUA au fost duse pe Lună: 4, 5 sau 6?
    Răspuns: 6
12. Ce culoare nu se folosește pentru steagurile navale: galben, negru sau verde?
    Răspuns: Verde

Nivelul 3

13. La ce folosesc fanioanele arbitrii din fotbalul american?
    Răspuns: Pentru a semnala o greșeală
14. La semnalizarea cu semafoare, cum este semnalizată litera R?
    Răspuns: Ținând ambele brațe și steaguri întinse în afară
15. Ce simboliza o clepsidră pe steagul piraților?
    Răspuns: Că îți sunase ceasul
16. Ce steaguri colorate sunt folosite la semafoare?
    Răspuns: Roșu și galben
17. În ce secol au fost folosite pentru prima dată steagurile de pirați?
    Răspuns: În secolul XVIII
18. Cine a expus pe Marte un steag american?
    Răspuns: Naveta Viking

RĂSPUNSURI: Minuni ale naturii

Nivelul 1

1. Care este cel mai înalt munte din lume?
   Răspuns: Everest
2. Care este cea mai înaltă cascadă din lume?
   Răspuns: Cascada Angel
3. K2 se află în Europa. Adevărat sau fals?
   Răspuns: Fals (se află în Asia)
4. Marea Barieră de Corali se află în largul coastelor cărei țări?
   Răspuns: Australia
5. Marea Barieră de Corali poate fi văzută din spațiu. Adevărat sau fals?
   Răspuns: Adevărat
6. Care dintre cele două are o lungime mai mare: Marele Canion sau Marea Barieră de Corali?
   Răspuns: Marea Barieră de Corali

Nivelul 2

7. Care au fost primii oameni ajunși pe vârful Everest?
   Răspuns: Edmund Hillary și Tenzing Norgay
8. Cum se măsoară lungimea Marelui Canion?
   Răspuns: Determinând lungimea fluviului Colorado
9. De câte ori este mai înaltă Cascada Angel decât Niagara: de 10, de 15 sau de 20 de ori?
   Răspuns: De 15 ori
10. Ce este Peretele Hillary?
    Răspuns: O secțiune abruptă din Everest
11. Ce vârstă au rocile din Marele Canion?
    Răspuns: 2 000 de milioane de ani
12. Pe ce continent se află cea mai lată cascadă din lume?
    Răspuns: Asia
13. Ce alt nume mai poartă aurora boreală?
    Răspuns: Luminile Nordului

Nivelul 3

14. Ce duce la apariția Luminilor Nordului?
    Răspuns: Particulele solare circulând cu viteză mare, ce se lovesc de moleculele de gaz
15. Cu cât sunt mai bătrâni munții Alpi decât Himalaya?
    Răspuns: Cu 15 milioane de ani
16. Cât de înalt este muntele Everest?
    Răspuns: 8 848 m
17. Cum se mai numesc Luminile Sudului?
    Răspuns: Aurora Australis
18. Ce structură geografică are 10 783 m lățime?
    Răspuns: Cascada Khône

RĂSPUNSURI: Zone de coastă

Nivelul 1

1. Un tsunami este provocat de vânt. Adevărat sau fals?
   Răspuns: Fals
2. Literele ȘTEPĂRE RIMANĂ pot fi rearanjate pentru a forma cuvântul care denumește o grotă în faleză?
   Răspuns: Da, peșteră marină
3. Cum se numește tocirea unui promontoriu: eroziune sau roadere?
   Răspuns: Eroziune
4. Care sunt cele două materiale pe care le aduc valurile pe plajă?
   Răspuns: Pietriș și nisip
5. Ce începe cu V și duce la apariția valurilor?
   Răspuns: Vânt
6. Literele GHERIZE RIMAN pot fi rearanjate pentru a forma numele cărei structuri de litoral?
   Răspuns: Gheizer marin

Nivelul 2

7. Ce are special Peștera Pictată?
   Răspuns: Este cea mai lungă peșteră marină din lume
8. Ce înseamnă cuvântul „tsunami“?
   Răspuns: Val de port
9. Ce determină apa să iasă printr-un gheizer marin?
   Răspuns: Presiunea crescută a aerului
10. Calea vântului denumește materialul depozitat pe plajă. Adevărat sau fals?
    Răspuns: Fals
11. Un stack este o movilă de nisip. Adevărat sau fals?
    Răspuns: Fals
12. Apa de mare este acidă sau alcalină?
    Răspuns: Acidă

Nivelul 3

13. Ce se formează mai întâi: o peșteră sau un gheizer marin?
    Răspuns: O peșteră
14. Cât de repede se deplasează valurile tsunami?
    Răspuns: Cu peste 700 km/h
15. Ce proces de litoral împiedică un dig de colmatare?
    Răspuns: Transportul aluvionar
16. Pe ce insulă se află Peștera Pictată?
    Răspuns: Insula Santa Cruz, California, SUA
17. Cât de mari pot fi valurile tsunami?
    Răspuns: Până la 30 m înălțime
18. Un stack se formează din ce altă structură de coastă?
    Răspuns: Arc

RĂSPUNSURI: Râuri

Nivelul 1

1. Cum se numește sursa unui râu?
   Răspuns: Izvor
2. Pe ce continent se află Marile Lacuri?
   Răspuns: America de Nord
3. Cascadele curg peste un prag de rocă tare sau moale?
   Răspuns: De rocă tare
4. Care este numele procesului prin care apa se deplasează între uscat și mare și înapoi?
   Răspuns: Circuitul apei
5. Cum se numește zona de pământ plat de o parte și de alta a unui râu?
   Răspuns: Luncă

Nivelul 2

6. Ce începe cu P și desemnează precipitații?
   Răspuns: Ploaie
7. Ce fel de lacuri sunt create de calotele de gheață?
   Răspuns: Lacuri cu apă dulce
8. Ce se formează când un râu inundă lacuri puțin adânci sau heleșteie?
   Răspuns: Mlaștini
9. Afluenții cresc sau scad volumul de apă dintr-un râu?
   Răspuns: Cresc volumul
10. Ce se întâmplă cu apa evaporată?
    Răspuns: Condensează și formează nori
11. Cum se mai numește un estuar?
    Răspuns: Gură de vărsare
12. Bieful amonte este partea superioară a unei cascade. Adevărat sau fals?
    Răspuns: Fals
13. Ce împiedică infiltrarea apei într-un pământ mlăștinos?
    Răspuns: Granitul, ardezia sau cuarțul de dedesubt
14. Ce se formează în partea de jos a unei cascade?
    Răspuns: Un lac

Nivelul 3

15. Ce începe cu Y și este o cascadă din SUA creată de un ghețar?
    Răspuns: Yosemite, California, SUA
16. Cum se numește pământul fertil format într-o luncă?
    Răspuns: Aluvionar
17. Ce pot forma sedimentele într-un estuar?
    Răspuns: Deltă
18. Cum s-a format lacul Tanganyika?
    Răspuns: Prin mișcarea plăcilor tectonice

RĂSPUNSURI: Deșerturi

Nivelul 1

1. Ce începe cu D și este o structură din deșerturile de nisip?
   Răspuns: Dună
2. Ce animal transportă oamenii și mărfurile în deșert?
   Răspuns: Cămilă
3. Nisipul absoarbe apa. Adevărat sau fals?
   Răspuns: Adevărat
4. Ce plantă cu spini poate supraviețui în deșert?
   Răspuns: Cactus
5. Ce începe cu V și este casa unei suricate?
   Răspuns: Vizuină

Nivelul 2

6. Un tuareg este un tip de dună de nisip sau un membru al unui trib din deșert?
   Răspuns: Un membru al unui trib din deșert
7. Ce tip de dună de nisip se formează când vântul bate din toate direcțiile?
   Răspuns: Tip stea
8. Cum se numește cămila cu o singură cocoașă?
   Răspuns: Dromader
9. Cum se numește vântul care suflă nisip fin?
   Răspuns: Deflație
10. Cum se numește panta unei dune de nisip?
    Răspuns: Front de dună
11. Ce tip de dună de nisip creează vântul care bate din două direcții diferite?
    Răspuns: Liniară
12. Ce are formă de ciupercă: un tip de dună de nisip, o formațiune stâncoasă sau o rozătoare din deșert?
    Răspuns: O formațiune stâncoasă
13. În ce deșert trăiesc tuaregii?
    Răspuns: Sahara

Nivelul 3

14. Ce plantă de deșert poate trăi peste 200 de ani?
    Răspuns: Cactusul Saguaro
15. Ce începe cu F și este o specie de vulpe care trăiește în deșert?
    Răspuns: Fenec
16. Ce este o barcană?
    Răspuns: Un tip de dună de nisip
17. Ce substanță este formată din nisip cimentat și din pietriș?
    Răspuns: Calcrete
18. Ce caracteristici ajută o cămilă să supraviețuiască în deșert?
    Răspuns: Poate să reziste zile în șir fără să bea apă și are tălpi groase, cu pernițe, cu care merge pe nisipul încins fără să simtă durere

RĂSPUNSURI: Polii

Nivelul 1

1. Pe ce continent se află Polul Sud?
   Răspuns: Antarctica
2. Exploratorul Robert Scott a ajuns la Polul Sud. Adevărat sau fals?
   Răspuns: Adevărat
3. Literele RAGȚEH pot fi rearanjate pentru a forma numele cărei structuri polare?
   Răspuns: Ghețar
4. Aisbergurile sunt bucăți de gheață rupte din ghețari. Adevărat sau fals?
   Răspuns: Adevărat

Nivelul 2

5. Cum se numește groapa formată prin topirea blocurilor de gheață: calderă sau chiuvetă?
   Răspuns: Calderă
6. Cât anume dintr-un ghețar se vede deasupra apei?
   Răspuns: O zecime
7. Cine a fost prima persoană care a ajuns la Polul Sud?
   Răspuns: Roald Amundsen
8. De ce se deplasează ghețarii?
   Răspuns: Din cauza greutății gheții și a gravitației
9. Astăzi, majoritatea inuiților folosesc sănii trase de câini ca să călătorească pe gheața arctică. Adevărat sau fals?
   Răspuns: Fals
10. Ce linie imaginară trece prin cei doi poli?
    Răspuns: Axa Pământului
11. Ce este o morenă?
    Răspuns: O muchie stâncoasă lăsată în urmă de un ghețar topit
12. Ce limbă vorbesc inuiții?
    Răspuns: Inuktitut
13. Ce începe cu P și este o haină purtată de oamenii din Arctica?
    Răspuns: Parka

Nivelul 3

14. Inuiții trăiesc lângă Polul Nord sau lângă Polul Sud?
    Răspuns: Lângă Polul Nord
15. În ce an a ajuns primul om la Polul Sud?
    Răspuns: 1911
16. Lângă ce pol se găsesc aisberguri tabulare cu vârf plat?
    Răspuns: Polul Sud
17. Când Scott și echipa lui au început să aibă probleme, ce distanță ar mai fi trebuit să parcurgă ca să se salveze?
    Răspuns: 17 km
18. Ce oameni ai Arcticii trăiesc în Groenlanda?
    Răspuns: Populația kalaalit

RĂSPUNSURI: Africa

Nivelul 1

1. Este muntele Kilimanjaro cel mai înalt din Africa?
   Răspuns: Da
2. Sahara este cel mai mare deșert din lume. Adevărat sau fals?
   Răspuns: Adevărat
3. Ce începe cu N și este cel mai lung fluviu din lume?
   Răspuns: Nil
4. Cine a construit piramidele: vechii europeni, vechii egipteni sau vechii americani?
   Răspuns: Vechii egipteni

Nivelul 2

5. Serengeti este un deșert de nisip. Adevărat sau fals?
   Răspuns: Fals (este o savană)
6. Lacul Tanganyika este cel mai lung din lume. Este și cel mai adânc din Africa?
   Răspuns: Da
7. Unde se varsă Nilul: Marea Mediterană, Marea Roșie sau Oceanul Atlantic?
   Răspuns: Marea Mediterană
8. Sarengeti se întinde în Tanzania și în Kenya sau în Botswana și Africa de Sud?
   Răspuns: În Tanzania și în Kenya
9. Ce se întâmplă în fiecare an de-a lungul Nilului: fluviul seacă, rămâne la fel sau inundă malurile?
   Răspuns: Inundă malurile
10. Câte blocuri de piatră au fost folosite la construirea Marii Piramide: 23 000, 230 000 sau 2 300 000?
    Răspuns: 2 300 000
11. Ce începe cu N și sunt oameni care trăiesc în Sahara?
    Răspuns: Nomazi
12. Câte animale migrează în Serengeti, în fiecare an: aproape 200 000, 2 milioane sau 5 milioane?
    Răspuns: 2 milioane
13. Rearanjați literele MAINGOLF pentru a forma denumirea unei păsări care migrează către lacul Tanganyika.
    Răspuns: Flamingo

Nivelul 3

14. Ce lungime are lacul Tanganyika?
    Răspuns: 670 km
15. Care este cel mai înalt vârf din munții Kilimanjaro?
    Răspuns: Kibo
16. Pentru ce faraon, al cărui nume începe cu K, a fost construită Marea Piramidă?
    Răspuns: Kheops
17. Ce este un stratovulcan?
    Răspuns: Un vulcan format din lavă întărită și din cenușă vulcanică
18. Cât de întinsă este Sahara?
    Răspuns: 9 000 000 km²

RĂSPUNSURI: Orientul Mijlociu

Nivelul 1

1. Moscheea Albastră se află în Istanbul. Adevărat sau fals?
   Răspuns: Adevărat
2. Musulmanii fac pelerinaje la Mecca?
   Răspuns: Da
3. Cel mai înalt hotel din lume se află în Dubai sau în Antarctica?
   Răspuns: În Dubai
4. Minaretele sunt mici dansatoare musulmane. Adevărat sau fals?
   Răspuns: Fals (sunt turnuri înalte)

Nivelul 2

5. Diriyah a fost cândva capitala cărei țări: Arabia Saudită, Grecia sau Spania?
   Răspuns: Arabia Saudită
6. Câte plăci de faianță albastră se află în interiorul Moscheei Albastre: peste 200, peste 2 000, peste 20 000?
   Răspuns: Peste 20 000
7. Moscheea Albastră a fost terminată în 3600 î.Hr. sau în 1616 d.Hr.?
   Răspuns: În 1616 d.Hr.
8. Diriyah a fost distrusă de o inundație sau de o armată egipteană?
   Răspuns: De o armată egipteană
9. Cum se numește cel care slujește într-o moschee: muezin sau iobag?
   Răspuns: Muezin
10. În ce țară care începe cu S a fost construită fortăreața Krak des Chevaliers?
    Răspuns: Siria
11. Moscheea Albastră este cunoscută și sub numele de Moscheea Imperială Sultanahmet. Adevărat sau fals?
    Răspuns: Adevărat
12. Ce este un calif: un conducător islamic sau un conducător evreu?
    Răspuns: Un conducător islamic
13. Ce începe cu A și acoperea, cândva, Domul Stâncii?
    Răspuns: Aur

Nivelul 3

14. Cine a poruncit construirea Domului Stâncii?
    Răspuns: Califul Abd al-Malik
15. În ce țară se află Mecca?
    Răspuns: Arabia Saudită
16. Ce înseamnă Krak des Chevaliers?
    Răspuns: Fortăreața Cavalerilor
17. Cu cât este mai înaltă Burj Kalifa decât Burj al-Arab?
    Răspuns: Cu 489 m
18. Când au avut loc cruciadele?
    Răspuns: Între secolele XI–XIII

RĂSPUNSURI: Asia

Nivelul 1

1. Muntele Fuji este cel mai înalt munte din lume. Adevărat sau fals?
   Răspuns: Fals (muntele Everest este cel mai înalt)
2. Taj Mahal se află în India, în Croația sau în Spania?
   Răspuns: În India
3. La construirea Taj Mahalului au fost folosiți 1 000 de elefanți pentru a transporta marmura?
   Răspuns: Da
4. Muntele Fuji din Japonia este un vulcan adormit?
   Răspuns: Da

Nivelul 2

5. Jahan Șah a construit Taj Mahalul pentru fiica sa preferată. Adevărat sau fals?
   Răspuns: Fals (l-a construit în memoria soției sale)
6. Ce începe cu T și este traducerea cuvântului *wat*?
   Răspuns: Templu
7. Unde se află palatul Potala: Japonia, Malaysia sau Tibet?
   Răspuns: În Tibet
8. Ce clădire a fost construită în Kuala Lumpur, capitala Malaysiei: Angkor Wat, Marele Zid sau Turnurile Gemene Petronas?
   Răspuns: Turnurile Gemene Petronas
9. Câți oameni urcă muntele Fuji în fiecare an ca să se roage: 5 000, 50 000 sau 500 000?
   Răspuns: 500 000
10. Când a fost construit Angkor Wat: în secolul XI, XII sau XIII?
    Răspuns: În secolul XII
11. Camera Sarawak este cea mai mare sală de peșteră din lume. Adevărat sau fals?
    Răspuns: Adevărat
12. Cine au ajuns primii pe Everest?
    Răspuns: Edmund Hillary și Tenzing Norgay
13. În timpul cărei dinastii a început construirea Marelui Zid?
    Răspuns: Qin

Nivelul 3

14. Câți ani a fost folosit palatul Potala ca reședință de iarnă pentru Dalai Lama?
    Răspuns: 311 ani
15. Unde se găsește camera Sarawak?
    Răspuns: În Borneo, Malaysia
16. Dacă Fuji are 3 776 m înălțime, cu cât este mai înalt Everestul?
    Răspuns: Cu 5 072 m
17. Dacă podul suspendat dintre Turnurile Gemene Petronas se află la 170 m, cât de înalte sunt turnurile?
    Răspuns: 452 m
18. Cât de lung este Marele Zid Chinezesc?
    Răspuns: 6 300 km

RĂSPUNSURI: Europa

Nivelul 1

1. Unde se află Piața Roșie: la Paris sau la Moscova?
   Răspuns: La Moscova
2. Tunelul Canalului Mânecii trece pe sub sau pe deasupra Canalului Mânecii?
   Răspuns: Pe sub Canalul Mânecii
3. Turnul Înclinat din Pisa a fost proiectat să se încline. Adevărat sau fals?
   Răspuns: Fals (a început să se încline în timpul construcției)
4. Câte linii de cale ferată se găsesc în Tunelul Canalului Mânecii: 1, 2 sau 3?
   Răspuns: 3

Nivelul 2

5. Peștera de gheață Eisriesenwelt este cea mai mare peșteră de gheață din lume. Adevărat sau fals?
   Răspuns: Adevărat
6. Muzeul Guggenheim se află la Paris, la Bilbao sau la Salzburg?
   Răspuns: La Bilbao
7. Turnul Eiffel a fost construit la Paris pentru a celebra căderea Bastiliei, sfârșitul Războiului de 100 de Ani sau Expoziția Universală?
   Răspuns: Expoziția Universală
8. Cine a ordonat construirea catedralei Sf. Vasile: Ivan cel Groaznic, Rasputin sau Ecaterina cea Mare?
   Răspuns: Ivan cel Groaznic
9. Ce înseamnă Eisriesenwelt: mica lume de gheață, peștera gigantică sau lumea gigantică de gheață?
   Răspuns: Lumea gigantică de gheață
10. Ce munte din lanțul Alpilor are formă de piramidă?
    Răspuns: Matterhorn
11. Ce structuri se ridică în vârful catedralei Sf. Vasile?
    Răspuns: Cupola în formă de ceapă
12. Cât de înalt este vârful Mont Blanc: 4 808 m, 5 808 m sau 7 808 m?
    Răspuns: 4 808 m
13. Ce este o campanilă: un turn cu clopot, un dom sau o turlă?
    Răspuns: Un turn cu clopot
14. Cât cântărește Turnul Eiffel: circa 5 330 tone, 7 300 tone sau 10 300 tone?
    Răspuns: 7 300 tone

Nivelul 3

15. Cât de lung este Tunelul Canalului Mânecii?
    Răspuns: 50 km
16. Cât timp a durat construcția Turnului Înclinat din Pisa?
    Răspuns: 197 de ani
17. Ce are la bază Turnul Eiffel?
    Răspuns: Patru piloni
18. Cu ce sunt acoperite panourile de la Muzeul Guggenheim?
    Răspuns: Cu titan

RĂSPUNSURI: America de Nord

Nivelul 1

1. Statuia Libertății se află la Washington. Adevărat sau fals?
   Răspuns: Fals (se află în portul New York)
2. Din câte cascade este alcătuită Niagara?
   Răspuns: Trei
3. Marele Canion se află în Arizona. Adevărat sau fals?
   Răspuns: Adevărat
4. Care este cel mai înalt copac: sequoia sau pinul scoțian?
   Răspuns: Sequoia
5. Podul Golden Gate traversează golful San Francisco?
   Răspuns: Da

Nivelul 2

6. Chipul cărui președinte al SUA nu este sculptat pe muntele Rushmore: Lincoln, Kennedy sau Theodore Roosevelt?
   Răspuns: Kennedy
7. Din câte secțiuni principale este alcătuit Marele Canion: 3, 5 sau 7?
   Răspuns: 3 (zona de sud, zona de nord și canionul interior)
8. Câte chipuri de președinți americani au fost sculptate în muntele Rushmore: 3, 4 sau 5?
   Răspuns: 4
9. Cât de înaltă este Statuia Libertății: 82,5 m, 93,5 m sau 95 m?
   Răspuns: 93,5 m
10. Ce vârstă are cel mai bătrân sequoia: 1 000 de ani, 3 200 de ani sau 5 500 de ani?
    Răspuns: 3 200 de ani
11. Cablurile verticale ale podului Golden Gate sunt evidente într-o zi însorită?
    Răspuns: Da
12. Ce începe cu R, le găsiți la Statuia Libertății și reprezintă cele șapte oceane și continente ale lumii?
    Răspuns: Raze
13. Rearanjați literele ACOSTA ED STEV pentru a forma numele locului unde cresc sequoia.
    Răspuns: Coasta de Vest

Nivelul 3

14. De ce turnurile podului Golden Gate par a fi mai înalte decât sunt în realitate?
    Răspuns: Partea de sus a turnurilor este mai îngustă decât cea de jos
15. Ce modificări suferă plantele care cresc mai jos, în Marele Canion?
    Răspuns: Devin mai mici și mai rare
16. Cu cât este mai lată Cascada Potcoavei decât Cascada Americană?
    Răspuns: Cu 469 m
17. Cât a durat sculptarea monumentului de pe Rushmore?
    Răspuns: 14 ani
18. Ce lungime are podul Golden Gate?
    Răspuns: 2 737 m

RĂSPUNSURI: America de Sud

Nivelul 1

1. Incașii au construit Machu Picchu în munții Anzi?
   Răspuns: Da
2. Cascada Angel este cea mai înaltă cascadă din lume. Adevărat sau fals?
   Răspuns: Adevărat
3. Amazonul este cel mai mare fluviu din lume, dar nu și cel mai lung. Adevărat sau fals?
   Răspuns: Adevărat
4. Ce oraș este celebru pentru plajele sale: Lima sau Rio de Janeiro?
   Răspuns: Rio de Janeiro
5. Lama este o specie de pisică sălbatică. Adevărat sau fals?
   Răspuns: Fals (este o camelidă)

Nivelul 2

6. Statuia lui Iisus se găsește pe vârful sau la baza muntelui Căpățâna de Zahăr din Brazilia?
   Răspuns: Pe vârful muntelui
7. Ce procent din oxigenul planetei produce pădurea tropicală amazoniană: 2%, 10% sau 20%?
   Răspuns: 20%
8. Cascada Angel este numită astfel după ce pilot american?
   Răspuns: James Crawford Angel
9. Machu Picchu a fost construit în ce secol: XIII, XIV sau XV?
   Răspuns: În secolul XV
10. Lacul Titicaca are apă dulce sau sărată?
    Răspuns: Apă dulce
11. Din câte construcții este alcătuit Machu Picchu: 10, 100 sau 200?
    Răspuns: 200
12. Ce începe cu A, are lână fină și trăiește în Argentina?
    Răspuns: Alpaca
13. În limba quechua, Machu Picchu înseamnă munte înalt, munte bătrân sau munte tânăr?
    Răspuns: Munte bătrân
14. Izvorul Amazonului se află în Anzi, în Himalaya sau în Munții Stâncoși?
    Răspuns: În Anzi

Nivelul 3

15. Cât de lung este Amazonul?
    Răspuns: 6 387 km
16. Unde se află cele mai multe păduri tropicale umede ale lumii?
    Răspuns: În bazinul amazonian
17. Din ce sunt construite insulele artificiale de pe lacul Titicaca?
    Răspuns: Din trestie totora
18. Din ce materiale și-au construit incașii clădirile?
    Răspuns: Blocuri de piatră

RĂSPUNSURI: Australia și Oceania

Nivelul 1

1. Orașul Sydney este cel mai mare din Australia?
   Răspuns: Da
2. Pe Insula Paștelui (Rapa Nui) se află statui sculptate de coloniști polinezieni. Adevărat sau fals?
   Răspuns: Adevărat
3. Cangurul trăiește în Australia?
   Răspuns: Da
4. Camioanele trailer au remorci?
   Răspuns: Da

Nivelul 2

5. Uluru din Australia mai este denumită și Ayers Rock. Adevărat sau fals?
   Răspuns: Adevărat
6. Câte statui se găsesc pe Insula Paștelui: 6, 60 sau 600?
   Răspuns: 600
7. Uluru este sacru pentru: deținuții britanici, aborigenii australieni sau marsupiale?
   Răspuns: Aborigenii australieni
8. Ce are montat în față un camion trailer: o bară anticangur, o bară antitaur sau o bară marsupială?
   Răspuns: O bară anticangur
9. Ce se găsește pe Insula de Nord a Noii Zeelande: vulcani, gheizere, izvoare termale sau toate de mai sus?
   Răspuns: Toate de mai sus
10. Ce lungime are cel mai lung camion trailer: de 13 trailere, 33 de trailere sau 113 trailere obișnuite?
    Răspuns: De 113 trailere
11. Ce începe cu F și a făcut celebre peșterile Naracoorte din Australia?
    Răspuns: Fosile
12. Sydney a fost înființat pentru crescătorii de oi, pentru plantații de trestie de zahăr sau ca o colonie penitenciară?
    Răspuns: Ca o colonie penitenciară

Nivelul 3

13. Cum se numesc statuile de pe Insula Paștelui (Rapa Nui)?
    Răspuns: Moai
14. Ce începe cu M și denumește un grup de animale din Australia?
    Răspuns: Marsupiale
15. În ce an au vizitat paleontologii peștera Victoria, una dintre peșterile Naracoorte, Australia?
    Răspuns: 1969
16. Unde a fost construită Opera din Sydney?
    Răspuns: În Bennelong Point, în portul din Sydney
17. Care este numele maori al Noii Zeelande?
    Răspuns: Aotearoa
18. La ce distanță de America de Sud se află Insula Paștelui?
    Răspuns: 4 000 km

RĂSPUNSURI: Antarctica

Nivelul 1

1. Pinguinii trăiesc în Antarctica. Adevărat sau fals?
   Răspuns: Adevărat
2. Cum călătoresc oamenii pe gheață în Antarctica: cu snowmobilul, cu automobilul sau cu autobuzul?
   Răspuns: Cu snowmobilul
3. În Antarctica există stațiuni de cercetare permanente. Adevărat sau fals?
   Răspuns: Adevărat
4. Cum se numește grupul de foci-elefant: harem sau formație?
   Răspuns: Harem
5. Pinguinul este o pasăre. Adevărat sau fals?
   Răspuns: Adevărat

Nivelul 2

6. Câți cercetători trăiesc și lucrează în Antarctica vara: 400, 4 000 sau 40 000?
   Răspuns: 4 000
7. Cu ce face legătura GPS-ul: cu internetul, cu telefonul mobil sau cu sateliți?
   Răspuns: Cu sateliți
8. Ghețarul Lambert este cel mai mare, cel mai mic sau cel mai tânăr ghețar din Antarctica?
   Răspuns: Cel mai mare ghețar
9. Cât de mult poate să se scufunde o focă-elefant: până la 15 m, 150 m sau până la 1 500 m?
   Răspuns: Până la 1 500 m
10. De ce migrează balenele către nord: pentru a se înmulți, pentru a se hrăni sau pentru a urmări vasele?
    Răspuns: Pentru a se înmulți
11. Când migrează balenele spre sud: primăvara, vara, toamna sau iarna?
    Răspuns: Vara
12. Ce este un Dornier 228: un avion, un snowmobil sau un buldozer?
    Răspuns: Un avion
13. Ranulph Fiennes și Mike Stroud și-au tras singuri săniile când au traversat Antarctica, în 1993. Adevărat sau fals?
    Răspuns: Adevărat

Nivelul 3

14. Ce sunt coloniile de pinguini?
    Răspuns: Grupuri mari de pinguini
15. Cum se numește cel mai sudic punct al planetei?
    Răspuns: Polul Sud
16. Ce vehicul are șenile la fel ca buldozerul?
    Răspuns: Hagglund
17. Ce cuprinde un harem al unui stăpân al plajei?
    Răspuns: Până la 50 de morse
18. De ce folosesc cercetătorii corturi speciale?
    Răspuns: Pentru a face față vânturilor puternice, înghețate

RĂSPUNSURI: Explorarea spațiului

Nivelul 1

1. Prima ființă vie trimisă în spațiu a fost un șoarece. Adevărat sau fals?
   Răspuns: Fals
2. Cine a fost prima persoană care a ajuns pe Lună: Neil Armstrong, Nelly Armstrong sau Norman Armstrong?
   Răspuns: Neil Armstrong
3. Literele STAKAZNAH pot fi rearanjate pentru a forma numele cărei republici din fosta Uniune Sovietică?
   Răspuns: Kazahstan
4. Ce începe cu S și denumește un obiect care orbitează Pământul?
   Răspuns: Satelit

Nivelul 2

5. Ce nume începe cu L și a fost purtat de prima ființă în spațiu?
   Răspuns: Laika
6. Ce începe cu S și este numele primului satelit artificial?
   Răspuns: Sputnik
7. Literele URII NAGARIG pot fi rearanjate pentru a forma numele cărui astronaut, primul om care a ajuns în spațiu?
   Răspuns: Iuri Gagarin
8. În ce an a pășit omul pentru prima dată pe Lună: 1959, 1969 sau 1979?
   Răspuns: 1969
9. În ce an a zburat pentru prima dată omul în spațiu: 1941, 1951 sau 1961?
   Răspuns: 1961
10. Cine a spus: „Un pas mic pentru om, un salt uriaș pentru omenire“?
    Răspuns: Neil Armstrong
11. Literele LARUN VERRO pot fi rearanjate pentru a forma numele cărui vehicul folosit pe Lună?
    Răspuns: rover lunar
12. Cât a stat în spațiu prima persoană: 89 de minute, 89 de ore sau 89 de zile?
    Răspuns: 89 de minute

Nivelul 3

13. Care a fost ultima misiune Apollo pe Lună?
    Răspuns: Apollo 17
14. În ce an a ajuns aceasta pe Lună?
    Răspuns: 1972
15. Cum se numeau astronauții sovietici?
    Răspuns: Cosmonauți
16. Ce începe cu V și este numele primei navete spațiale cu oameni la bord?
    Răspuns: Vostock 1
17. Ce a fost lansat pe 12 aprilie 1981?
    Răspuns: Prima navetă spațială
18. Unde se află cosmodromul Baikonur?
    Răspuns: Kazahstan

RĂSPUNSURI: Sistemul solar

Nivelul 1

1. Pe ce planetă trăiesc oameni?
   Răspuns: Pământ
2. Câte planete există în sistemul solar: 5, 8 sau 15?
   Răspuns: 8
3. Literele URMCER pot fi rearanjate pentru a forma numele cărei planete?
   Răspuns: Mercur

Nivelul 2

4. Pe partea planetei ascunsă de soare este zi sau noapte?
   Răspuns: Este noapte
5. Câte planete din sistemul nostru solar poartă un nume care începe cu litera M?
   Răspuns: Două
6. Ce planetă se află cel mai aproape de Soare?
   Răspuns: Mercur
7. Literele GAGINȚI ED ZAG pot fi rearanjate pentru a forma numele cărui grup de planete mari?
   Răspuns: Giganți de gaz
8. Care sunt cele patru planete telurice?
   Răspuns: Mercur, Venus, Pământ și Marte
9. Soarele este o stea. Adevărat sau fals?
   Răspuns: Adevărat
10. Există planete în sistemul solar mai mari decât Soarele?
    Răspuns: Nu
11. Planetele s-au format cam în același timp cu Soarele sau mult mai înainte?
    Răspuns: Cam în același timp
12. Ce planetă începe cu S și este compusă, în principal, din hidrogen și heliu?
    Răspuns: Saturn
13. Cât timp îi trebuie Pământului să orbiteze Soarele?
    Răspuns: Un an
14. Ce începe cu O și este calea urmată de planete în jurul Soarelui?
    Răspuns: Orbită
15. Care corp spațial orbitează Soarele într-un timp mai îndelungat: Pământul sau Pluto?
    Răspuns: Pluto
16. Câte planete din Sistemul Solar au oceane cu apă?
    Răspuns: Una

Nivelul 3

17. Ce începe cu N și este un nor rotitor de particule din care se formează planetele?
    Răspuns: Nebuloasă
18. Ce planetă se află mai departe de Soare: Uranus sau Saturn?
    Răspuns: Uranus
19. Care planetă este mai mare: Pământul sau Marte?
    Răspuns: Pământul

RĂSPUNSURI: Vulcani și cutremure

Nivelul 1

1. Suprafața Pământului este făcută din roci solide sau lichide?
   Răspuns: Din roci solide
2. Cum se numește suprafața Pământului: înveliș, scoarță sau coajă?
   Răspuns: Scoarță
3. Literele PERIUȚE pot fi rearanjate pentru a forma un cuvânt care era legătură cu un vulcan care explodează?
   Răspuns: Erupție
4. Un seismolog este un tip de cutremur. Adevărat sau fals?
   Răspuns: Fals (este un cercetător care studiază cutremurele)

Nivelul 2

5. Ce începe cu R și denumește o scară seismică?
   Răspuns: Richter
6. Care sunt mai groase: plăcile continentale sau plăcile oceanice?
   Răspuns: Plăcile continentale
7. Majoritatea cutremurelor pot să dărâme clădiri?
   Răspuns: Nu
8. Cât de groasă este mantaua Pământului: 290 km sau 2 900 km?
   Răspuns: 2 900 km
9. Lanțurile montane se formează acolo unde plăcile se apropie sau se îndepărtează?
   Răspuns: Acolo unde se îndepărtează
10. Cutremurele sunt frecvente acolo unde se ciocnesc plăcile?
    Răspuns: Da
11. Japonia este situată pe locul de întâlnire a două plăci?
    Răspuns: Da
12. Ce începe cu L și este roca topită într-o erupție vulcanică?
    Răspuns: Lavă
13. Ce începe cu F și este forța produsă de plăci care se ciocnesc?
    Răspuns: Fricțiune
14. Literele SUBȚIDUCE pot fi rearanjate pentru a forma numele cărui tip de mișcare a plăcilor?
    Răspuns: Subducție
15. Vulcanii apar unde două plăci se îndepărtează una de alta?
    Răspuns: Da

Nivelul 3

16. Care este cea mai întâlnită substanță în nucleul Pământului?
    Răspuns: Fierul
17. Care e mai groasă: scoarța sau mantaua Pământului?
    Răspuns: Mantaua
18. Pe care placă apar vulcani când o placă oceanică și una continentală se întâlnesc?
    Răspuns: Pe o placă continentală

RĂSPUNSURI: Minerale și roci

Nivelul 1

1. Smaraldele sunt roșii. Adevărat sau fals?
   Răspuns: Fals
2. Ce culoare au rubinele?
   Răspuns: Roșie
3. Aurul este un metal. Adevărat sau fals?
   Răspuns: Adevărat
4. Câte laturi are un hexagon: una, trei sau șase?
   Răspuns: Șase

Nivelul 2

5. Literele TARING pot fi rearanjate pentru a forma numele cărei roci vulcanice folosite în construcții?
   Răspuns: Granit
6. Cristalele se formează sub pământ. Adevărat sau fals?
   Răspuns: Adevărat
7. Rocile sedimentare se formează pe fundul mărilor, lacurilor și râurilor sau în adâncul pământului?
   Răspuns: Pe fundul mărilor, lacurilor și râurilor
8. Ce cuvânt se folosește pentru rocile care se formează sub o mare presiune sau la temperatură mare: metamorfice, matematice sau metafizice?
   Răspuns: Metamorfice
9. Bazaltul este o rocă vulcanică sau sedimentară?
   Răspuns: Vulcanică
10. Pietrele prețioase sunt tăiate și șlefuite pentru a fi folosite la bijuterii. Adevărat sau fals?
    Răspuns: Adevărat
11. Ce începe cu C și formează diamante?
    Răspuns: Carbon
12. Care sunt cele mai scumpe: diamantele, smaraldele sau rubinele?
    Răspuns: Diamantele
13. Literele RASIF pot fi rearanjate pentru a forma numele cărei pietre prețioase?
    Răspuns: Safir
14. Literele APT pot fi rearanjate pentru a forma un cuvânt care înseamnă straturi de rocă?
    Răspuns: Pat

Nivelul 3

15. În ce țară se află Digul Uriașului?
    Răspuns: Irlanda de Nord
16. Ce începe cu M și este roca topită care se răcește formând roci vulcanice?
    Răspuns: Magmă
17. Care este numele pietrelor cu margini lustruite de apă?
    Răspuns: Prundiș
18. Ce începe cu E și nu poate fi descompus?
    Răspuns: Element

RĂSPUNSURI: Vreme

Nivelul 1

1. Aspectul vremii depinde de atmosferă sau de adâncurile mării?
Răspuns: De atmosferă
2. Norii sunt făcuți din bumbac sau din vapori de apă?
Răspuns: Din vapori de apă
3. Ce începe cu O și este gazul pe care îl respirăm ca să trăim?
Răspuns: Oxigen
4. Ce începe cu F și este o descărcare electrică dintr-un nor de furtună?
Răspuns: Fulger
5. Un balon meteo este un tip de nor. Adevărat sau fals?
Răspuns: Fals

Nivelul 2

6. De unde provin majoritatea vaporilor de apă din nori?
Răspuns: Din mare
7. O giruetă măsoară viteza sau direcția vântului?
Răspuns: Direcția vântului
8. Ce este, de obicei, asociată cu vremea frumoasă: presiunea ridicată sau presiunea scăzută?
Răspuns: Presiunea ridicată
9. Ce începe cu C și se formează când lumina soarelui trece prin picăturile de ploaie?
Răspuns: Curcubeu
10. Curcubeiele apar când plouă sau când nu plouă?
Răspuns: Când plouă
11. Picăturile de ploaie devin mai mari sau mai mici pe măsură ce cad din nor?
Răspuns: Mai mari
12. Ce cuvânt începe cu G și denumește picături de ploaie înghețate?
Răspuns: Grindină
13. Norii devin mai reci sau mai calzi pe măsură ce se înalță?
Răspuns: Mai reci
14. Literele GURANA pot fi rearanjate pentru a forma numele cărei furtuni puternice?
Răspuns: Uragan
15. Literele ZOTA pot fi rearanjate pentru a denumi un gaz foarte întâlnit?
Răspuns: Azot

Nivelul 3

16. Cum se numește cercetătorul care studiză vremea?
Răspuns: Meteorolog
17. Câte culori sunt într-un curcubeu?
Răspuns: Șapte
18. Ce începe cu S și este folosit de meteorologi pentru a urmări furtunile ce se formează în atmosferă?
Răspuns: Satelit

RĂSPUNSURI: Oase și mușchi

Nivelul 1

1. Literele TOC pot fi rearanjate pentru a forma numele cărei articulații de la mijlocul brațului?
Răspuns: Cot
2. Există mușchi în piciorul uman?
Răspuns: Da
3. Ce începe cu S și reprezintă denumirea tuturor oaselor din corp, puse împreună?
Răspuns: Schelet

Nivelul 2

4. Oamenii au articulații la degete?
Răspuns: Da
5. Mușchii conțin milioane de celule numite fibre. Adevărat sau fals?
Răspuns: Adevărat
6. Ce începe cu B și este un mușchi al mâinii care ajută la ridicarea antebrațului?
Răspuns: Biceps
7. Ce oase formează o cușcă de protecție a organelor interne?
Răspuns: Coaste
8. Ce începe cu C și se mai numește popular zgârci?
Răspuns: Cartilaj
9. Ce structură leagă picioarele de coloana vetebrală?
Răspuns: Pelvis
10. Patela este numele cărui os?
Răspuns: Osul genunchiului (numit și rotulă)
11. Mușchii inimii funcționează automat. Adevărat sau fals?
Răspuns: Adevărat
12. Când un om își ridică antebrațul, tricepșii se relaxează sau se contractă?
Răspuns: Se relaxează
13. Câte oase sunt în craniul unui adult: 2, 12 sau 22?
Răspuns: 22
14. Oamenii au mai mulți mușchi sau mai multe oase în corp?
Răspuns: Mai mulți mușchi
15. Articulația umărului este o articulație tip balama sau sferoidă?
Răspuns: Sferoidă
16. Care este cel mai lung os din corpul uman?
Răspuns: Femurul
17. Cum se numesc cele opt oase care protejează împreună creierul?
Răspuns: Craniu

Nivelul 3

18. Mandibula este numele cărei părți a corpului?
Răspuns: Falca de jos
19. În ce parte a corpului se află cel mai mic os?
Răspuns: În ureche
20. Câte oase are scheletul uman?
Răspuns: 206

RĂSPUNSURI: Medicină

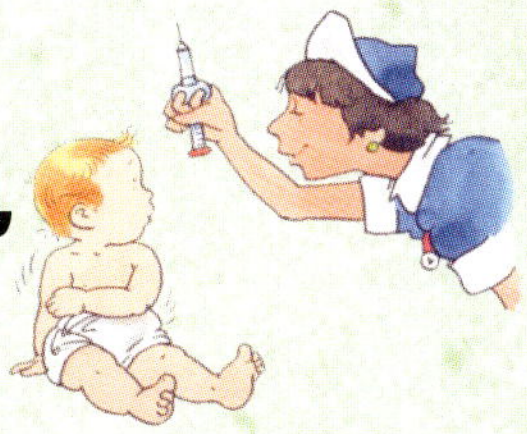

Nivelul 1

1. Ce începe cu D și denumește persoana la care mergem când ne simțim rău?
   Răspuns: Doctor
2. Ce vehicule duc oamenii la spital: ambulanțe, mașini de pompieri sau tractoare?
   Răspuns: Ambulanțe
3. Ambulanțele sunt parte din serviciile de urgență?
   Răspuns: Da
4. Asistentele lucrează în spitale sau în magazine?
   Răspuns: În spitale

Nivelul 2

5. Oasele rupte se repară singure. Adevărat sau fals?
   Răspuns: Adevărat
6. Ce începe cu S și se folosește la ascultarea bătăilor inimii?
   Răspuns: Stetoscop
7. Ce măsoară termometrul?
   Răspuns: Temperatura
8. Terapia intensivă este acordată celor foarte bolnavi sau celor care se simt mai bine, înainte de a pleca din spital?
   Răspuns: Celor foarte bolnavi
9. Ce începe cu C și denumește persoana care face operații?
   Răspuns: Chirurg
10. Ce începe cu T și denumește înlocuirea unei părți bolnave din corp cu una nouă, sănătoasă?
    Răspuns: Transplant
11. Ghipsul se poartă dacă ai gripă sau un picior rupt?
    Răspuns: Dacă ai un picior rupt
12. Literele ARACIMEDIP pot forma numele celor care au grijă de pacienți în drum spre spital?
    Răspuns: Paramedici
13. Un simptom este un fel de medicament. Adevărat sau fals?
    Răspuns: Fals
14. Ce începe cu S și este un aparat mare care privește în corpul oamenilor?
    Răspuns: Scaner

Nivelul 3

15. Ce începe cu D și înseamnă a descoperi ce e în neregulă cu un pacient?
    Răspuns: A diagnostica
16. Ce fel de leziuni pot fi tratate cu un sistem de imobilizare?
    Răspuns: Oase fracturate
17. Ce se folosește pentru a transfera nutrienții direct în sistemul circulator al unei persoane?
    Răspuns: Perfuzie
18. Ce începe cu M și este un tip de undă cu care scanerele privesc în corp?
    Răspuns: Magnetică

RĂSPUNSURI: Trenuri

Nivelul 1

1. Ce au fost inventate primele: trenurile cu aburi sau trenurile electrice?
   Răspuns: Trenurile cu aburi
2. Toate trenurile transportă pasageri?
   Răspuns: Nu
3. Motorina este un tip de combustibil sau de mâncare?
   Răspuns: Un tip de combustibil
4. Cine a construit trenul care a mers pe prima cale ferată pentru locomotive cu aburi: Richard Trevithick, Richard Branson sau Richard Inimă de Leu?
   Răspuns: Richard Trevithick
5. Ce începe cu C și reprezintă combustibilul care se ardea în locomotivele cu aburi?
   Răspuns: Cărbune

Nivelul 2

6. Vestul Sălbatic se afla în Europa sau în SUA?
   Răspuns: În SUA
7. Aburul se crea prin încălzirea apei sau a benzinei?
   Răspuns: Prin încălzirea apei
8. În ce țară se găsesc trenurile-glonț și superexpres?
   Răspuns: Japonia
9. Ce începe cu R și este o locomotivă cu aburi celebră, construită de George Stephenson?
   Răspuns: Rocket (Racheta)
10. Ce țară are TGV-uri?
    Răspuns: Franța
11. Există trenuri care merg cu peste 200 km/h?
    Răspuns: Da (trenurile japoneze merg, în mod obișnuit, cu peste 300 km/h)
12. Ce începe cu C și V și aveau trenurile din Vestul Sălbatic, pentru a goni vacile de pe calea ferată?
    Răspuns: „Curățătoare de vaci"
13. Trenurile cu aburi erau mai curate sau mai murdare decât trenurile de azi?
    Răspuns: Mai murdare

Nivelul 3

14. În ce țară a fost construită prima cale ferată pentru locomotive cu aburi?
    Răspuns: Țara Galilor
15. În ce secol a fost construită prima cale ferată transamericană?
    Răspuns: Secolul XIX
16. Ce începe cu M și denumește trenurile folosite pentru transport de bunuri?
    Răspuns: De marfă (marfar)
17. Cel mai lung tren din lume avea: 5 km, 6 km sau 7 km?
    Răspuns: 6 km
18. Ce cuvânt începe cu P și denumea imigranți care călătoreau cu trenul în Vestul Sălbatic?
    Răspuns: Pionieri

RĂSPUNSURI: Primele zboruri

Nivelul 1

1. Literele LONPRA pot fi rearanjate ca să formeze denumirea cărui tip de aparat de zbor fără motor?
   Răspuns: Planor
2. Primul zbor cu oameni a fost într-un balon cu aer cald?
   Răspuns: Adevărat
3. Un dirijabil este un aparat de zbor manevrabil sau un instrument muzical australian?
   Răspuns: Un aparat de zbor manevrabil

Nivelul 2

4. Ce începe cu E și este un aparat de zbor cu elice rotativă?
   Răspuns: Elicopter
5. Ce apă a traversat pentru prima dată Louis Blériot, în 1909: Canalul Mânecii sau Oceanul Atlantic?
   Răspuns: Canalul Mânecii
6. În ce secol a făcut Otto Lilienthal primul zbor controlat cu planorul?
   Răspuns: Secolul XIX
7. Câte aripi are un monoplan: două sau patru?
   Răspuns: Două
8. Care țară cu G este patria lui Otto Lilienthal?
   Răspuns: Germania
9. Jean François Pillâtre a fost primul om care a zburat. Adevărat sau fals?
   Răspuns: Adevărat
10. Primul zbor cu un avion cu motor a avut loc în Europa sau în SUA?
    Răspuns: SUA
11. Ce mare gânditor și artist italian din secolul XVI a proiectat un planor care nu a fost construit niciodată?
    Răspuns: Leonardo da Vinci
12. Ce frați, al căror nume începe cu M, au construit primul aparat de zbor cu oameni la bord?
    Răspuns: Montgolfier

Nivelul 3

13. Care era numele de familie al fraților Wilbur și Orville?
    Răspuns: Wright
14. Cum se numea aparatul lor de zbor?
    Răspuns: Wright Flyer
15. Ce tip de combustibil folosea primul aparat de zbor cu motor?
    Răspuns: Motorină
16. În ce secol a decolat primul aparat de zbor cu oameni la bord: XVII sau XVIII?
    Răspuns: Secolul XVIII
17. Cine a făcut primul zbor cu motor?
    Răspuns: Henri Giffard
18. Care era naționalitatea lui?
    Răspuns: Franceză

RĂSPUNSURI: Navigație

Nivelul 1

1. Bărcile cu vele folosesc puterea vântului pentru a se deplasa. Adevărat sau fals?
   Răspuns: Adevărat
2. Bărcile sunt amarate în port, portofel sau portar?
   Răspuns: În port
3. Ce fel de jachete folosesc oamenii pentru a pluti pe mare?
   Răspuns: Veste de salvare
4. Bărcile cu vele au motor?
   Răspuns: Da
5. Ce costum le ține de cald windsurferilor?
   Răspuns: Din neopren
6. O cârmă este folosită pentru a direcționa o barcă. Adevărat sau fals?
   Răspuns: Adevărat
7. Ce începe cu I și este o barcă mare folosită pentru relaxare?
   Răspuns: Iaht

Nivelul 2

8. Care a fost inventată prima: vela pătrată sau vela triunghiulară?
   Răspuns: Vela pătrată
9. Ce începe cu B și este partea din stânga a unei bărci?
   Răspuns: Babord
10. Cum se numește partea din spate a unei bărci?
    Răspuns: Pupă
11. Literele BIRDTRO pot fi rearanjate pentru a forma ce cuvânt care desemnează partea din dreapta a unei bărci?
    Răspuns: Tribord
12. Bărcile cu vele pătrate pot merge doar în direcția vântului. Adevărat sau fals?
    Răspuns: Adevărat
13. Câte carene au trimaranele?
    Răspuns: Trei
14. Cum se numește o barcă având două carene?
    Răspuns: Catamaran
15. Cum se numesc bărcile mici fără cabine?
    Răspuns: Iole
16. Ce începe cu W și denumește oamenii care plutesc pe valuri stând în picioare pe o scândură?
    Răspuns: Windsurfer

Nivelul 3

17. Ce parte dintr-o barcă o împiedică să se răstoarne?
    Răspuns: Chila
18. Pe ce insulă din Marea Mediterană au trăit navigatorii minoici?
    Răspuns: Creta
19. Când se foloseau vâslele pe vasele cu vele din Antichitate?
    Răspuns: Când doreau să navigheze contra vântului

RĂSPUNSURI: Submarine

Nivelul 1

1. Cuvântul submarin înseamnă literal „sub mare" sau „deasupra munților"?
   Răspuns: Sub mare
2. O torpilă este un tip de armă sau de pantofi de sport?
   Răspuns: Este o armă
3. Ce cuvânt începe cu S și denumește oameni care explorează adâncurile apelor?
   Răspuns: Scafandri
4. Literele CATILAN pot fi rearanjate pentru a forma numele cărui ocean?
   Răspuns: Atlantic

Nivelul 2

5. Submarinele cărei țări erau cunoscute sub numele de U-boat?
   Răspuns: Germania
6. Există submarine propulsate cu energie nucleară?
   Răspuns: Da
7. Cum se numesc obiectele ce se învârt și propulsează submarinele prin apă?
   Răspuns: Elice
8. Pot submarinele să atace vase aflate la suprafață?
   Răspuns: Da
9. Submarinele de cercetare se numesc submersibile sau submasivile?
   Răspuns: Submersibile
10. Ce începe cu M și este un tip de combustibil folosit frecvent de submarine?
    Răspuns: Motorină
11. Cum se numesc rezervoarele care se umplu cu apă de mare când un submarin se cufundă?
    Răspuns: Rezervoare de balast
12. Un batiscaf este un tip de sistem radar. Adevărat sau fals?
    Răspuns: Fals
13. Ce înseamnă VOD?
    Răspuns: Vehicul Operat de la Distanță
14. Literele SPICEROP pot fi rearanjate pentru a forma numele cărui aparat de observație la suprafața apei?
    Răspuns: Periscop

Nivelul 3

15. Unde se află Groapa Marianelor?
    Răspuns: În Oceanul Pacific
16. Cum se numea batiscaful care a dus pentru prima dată oameni pe fundul Gropii Marianelor?
    Răspuns: Trieste
17. Ce submersibil a explorat primul epava *Titanicului*?
    Răspuns: Alvin
18. Ce vapor de linie a fost atacat cu torpile și scufundat de un submarin german, pe 7 mai 1915?
    Răspuns: Lusitania

RĂSPUNSURI: Invenții în gospodărie

Nivelul 1

1. Pâinea se pune în prăjitor sau în mașina de spălat vase?
   Răspuns: În prăjitor
2. Ce începe cu C și se folosește pentru încălzirea apei?
   Răspuns: Ceainic
3. Un aspirator aspiră praful sau este un tip de fermoar?
   Răspuns: Aspiră praful

Nivelul 2

4. Ce invenție îi este atribuită lui John Logie Baird?
   Răspuns: Televiziunea
5. Literele ȘAMÂNI ED PASLAT SEVA pot fi rearanjate pentru a forma numele cărui aparat electrocasnic?
   Răspuns: Mașină de spălat vase
6. Întrerupătorul automat al fierbătorului electric a apărut în 1890, în 1930 sau în 1989?
   Răspuns: 1930
7. Care a fost inventată prima: mașina de spălat rufe sau mașina de spălat vase?
   Răspuns: Mașina de spălat rufe
8. Ce obiect electrocasnic este legat de numele lui Thomas Edison?
   Răspuns: Becul electric
9. Oamenii au început să folosească fermoare în anii 1940. Adevărat sau fals?
   Răspuns: Fals
10. Ce obiect folosit la scris a fost inventat de Laszlo Biro?
    Răspuns: Pixul
11. Stingătorul cu spumă este folosit în ce fel de incendii?
    Răspuns: În incendii de gaz și petrol
12. Literele ORTOB ED RUCĂTĂBIE pot fi rearanjate pentru a forma numele cărui aparat electrocasnic?
    Răspuns: Robot de bucătărie
13. Când au fost puse pentru prima dată în vânzare cuptoarele cu microunde?
    Răspuns: Anii 1960

Nivelul 3

14. În ce an a avut loc prima transmisie de televiziune?
    Răspuns: 1925
15. James Murray Spangler a inventat primul aparat portabil de ce fel?
    Răspuns: Aspirator de praf
16. Ce a inventat Alexandre Godefoy?
    Răspuns: Uscătorul de păr
17. Ce aparat electrocasnic a fost inventat pornind de la o invenție mai veche numită magnetron?
    Răspuns: Cuptorul cu microunde
18. Cine a inventat mașina de cusut?
    Răspuns: Elias Howe

RĂSPUNSURI: Roboți

Nivelul 1

1. Există roboți care lucrează în fabrici?
   Răspuns: Da
2. Roboții obosesc vreodată?
   Răspuns: Nu
3. Există roboți care pot lucra sub apă?
   Răspuns: Da
4. Literele IRODZI pot fi rearanjate pentru a forma numele cărui tip de roboți, precum R2-D2?
   Răspuns: Droizi
5. Roboții pot face un singur lucru odată. Adevărat sau fals?
   Răspuns: Fals

Nivelul 2

6. Există roboți care cântă la pian?
   Răspuns: Da
7. În ce serie de filme a apărut robotul C-3PO?
   Răspuns: Războiul Stelelor
8. Ce începe cu C și este programat cu informații necesare ca roboții să funcționeze?
   Răspuns: Computer
9. Literele URSUDĂ pot fi rearanjate pentru a forma numele cărei activități realizate de roboți?
   Răspuns: Sudură
10. Cine a călătorit cel mai departe de Pământ: roboții sau oamenii?
    Răspuns: Roboții
11. Panourile solare sunt folosite pentru a capta energie de la ce sursă?
    Răspuns: Soare
12. Literele HOWTOCORD pot fi rearanjate pentru a forma numele cărui program TV cunoscut?
    Răspuns: Doctor Who
13. Ce planetă este explorată de roboți?
    Răspuns: Marte
14. Ce adjectiv începe cu M și se referă la „mai multe lucruri făcute deodată"?
    Răspuns: Multioperațional
15. Roboții pot fi programați să detoneze bombe?
    Răspuns: Da

Nivelul 3

16. Din ce limbă provine cuvântul robot?
    Răspuns: Din slavă
17. În ce țară a fost construit robotul WABOT-2?
    Răspuns: Japonia
18. În ce an a apărut filmul de desene animate *Roboți*?
    Răspuns: 2005

RĂSPUNSURI: Computere și jocuri

Nivelul 1

1. Ce începe cu I și reprezintă rețeaua care leagă computerele din lume?
   Răspuns: Internet
2. PC înseamnă Perfect Computer sau Personal Computer?
   Răspuns: Personal Computer
3. Cum se numește un computer îndeajuns de mic pentru a fi ținut în palmă: portabil, mânuibil sau transportabil?
   Răspuns: Portabil
4. Ce începe cu M și este atașat computerului?
   Răspuns: Mouse
5. Ce se păstrează în fișiere MP3?
   Răspuns: Muzică

Nivelul 2

6. Unde se jucau jocuri computerizate înainte de a avea calculatoare acasă?
   Răspuns: La sala de jocuri
7. Pot oamenii să joace jocuri pe computer în timp ce merg?
   Răspuns: Da
8. Ce computer se numește prescurtat Mac?
   Răspuns: Macintosh
9. Majoritatea jocurilor portabile au cartușe sau discuri?
   Răspuns: Au cartușe
10. Informațiile din computer sunt stocate în hard drive, în imprimantă sau în mouse?
    Răspuns: În hard drive
11. Cum se numește echipamentul pentru computer prin care se copiază date pe CD?
    Răspuns: Dispozitiv de copiat CD-uri
12. O tastatură este un periferic sau un profiterol?
    Răspuns: Un periferic
13. Ce începe cu C și o porți când joci un joc de realitate virtuală?
    Răspuns: Cască
14. Ce cuvânt se pune după „realitate" pentru a descrie situații asemănătoare celor reale, dar produse de computere?
    Răspuns: Virtuală
15. Literele TOP PAL pot fi rearanjate pentru a forma denumirea unui calculator portabil?
    Răspuns: Laptop

Nivelul 3

16. Ce se folosește pentru stocarea de date: CD-RAM, CD-REM sau CD-ROM?
    Răspuns: CD-ROM
17. Prin ce se conectează computerul de acasă la internet?
    Răspuns: Printr-o linie telefonică
18. Ce fișiere se transferă pe un iPod?
    Răspuns: MP3

RĂSPUNSURI: Telefoane

Nivelul 1

1. Ce începe cu S și este un mesaj trimis de pe un telefon mobil?
   Răspuns: SMS
2. Primele telefoane mobile erau mai mari sau mai mici decât cele de astăzi?
   Răspuns: Mai mari
3. Majoritatea telefoanelor moderne au discuri rotative cu numere sau butoane?
   Răspuns: Butoane
4. Telefoanele mobile trimit SMS-uri prin microunde, unde acvatice sau unde mexicane?
   Răspuns: Prin microunde
5. Există telefoane mobile care se pot conecta la internet?
   Răspuns: Da

Nivelul 2

6. Primul telefon avea touch-tone?
   Răspuns: Nu
7. În ce secol a fost inventat primul telefon: IX, XIX sau XXI?
   Răspuns: Secolul XIX
8. Literele MACERĂ OTOF pot fi rearanjate pentru a numi ce dotare anume a unor telefoane mobile?
   Răspuns: Cameră foto
9. Literele TRĂSNARMTOȚI pot fi rearanjate pentru a forma ce parte a telefonului, aceea în care vorbești?
   Răspuns: Transmițător
10. Ce cuvânt începe cu C și reprezintă locul în care sunt conectate apelurile telefonice?
    Răspuns: Centrală
11. Cum se numeau persoanele care conectau apelurile telefonice?
    Răspuns: Centraliste
12. Câte nume apăreau în prima carte telefonică: 50, 500 sau 5 000?
    Răspuns: 50
13. Ce începe cu T și era un fel de mesaj codificat folosit înainte de inventarea telefoanelor?
    Răspuns: Telegramă

Nivelul 3

14. Cum se genera electricitatea pentru primele telefoane?
    Răspuns: Învârtind un mâner atașat la telefon
15. Cine a inventat telefonul?
    Răspuns: Alexander Graham Bell
16. În ce țară s-a născut Alexander Graham Bell?
    Răspuns: Scoția
17. Cine a inventat microfonul cu granule de carbon?
    Răspuns: Thomas Edison
18. Ce a fost inventat mai întâi: faxul sau telefonul?
    Răspuns: Faxul
19. Când au apărut discurile rotative: 1886, 1896 sau 1906?
    Răspuns: În 1896

RĂSPUNSURI: Descoperiri

Nivelul 1

1. Ce fruct se spune că a căzut în capul lui Isaac Newton, dându-i astfel ideea celebrei teorii?
   Răspuns: Măr
2. Ce începe cu R și se învârte, făcând vehiculele să meargă?
   Răspuns: Roată
3. Literele IVIȚAGRETA pot fi rearanjate pentru a forma numele cărei forțe care atrage obiectele către Pământ?
   Răspuns: Gravitație

Nivelul 2

4. Ce matematician care a trăit în Grecia antică a strigat „Evrika!" atunci când era în cadă?
   Răspuns: Arhimede
5. Ce naționalitate avea Isaac Newton?
   Răspuns: Engleză
6. În ce secol au apărut primele mașini cu motor pe benzină?
   Răspuns: În secolul XIX
7. Michael Faraday a fost un om de știință american?
   Răspuns: Nu (era englez)
8. Ce începe cu A și a fost folosit pentru a alimenta primele mașini?
   Răspuns: Aburi
9. Karl Benz a fost un pionier al mașinilor cu motor?
   Răspuns: Da
10. Literele ZIFIANCI pot fi rearanjate pentru a forma numele unui anumit om de știință?
    Răspuns: Fizician
11. Cine este autorul teoriei relativității?
    Răspuns: Albert Einstein
12. Roata a fost inventată acum mai mult de 3 000 de ani?
    Răspuns: Da
13. Ce începe cu M și desemnează lucrul pe care Michael Faraday ne-a ajutat să-l înțelegem mai bine?
    Răspuns: Magnetism
14. Ce naționalitate avea Nicolas Cugnot, cel care a construit primul automobil?
    Răspuns: Franceză
15. Care e prescurtarea de la acid dezoxiribonucleic?
    Răspuns: ADN

Nivelul 3

16. În ce țară de azi se află ruinele orașului Uruk?
    Răspuns: Irak
17. Care sunt cei doi cercetători cărora le este atribuită descoperirea acidului dezoxiribonucleic?
    Răspuns: Francis Crick și James Watson
18. În formula $E = mc^2$ ce înseamnă E?
    Răspuns: Energie

RĂSPUNSURI: Soarele

Nivelul 1

1. Soarele are un nucleu. Adevărat sau fals?
   Răspuns: Adevărat
2. În timp ce într-o parte a Pământului este zi, poate fi noapte în cealaltă?
   Răspuns: Da
3. Ce începe cu A și denumește sezoanele anului?
   Răspuns: Anotimpuri
4. Literele RĂRITĂS pot fi rearanjate pentru a denumi momentul zilei în care Pământul se întoarce către Soare?
   Răspuns: Răsărit

Nivelul 2

5. Energia emisă de Soare afectează sistemele electronice, precum rețelele telefonice. Adevărat sau fals?
   Răspuns: Adevărat
6. La apus, Pământul se întoarce cu spatele sau cu fața spre Soare?
   Răspuns: Cu spatele
7. Petele strălucitoare care apar pe coroana Soarelui se numesc protuberanțe solare. Adevărat sau fals?
   Răspuns: Fals (se numesc erupții solare)
8. Cât durează, de obicei, un ciclu de pete solare?
   Răspuns: 11 ani
9. Ce se interpune între Pământ și Soare la o eclipsă solară: Luna, Marte sau Venus?
   Răspuns: Luna
10. Ce începe cu R și denumește mișcarea Pământului când orbitează Soarele?
    Răspuns: Rotație
11. Cum se numesc furtunile magnetice din Soare: coroane, pete solare sau eclipse?
    Răspuns: Pete solare
12. Ce începe cu O și pare că Soarele se scufundă sub el la apus?
    Răspuns: Orizontul
13. Ce se vede în timpul unei eclipse solare: pete solare, coroană sau nici una?
    Răspuns: Coroana Soarelui
14. Solstițiile se produc când Pământul este cel mai mult sau cel mai puțin înclinat pe propria axă?
    Răspuns: Când este cel mai mult înclinat

Nivelul 3

15. Cât de fierbinte este cea mai fierbinte zonă din Soare?
    Răspuns: 15 000 000°C (în nucleu)
16. Ce începe cu A și separă ziua de noapte?
    Răspuns: Amurg
17. Cât de mari pot fi petele solare?
    Răspuns: 50 000 km diametru
18. Ce unde sunt emise dintr-o concentrare de energie în coroana Soarelui?
    Răspuns: Unde radio, lumină ultraviolet și raze X

RĂSPUNSURI: Luna

Nivelul 1

1. Soarele sau Pământul luminează Luna?
   Răspuns: Soarele
2. Luna nu are atracție gravitațională. Adevărat sau fals?
   Răspuns: Fals (are o șesime din atracția gravitațională a Pământului)
3. Luna orbitează Pământul sau Soarele?
   Răspuns: Pământul
4. Când nivelul mării la țărm coboară se petrece refluxul. Adevărat sau fals?
   Răspuns: Adevărat

Nivelul 2

5. Luna nouă este luminată de Soare pe partea pe care n-o putem vedea. Adevărat sau fals?
   Răspuns: Adevărat
6. Există o față a Lunii pe care n-o vedem niciodată. Adevărat sau fals?
   Răspuns: Adevărat
7. Ce începe cu G și determină mareele?
   Răspuns: Gravitația Lunii
8. Ce fază a mareei se petrece când Luna este la apogeu: flux sau reflux?
   Răspuns: Flux
9. În cât timp orbitează Luna Pământul: 24 de ore, 27,3 zile sau 39,5 zile?
   Răspuns: 27,3 zile
10. Cine a fost primul astronaut care a pășit pe Lună: Al Shepard, Buzz Aldrin sau Neil Armstrong?
    Răspuns: Neil Armstrong
11. Umbra Soarelui sau umbra Pământului acoperă Luna în timpul unei eclipse lunare?
    Răspuns: Umbra Pământului
12. Ce începe cu D și arată că Luna devine mai puțin vizibilă?
    Răspuns: Descreștere
13. În timpul mareei înalte, fluxul este mai mare sau mai mic?
    Răspuns: Mai mare
14. Mareele joase au loc când Pământul, Luna și Soarele sunt aliniate?
    Răspuns: Nu, au loc când Pământul, Luna și Soarele nu sunt aliniate

Nivelul 3

15. Care este diametrul Lunii?
    Răspuns: 3 476 km
16. În cât timp trece Luna prin toate fazele?
    Răspuns: 29,3 zile
17. Unde sunt Soarele și Luna când este lună plină?
    Răspuns: În părți opuse ale Pământului
18. Când are loc o eclipsă de Lună?
    Răspuns: Când luna plină trece exact prin spatele Pământului
19. Când a avut loc prima aselenizare americană?
    Răspuns: 21 iulie 1969

RĂSPUNSURI: Constelații

Nivelul 1

1. Întotdeauna trebuie să folosești un binoclu sau un telescop ca să vezi stelele. Adevărat sau fals?
   Răspuns: Fals (unele stele pot fi văzute cu ochiul liber)
2. Constelația Scorpion se mai numește și Scorpius. Adevărat sau fals?
   Răspuns: Adevărat
3. În câte părți poate fi împărțită bolta cerească: două sau trei?
   Răspuns: În două
4. Steaua Sudului poate fi văzută din emisfera nordică?
   Răspuns: Nu
5. Centaurul este o constelație denumită după o creatură din mitologia greacă?
   Răspuns: Da

Nivelul 2

6. Constelația Pegas este numită astfel după ce animal din mitologia greacă: un cal înaripat, un taur sau o capră?
   Răspuns: Un cal înaripat
7. Constelația Columba este numită după o pasăre trimisă de pe Arcă de Noe, ca să caute uscatul: un porumbel, un gugușiuc sau un vultur?
   Răspuns: Un porumbel
8. Ce constelație se folosea pentru navigație în emisfera sudică?
   Răspuns: Crucea Sudului
9. Literele BUINLOC pot fi rearanjate ca să alcătuiască numele unui instrument folosit ca să privești stelele?
   Răspuns: Binoclu
10. Care este mai strălucitoare: Sirius, Orion sau Lebăda?
    Răspuns: Sirius, o stea din constelația Canis Maior
11. Ce începe cu O și este constelația cu cel mai mare număr de stele strălucitoare?
    Răspuns: Orion
12. Literele BEEGLUESET pot fi rearanjate pentru a alcătui numele supergigantei roșii care marchează umărul lui Orion?
    Răspuns: Betelgeuse
13. Ce începe cu C și este o constelație sudică care poate fi văzută în emisfera nordică, în februarie?
    Răspuns: Columba

Nivelul 3

14. Ce obiect înfățișează constelația Balanța?
    Răspuns: O balanță
15. Cum se numește a 13-a stea de pe cer ca luminozitate?
    Răspuns: Antares, din constelația Scorpion
16. Când a putut fi văzută Crucea Sudului din Orientul Mijlociu?
    Răspuns: În timpurile biblice
17. Ce stea strălucitoare marchează coada Lebedei?
    Răspuns: Deneb

RĂSPUNSURI: Spațiu cosmic

Nivelul 1

1. Ce poți găsi în spațiul cosmic: o gaură verde, neagră sau portocalie?
   Răspuns: O gaură neagră
2. Cine a fost un astronom celebru: Rubble, Bubble sau Hubble?
   Răspuns: Hubble
3. Galaxia care include Pământul se numește Calea Lăptoasă. Adevărat sau fals?
   Răspuns: Fals (se numește Calea Lactee)
4. O stea își începe viața în cuib sau într-o nebuloasă?
   Răspuns: Într-o nebuloasă

Nivelul 2

5. O galaxie este un grup mare de găuri negre. Adevărat sau fals?
   Răspuns: Fals (este un grup mare de stele)
6. De obicei, durata de viață a unei stele este de miliarde de ani. Adevărat sau fals?
   Răspuns: Adevărat
7. Care este agenția spațială americană: LASA, MASA sau NASA?
   Răspuns: NASA
8. Când o nebuloasă se micșorează sau se condensează, se încălzește sau se răcește?
   Răspuns: Se încălzește
9. Calea Lactee apare palidă, colorată sau neagră pe cerul nopții?
   Răspuns: Palidă
10. Literele RĂVENSOUP pot fi rearanjate pentru a forma numele unui tip de explozie în spațiu?
    Răspuns: Supernovă
11. Câte galaxii există în Grupul Local: circa 3, circa 30 sau circa 300?
    Răspuns: Circa 30
12. O nebuloasă este o stea mare. Adevărat sau fals?
    Răspuns: Fals (este un nor de praf și gaze)
13. Calea Lactee este o galaxie mare sau mică?
    Răspuns: O galaxie mare
14. Câte tipuri de galaxii există: patru, cinci sau șapte?
    Răspuns: Patru
15. Care se formează prima: o gigantă roșie sau o pitică albă?
    Răspuns: O gigantă roșie

Nivelul 3

16. În ce parte a Căii Lactee se află sistemul solar al Pământului?
    Răspuns: Într-unul dintre brațe
17. Ce cred unii cercetători că s-ar afla în centrul galaxiei noastre?
    Răspuns: O gaură neagră gigantică
18. Care este gazul principal din nebuloasa Vulturul?
    Răspuns: Hidrogen

RĂSPUNSURI: Aur

Nivelul 1

1. Ce culoare, care începe cu G, are aurul?
   Răspuns: Galben
2. Unde în SUA a avut loc celebra Goană după Aur, care a început în 1848: California sau Ohio?
   Răspuns: California
3. Aurul este un metal tare. Adevărat sau fals?
   Răspuns: Fals (este moale)
4. Ce este praful de aur: bucăți de aur sau particule fine?
   Răspuns: Particule fine de aur

Nivelul 2

5. Literele TIPEPE se pot rearanja pentru a forma denumirea bucăților de aur găsite prin minerit?
   Răspuns: Pepite
6. A existat în secolul XIX o goană după aur și în Africa de Sud, Rusia sau Japonia?
   Răspuns: În Africa de Sud
7. Ce începe cu M și este denumirea rocilor în care se găsesc metale precum aurul?
   Răspuns: Minereu
8. Literele RANTEDECA se pot rearanja pentru a denumi modalitatea de căutare a aurului în râuri, cu ajutorul unui lighean?
   Răspuns: Decantare
9. Ce începe cu B și este denumirea celui care face bijuterii din aur?
   Răspuns: Bijutier
10. Ce începe cu L și este numele barelor de aur în care țările își țin o parte din rezervele monetare?
    Răspuns: Lingouri
11. Expunerea aurului la aer îi poate răpi strălucirea?
    Răspuns: Nu
12. Ce începe cu P și este numele dat persoanei care caută aur?
    Răspuns: Prospector
13. Aurul poate fi prelucrat pentru lițe?
    Răspuns: Da

Nivelul 3

14. Ce țară este cea mai mare producătoare de aur din lume?
    Răspuns: Africa de Sud
15. Ce se folosea pentru a găsi bucățele de aur pe fundul râurilor?
    Răspuns: Ligheane de metal puțin adânci
16. Unde se află cea mai mare mină de aur din lume?
    Răspuns: Papua de Vest, Indonezia
17. Cât timp s-a folosit aurul ca monedă?
    Răspuns: 4 000 de ani
18. Ce începe cu E și este o substanță ce nu poate fi descompusă?
    Răspuns: Element

RĂSPUNSURI: Peșteri

Nivelul 1

1. În peșteri trăiesc câteodată viermi?
   Răspuns: Da
2. Liliecii sau vulturii își găsesc adăpost în peșteri?
   Răspuns: Liliecii
3. Bacteriile și insectele se hrănesc cu ciuperci sau cu cartofi?
   Răspuns: Cu ciuperci
4. Plantele, precum ferigile și mușchii, nu pot crește la intrarea în peșteră. Adevărat sau fals?
   Răspuns: Fals

Nivelul 2

5. Literele PARDEOLUL PELIZORZĂ se pot rearanja pentru a denumi o felină care își face culcuș în peșteri iarna?
   Răspuns: Leopardul zăpezilor
6. Cum este lava vulcanului când este roșie, fierbinte, moale și lichidă: topită, topitoare, topitură?
   Răspuns: Topită
7. Ce păsări își fac cuib în crevasele de la intrarea în peșteri?
   Răspuns: Rândunele și lăstuni
8. Literele SLAGMITETA se pot rearanja pentru a denumi o formațiune de rocă formată pe podeaua unei peșteri?
   Răspuns: Stalagmite
9. Ciupercile care cresc în peșteri nu au nevoie de multă lumină, apă sau de nutrienți. Adevărat sau fals?
   Răspuns: Fals (au nevoie de apă și de nutrienți)
10. Gândacii sau rândunelele se hrănesc cu excremente de lilieci găsite în peșteri?
    Răspuns: Gândacii
11. Cum se numește o zonă dintr-un sistem de peșteri: zonă de răsărit, zonă crepusculară sau zona de miezul nopții?
    Răspuns: Zona crepusculară
12. Ce formațiuni de rocă atârnă precum țurțurii de gheață de tavanele peșterilor: stalagmite sau stalactite?
    Răspuns: Stalactite
13. Ce animale târâtoare sau cățărătoare trăiesc în peșteri?
    Răspuns: Păianjeni și scorpioni

Nivelul 3

14. Ce începe cu C și este un mineral care se formează când calcarul este dizolvat?
    Răspuns: Calcit
15. Unde rămâne constantă temperatura?
    Răspuns: În zona întunecată
16. Ce sapă râurile subterane?
    Răspuns: Tunele și peșteri
17. Ce s-a întâmplat cu lava moale care umplea canalul de lavă?
    Răspuns: S-a scurs
18. Literele BLAMI EMPIRE pot fi rearanjate pentru a forma un alt cuvânt care înseamnă rezistent la apă?
    Răspuns: Impermeabil

RĂSPUNSURI: Climă

Nivelul 1

1. În timpul unei secete, apa este mai puțină sau mai multă decât în mod obișnuit?
Răspuns: Mai puțină
2. Din ce sunt făcuți norii: vapori de apă sau apă înghețată?
Răspuns: Vapori de apă
3. Cirrus este numele unui tip de nor. Adevărat sau fals?
Răspuns: Adevărat

Nivelul 2

4. Ce începe cu S și este cel mai mare deșert din lume?
Răspuns: Sahara
5. Care este un gaz de seră: oxigenul sau dioxidul de carbon?
Răspuns: Dioxidul de carbon
6. În câți ani cred meteorologii că s-ar putea topi ghețarii: în 10, 20 sau 30 de ani?
Răspuns: În 30 de ani
7. Un climat arid este cald și umed, cald și uscat sau rece și înghețat?
Răspuns: Cald și uscat
8. Unde au găsit cercetătorii o gaură în stratul de ozon: deasupra Antarcticii, deasupra Arcticii sau în ambele locuri?
Răspuns: În ambele
9. Câtă ploaie cade în deșert, în decursul unui an: mai puțin de 25 cm, mai puțin de 50 cm sau mai puțin de 1 m?
Răspuns: Mai puțin de 25 cm
10. Care dintre aceste două tipuri de nori aduc ploaie: cirrus sau cumulonimbus?
Răspuns: Cumulonimbus
11. Literele GAȚEHIR se pot rearanja pentru a forma denumirea unei surse de apă ce alimentează un râu?
Răspuns: Ghețari
12. Ce începe cu L și au început să sece în ultimii ani?
Răspuns: Lacuri
13. Norii cumulus sunt subțiri sau pufoși?
Răspuns: Pufoși
14. Cât din suprafața uscatului este deșert: o treime, o pătrime sau o cincime?
Răspuns: O treime

Nivelul 3

15. În timpul secetei, de ce mor culturile?
Răspuns: Pentru că rezervele de apă se epuizează
16. Stratul de ozon apără Pământul de ce fel de raze dăunătoare?
Răspuns: De ultraviolete
17. Ce nu se dezgheață niciodată în tundră?
Răspuns: Solul
18. Când a început seceta recentă din Sahel, Africa de Nord?
Răspuns: 1968
19. La ce distanță în atmosferă se află stratul de ozon?
Răspuns: 22 km

RĂSPUNSURI: Furtuni

Nivelul 1

1. Fulgerul este o descărcare de electricitate într-un nor?
Răspuns: Da
2. Viscolul este o furtună de zăpadă sau o furtună de nisip cu vânt puternic?
Răspuns: O furtună de zăpadă cu vânturi puternice
3. Unde au loc furtunile de nisip: în deșert sau în pădurile tropicale?
Răspuns: În deșert
4. Când au loc furtuni cu fulgere și tunete: vara sau iarna?
Răspuns: Vara

Nivelul 2

5. Dacă un val doboară o barcă de salvare, aceasta se scufundă?
Răspuns: Nu (poate reveni în poziția de plutire)
6. Literele DINUINAȚE se pot rearanja pentru a forma un cuvânt care descrie ce se întâmplă când apa mării se revarsă pe uscat?
Răspuns: Inundație
7. Câți oameni sunt uciși de fulgere în SUA într-un an: circa 10, 100 sau 1 000?
Răspuns: Circa 100
8. Câte furtuni au loc pe Pământ, în fiecare clipă: circa 20, 200 sau 2 000?
Răspuns: Circa 2 000
9. Electricitatea se formează în nori nimbostratus, cumulonimbus sau cumulus?
Răspuns: Cumulonimbus
10. Fugerele au întotdeauna forma unei dungi în zigzag?
Răspuns: Nu (fulgerele pot fi și sferice)
11. Ce începe cu M și este expertul în vreme?
Răspuns: Meteorolog
12. Ce se întâmplă cu un copac lovit de fulger: se înmoaie, strălucește în întuneric sau este despicat?
Răspuns: Este despicat
13. Ce începe cu G și dotează bărcile de salvare?
Răspuns: GPS

Nivelul 3

14. O imensă maree, determinată de o furtună din Marea Nordului în 1953, a lovit ce țări?
Răspuns: Marea Britanie și Irlanda
15. Ce este tunetul?
Răspuns: Vibrații provocate de aer încălzit
16. Care este efectul când aerul cald de la sol se ridică repede, în atmosfera rece?
Răspuns: Poate provoca vânt, ploaie și furtuni cu fulgere
17. Ce este un paratrăsnet?
Răspuns: O bară de metal care conduce fulgerele în pământ
18. Cât poate vântul să înalțe nisipul, pe timp de furtună?
Răspuns: 1 500 m altitudine

RĂSPUNSURI: Uragane și tornade

Nivelul 1

1. Avioanele zboară vreodată în centrul unui uragan?
   Răspuns: Da (ca să facă măsurători)
2. În timpul unui uragan plouă torențial. Adevărat sau fals?
   Răspuns: Adevărat
3. Uraganele au loc în lunile calde sau în lunile reci?
   Răspuns: În lunile calde
4. Uraganele sunt îndeajuns de puternice ca să ridice în aer bărci și camioane?
   Răspuns: Da
5. Care este termenul pentru studierea de aproape a furtunilor: urmărirea, verificarea sau cartografierea furtunilor?
   Răspuns: Urmărirea furtunilor

Nivelul 2

6. Tornadele nu au mai mult de 10 m diametru. Adevărat sau fals?
   Răspuns: Fals (pot avea până la 1,5 km diametru)
7. Cum se numește camionul folosit pentru studierea de aproape a furtunilor?
   Răspuns: Doppler pe roți
8. Uraganele se formează deasupra uscatului sau deasupra mării?
   Răspuns: Deasupra mării (dar se deplasează pe uscat)
9. Unde se află Aleea Tornadelor: China, India sau SUA?
   Răspuns: În SUA
10. Ce începe cu D și este un fel de radar folosit la investigarea furtunilor?
    Răspuns: Doppler
11. Câte tornade au loc anual în SUA: 10, 100 sau peste 1 000?
    Răspuns: Peste 1 000
12. Care este temperatura minimă a apei, necesară pentru formarea unui uragan: 22°C, 27°C sau 30°C?
    Răspuns: 27°C
13. Ce cuvânt începe cu R și denumește un echipament găsit pe avioanele meteorologice?
    Răspuns: Radar
14. Uraganele încetinesc sau accelerează când se apropie de țărm?
    Răspuns: Accelerează

Nivelul 3

15. Care sunt cele două lucruri pe care le măsoară avioanele meteo în ce privește un uragan?
    Răspuns: Viteza vântului și presiunea
16. În interiorul cărui tip de nori se formează tornadele?
    Răspuns: Cumulonimbus
17. Ce sunt valurile de uragan?
    Răspuns: Valuri înalte care inundă zonele de litoral

RĂSPUNSURI: Tsunami

Nivelul 1

1. Un tsunami poate călători mii de kilometri. Adevărat sau fals?
   Răspuns: Adevărat
2. Un tsunami are doar 1 m înălțime pe ocean?
   Răspuns: Da
3. Pot vapoarele să treacă peste un tsunami, înainte să ajungă la țărm?
   Răspuns: Da (valurile sunt mici până ajung la țărm)
4. Un tsunami este un val uriaș?
   Răspuns: Nu (un tsunami este format dintr-o serie de valuri)
5. Un tsunami începe pe uscat sau pe mare?
   Răspuns: Pe mare

Nivelul 2

6. Literele MURETURC se pot rearanja pentru a forma numele unui eveniment petrecut în adâncurile oceanului care poate provoca un tsunami?
   Răspuns: Cutremur
7. Ce începe cu A și este o rocă din spațiu care se poate prăbuși în mare, declanșând un tsunami?
   Răspuns: Asteroid
8. Tsunami pot fi cauzate de alunecări de pietre. Adevărat sau fals?
   Răspuns: Adevărat
9. Care este înălțimea medie a unui val tsunami când lovește coasta: 3 m, 45 m sau 500 m?
   Răspuns: 3 m
10. Există o perioadă de respiro între două și patru ore între două valuri tsumani succesive?
    Răspuns: Nu (de obicei, 15–60 de minute între valuri)
11. Cât de rapid se poate deplasa o succesiune de valuri: 70 km/h, 170 km/h sau 700 km/h?
    Răspuns: 700 km/h
12. Valurile tsunami arată curbate sau pătrățoase văzute din lateral?
    Răspuns: Pătrățoase (valurile de uragan sunt curbate)
13. Valurile mega-tsunami au sub 4 m, 14 m sau peste 40 m înălțime?
    Răspuns: Peste 40 de metri

Nivelul 3

14. Ce componente ale scoarței Pământului se mișcă provocând cutremure?
    Răspuns: Plăci tectonice
15. De ce tsunami încetinesc când se apropie de țărm?
    Răspuns: Fundul oceanului care se înalță lângă țărm le încetinește
16. Câți oameni au murit în tsunamiul din 2004, din Asia?
    Răspuns: 230 000
17. Ce vulcan din Indonezia a erupt în 1883, provocând valuri uriașe care au omorât 36 000 de oameni?
    Răspuns: Krakatau
18. Ce înseamnă „lungime de undă“?
    Răspuns: Distanța dintre un val și următorul

RĂSPUNSURI: Simțuri

Nivelul 1

1. Cu ce parte a gurii guști?
Răspuns: Limbă
2. Ca să miroși ceva trebuie să tragi mirosul pe nas. Adevărat sau fals?
Răspuns: Adevărat
3. Senzorii din ureche trimit informații despre sunete către cealaltă ureche sau către creier?
Răspuns: Către creier
4. Dacă ai nevoie de ochelari, obiectele pe care le vezi sunt clare sau încețoșate?
Răspuns: Încețoșate

Nivelul 2

5. Literele FULRÂV RETEGELOD pot fi rearanjate pentru a forma numele unei părți a corpului sensibile la atingere?
Răspuns: Vârful degetelor
6. Lumina intră în ochi prin pupilă, prin cristalin sau prin retină?
Răspuns: Prin pupilă
7. Undele sonore intră în ureche prin urechea externă, prin urechea medie sau prin urechea internă?
Răspuns: Prin urechea externă
8. Literele LIBERAL pot fi rearanjate pentru a forma numele unei metode folosite pentru a citi cu vârfurile degetelor?
Răspuns: Braille
9. În urechea medie există oscioare mici, cili sau senzori?
Răspuns: Oscioare mici
10. Ce gusturi poate detecta limba?
Răspuns: Dulce, sărat, acru și amar
11. Ce începe cu C și sunt firele mici de păr din nas?
Răspuns: Cili
12. Câte papile gustative se găsesc pe limbă și în gât: mai puțin de 100, 1 000 sau până la 10 000?
Răspuns: Până la 10 000
13. Ce începe cu O și se poartă pentru a corecta vederea?
Răspuns: Ochelari
14. Ce parte a urechii vibrează: timpanul, urechea medie sau cohleea?
Răspuns: Timpanul

Nivelul 3

15. Unde se găsesc senzorii care detectează temperatura?
Răspuns: Pe tot corpul, în piele
16. Imaginile răsturnate se formează în ce parte a ochiului?
Răspuns: Retină
17. Literele CEERTOPIFTROO pot fi rearanjate pentru a forma denumirea celulelor din retină?
Răspuns: Fotoreceptori
18. Sunetele de flaut au lungimi de undă lungi?
Răspuns: Nu (sunt instrumente care produc lungimi de undă scurte)

RĂSPUNSURI: Digestie

Nivelul 1

1. Fecalele trec din intestinul gros în anus. Adevărat sau fals?
Răspuns: Adevărat
2. Ce trebuie să faci când ți-e sete: să mănânci înghețată sau să bei apă?
Răspuns: Să bei apă
3. Unde este produsă saliva: în gură sau în ficat?
Răspuns: În gură
4. Ce începe cu L și adună mâncarea într-un bol alimentar, înainte să fie înghițită?
Răspuns: Limbă

Nivelul 2

5. Majoritatea zaharurilor și a lipidelor sunt descompuse în intestinul gros. Adevărat sau fals?
Răspuns: Fals (sunt descompuse în intestinul subțire)
6. Vilozitățile în formă de degețele se găsesc în intestinul subțire?
Răspuns: Da
7. De ce avem nevoie de proteine: pentru a preveni bolile de inimă, pentru a avea energie sau pentru oase și mușchi puternici?
Răspuns: Pentru oase și mușchi puternici
8. Literele BOCHIDARRAȚI pot fi rearanjate pentru a forma denumirea unor substanțe din mâncare?
Răspuns: Carbohidrați
9. Urina este ținută în stomac, în vezica urinară sau în plămâni?
Răspuns: În vezica urinară
10. Unde este stocată bila: în intestinul subțire, în stomac sau în vezica biliară?
Răspuns: În vezica biliară
11. Digestia din stomac durează 1, 2 sau 4 ore?
Răspuns: 4 ore
12. Ce începe cu B și este mâncarea împinsă către stomac când înghițim?
Răspuns: Bol alimentar
13. Cât durează digestia în intestine: 8, 20 sau 30 de ore?
Răspuns: 20 de ore
14. Cât la sută din corpul nostru este alcătuit din apă: o treime, două treimi sau patru cincimi?
Răspuns: Două treimi

Nivelul 3

15. Ce rol joacă saliva în digestie?
Răspuns: Începe digestia zaharurilor
16. Ce sunt enzimele?
Răspuns: Substanțe chimice care ajută la descompunerea proteinelor
17. Ce face secreția biliară?
Răspuns: Digeră grăsimile
18. Ce începe cu P și este numele mișcărilor mușchiului care împinge mâncarea în jos, pe esofag?
Răspuns: Peristaltism

RĂSPUNSURI: Inventatori

Nivelul 1

1. Pentru a vedea planetele, se folosește un telescop sau un microscop?
   Răspuns: Un telescop
2. Microscoapele se folosesc de cercetători sau de muzicieni pentru a realiza experimente?
   Răspuns: De cercetători
3. Aristotel a studiat plantele și animalele?
   Răspuns: Da
4. Care se crede că a fost primul instrument de scris: un stil din trestie sau un stilou?
   Răspuns: Un stil din trestie

Nivelul 2

5. Celelalte planete din sistemul solar orbitează Pământul. Adevărat sau fals?
   Răspuns: Fals (toate planetele orbitează Soarele)
6. Literele MERINEIUS pot fi rearanjate pentru a forma numele poporului antic care a inventat scrisul?
   Răspuns: Sumerieni
7. Ce începe cu O și este o clădire de unde astronomii cercetează cerul?
   Răspuns: Observator
8. Când a început Aristotel să studieze natura: pe la 3000 î.Hr., 350 î.Hr. sau la 1350 d.Hr.?
   Răspuns: Pe la 350 î.Hr.
9. Cine a construit primul telescop?
   Răspuns: Galileo
10. Literele RUMOTEBAR pot fi rearanjate pentru a forma numele unui instrument științific?
    Răspuns: Barometru
11. Cine a descoperit mișcarea planetelor: Aristotel, Galileo sau Isaac Newton?
    Răspuns: Isaac Newton
12. Cine a studiat plantele și animalele: Aristotel, Galileo sau Isaac Newton?
    Răspuns: Aristotel
13. Benjamin Franklin a instalat un paratrăsnet pe casa lui?
    Răspuns: Da
14. Primele scrieri au fost realizate pe lut, pe hârtie sau pe frunzele unor plante?
    Răspuns: Pe lut

Nivelul 3

15. Când a pus Alexander Graham Bell în funcțiune telefonul?
    Răspuns: 1876
16. Cine a descoperit sarcinile electricității?
    Răspuns: Benjamin Franklin
17. Cine a realizat primele hărți stelare?
    Răspuns: Astronomii chinezi
18. Ce forme au literele scrierii cuneiforme?
    Răspuns: De triunghiuri și linii

RĂSPUNSURI: Mașini

Nivelul 1

1. Ce începe cu B și este combustibilul cu care funcționează majoritatea mașinilor?
   Răspuns: Benzină
2. Modelul T de la Ford a fost prima mașină accesibilă ca preț?
   Răspuns: Da
3. Mașina Mini Cooper a fost proiectată inițial ca să fie condusă în oraș sau la țară?
   Răspuns: În oraș
4. De unde se alimentează mașinile cu energie solară?
   Răspuns: De la soare

Nivelul 2

5. Câte roți avea Motorwagenul lui Karl Benz: două, trei sau patru?
   Răspuns: Trei
6. Literele PLAXRATANE pot fi rearanjate pentru a forma numele unei piese de mașină?
   Răspuns: Ax planetar
7. Ce naționalitate avea Henry Ford: britanică, americană sau australiană?
   Răspuns: Americană
8. Câte portiere avea Mini Cooperul original?
   Răspuns: Două
9. Ce mașină este mai prietenoasă cu mediul înconjurător: cea pe benzină sau cea cu energie solară?
   Răspuns: Mașina cu energie solară
10. Ce începe cu M și face să meargă o mașină?
    Răspuns: Motor
11. Modelul T de la Ford era cunoscut și ca: Lizzie cea Slabă, Lizzie de Tinichea sau Dizzy de Tinichea?
    Răspuns: Lizzie de Tinichea
12. Care a fost prima mașină ce a folosit un motor pe benzină?
    Răspuns: Motorwagenul lui Karl Benz
13. Când a fost introdus Mini Cooperul: 1950, 1960 sau 1970?
    Răspuns: 1950
14. În 1914, un model Ford putea fi asamblat în 93 de minute. Adevărat sau fals?
    Răspuns: Adevărat
15. Mașinile alimentate cu panouri solare pot merge tot timpul?
    Răspuns: Nu (nu pot merge când este vreme rea)

Nivelul 3

16. Un arbore de transmisie este o tijă lungă, o serie de schimbătoare de viteze sau un mecanism de direcție?
    Răspuns: O tijă lungă
17. Ce formă care începe cu A ajută la economia de energie?
    Răspuns: Aerodinamică
18. Ce începe cu C și ajută la schimbarea vitezelor?
    Răspuns: Cutia de viteze

RĂSPUNSURI: Motociclete

Nivelul 1

1. Lambretta este un scuter?
   Răspuns: Da
2. Un chopper este o motocicletă modificată prin tăierea anumitor părți din caroserie. Adevărat sau fals?
   Răspuns: Adevărat
3. Literele EMPOD pot fi rearanjate pentru a forma denumirea unui tip de motocicletă foarte mică?
   Răspuns: Moped
4. Prima motocicletă a fost făcută în Germania?
   Răspuns: Da

Nivelul 2

5. În cursele moto, motocicletele au aceeași capacitate cilindrică sau nu?
   Răspuns: Da, au aceeași capacitate cilindrică
6. Ghidoanele chopperelor sunt așezate mai sus sau mai jos decât ale altor motociclete?
   Răspuns: Mai sus
7. Ce începe cu A și este o motocicletă de motocros?
   Răspuns: Acrobatică
8. Vespa a fost introdusă în 1946, 1956 sau 1966?
   Răspuns: În 1946
9. Ce începe cu A și este denumirea anexei cu o roată de la motocicletă?
   Răspuns: Ataș
10. Motocicleta testată de frații Hildebrand în 1889 avea un motor cu aburi sau pe benzină?
    Răspuns: Cu aburi
11. Superbike sunt motociclete cu care să mergi pe șosea?
    Răspuns: Nu (sunt motociclete special adaptate)
12. Cât durează cursele cu motociclete acrobatice?
    Răspuns: Între 10 și 40 de minute
13. Harley Davidson este cunoscută pentru scutere sau choppere?
    Răspuns: Pentru choppere

Nivelul 3

14. Care sunt clasele cilindrice din circuitul de Grand Prix al motocicletelor.
    Răspuns: 125 cc, 250 cc și MotoGP (până la 800 cc)
15. În ce an a câștigat Eric Oliver pentru prima dată campionatul mondial de motocicletă cu ataș?
    Răspuns: 1949
16. Ce începe cu P și este un alt nume pentru un model aflat în teste?
    Răspuns: Prototip
17. Care era viteza maximă a motocicletei construite de frații Hildebrand și de Alois Wolfmuller?
    Răspuns: 40 km/h
18. Cum se numește cel mai mare producător de atașe?
    Răspuns: Watsonian-Squire

RĂSPUNSURI: Avioane

Nivelul 1

1. Locurile de la clasa economică se află în partea din spate sau din față a avionului?
   Răspuns: În partea din spate
2. Avioanele rulează sau ricoșează pe sol?
   Răspuns: Rulează
3. Încărcătura este depozitată în containere?
   Răspuns: Da
4. Literele NICERSOUPS pot fi rearanjate pentru a forma un cuvânt ce descrie avioanele extrem de rapide?
   Răspuns: Supersonic

Nivelul 2

5. La aeroport, pasagerii pot fi conduși cu un autobuz către avionul staționat pe pistă. Adevărat sau fals?
   Răspuns: Adevărat
6. Ce începe cu T și denumește o clădire dintr-un aeroport?
   Răspuns: Terminal
7. Ce începe cu P și este numele acelei părți din avion unde se află ecrane digitale care oferă date despre zbor?
   Răspuns: Panou de zbor
8. Cala se găsește sub cabină?
   Răspuns: Da
9. Care a fost primul avion de mari dimensiuni: Boeing 747 sau Airbus A380?
   Răspuns: Boeing 747
10. Motostivuitoarele ridică containerele în cală sau pasagerii în cabină?
    Răspuns: Ridică containerele
11. Avionul Concorde a zburat de la Londra, Paris, New York sau din toate trei?
    Răspuns: Din toate trei
12. Care este mai puțin zgomotos: un Boeing 747 sau un Airbus A380?
    Răspuns: Airbus A380
13. Ce verb începe cu V și desemnează întoarcerea la stânga sau la dreapta în aer?
    Răspuns: A vira
14. Unde se duc pasagerii ca să aștepte îmbarcarea?
    Răspuns: În sala de așteptare

Nivelul 3

15. Ce fac flapsurile de pe aripi când sunt deschise?
    Răspuns: Acționează ca o frână
16. În ce an a început Concorde să efectueze zboruri cu pasageri?
    Răspuns: În 1976
17. Cum se numesc fâșiile de metal de pe aripile avionului care îl ajută să vireze?
    Răspuns: Eleroane
18. Ce viteză înseamnă Mach 2.2?
    Răspuns: 2 200 km/h

RĂSPUNSURI: Egiptul antic

Nivelul 1

1. Ce fluviu străbate Egiptul?
   Răspuns: Nil
2. Cum se numeau conducătorii din Egiptul antic?
   Răspuns: Faraoni
3. Egiptenii credeau în viața după moarte?
   Răspuns: Da
4. Ce anume se confecționa din lână sau din păr uman?
   Răspuns: Peruci
5. Din ce erau făcute hainele egiptenilor?
   Răspuns: Din in

Nivelul 2

6. Ce formă de scris foloseau egiptenii?
   Răspuns: Hieroglife
7. Din ce era făcut papirusul?
   Răspuns: Din trestie
8. Cu ce era, de obicei, îngropat un egiptean?
   Răspuns: Cu haine, mobilă, apă și hrană
9. Cum își decorau, de obicei, egiptenii sarcofagele?
   Răspuns: Cu un portret al celui mort
10. Ce era „deschiderea gurii"?
    Răspuns: O ceremonie realizată de preoți în mormântul unui faraon
11. Cum se numește cea mai mare piramidă?
    Răspuns: Marea Piramidă de la Giseh
12. Ce floare era simbolul Nilului?
    Răspuns: Floarea de lotus

Nivelul 3

13. Ce parte a corpului era etalonul de măsură: piciorul, talpa sau antebrațul?
    Răspuns: Antebrațul
14. Cum transportau egiptenii corpul faraonului mort?
    Răspuns: Într-o barcă funerară
15. Ce foloseau egiptenii ca să deshidrateze corpul în timpul îmbălsămării?
    Răspuns: Natron
16. Ce animal este asociat cu zeul egiptean al regilor?
    Răspuns: Șoim
17. Ce spunea preotul în timpul ceremoniei de înmormântare?
    Răspuns: „Trăiești din nou, trăiești din nou veșnic"
18. Cât timp au condus faraonii Egiptul?
    Răspuns: 3 000 de ani
19. Cine este înmormântat în Marea Piramidă de la Giseh?
    Răspuns: Faraonul Kheops (Khufu)

RĂSPUNSURI: Grecia antică

Nivelul 1

1. Ce începe cu M și este una dintre mările din jurul Greciei?
   Răspuns: Marea Mediterană
2. Cine era conducătorul zeilor greci?
   Răspuns: Zeus
3. Unde se organizau Jocurile Olimpice în Antichitate?
   Răspuns: La Olimpia
4. Calul troian a fost făcut din piatră sau din lemn?
   Răspuns: Din lemn
5. Grecii aveau sclavi. Adevărat sau fals?
   Răspuns: Adevărat

Nivelul 2

6. Literele ASPRAT pot fi rearanjate pentru a forma numele cărui oraș-stat din Grecia antică?
   Răspuns: Sparta
7. Ce foloseau femeile pentru a țese materiale pentru haine?
   Răspuns: Gherghef
8. Pe la ce vârstă se căsătoreau femeile?
   Răspuns: Pe la 15 ani
9. Cine s-au ascuns în interiorul calului troian?
   Răspuns: Soldații greci
10. Literele SNOODPIE pot fi rearanjate pentru a forma numele cărui zeu grec?
    Răspuns: Poseidon
11. Din ce material făceau grecii cărămizile?
    Răspuns: Lut
12. Cum călătoreau grecii bogați pe uscat: în care sau pe jos?
    Răspuns: În care
13. Imperiul grec era alcătuit din mai multe insule. Adevărat sau fals?
    Răspuns: Adevărat
14. Când călătoreau prin Grecia, oamenii dormeau sub cerul liber. Adevărat sau fals?
    Răspuns: Adevărat
15. Unde se credea că locuiesc zeii?
    Răspuns: Pe muntele Olimp

Nivelul 3

16. În ce țară de astăzi se află orașul antic Troia?
    Răspuns: Turcia
17. Ce primea câștigătorul Jocurilor Olimpice?
    Răspuns: O cunună de frunze de măslin
18. Ce era un chiton?
    Răspuns: Îmbrăcămintea de bază a femeilor, făcută dintr-o bucată dreptunghiulară de material
19. În ce colț al locuinței aveau grecii altarul?
    Răspuns: În curtea casei
20. Cine era zeița căsătoriei?
    Răspuns: Hera

RĂSPUNSURI: Colosseum

Nivelul 1

1. Ce gladiator celebru a condus o revoltă a sclavilor?
   Răspuns: Spartacus
2. La Colosseum existau elefanți. Adevărat sau fals?
   Răspuns: Adevărat
3. Ce semn făcea mulțimea când dorea moartea unui gladiator?
   Răspuns: Strângeau pumnul, cu degetul mare în jos
4. Literele CUTROSE pot fi rearanjate pentru a forma numele cărui tip de gladiator?
   Răspuns: Secutor

Nivelul 2

5. În ce parte a Colosseumului erau ținuți gladiatorii și animalele?
   Răspuns: În camerele de la subsol
6. Ce împărat roman lupta adesea în Colosseum?
   Răspuns: Commodus
7. Ce era un *bestiarius*?
   Răspuns: Un gladiator antrenat pentru a se lupta cu animale
8. Ce folosea un *retiarius* ca să-și prindă adversarul?
   Răspuns: O plasă și un trident
9. Cine era aruncat la fiare?
   Răspuns: Creștinii, criminalii și sclavii
10. Ce fel de gladiator purta un coif decorat cu un pește?
    Răspuns: Murmillo
11. În câți ani a fost construit Colosseumul: 10, 20 sau 30?
    Răspuns: În 10 ani
12. *Venationes* erau soldați romani. Adevărat sau fals?
    Răspuns: Fals

Nivelul 3

13. Ce primea un gladiator eliberat?
    Răspuns: O tabletă de os, cu numele său, și un dar în monede
14. Câți oameni puteau asista la jocurile de la Colosseum?
    Răspuns: 50 000
15. Când au fost organizate primele lupte cu gladiatori?
    Răspuns: 264 î.Hr.
16. De unde provine numele de Colosseum?
    Răspuns: De la o statuie (colossus) a lui Nero, din apropiere
17. De câte ori a luptat Commodus la Colosseum?
    Răspuns: 735 de ori
18. Câte animale au fost ucise la primele jocuri de la Colosseum?
    Răspuns: 5 000

RĂSPUNSURI: Viața în Evul Mediu

Nivelul 1

1. Un banchet este un fel de luptă. Adevărat sau fals?
   Răspuns: Fals (este o petrecere)
2. Oamenii mâncau în sala mare. Adevărat sau fals?
   Răspuns: Adevărat
3. Un *jongleur* era o persoană sau un instrument muzical?
   Răspuns: O persoană
4. Cine deținea pământul în Evul Mediu?
   Răspuns: Regele
5. Cine îi învăța pe copiii nobililor: preoții sau servitorii?
   Răspuns: Preoții

Nivelul 2

6. Cine arenda pământul de la nobili?
   Răspuns: Cavaleri și nobili de rang inferior
7. Cum se numeau *jongleurii* în Anglia?
   Răspuns: Menestreli
8. Cum se numea sistemul prin care era acordat pământul?
   Răspuns: Arendă
9. Cum se numea centrul castelului?
   Răspuns: Donjon
10. Unde stăteau oamenii de vază în timpul unui banchet?
    Răspuns: La masa înaltă
11. Cum erau încălzite podelele castelelor?
    Răspuns: Erau acoperite cu trestie
12. Unde erau școlite fetele în Evul Mediu?
    Răspuns: Acasă
13. La ce servea bufetul?
    Răspuns: Pe el erau expuse cupele și farfuriile nobilului
14. Ce se folosea pentru a scăpa de mirosurile neplăcute ale podelelor castelului?
    Răspuns: Esențe de ierburi aromatice

Nivelul 3

15. Ce limbă străină învățau fiii nobililor?
    Răspuns: Latina
16. De ce le plăcea oamenilor să asculte muzică atunci când mâncau?
    Răspuns: Credeau că ajută la digestie
17. Unde învățau meserii copiii din sat?
    Răspuns: La ghildele locale
18. Ce era un fund din lemn?
    Răspuns: Un suport din lemn de pe care se mânca

RĂSPUNSURI: Cavaleri

Nivelul 1

1. Ce începe cu L și era o armă folosită de cavalerii călare?
   Răspuns: Lance
2. Pentru ce era folosit un berbece?
   Răspuns: Pentru a slăbi porțile unui castel
3. Literele NULMAP pot fi rearanjate pentru a forma numele cărei arme folosite de cavaleri?
   Răspuns: Pumnal
4. Cavalerii luptau doar pe cal. Adevărat sau fals?
   Răspuns: Fals

Nivelul 2

5. Ce devenea un scutier în timpul ceremoniei de învestire?
   Răspuns: Cavaler
6. Ce era un buzdugan?
   Răspuns: O bâtă grea, cu ținte metalice la un capăt
7. Cum își trântea un cavaler adversarul de pe cal într-un turnir?
   Răspuns: Cu o lance boantă
8. Ce fel de proiectile lansa un mangonel?
   Răspuns: Pietre
9. Cavalerii foloseau o arbaletă sau un arc mare?
   Răspuns: Ambele
10. De ce au început turnirurile?
    Răspuns: Ca antrenament pentru lupte
11. Ce arme erau folosite pentru a arunca săgeți și lănci într-un castel?
    Răspuns: Balistă
12. Cum se deosebeau cavalerii în luptă?
    Răspuns: După blazoanele de pe mantie
13. Ce este o catapultă?
    Răspuns: O armă de asediu, cu care se aruncau bolovani în castel
14. Cum puteau atacatorii să-i facă pe apărătorii unui castel să se predea?
    Răspuns: Înfometându-i

Nivelul 3

15. Cum se numea taxa plătită de cavalerii care nu voiau să lupte?
    Răspuns: Scutaj
16. Ce era un grumăjer?
    Răspuns: Bucată de armură care proteja gâtul cavalerului
17. Cum era făcut cavaler un scutier?
    Răspuns: Cavalerul său îl atingea pe umeri cu latul sabiei
18. În ce secol au început cavalerii să poarte armură din plăci?
    Răspuns: În secolul XV

RĂSPUNSURI: Renașterea

Nivelul 1

1. Renașterea s-a caracterizat printr-o „înflorire“ sau printr-o „revoltă“?
   Răspuns: Prin înflorire
2. Literele MURĂRAM pot fi rearanjate pentru a forma numele cărui material folosit de sculptori în Renaștere?
   Răspuns: Marmură
3. Donatello a fost pictor sau sculptor?
   Răspuns: Sculptor
4. Lăuta este un instrument muzical. Adevărat sau fals?
   Răspuns: Adevărat

Nivelul 2

5. Ghiberti a fost un filosof din Renaștere. Adevărat sau fals?
   Răspuns: Fals
6. Unde a fost inventat tiparul?
   Răspuns: În China
7. La ce era folosită *lira da braccio*?
   Răspuns: La acompanierea recitării poemelor
8. În ce tablou apar filosofii antici Platon și Aristotel?
   Răspuns: Școala din Atena
9. Care a fost prima carte din lume tipărită în tiraj mare?
   Răspuns: Biblia
10. Literele LEFARA pot fi rearanjate pentru a forma numele cărui artist din Renaștere?
    Răspuns: Rafael
11. Ce naționalitate avea Erasmus?
    Răspuns: Olandeză
12. Care sunt cele două civilizații care au influențat artiștii din Renaștere?
    Răspuns: Greacă și romană
13. Cum se numea tamponul de piele cu care se aplica cerneala la primul tipar din Europa?
    Răspuns: Minge de cerneală
14. Ce filosofi credeau că lecțiile morale puteau fi învățate din textele antice?
    Răspuns: Umaniști

Nivelul 3

15. Numele cărui arhitect renascentist celebru începe cu B?
    Răspuns: Brunelleschi
16. În ce an a fost inventat tiparul în Europa?
    Răspuns: 1440
17. Până în ce secol a durat Renașterea?
    Răspuns: Secolul XVII
18. Cine a inventat tiparul în Europa?
    Răspuns: Johannes Gutenberg

RĂSPUNSURI:
Marile Descoperiri Geografice

Nivelul 1

1. Sir Francis Drake a fost englez sau spaniol?
   Răspuns: Englez
2. Cum se numea cea mai mare navă a lui Columb: *Santa Maria*, *Santa Ana* sau *Santa Barbara*?
   Răspuns: Santa Maria
3. Francisco Pizarro i-a învins pe incași. Adevărat sau fals?
   Răspuns: Adevărat
4. Din ce țară era Bartolomeo Diaz?
   Răspuns: Portugalia

Nivelul 2

5. Ce a descoperit Magellan: Oceanul Indian sau Oceanul Pacific?
   Răspuns: Oceanul Pacific
6. Câți oameni erau în echipajul celui mai mare vas al lui Columb: 30, 40 sau 60?
   Răspuns: 40
7. Cine l-a trimis pe Columb să găsească o nouă rută către India?
   Răspuns: Regele Spaniei
8. Diaz sau da Gama a navigat în jurul punctului cel mai sudic al Africii?
   Răspuns: Diaz
9. Cine a ajuns în India în 1498?
   Răspuns: Vasco da Gama
10. Ce anume a făcut Zheng He pentru prima dată?
    Răspuns: A folosit o busolă într-o călătorie pe mare
11. Care erau numele celor două caravele ale lui Columb?
    Răspuns: Niña și Pinta
12. La ce era folosit cvadrantul?
    Răspuns: La măsurarea unghiului soarelui
13. De ce n-a mai ajuns la destinația finală Fernando Magellan?
    Răspuns: A fost omorât în Filipine
14. Unde credea Columb că ajunsese?
    Răspuns: În Extremul Orient
15. Ce parte din lume stăpâneau incașii?
    Răspuns: Costa de vest a Americii de Sud (Peru de azi)

Nivelul 3

16. Pe ce insulă a acostat Columb?
    Răspuns: San Salvador
17. Ce oraș a fost descoperit în 1911?
    Răspuns: Machu Picchu
18. Ce e o *nao*?
    Răspuns: Un vas comercial
19. Când s-a navigat pentru prima dată în jurul lumii?
    Răspuns: 1522

RĂSPUNSURI:
Primul Război Mondial

Nivelul 1

1. Ce mașină de luptă a fost folosită pentru prima dată în Primul Război Mondial?
   Răspuns: Tanc
2. Ce este o luptă aeriană?
   Răspuns: O luptă între două sau mai multe avioane
3. Cum se numea zona dintre tranșeele inamice?
   Răspuns: Pământul nimănui
4. O grenadă este o armă. Adevărat sau fals?
   Răspuns: Adevărat

Nivelul 2

5. Ce echipament de protecție purtau soldații împotriva gazelor toxice?
   Răspuns: Măști de gaze
6. În ce scop erau folosiți caii?
   Răspuns: Pentru a trage ambulanțe și a căra arme
7. Ce mare bătălie navală începe cu I?
   Răspuns: Bătălia Iutlandei
8. Unde era Frontul de Vest?
   Răspuns: În Belgia și Franța
9. Cum se numește trăgătorul care încearcă să ochească soldați izolați?
   Răspuns: Trăgător de elită
10. Ce armă poate fi atașată unei puști?
    Răspuns: Baionetă
11. Câte vieți s-au pierdut în război: peste 7,5 milioane, peste 8,5 milioane, peste 10 milioane?
    Răspuns: Peste 8,5 milioane
12. În ce țară se află Iutlanda?
    Răspuns: Danemarca
13. Ce se afla deasupra tranșeelor?
    Răspuns: Saci de nisip
14. Cu ce arme erau dotate avioanele de luptă?
    Răspuns: Mitraliere

Nivelul 3

15. În ce an a fost folosit, pentru prima dată, gazul toxic?
    Răspuns: 1915
16. Ce model de tanc a fost primul care a rezistat puștilor antitanc?
    Răspuns: Tancul britanic Mark IV
17. Cum se numeau soldații britanici care antrenau cai?
    Răspuns: Dresori de nărăvași
18. Ce avion de luptă german a fost considerat cel mai bun în război?
    Răspuns: Fokker D VII

RĂSPUNSURI: Viața în Egiptul antic

Nivelul 1

1. Ce animale vânau egiptenii: hipopotami, cai sau hamsteri?
   Răspuns: Hipopotami
2. Din ce materiale își construiau egiptenii bărci: plastic, furnir sau papirus?
   Răspuns: Papirus
3. Egiptenii nu cultivau pământul de lângă Nil. Adevărat sau fals?
   Răspuns: Fals
4. Egiptenii construiau case din cărămizi de lut. Adevărat sau fals?
   Răspuns: Adevărat

Nivelul 2

5. Țăranii egipteni erau bătuți deseori?
   Răspuns: Da
6. Literele AHPRON pot fi rearanjate pentru a forma numele cărei arme folosite la vânătoare?
   Răspuns: Harpon
7. La ce vârstă începeau școala copiii egipteni: 3, 4 sau 5 ani?
   Răspuns: La 4 ani
8. Egiptenii beau bere. Adevărat sau fals?
   Răspuns: Adevărat
9. Când se revărsa Nilul: primăvara, vara sau iarna?
   Răspuns: Vara
10. Cine făcea pâine în Egiptul antic: bărbații sau femeile?
    Răspuns: Femeile
11. Numai băieții egipteni mergeau la școală. Adevărat sau fals?
    Răspuns: Fals
12. În ce anotimp se strângeau recoltele în Egipt?
    Răspuns: Primăvara
13. Ce era un *mertu*: o persoană, un fel de mâncare sau un fel de casă?
    Răspuns: O persoană
14. Ce animale foloseau egiptenii la arat?
    Răspuns: Boi
15. Ce începe cu I și se folosește la confecționarea hainelor din pânză?
    Răspuns: In

Nivelul 3

16. Cum numeau egiptenii o echipă de cinci muncitori?
    Răspuns: Mână
17. Ce începe cu C și era o tunsoare purtată de copiii egipteni?
    Răspuns: Codițe
18. Ce începe cu O și este o plantă folosită de egipteni la fabricarea unei băuturi populare?
    Răspuns: Orz

RĂSPUNSURI: Zei și zeițe în Egiptul antic

Nivelul 1

1. Egiptenii credeau în magie. Adevărat sau fals?
   Răspuns: Adevărat
2. Cine era conducătorul zeilor: Ma, Ra sau Pa?
   Răspuns: Ra
3. Cum mai este numită magia rea: roșie, neagră sau albastră?
   Răspuns: Neagră
4. Egiptenii le făceau statui zeilor. Adevărat sau fals?
   Răspuns: Adevărat

Nivelul 2

5. Ce era „scoaterea afară“: o naștere, o moarte sau un tip de procesiune?
   Răspuns: Un tip de procesiune
6. Numai preoții luau parte la ritualurile zilnice din marile temple. Adevărat sau fals?
   Răspuns: Adevărat
7. Literele ALETUMĂ pot fi aranjate pentru a forma numele cărui obiect despre care se spunea că protejează împotriva magiei?
   Răspuns: Amuletă
8. Ce animal l-a mușcat pe zeul Ra: un tigru, o cobră sau un păianjen?
   Răspuns: O cobră
9. Anubis avea capul cărui animal: șarpe, șacal sau rinocer?
   Răspuns: Șacal
10. Amon era un zeu al focului sau al aerului?
    Răspuns: Al aerului
11. Pe ce tip de bijuterie aveau egiptenii imprimat modelul unei mâini?
    Răspuns: Brățară
12. Ce zeu era paznicul lumii subpământene?
    Răspuns: Anubis
13. Cine era soțul lui Isis?
    Răspuns: Osiris

Nivelul 3

14. Cine a aflat numele secret al lui Ra?
    Răspuns: Isis
15. Ce mască purtau preoții când pregăteau corpul decedatului pentru înmormântare?
    Răspuns: Mască de șacal
16. Ce zeu egiptean avea un nume care însemna „cel ascuns“?
    Răspuns: Amon
17. Ce începe cu K și este locul în care se afla un mare templu al lui Amon?
    Răspuns: Karnak
18. În ce oraș a fost venerat inițial Amon?
    Răspuns: Teba

RĂSPUNSURI: Războiul în Grecia antică

Nivelul 1

1. Din ce erau făcute scuturile grecilor: din in, din hârtie sau din lemn?
   Răspuns: Din lemn
2. Literele LUSIȚĂ pot fi rearanjate pentru a forma numele cărei arme folosite de greci?
   Răspuns: Suliță
3. Unde a avut loc bătălia de la Salamina: pe uscat sau pe apă?
   Răspuns: Pe apă
4. Din ce erau făcute coifurile: bronz, cupru sau aluminiu?
   Răspuns: Bronz

Nivelul 2

5. Principala tactică de luptă a vaselor de război grecești era izbirea vasului dușman. Adevărat sau fals?
   Răspuns: Adevărat
6. Ce este o falangă: o armă, o formație de luptă sau o vâslă?
   Răspuns: O formație de luptă
7. Literele RITMERĂ pot fi rearanjate pentru a forma numele cărei corăbii de război grecești?
   Răspuns: Triremă
8. Spartanii erau greci. Adevărat sau fals?
   Răspuns: Adevărat
9. La ce vârstă începeau să se antreneze băieții din Sparta: 7, 9 sau 11 ani?
   Răspuns: La 7 ani
10. Cum își vopseau spartanii scuturile: roșu sau galben?
    Răspuns: Roșu
11. Cine a câștigat bătălia de la Salamina: grecii sau perșii?
    Răspuns: Grecii
12. Literele IPASS pot fi rearanjate pentru a forma numele unui scut grecesc.
    Răspuns: Aspis
13. Ce începe cu H și era numele celui mai întâlnit tip de soldat din Grecia antică?
    Răspuns: Hoplit
14. Ce parte a corpului era protejată de apărători?
    Răspuns: Gambe
15. Cine a fost Xerxes: un rege persan, un general spartan sau un zeu teban?
    Răspuns: Un rege persan

Nivelul 3

16. Ce literă își pictau spartanii pe scuturi?
    Răspuns: L
17. Cum își numeau spartanii țara?
    Răspuns: Lacedaemonia
18. Din ce oraș erau grecii care au luptat la Salamina?
    Răspuns: Atena
19. Ce fel de armă este un xifos?
    Răspuns: Un tip de sabie

RĂSPUNSURI: Zei și zeițe în Grecia antică

Nivelul 1

1. Cine era regele zeilor?
   Răspuns: Zeus
2. Grecii sacrificau tauri în cinstea zeilor. Adevărat sau fals?
   Răspuns: Adevărat
3. Afrodita era zeița dragostei și a frumuseții sau zeița urii și a urâțeniei?
   Răspuns: Zeița dragostei și a frumuseții

Nivelul 2

4. Numele cărui zeu grec al războiului începea cu A?
   Răspuns: Ares
5. Care era simbolul Atenei: bufnița, vulturul sau corbul?
   Răspuns: Bufnița
6. Literele LAMUE BUSNEATĂMÂNPĂ pot fi rearanjate pentru a forma numele cărui loc în care mergeau grecii după moarte?
   Răspuns: Lumea subpământeană
7. Asclepios era zeul justiției sau al medicinei?
   Răspuns: Zeul medicinei
8. Care era zeul grec al soarelui: Artemis, Poseidon sau Apollo?
   Răspuns: Apollo
9. Cine mergea în Câmpiile Elizee?
   Răspuns: Cei care duseseră vieți virtuoase
10. Ce începea cu L și era un dar de vin turnat peste altar?
    Răspuns: Libație
11. Ce începea cu S și era un râu pe care grecii îl treceau când mureau?
    Răspuns: Styx
12. Atena era zeița vânătorii. Adevărat sau fals?
    Răspuns: Fals
13. Unde se țineau sărbătorile Panatenee?
    Răspuns: La Atena
14. Literele TARRAT pot fi rearanjate pentru a forma numele unei gropi de foc?
    Răspuns: Tartar
15. Ce animal era simbolul lui Asclepios: un șarpe, un păianjen sau un scorpion?
    Răspuns: Un șarpe
16. Ce templu începea cu O și era locul în care oamenii puteau să pună întrebări legate de viitor?
    Răspuns: Oracol

Nivelul 3

17. Ce dar a făcut zeița Atena orașului Atena?
    Răspuns: Primul măslin
18. Cine era soțul Afroditei?
    Răspuns: Zeul Hefaistos
19. Ce templu din Atena avea o mare statuie de aur și fildeș a Atenei?
    Răspuns: Partenon

RĂSPUNSURI: Imperiul Roman

Nivelul 1

1. Ce nu putea purta nimeni în afara împăratului: picățele, purpură sau pălării?
   Răspuns: Purpură
2. Romanii au construit drumuri șerpuite. Adevărat sau fals?
   Răspuns: Fals
3. Literele SETAN pot fi rearanjate pentru a forma numele cărui grup de cetățeni?
   Răspuns: Senat

Nivelul 2

4. Ce anume transportau apeductele: apă, oameni sau hrană?
   Răspuns: Apă
5. Roma a fost fondată de doi frați gemeni sau de doi iubiți?
   Răspuns: De doi frați gemeni
6. Ce roman celebru a fost ucis: Hadrian, Augustus sau Iulius Caesar?
   Răspuns: Iulius Caesar
7. Ce începe cu V și a vandalizat Roma?
   Răspuns: Vandali
8. Augustulus înseamnă „tatăl lui Augustus“. Adevărat sau fals?
   Răspuns: Fals
9. Augustus i-a cucerit pe daci. Adevărat sau fals?
   Răspuns: Fals (Traian a făcut-o)
10. Ce era o togă: o coroană, un pantof sau o robă?
    Răspuns: O robă
11. Cât de lung este apeductul Zaghouan: peste 74 km, peste 92 km sau peste 109 km?
    Răspuns: Peste 92 km
12. Odoacru era germanic sau grec?
    Răspuns: Germanic
13. Literele SOULRUM pot fi rearanjate pentru a forma numele cărui fondator al Romei?
    Răspuns: Romulus
14. Iulius Caesar a fost primul împărat. Adevărat sau fals?
    Răspuns: Fals (Augustus a fost)
15. Augustus era fiul lui Iulius Caesar. Adevărat sau fals?
    Răspuns: Fals
16. Sub ce împărat a avut imperiul cea mai mare întindere: Nero, Traian sau Vespasian?
    Răspuns: Traian

Nivelul 3

17. Cine a fost primul împărat creștin?
    Răspuns: Constantin
18. Cine a spus: „Am găsit o Romă din cărămizi, las una din marmură“?
    Răspuns: Augustus
19. Cine s-a sinucis ca să nu fie capturat de Traian?
    Răspuns: Regele dac Decebal

RĂSPUNSURI: Războiul în Imperiul Roman

Nivelul 1

1. Soldații romani luptau împreună, în formații de luptă. Adevărat sau fals?
   Răspuns: Adevărat
2. Care era simbolul armatei romane: un șoarece, o acvilă sau o girafă?
   Răspuns: O acvilă
3. Soldații romani se grupau în formații de luptă de forma unui tigru, a unei țestoase sau a unei broaște?
   Răspuns: A unei țestoase

Nivelul 2

4. Ce era un *aquilifer*: un general, un doctor sau un purtător de stindard?
   Răspuns: Purtător de stindard
5. Ce începe cu L și era numele infanteriștilor romani?
   Răspuns: Legionar
6. Balista era folosită pentru a arunca lănci sau pietre?
   Răspuns: Lănci
7. Literele COINTUNER pot fi rearanjate pentru a forma numele cărui ofițer din armată?
   Răspuns: Centurion
8. Ce era o catapultă: o mașinărie de război, un soldat sau un scut?
   Răspuns: O mașinărie de război
9. Romanii au cucerit triburile germanice. Adevărat sau fals?
   Răspuns: Fals
10. Ce începe cu G și este numele unui ținut cucerit de Iulius Caesar?
    Răspuns: Gallia
11. Cum se numeau soldații din provincii?
    Răspuns: Auxiliari
12. Literele TOESTUD pot fi rearanjate pentru a forma numele cărei formații de luptă?
    Răspuns: Testudo
13. Câți oameni erau într-o legiune: 50, 500 sau 5 000?
    Răspuns: 5 000
14. Ce începe cu P și era numele unui imperiu aflat în estul Romei?
    Răspuns: Imperiul Part
15. Câți ani trebuia un auxiliar să petreacă în armată înainte de a primi cetățenia română?
    Răspuns: 25 de ani

Nivelul 3

16. Câți soldați erau într-o centurie?
    Răspuns: 100
17. Cine s-a luptat cu Iulius Caesar într-un mare război civil?
    Răspuns: Pompei
18. Ce general roman a fost ucis în bătălia de la Carrhae?
    Răspuns: Crassus

RĂSPUNSURI: Aztecii

Nivelul 1

1. Aztecii aveau uneori nevoie de prizonieri pentru sacrificii umane. Adevărat sau fals?
   Răspuns: Adevărat
2. Ce făceau scribii: scriau sau luptau?
   Răspuns: Scriau
3. Majoritatea caselor aztecilor erau făcute din piatră. Adevărat sau fals?
   Răspuns: Fals

Nivelul 2

4. Aztecii aveau echipe de bărbați care colectau deșeurile menajere. Adevărat sau fals?
   Răspuns: Adevărat
5. Ce înseamnă *tlatoani*: vorbitor sau ascultător?
   Răspuns: Vorbitor
6. Literele BUTTIR pot fi rearanjate pentru a forma numele cărui tip de plată făcută aztecilor?
   Răspuns: Tribut
7. Unde a fost construită capitala aztecă: pe lacul Texcoco, pe muntele Texcoco sau pe râul Texcoco?
   Răspuns: Pe lacul Texcoco
8. Capitala aztecă nu avea străzi. Adevărat sau fals?
   Răspuns: Adevărat
9. Cine i-a cucerit pe azteci: spaniolii, francezii sau portughezii?
   Răspuns: Spaniolii
10. Cuvântul aztec *hueyi* înseamnă „mic“. Adevărat sau fals?
    Răspuns: Fals (înseamnă „mare“)
11. Casele aztecilor nu aveau toalete. Adevărat sau fals?
    Răspuns: Fals
12. O *chinampa* era un fel de casă plutitoare. Adevărat sau fals?
    Răspuns: Fals (era o grădină plutitoare)
13. Ce era o „femeie-șarpe“: o războinică, o doctoriță sau o sfătuitoare?
    Răspuns: O sfătuitoare
14. Ce începe cu G și era folosit de azteci pentru a scrie?
    Răspuns: Glifă
15. Câte zile avea calendarul sacru aztec: 160, 260 sau 360?
    Răspuns: 260 de zile

Nivelul 3

16. Câte feluri de calendare aveau aztecii?
    Răspuns: Două
17. Care era capitala aztecilor?
    Răspuns: Tenochtitlán

RĂSPUNSURI: Religia aztecilor

Nivelul 1

1. Aztecii sacrificau numai animale?
   Răspuns: Nu
2. Din ce erau făcute mingile pentru *tlachtli*: din cauciuc, din fier sau din lemn?
   Răspuns: Din cauciuc
3. Huitzilopochtli era zeul soarelui sau al nopții?
   Răspuns: Zeul soarelui

Nivelul 2

4. Unde făceau aztecii sacrificiile: în vârful unui templu, în interiorul unui templu sau în fața unui templu?
   Răspuns: În vârful unui templu
5. Care era culoarea aztecă a sacrificiului: roșu, galben sau albastru?
   Răspuns: Albastru
6. Preoții azteci își rădeau capul. Adevărat sau fals?
   Răspuns: Fals (aveau părul lung)
7. Ce era scos din victimă în timpul sacrificiului: limba, ficatul sau inima?
   Răspuns: Inima
8. Tlaloc era zeul ploii sau al lunii?
   Răspuns: Zeul ploii
9. Unde era altarul lui Huitzilopochtli: în toate templele sau în Marele Templu din capitală?
   Răspuns: În Marele Templu din capitală
10. Ce azteci își pileau dinții pentru a și-i ascuți: războinicii, preoții sau conducătorii?
    Răspuns: Preoții
11. Cât de des făceau sacrificii aztecii pentru Huitzilopochtli: în fiecare oră, zilnic, la cinci ani?
    Răspuns: Zilnic
12. Care era pedeapsa dacă pierdeai la jocul de *tlachtli*?
    Răspuns: Erai oferit ca sacrificiu
13. Cât au susținut aztecii că a durat să sacrifice 84 000 de victime: 4 zile, 4 luni sau 4 ani?
    Răspuns: 4 zile

Nivelul 3

14. Literele BISONAID pot fi rearanjate pentru a forma numele cărei roci vulcanice folosite pentru cuțite?
    Răspuns: Obsidian
15. Jucătorii de *tlachtli* își puteau folosi doar mâinile. Adevărat sau fals?
    Răspuns: Fals (nu-și puteau folosi mâinile)
16. Ce animal mâncând un șarpe reprezenta un semn pentru azteci să construiască un oraș?
    Răspuns: Vulturul
17. Ce foloseau preoții azteci ca să-și vopsească pielea?
    Răspuns: Funingine

RĂSPUNSURI: Olimpiada de Vară

Nivelul 1

1. Câte cercuri se află în simbolul olimpic?
   Răspuns: Cinci
2. Ce sport olimpic se face cu o prăjină de 5 m?
   Răspuns: Săritura cu prăjina
3. Cât de des se organizează Olimpiada de Vară?
   Răspuns: La fiecare patru ani
4. Sporturile ecvestre folosesc cai, biciclete sau pistoale?
   Răspuns: Cai
5. Ce cursă de înot este mai lungă: un sprint sau o cursă de rezistență?
   Răspuns: O cursă de rezistență

Nivelul 2

6. Un traseu de maraton are 20 km, 42 km sau 50 km?
   Răspuns: 42 km
7. Cum se numește competitorul din lupta de judo?
   Răspuns: Judoka
8. Ce sport ecvestru durează trei zile?
   Răspuns: Proba de sărituri peste obstacole
9. Cum se numește clădirea în care concurează cicliștii pe pistă?
   Răspuns: Velodrom
10. Cine a stabilit recordul mondial de 6,14 m la săritura cu prăjina?
    Răspuns: Serghei Bubka
11. Care este cea mai lungă cursă de atletism pe pistă la olimpiadă?
    Răspuns: Marșul de 50 km
12. La câte olimpiade a participat Jeannie Longo-Ciprelli: trei, patru sau șase?
    Răspuns: Șase
13. La ce sport a câștigat Mark Spitz șapte medalii de aur, în 1972?
    Răspuns: Înot

Nivelul 3

14. Cât de lungă este o cursă cu obstacole la olimpiadă?
    Răspuns: 3 000 m
15. Când a fost inclus judoul la Jocurile Olimpice?
    Răspuns: 1964
16. Câte lungimi de bazin trebuie să înoate sportivii în cursa de 1 500 m?
    Răspuns: 30
17. Cu cât sunt mai scurte reprizele la judo femei decât la judo bărbați?
    Răspuns: Un minut
18. Cât la sută din numărul total de medalii de aur la judo a câștigat Japonia în 2004?
    Răspuns: 50%

RĂSPUNSURI: Gimnastică

Nivelul 1

1. Când își fac sportivii încălzirea?
   Răspuns: Înainte de competiție
2. Cum se numesc cei care practică gimnastica?
   Răspuns: Gimnaști
3. Câte mânere are calul cu mânere?
   Răspuns: Două
4. Inelele se folosesc doar de bărbați sau și de bărbați și de femei?
   Răspuns: Doar de bărbați
5. Cu ce își dau unii sportivi pe mâini ca să îi ajute la priză?
   Răspuns: Cu pudră de talc

Nivelul 2

6. În gimnastică, la câte probe participă femeile?
   Răspuns: Patru
7. Gimnastica ritmică a devenit sport olimpic în 1932, în 1968 sau în 1984?
   Răspuns: În 1984
8. Câte tipuri de obiecte există în gimnastica ritmică?
   Răspuns: Cinci
9. Prima persoană care a obținut punctajul maxim la gimnastică artistică la olimpiadă a fost un bărbat sau o femeie?
   Răspuns: O femeie
10. Care este cea mai mare notă posibilă ce poate fi acordată unui concurent pentru un exercițiu: 10, 15 sau 20?
    Răspuns: 10
11. Ce începe cu C și este un obiect folosit în gimnastica ritmică?
    Răspuns: Cerc
12. Cum se numesc cele două cercuri care atârnă deasupra solului?
    Răspuns: Inele
13. Ce fel de gimnastică se face pe muzică?
    Răspuns: Gimnastică ritmică
14. Câte echipe de arbitraj acordă note în gimnastica ritmică?
    Răspuns: Trei

Nivelul 3

15. La ce înălțime față de sol sunt puse paralelele?
    Răspuns: 1,75 m înălțime
16. Cine a fost prima sportivă care a obținut punctajul maxim la gimnastică artistică la olimpiadă?
    Răspuns: Nadia Comăneci
17. Cine a inventat paralelele?
    Răspuns: Friedrich Jahn
18. De pe ce aparat cu două mânere poate coborî un gimnast?
    Răspuns: De pe calul cu mânere

RĂSPUNSURI: Sporturi de iarnă

Nivelul 1

1. Câte schiuri poartă un schior?
   Răspuns: Două
2. Patinatorii de viteză patinează la vale, în jurul unei piste sau pe stradă?
   Răspuns: În jurul unei piste
3. În ce țară s-a inventat hocheiul pe gheață?
   Răspuns: Canada
4. Ce alt nume are schiul fond: nordic sau coborâre?
   Răspuns: Schi nordic
5. Cum se numește cel care îi învață pe alții să schieze?
   Răspuns: Monitor de schi

Nivelul 2

6. În ce sport de iarnă jucătorii lovesc un puc?
   Răspuns: Hochei pe gheață
7. Cum se numește partea anterioară a unei plăci de snowboard?
   Răspuns: Nas
8. Coborârea la schi este un sport din cadrul Jocurilor Olimpice de Iarnă?
   Răspuns: Da
9. Cum se numesc bețele pe care le ține în mână schiorul?
   Răspuns: Bețe de schi
10. În ce sport de iarnă competitorii ating viteze de 60 km/h, în timp ce se întrec în jurul unei piste?
    Răspuns: Patinaj viteză
11. În hocheiul pe gheață fiecare echipă are 6, 9 sau 11 jucători?
    Răspuns: 6 jucători
12. Schiorii nordici sau schiorii de slalom se întrec pe un circuit în zigzag?
    Răspuns: Schiorii de slalom
13. Cum se numește partea din spate a unei plăci de snowboard?
    Răspuns: Coadă
14. Câte reprize are un meci de hochei pe gheață?
    Răspuns: Trei
15. Biatlonul este compus din tir cu pușca și din ce fel de schi?
    Răspuns: Schi nordic
16. În ce an a devenit snowboardingul probă olimpică?
    Răspuns: 1998

Nivelul 3

17. Cine are o viteză mai mare: patinatorii viteză sau schiorii de coborâre?
    Răspuns: Schiorii de coborâre
18. Ce obiect fixează bocancii de schiuri?
    Răspuns: Clape
19. Care schiuri sunt mai scurte și mai late: cele de schi nordic sau de coborâre?
    Răspuns: Schiurile de coborâre
20. Cum se numește jucătorul care apără poarta la hochei?
    Răspuns: Portar

RĂSPUNSURI: Fotbal

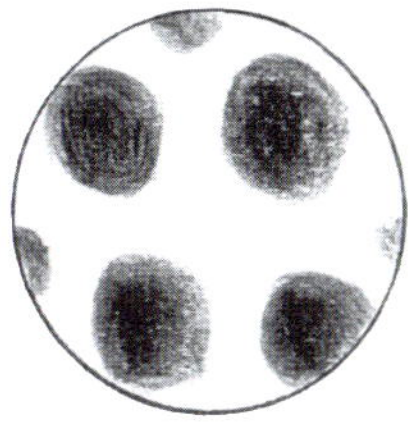

Nivelul 1

1. Cum se numesc jucătorii care încearcă să dea goluri?
   Răspuns: Atacanți
2. Ce jucător poate să atingă mingea cu mâna?
   Răspuns: Portarul
3. Cartonașul de avertisment este galben. Adevărat sau fals?
   Răspuns: Adevărat
4. Deposedarea prin alunecare se numește pasă, lovitură sau tackling?
   Răspuns: Tackling
5. Pe ce fel de teren se joacă, de obicei, fotbal?
   Răspuns: Pe iarbă

Nivelul 2

6. Pentru ce țară a jucat Pelé?
   Răspuns: Brazilia
7. Cine a înscris peste 100 de goluri pentru echipa sa națională: Wayne Rooney, Michael Ballack sau Ali Daei?
   Răspuns: Ali Daei
8. Cum se numește persoana care supraveghează un meci de fotbal?
   Răspuns: Arbitru
9. De câte ori și-a ajutat Pelé echipa să câștige Cupa Mondială?
   Răspuns: De trei ori
10. Câți jucători sunt într-o echipă de fotbal?
    Răspuns: 11
11. Ce culoare are cartonașul care înseamnă că jucătorul este eliminat de pe teren?
    Răspuns: Roșie
12. În ce oraș au fost întocmite primele reguli adevărate ale fotbalului?
    Răspuns: Londra
13. Câte goluri a înscris Pelé în cariera lui: 478, 809 sau 1 281?
    Răspuns: 1 281
14. Cristiano Ronaldo joacă pentru echipa națională a Portugaliei, a Franței sau a Braziliei?
    Răspuns: Pentru echipa Portugaliei

Nivelul 3

15. De care dintre următoarele părți ale corpului poate să se folosească un fotbalist ca să controleze mingea: cap, piept, brațe, coapse sau mâini?
    Răspuns: Cap, piept și coapse
16. Pentru ce țară a jucat Ali Daei?
    Răspuns: Iran
17. Din vezica urinară a cărui animal erau confecționate primele mingi de fotbal?
    Răspuns: Porc
18. Ce americancă a înscris 158 de goluri pentru echipa națională?
    Răspuns: Mia Hamm

RĂSPUNSURI: Artă și pictură

Nivelul 1

1. Celebrul artist Michelangelo era din Italia. Adevărat sau fals?
   Răspuns: Adevărat
2. Care era prenumele lui Van Gogh?
   Răspuns: Vincent
3. În ce țară se află faimoasele picturi rupestre de la Lascaux?
   Răspuns: Franța
4. Pe tencuiala umedă se făceau: sculpturi, picturi rupestre sau fresce?
   Răspuns: Fresce
5. Picturile rupestre de la Lascaux redau imagini ale unor reni. Adevărat sau fals?
   Răspuns: Adevărat

Nivelul 2

6. Ce parte din ou a fost folosită de pictorii din preistorie?
   Răspuns: Albușul
7. Ce culori erau folosite cel mai frecvent de greci, în Antichitate, pe obiectele de ceramică?
   Răspuns: Roșu sau negru
8. Cei care făceau fresce trebuiau să lucreze încet sau repede?
   Răspuns: Repede
9. Culorile sunt mai bogate în tempera sau în pictura în ulei?
   Răspuns: În pictura în ulei
10. Michelangelo a pictat o frescă pe ușile, pe pereții sau pe tavanul Capelei Sixtine?
    Răspuns: Pe tavanul Capelei Sixtine
11. Din ce a fost sculptată statuia lui Moise de Michelangelo?
    Răspuns: Din marmură
12. Pictura în ulei sau cea în tempera se usucă mai încet?
    Răspuns: Pictura în ulei
13. Ce parte din ou era folosită la picturile în tempera?
    Răspuns: Gălbenușul

Nivelul 3

14. *Blam!* este o celebră pictură Pop Art. Cine este autorul?
    Răspuns: Roy Lichtenstein
15. În ce secol a sculptat Michelangelo o statuie a lui Moise?
    Răspuns: În secolul XVI
16. Câți ani avea Van Gogh când a pictat *Noapte înstelată*?
    Răspuns: 36 de ani
17. În ce deceniu a apărut Pop Art?
    Răspuns: În anii 1950
18. Picturile preistorice din peștera de la Lascaux datează de acum circa 15 000 de ani, 16 000 de ani sau 17 000 de ani?
    Răspuns: De acum circa 17 000 de ani

RĂSPUNSURI: Balet

Nivelul 1

1. Majoritatea dansatorilor de balet încep de copii, în adolescență sau la maturitate?
   Răspuns: De copii
2. Baletul se practică într-un ring, într-o curte sau într-un teatru?
   Răspuns: Într-un teatru
3. Balerinii poartă machiaj?
   Răspuns: Da
4. Un tutu este un pantof de balet, o fustă sau un tip de mișcare de balet?
   Răspuns: O fustă

Nivelul 2

5. Ce fel de instrumentiști cântă, de obicei, la lecțiile de balet?
   Răspuns: Pianiști
6. În *Lacul Lebedelor*, ce parte a corpului își mișcă balerina pentru a da impresia că are aripi?
   Răspuns: Brațele
7. Înainte de spectacol, unde se machiază balerinii?
   Răspuns: În cabina de machiaj
8. Un exercițiu *port de bras* implică mișcarea cărei părți din corp?
   Răspuns: Brațe
9. Câte poziții de bază ale picioarelor există în balet?
   Răspuns: Cinci
10. Călcâiele se ating în ce poziție: prima, a doua sau a treia?
    Răspuns: În prima poziție
11. Literele CALUL BELELEDOR pot fi rearanjate pentru a forma numele cărui balet?
    Răspuns: Lacul Lebedelor
12. De ce poartă dansatorii jambiere la repetiții?
    Răspuns: Pentru a-și păstra mușchii încălziți, ca să nu se accidenteze
13. Ce termen desemnează dansul pe vârfurile picioarelor?
    Răspuns: Pe poante
14. Cum se numește la balet pauza dintre acte?
    Răspuns: Antract
15. Un spectacol mare de balet necesită chiar și 30, 300 sau 3 000 de costume?
    Răspuns: 300 de costume

Nivelul 3

16. Din ce țară vine baletul *Lacul Lebedelor*?
    Răspuns: Rusia
17. Ce termen se folosește pentru dansatoarea principală dintr-o companie de balet?
    Răspuns: Prima balerină
18. Ce începe cu O și este numele prințesei transformate în lebădă, în *Lacul Lebedelor*?
    Răspuns: Odette

RĂSPUNSURI: Arhitectură

Nivelul 1

1. Cine a construit Partenonul: grecii, egiptenii sau romanii?
   Răspuns: Grecii
2. Cum se numesc construcțiile mari, realizate pentru a îngropa conducătorii (faraonii) din Egiptul antic?
   Răspuns: Piramide
3. Primele cărămizi au fost făcute din lut și argilă sau din ciment și nisip?
   Răspuns: Din lut și argilă
4. Piramidele Egiptului antic sunt făcute din lut, din lemn sau din piatră?
   Răspuns: Din piatră
5. Primele cărămizi au fost uscate arzându-le în foc, lăsându-le să se usuce la soare sau înghețându-le?
   Răspuns: Lăsându-le să se usuce la soare

Nivelul 2

6. Ce civilizație a inventat cimentul?
   Răspuns: Civilizația romană
7. Partenonul este făcut din granit, din ciment sau din marmură?
   Răspuns: Din marmură
8. În ce oraș se află Partenonul?
   Răspuns: Atena
9. De ce are Hardwick Hall multe ferestre?
   Răspuns: Era un semn de bogăție a proprietarului
10. Casa Albă a avut mai întâi instalate conductele de apă sau iluminarea cu gaz?
    Răspuns: Conductele de apă
11. Stilul gotic în arhitectură a apărut în Europa, în Asia sau în Africa?
    Răspuns: În Europa
12. Cum se numește scheletul de lemn umplut cu tencuială?
    Răspuns: Paiantă
13. Cine a construit Hardwick Hall?
    Răspuns: Bess de Hardwick

Nivelul 3

14. Cum se numesc planurile detaliate ale arhitectului pentru o clădire?
    Răspuns: Proiecte
15. Ce clădire celebră a reconstruit James Hoban?
    Răspuns: Casa Albă
16. Partenonul a fost un templu pentru venerarea cărei zeițe?
    Răspuns: Atena
17. Ce este un contrafort?
    Răspuns: Un element arhitectural lateral special, pentru suport
18. În ce secol a apărut arhitectura gotică?
    Răspuns: În secolul XII

RĂSPUNSURI: Film și TV

Nivelul 1

1. Primele transmisii TV au fost alb-negru sau color?
   Răspuns: Alb-negru
2. Ce începe cu R și este persoana care realizează un film?
   Răspuns: Regizor
3. Cum se numesc cei care intervievează oamenii la știri?
   Răspuns: Reporteri
4. Cum se numesc cei care joacă diverse personaje și apar în filme?
   Răspuns: Actori
5. Cum se numește versiunea scrisă a unui film?
   Răspuns: Scenariu

Nivelul 2

6. Cine sunt cele trei persoane necesare unei echipe de știri?
   Răspuns: Reporterul, cameramanul și sunetistul
7. Cum se numește transmiterea unui eveniment în desfășurare?
   Răspuns: În direct
8. Primul film sonor a fost *Casablanca*, *Cântărețul de jazz* sau *Albă ca Zăpada*?
   Răspuns: Cântărețul de jazz
9. Literele WOOLYHOLD pot fi rearanjate pentru a forma numele cărei localități importante pentru industria filmului din SUA?
   Răspuns: Hollywood
10. Lângă ce mare oraș american se află acest loc?
    Răspuns: Los Angeles
11. Cum este supranumită industria filmului din India?
    Răspuns: Bollywood
12. Cum se numesc programele de știri 24 de ore din 24?
    Răspuns: Știri non-stop

Nivelul 3

13. Telstar a fost numele uneia dintre primele televiziuni sau al unui satelit?
    Răspuns: Al unui satelit
14. În ce an s-a realizat primul film „vorbit“ (sonor)?
    Răspuns: În 1927
15. În 1962, cât la sută dintre casele din America aveau TV?
    Răspuns: 90%
16. În ce an a fost realizată prima transmisiune TV prin satelit?
    Răspuns: 1962
17. Cum se numește transmiterea de programe de la o stație TV?
    Răspuns: Transmisiune
18. Ce țară asiatică are una dintre cele mai importante industrii cinematografice din lume?
    Răspuns: India

RĂSPUNSURI: Basme

Nivelul 1

1. Cenușăreasa se mărită cu un prinț. Adevărat sau fals?
   Răspuns: Adevărat
2. Hansel și Gretel sunt abandonați în pădure sau în oraș?
   Răspuns: În pădure
3. Cine este trezită de un sărut al prințului: Gretel, Cenușăreasa sau Frumoasa din pădurea adormită?
   Răspuns: Frumoasa din pădurea adormită
4. Flautistul îi atrage pe copii în afara orașului sau îi face să se întoarcă în oraș?
   Răspuns: Îi atrage în afara orașului

Nivelul 2

5. Câți ani doarme Frumoasa din pădurea adormită: 10, 50 sau 100 de ani?
   Răspuns: 100 de ani
6. În *Rumpelstiltskin* ce anume devine aur la tors: paiele, frunzele de palmier sau lâna de oaie?
   Răspuns: Paiele
7. Ce începe cu T și este materialul din care este făcută casa vrăjitoarei din versiunile ulterioare din *Hansel și Gretel*?
   Răspuns: Turtă dulce
8. La ce cântă tânărul ca să atragă copiii?
   Răspuns: La flaut
9. Există peste 30, 340 sau 560 de versiuni ale *Cenușăresei*?
   Răspuns: Peste 340
10. Ce sunt sirenele: jumătate bărbați-jumătate țapi, jumătate bărbați-jumătate pești sau jumătate femei-jumătate pești?
    Răspuns: Jumătate femei-jumătate pești
11. Hamelin este un oraș german, francez sau austriac?
    Răspuns: Un oraș german
12. Hansel și Gretel sunt copiii unui morar, ai unui prinț sau ai unui tăietor de lemne?
    Răspuns: Ai unui tăietor de lemne
13. Cine i-a spus regelui că este posibil să torci paie în aur: Rumpelstiltskin, morarul sau fata lui?
    Răspuns: Morarul

Nivelul 3

14. În versiunea chinezească a *Cenușăresei*, ce personaj cu R găsește papucul?
    Răspuns: Războinicul
15. Cine a scris *Mica sirenă*?
    Răspuns: Hans Christian Andersen
16. În ce poveste o zână aruncă o vrajă?
    Răspuns: Frumoasa din pădurea adormită
17. În ce an au plecat, cu adevărat, copiii din Hamelin?
    Răspuns: În 1284
18. Când a fost scrisă prima versiune a *Cenușăresei*?
    Răspuns: În 850 d.Hr.

RĂSPUNSURI: Teatru

Nivelul 1

1. Tâmplarii din teatru lucrează în lemn. Adevărat sau fals?
   Răspuns: Adevărat
2. Mașiniștii de scenă au, de obicei, grijă de costumele actorilor. Adevărat sau fals?
   Răspuns: Fals (costumierii au grijă de costumele actorilor)
3. Cine realizează schema scenei: directorul de costume sau directorul de scenă?
   Răspuns: Directorul de scenă
4. Constructorii de decoruri realizează decorul într-un teatru?
   Răspuns: Da
5. Fumul este un tip de efect special?
   Răspuns: Da

Nivelul 2

6. Ce începe cu C și sunt hainele pe care le poartă actorii?
   Răspuns: Costume
7. Un realizator de costume colaborează cu directorul de scenă?
   Răspuns: Da
8. Ce începe cu C și curăță și repară costumele?
   Răspuns: Costumierul
9. Metropolitan Opera are nevoie de 200, 500 sau 1 000 de persoane pentru a pune în scenă un spectacol?
   Răspuns: 1 000 de persoane
10. Locul în care stau spectatorii se numește aripă, culise sau sală?
    Răspuns: Sală
11. Pe scenă, cum ar fi privită o valiză: ca decor, costum sau recuzită?
    Răspuns: Ca recuzită
12. Marginile scenei care nu se văd din sală se numesc culise, spatele scenei sau fața scenei?
    Răspuns: Culise
13. Metropolitan Opera mai este supranumită și: Casa Operei, Met sau Marea Scenă?
    Răspuns: Met
14. Literele ATBEL pot fi rearanjate pentru a alcătui numele unui tip de reprezentație care are nevoie de un costumier?
    Răspuns: Balet

Nivelul 3

15. Unde sunt asamblate, de obicei, decorurile?
    Răspuns: Pe scenă
16. Care este numărul maxim de spectatori la Metropolitan Opera din New York?
    Răspuns: 3 800
17. Cine îi ajută pe actori să-și schimbe repede costumele?
    Răspuns: Costumierii
18. Cine folosește machete la scară ale decorurilor?
    Răspuns: Scenograful

RĂSPUNSURI: Shakespeare

Nivelul 1

1. *Macbeth* este o piesă despre un personaj din istoria Scoției?
   Răspuns: Da
2. Teatrul lui Shakespeare se numea Lebăda sau Globe?
   Răspuns: Globe
3. *Hamlet* este o comedie. Adevărat sau fals?
   Răspuns: Fals (este o tragedie)
4. Shakespeare a scris *Romeo și Julieta* sau *Verona și Julieta?*
   Răspuns: Romeo și Julieta

Nivelul 2

5. Cei care priveau o piesă din jurul scenei se numeau: spectatori, spectatori de la galerie sau spectatori din fosă?
   Răspuns: Spectatori din fosă
6. Shakespeare s-a născut la Londra, la Stratford upon Avon sau la Paris?
   Răspuns: La Stratford upon Avon
7. Cum se numea partea neacoperită a teatrului în care stăteau oamenii pentru a vedea piesele?
   Răspuns: Fosă
8. Oamenii mai bogați priveau piesele de la Globe din partea acoperită. Adevărat sau fals?
   Răspuns: Adevărat
9. În Teatrul Globe puteau să încapă 500, 1 500 sau 3 000 de persoane?
   Răspuns: 3 000 de persoane
10. Ce piesă începe cu M și este cea mai sângeroasă piesă a lui Shakespeare?
    Răspuns: Macbeth
11. Replica „A fi sau a nu fi" este din *Macbeth*, din *Hamlet* sau din *Romeo și Julieta?*
    Răspuns: Din Hamlet
12. *Romeo și Julieta* se bazează pe povestea unor îndrăgostiți care au existat în realitate sau este o poveste inventată?
    Răspuns: Se bazează pe povestea unor îndrăgostiți adevărați
13. Teatrul Globe era construit aproape de ce fluviu din Londra?
    Răspuns: Tamisa
14. *Hamlet* a fost jucată pentru prima dată în 1550, în 1600 sau în 1625?
    Răspuns: 1600

Nivelul 3

15. Unde se află casa adevăraților îndrăgostiți pe a căror poveste se bazează *Romeo și Julieta?*
    Răspuns: La Verona, Italia
16. Ce rege englez era prieten cu Shakespeare?
    Răspuns: Regele Iacob I
17. În ce an a fost reconstruit teatrul Globe?
    Răspuns: În 1614
18. În ce an a fost Shakespeare recunoscut ca dramaturg?
    Răspuns: În 1592

RĂSPUNSURI: Balete celebre

tNivelul 1

1. *Spărgătorul de nuci* prezintă un spărgător de nuci transformat în prinț?
   Răspuns: Da
2. *Lacul Lebedelor* este un balet dificil?
   Răspuns: Da
3. *Giselle* a fost pus în scenă în premieră la Londra sau la Paris?
   Răspuns: La Paris
4. Balerinii juniori au câteodată numere de soliști?
   Răspuns: Da

Nivelul 2

5. *Pasărea de foc* este bazată pe o piesă de Shakespeare sau pe povești populare rusești?
   Răspuns: Pe povești populare rusești
6. Cine a compus muzica pentru baletul *Frumoasa din pădurea adormită*: Ceaikovski sau Petipa?
   Răspuns: Ceaikovski
7. *Giselle* se dansează în continuare ca la premieră?
   Răspuns: Nu (au mai fost făcute schimbări)
8. În *Pasărea de foc*, dansatorul care interpretează pasărea de foc poartă adesea un costum simplu. Adevărat sau fals?
   Răspuns: Fals (costumul este complicat)
9. Ce fel de creatură este Odile din *Lacul Lebedelor?*
   Răspuns: O lebădă neagră
10. Ce roluri care încep cu P nu sunt potrivite pentru soliștii juniori?
    Răspuns: Rolurile principale
11. Compozitorul *Frumoasei din pădurea adormită* a fost rus, francez sau american?
    Răspuns: Rus
12. *Spărgătorul de nuci* este un balet foarte prezentat în ce moment al anului?
    Răspuns: De Crăciun
13. În afară de Odile, ce alt personaj mai cunoști din *Lacul Lebedelor?*
    Răspuns: Un prinț sau un vrăjitor malefic

Nivelul 3

14. Care este prenumele compozitorului muzicii baletului *Pasărea de foc?*
    Răspuns: Igor
15. În ce an a fost pus în scenă, în premieră, *Spărgătorul de nuci?*
    Răspuns: În 1892
16. Motanul încălțat apare în ce balet?
    Răspuns: Frumoasa din pădurea adormită
17. În ce an a fost pus în scenă, în premieră, baletul *Giselle?*
    Răspuns: În 1841
18. Cine a realizat coregrafia pentru baletul *Frumoasa din pădurea adormită?*
    Răspuns: Marius Petipa

RĂSPUNSURI: Baschet

Nivelul 1

1. Copiii pot juca baschet?
   Răspuns: Da
2. Michael Jordan este britanic sau american?
   Răspuns: American
3. Un coș obișnuit echivalează cu două puncte?
   Răspuns: Da
4. Mingile de baschet de competiție sunt portocalii, galbene sau verzi?
   Răspuns: Portocalii

Nivelul 2

5. La câți metri deasupra solului se află coșul: 2 m, 3 m sau 5 m?
   Răspuns: 3 m
6. În ce an a fost inventat baschetul: 1891, 1911 sau 1931?
   Răspuns: În 1891
7. O minge de baschet cântărește: între 600 și 650 g, între 700 și 750 g sau între 800 și 850 g?
   Răspuns: Între 600 și 650 g
8. Ce fel de linie, care începe cu C, este linia de-a latul mijlocului terenului de baschet?
   Răspuns: Linie de centru
9. Literele CHAIN pot fi rearanjate pentru a forma numele țării din care provine jucătorul de baschet Yao Ming?
   Răspuns: China
10. În ce parte a terenului pot jucătorii de baschet să țină mingea numai trei secunde: în suprafața de aruncări libere, în centrul terenului sau în colțurile terenului?
    Răspuns: În suprafața de aruncări libere
11. Din câte bucăți îmbinate este alcătuită o minge de baschet: 3, 6 sau 8?
    Răspuns: 8
12. Mingile folosite de copii sunt mai mici, mai mari sau de aceeași mărime ca mingile pentru adulți?
    Răspuns: Sunt mai mici
13. Ce fel de coș a fost folosit inițial: un coș pentru piersici, un coș pentru afine sau un coș pentru roșii?
    Răspuns: Un coș pentru piersici

Nivelul 3

14. Ce lățime are un teren de baschet?
    Răspuns: 15 m
15. Cu cât este mai înalt Yao Ming decât Michael Jordan?
    Răspuns: Cu 31 cm
16. Cine a inventat baschetul?
    Răspuns: James Naismith
17. Care este numărul maxim de puncte ce pot fi marcate dintr-o aruncare la baschet?
    Răspuns: Se acordă trei puncte pentru aruncări de la distanță
18. Câte puncte valorează o aruncare liberă?
    Răspuns: Un punct

RĂSPUNSURI: Cai și ponei

Nivelul 1

1. Cailor le place să fie îngrijiți?
   Răspuns: Da
2. Cailor li se face uneori masaj?
   Răspuns: Da
3. Locul pe care stă călărețul se numește căpăstru sau șa?
   Răspuns: Șa
4. Caii mănâncă, în principal, fân și iarbă. Adevărat sau fals?
   Răspuns: Adevărat
5. Caii se țin în clădiri numite grajduri sau padocuri?
   Răspuns: Grajduri

Nivelul 2

6. Cum se numește laveta folosită la sfârșitul toaletei calului: mănușă de plastic, mănușă de grajd sau ghebrea?
   Răspuns: Ghebrea
7. Împletirea coamei se realizează înainte sau după tuns și țesălat?
   Răspuns: După
8. Ce fel de țesală al cărei nume începe cu P este folosită pentru a îndepărta noroiul uscat de pe corpul calului?
   Răspuns: Țesală de plastic
9. Ce nume care începe cu C poartă părul de pe gâtul calului?
   Răspuns: Coamă
10. Literele ȘUCLUC pot fi rearanjate pentru a forma numele unui lucru care este schimbat zilnic în grajd?
    Răspuns: Culcuș
11. De câte ori pe zi este hrănit un cal: o dată, de două ori sau de trei ori?
    Răspuns: De două ori
12. Ce cereale cu O constituie o hrană în cantitate limitată pentru cai?
    Răspuns: Orz sau ovăz
13. Calul este spălat în jurul ochilor cu un burete, cu un cui sau cu un săpun de curățat șaua?
    Răspuns: Cu un burete
14. Caii pot mânca numai cantități mici de cereale sau numai cantități mari?
    Răspuns: Numai cantități mici

Nivelul 3

15. Cât bălegar poate produce, într-o săptămână, un cal adult?
    Răspuns: Peste 140 kg
16. Cum se spune când pui șaua și căpăstrul pe un cal?
    Răspuns: Înșeuare
17. Ce obiect conținând mâncare pentru cai este agățat într-un grajd?
    Răspuns: Traistă cu fân
18. Câte kilograme de fân poate mânca un cal adult într-o zi?
    Răspuns: 10 kg

RĂSPUNSURI: Arte marțiale

Nivelul 1

1. Luptătorii de arte marțiale sunt antrenați pentru a se apăra sau a ataca?
   Răspuns: Pentru a se apăra
2. Mișcările de tai chi sunt rapide și violente. Adevărat sau fals?
   Răspuns: Fals (sunt lente și fluide)
3. Karate este un tip de arte marțiale în care lovești cu viteză?
   Răspuns: Da
4. Tehnicile de aruncare și de blocare a brațelor fac parte din judo sau din kung fu?
   Răspuns: Din judo

Nivelul 2

5. Ce sport combină boxul cu loviturile de picioare: kickbox, tai chi sau karate?
   Răspuns: Kickbox
6. Un luptător de kickbox punctează dacă lovește cu mâinile, cu picioarele sau cu ambele?
   Răspuns: Cu ambele
7. Antrenamentul de karate este împărțit în tehnici și lupta cu un partener?
   Răspuns: Da
8. Din ce țară, al cărei nume începe cu J, provine kendo?
   Răspuns: Japonia
9. Ce culoare desemnează cel mai înalt rang în sistemul de centuri din artele marțiale: maro, neagră sau roșie?
   Răspuns: Neagră
10. Ce calități sunt necesare pentru a reuși în artele marțiale: disciplină și autocontrol sau preluarea conducerii și răspunsul rapid?
    Răspuns: Disciplină și autocontrol
11. Ce artă marțială începe cu K și se caracterizează prin lovituri și tehnici cu palmele deschise?
    Răspuns: Karate
12. Ce artă marțială copiază pozițiile animalelor: tai chi, karate sau kendo?
    Răspuns: Tai chi
13. Din ce țară europeană vine o formă de kickbox numită „savate“: Italia, Spania sau Franța?
    Răspuns: Franța

Nivelul 3

14. De ce se schimbă culoarea centurii purtate de un practicant de judo sau de karate?
    Răspuns: Pentru a arăta progresele făcute de acesta
15. Cum se numește sabia folosită în kendo?
    Răspuns: Shinai
16. Învățăturile cărui budist au dus la apariția multor arte marțiale?
    Răspuns: Bodhidharma
17. Ce artă marțială se bazează pe jujutsu?
    Răspuns: Judo

RĂSPUNSURI: Curse de mașini

Nivelul 1

1. Casca îl protejează pe pilot împotriva: gheții, a vântului sau a focului?
   Răspuns: Împotriva focului
2. Literele ROTOM pot fi rearanjate pentru a forma numele unei părți a mașinii?
   Răspuns: Motor
3. Mașinile de F1 sunt joase și aerodinamice. Adevărat sau fals?
   Răspuns: Adevărat
4. Echipa decide asupra unei strategii pentru a câștiga o cursă?
   Răspuns: Da

Nivelul 2

5. Cum se numesc cei care se ocupă cu protecția împotriva incendiilor?
   Răspuns: Pompieri
6. Cât de repede poate o echipă de asistență de F1 să schimbe patru cauciucuri: în 4, 17 sau 37 de secunde?
   Răspuns: În 4 secunde
7. Mulți piloți de F1 consideră Silverstone drept unul dintre cele mai rapide circuite de F1. Adevărat sau fals?
   Răspuns: Adevărat
8. Câți litri de benzină consumă, de obicei, o mașină de F1 pe suta de km: 25, 50 sau 75?
   Răspuns: 75 de litri
9. Care a fost recordul de viteză pe uscat stabilit de o mașină de F1 în 2006: 35 km/h, 355 km/h sau 1 550 km/h?
   Răspuns: 355 km/h
10. Care sunt cele mai importante trei curse NASCAR?
    Răspuns: Busch, Craftsman Truck și Nextel Cup
11. Care este cea mai importantă diferență între costumele obișnuite de curse și costumele de curse folosite de piloți?
    Răspuns: Costumele de curse folosite de piloți sunt ignifuge
12. Din ce este făcută caroseria unei mașini NASCAR?
    Răspuns: Din oțel
13. În cursele NASCAR, mașinile ating viteze de: 160 km/h, 303 km/h sau 320 km/h?
    Răspuns: 303 km/h

Nivelul 3

14. Ce trebuie să facă un pilot la pit stop?
    Răspuns: Să oprească mașina exact în locul indicat și să pornească la semnal
15. Ce sunt forțele G?
    Răspuns: Forțe de accelerație cauzate de gravitație
16. Ce face echipa de asistență cu o mașină F1 la pit stop?
    Răspuns: Îi schimbă roțile, o realimentează și îi face reparațiile necesare
17. Care este avantajul de a porni într-o cursă F1 cu rezervorul pe jumătate plin?
    Răspuns: Mașina este mai ușoară, deci va merge mai repede

Glosar

A

a înota cu SCUBA (aparat autonom de respirat sub apă) A înota sub apă folosind un echipament de respirat.

aborigeni Locuitori originari ai Australiei.

abundență Cantitate foarte mare, mai mult decât suficientă.

accelera A merge mai repede.

acid Compus chimic care conține hidrogen și se dizolvă în apă, producând ioni de hidrogen. Acizii corodează majoritatea metalelor.

adaptat Modificat pentru a se potrivi unui anumit scop sau pentru a corespunde unor nevoi. Animalele din deșert, de exemplu, s-au adaptat pentru a supraviețui în condiții extreme de climă uscată și caldă.

ADN (acid dezoxiribonucleic) Substanță ce se găsește în nucleele celulelor tuturor organismelor vii și care formează genele și cromozomii. ADN este un cod care conține instrucțiunile necesare pentru construcția și funcționarea celulelor și pentru transmiterea caracteristicilor de la părinți la copii.

adormit Inactiv sau care doarme, dar nu mort. Un animal adormit este într-un somn adânc, de exemplu hibernează. Un vulcan adormit nu este activ și nu a fost activ mult timp, dar ar putea deveni activ în viitor.

aerodinamic Cu o formă peste care apa sau aerul curge lin, fiindcă este redusă rezistența la înaintare.

aerodinamică Felul în care interacționează aerul și obiectele care se mișcă prin aer.

afluent Râu mai mic care se varsă într-un râu mai mare.

agresiv Ostil sau care atacă.

albinos Animal sau persoană fără pigmenți în piele, în păr sau în ochi, încât este complet alb și are ochi roz. Există multe rase de animale de casă albinoase.

algă (alge) Plantă unicelulară care, de obicei, trăiește în apă.

aliaj Amestec de două sau de mai multe metale.

aluvionar Pământ fertil, care se găsește acolo unde sunt depozitate sedimentele (particule fine) transportate de râuri și de fluvii.

amfiteatru Loc folosit pentru reprezentații publice și înconjurat de rânduri de scaune. Amfiteatrele grecești antice erau semicirculare, iar cele romane antice erau circulare.

amifibian Animal vertebrat, cu sânge rece, precum broaștele sau salamandrele, care își petrece cea mai mare parte din viață pe uscat, dar trebuie să se întoarcă în apă ca să se înmulțească.

amuletă Obiect despre care se crede că aduce noroc sau că îl protejează de rău pe posesorul lui.

anatomie Structură a corpului unui animal sau al unei plante.

animal de companie Animal crescut ca însoțitor pentru oameni.

animal gregar Animal care trăiește în grupuri și are un rol bine definit în cadrul acestuia. De exemplu, gorilele trăiesc într-o familie. Albinele trăiesc în colonii – roiuri.

anvergură a aripilor Distanță dintre vârfurile aripilor unei păsări sau ale unui avion.

apă dulce Apa proaspătă, precum apa de ploaie, apa din râuri, nu și apa sărată de mare.

apeduct Canal suspendat care transportă apă.

arahnidă Membru al unui grup de animale nevertebrate, printre care se numără păianjenii și scorpionii. Toate arahnidele au ochi simpli și patru perechi de picioare.

arbitru Judecător, mai ales în sport.

Arctica Regiunea din jurul Polului Nord, formată din Oceanul Arctic și din zonele de tundră.

arheolog Cercetător care studiază trecutul, folosind analize științifice ale resturilor materiale.

arhitectură Realizare de clădiri și de structuri, prin proiecte atractive și practice și prin oferirea de consultanță despre cum să fie construite.

arte marțiale Activități precum karate, judo și multe altele, bazate pe stiluri vechi de luptă din țări cum ar fi China și Japonia. Astăzi, majoritatea artelor marțiale sunt practicate ca sport sau ca formă de autoapărare, deși ideea de disciplină mentală și de meditație este încă importantă.

articulație Parte a scheletului unde se întâlnesc două sau mai multe oase. La majoritatea articulațiilor, corpul se poate mișca sau îndoi.

asediu Acțiune de a înconjura un oraș sau o fortăreață, tăind căile de aprovizionare și atacându-l.

asteroid Rocă din spațiu, care orbitează Soarele. În istoria Pământului, unii asteroizi au lovit planeta noastră.

astronom Cercetător care studiază universul.

atmosferă Strat de gaze din jurul unei planete sau al unui satelit. Atmosfera Pământului este alcătuită din mai multe straturi, printre care troposfera și stratosfera.

auroră Spectacol de lumini naturale ce se poate vedea pe cerul nopții în regiunile din nordul extrem și din sudul extrem al planetei. Aurorele sunt determinate de particule cu viteză mare provenite din Soare, care se lovesc de molecule de gaz, producând lumină.

auxiliar Nume al unui anumit tip de soldat. În Roma antică, auxiliarii erau soldați din provincii care luptau în armata romană, dar nu erau cetățeni romani.

axă Linie imaginară care trece prin centrul Pământului. Pământul se învârte în jurul acestei axe.

azot Element chimic (simbol N). Gaz incolor și inodor, care reprezintă patru cincimi din atmosfera Pământului.

azteci Populație din Mexicul de azi, care a format un mare imperiu între secolele XIII–XVI d.Hr.

B

balenă cu fanoane Balenă care are lamele cornoase pe falca de sus. Printre acestea se numără balenele albastre și balenele cu cocoașă.

balistă Tip de armă ca o arbaletă gigantică.

banc Număr mare de pești care înoată împreună.

barometru Instrument care măsoară presiunea aerului.

Big Bang Nume dat exploziei despre care cercetătorii cred că a creat universul, spațiul și timpul, acum 13 miliarde de ani.

braconieri Vânători ilegali.

Braille Sistem de scriere pentru nevăzători, în care literele sunt reprezentate prin puncte în relief. Sunt citite prin pipăit.

branhie Organ folosit la respirat în apă, din care ia oxigenul. Peștii și amfibienii pui au branhii.

bromelie Tip de plantă cu flori care crește mai ales în pădurile tropicale.

budism Religie bazată pe învățăturile lui Buddha (Siddhartha Gautama, prinț indian care a trăit în secolul VI î.Hr.).

C

cactus Specie de plantă adaptată la viața în condiții de deșert. Cactușii înmagazinează apă în tulpină și mulți au spini.

cal-putere Unitate de măsură a puterii, folosită pentru a exprima, de exemplu, puterea motorului unei mașini.

calif Lider musulman.

câmpii Zone joase de teren, de obicei plate.

camuflaj Culori, model sau caracteristici care ajută un animal să se piardă în peisaj astfel încât să fie greu de detectat de prădători sau de pradă. Și soldații folosesc camuflajul pentru ca, împreună cu vehiculele lor, să nu fie văzuți de inamic.

canion Prăpastie adâncă, având pereți înalți și abrupți.

capitală Cel mai important oraș dintr-o țară sau regiune, unde se află guvernul și care este și centrul administrativ.

captivitate Situația de a fi întemnițat sau luat prizonier. Animalele de la grădina zoologică trăiesc în captivitate.

carbohidrat Moleculă compusă din atomi de carbon, hidrogen și oxigen, care înmagazinează și transferă energie. Carbohidrații, care se mai numesc și zaharuri, sunt o importantă parte a dietei. Pâinea, cartofii și pastele conțin mulți carbohidrați.

cargo Bunuri încărcate într-o navă sau pe un avion.

carnaval Perioadă de festivități, de obicei cu muzică, costume și dans, care are loc mai ales înaintea Postului Paștelui.

carnivor Specie de animal care mănâncă numai carne.

cartilaj Țesut rezistent și flexibil, numit și zgârci. La animalele cu schelet osos, acesta acoperă capetele oaselor în articulații și ajută la păstrarea poziției corpului. Scheletul rechinilor este alcătuit în întregime din cartilaj.

catedrală Biserică mare și importantă.

cavalerie Soldați care luptă călare.

cavalerism Cod de comportament care era o parte importantă din viața medievală. Se referă, de obicei, la cavaleri și la virtuțile de care trebuiau să dea dovadă: curaj în luptă, cinste, vitejie, credință în Dumnezeu și curtoazie față de doamne.

ceară Tip de substanță uleioasă. Ceara de albine este produsă de albine și folosită de acestea în faguri. Există și ceară fabricată de om.

ceată Grup de gorile.

cefalopod Animal nevertebrat cu brațe sau tentacule și un sistem nervos bine dezvoltat. Caracatițele și calamarii sunt cefalopode.

celulă Una dintre unitățile microscopice din care sunt alcătuite toate ființele vii.

cetaceu Mamifer marin care are corp fără păr. Balenele, delfinii și marsuinii sunt cetacee.

cheratină Material cornos găsit în coarne, păr, unghii și gheare, în blană, copite, în ciocul păsărilor și în pene, în solzii reptilelor și în fanoanele balenelor.

chilă Parte inferioară a unei nave, pe care se sprijină în totalitate.

chirurg Doctor care realizează operații.

circuit al apei Circulație continuă a apei pe Pământ. Vaporii de apă din mare și de pe uscat se ridică în atmosferă și devin nori de ploaie, de zăpadă sau de grindină, care apoi cad pe pământ.

ciumă Termen folosit pentru a descrie orice boală contagioasă și mortală, mai ales ciuma bubonică (Moartea Neagră) – boala care a ucis peste o treime din populația Europei în secolul XIV.

ciuperci Familie de viețăți care nu sunt nici animale, nici plante. Grupul include ciupercile comestibile, ciupercile necomestibile și mucegaiurile.

climă Condiții generale de vreme, într-o regiune sau pe întreg Pământul, de-a lungul unei perioade lungi de timp.

coamă Păr des din jurul capului și al gâtului unui leu sau ale unui cal.

coastă Unul dintre oasele curbate care ies din coloana vertebrală.

colonie Grup alcătuit din aceeași specie de animale, precum liliecii, care trăiesc împreună.

colț Dinte lung, ascuțit, care iese din gura unor animale, precum morsele și elefanții.

comerț Acțiune de a vinde și de a cumpăra.

comitet Grup de oameni care se întâlnesc ca să discute un anumit subiect sau să facă un anumit lucru.

compozitor Persoană care scrie muzică.

comprimat Înghesuit într-un loc; cu volum redus.

comunicare Transmitere de informații, de exemplu prin viu grai, scris, sunete, limbaj corporal sau semne.

comunitate Grup de animale sau de oameni, din același mediu, care împart adesea resursele și stabilesc roluri diferite pentru membrii comunității.

condensa A micșora sau a face mai dens. Când un gaz condensează, devine lichid.

constelație Grup de stele care apare pe cer având o formă deosebită, ce poate fi echivalată unui contur de animal sau de personaj mitologic.

continent Zonă mare de uscat. Cele șapte continente de pe Pământ sunt Asia, Africa, America de Nord, America de Sud, Antarctica, Europa și Australia.

Coran Cea mai importantă carte sfântă a islamului. Musulmanii cred că este cuvântul lui Allah (Dumnezeu), așa cum i-a fost transmis profetului Mahomed.

coregraf Persoană care organizează secvențele de mișcări de dans pentru a crea dansuri sau spectacole de balet.

coroană Atmosferă exterioară a Soarelui sau a unei stele.

crater Gaură pe suprafața unei planete sau a unui satelit natural, de exemplu Luna, provocată de un obiect (de exemplu, un asteroid) care s-a lovit de aceasta.

creștin Cineva care urmează învățăturile lui Iisus Hristos. Creștinismul s-a răspândit din primele biserici din Ierusalim, în secolul I d.Hr., și s-a dezvoltat în timpul Imperiului Roman. Astăzi, este una dintre principalele religii ale lumii.

cristal Substanță solidă, cu formă geometrică, margini drepte și suprafețe netede. Cuarțul este un cristal.

cristalin Parte din ochi care concentrează lumina.

cu sânge cald Animal care poate să-și mențină corpul la aceeași temperatură tot timpul. Doar păsările și mamiferele au sânge cald.

cu sânge rece Animal a cărui temperatură corporală este la fel ca a mediului în care trăiește. Peștii, amfibienii și reptilele au sânge rece.

cuneiform Stil de scriere pe tăblițe de lut care a apărut în Mesopotamia antică (azi Irak), în jurul anului 3000 î.Hr., și despre care se crede că este prima scriere din lume. Cuneiform înseamnă în formă de cui.

cutremur Mișcare bruscă și puternică a scoarței Pământului.

D

dăunător Animal care este supărător sau periculos pentru oameni, precum șobolanii și gândacii.

decibel Unitate de măsură a sunetului. Șoaptele măsoară cam 20 dB, iar zgomotul produs de un avion decolând are în jur de 130 dB.

delicatesă Mâncare rară, specială și delicioasă.

deltă Zonă întinsă de teren alcătuită din materiale depozitate de un fluviu care se varsă în mare. Deltele au, de obicei, formă triunghiulară.

democrație Sistem de guvernare cu reprezentanți aleși de populație.

dependent Care se bazează pe ceva sau pe cineva. De exemplu, câinii sunt dependenți de stăpânii lor ca să aibă grijă de ei.

deplasare a plăcilor continentale (sau tectonică a plăcilor) Mișcare lentă a continentelor Pământului, de-a lungul timpului.

depozit Strat de sedimente, precum nisipul, noroiul sau pietrișul.

descompus Putrezit.

deșert Zonă unde plouă sau ninge puțin și vegetația este rară.

destinație turistică Loc atractiv pentru turiști, cu mulți vizitatori tocmai din acest motiv.

diagnostica A descoperi ce boală anume are o persoană.

dialect Varietate de limbaj folosit de oamenii dintr-o anumită zonă. Alte mamifere, precum balenele și delfinii, au și ele „dialecte".

diametru Lungime a unei linii drepte măsurată prin centrul unui cerc sau al unei sfere.

dietă Tip și varietate de hrană pe care o mănâncă o persoană sau un animal, în fiecare zi.

digestie Descompunere a hranei complexe în nutrienți mai simpli, care pot fi absorbiți de corp.

dinastie Familie regală aflată la conducere. Un exemplu este dinastia Qin, împărați ai Chinei care au dominat din 221 î.Hr. până în 206 d.Hr.

dinozaur Membru al unui grup de reptile care au trăit între 230 de milioane de ani în urmă, până acum 65 de milioane de ani.

disciplină Autocontrol. Disciplina poate însemna un tip special de autocontrol învățat prin antrenament atent, de exemplu în artele marțiale.

disloca A deplasa de la locul său.

diurn Activ în timpul zilei.

domestic Cu referire la un animal, crescut de oameni sau împreună cu ei, nu în sălbăticie.

domesticit Îmblânzit pentru a trăi împreună cu oamenii.

dominant Cel mai puternic dintr-un grup. De exemplu, cel mai puternic mascul de gorilă este masculul dominant (numit și mascul alfa).

dramaturg Persoană care scrie piese de teatru.

E

echinodermă Animal nevertebrat care trăiește în oceane și în mări. Stelele de mare, aricii de mare, anemonele și melcii de mare sunt echinoderme.

eclipsă Fenomen care are loc când un obiect din spațiu se află în umbra altui obiect. Când Luna acoperă Soarele și umbra sa cade pe Pământ este o eclipsă solară. Când umbra Pământului acoperă Luna este o eclipsă lunară.

ecolocație Modalitate prin care unele animale, precum liliecii și delfinii, se orientează. Ei scot sunete și folosesc ecoul care se întoarce la ei ca să localizeze obiectele.

ecou Undă de sunet deviată de o suprafață și care se aude din nou după sunetul inițial.

ecvestru Care are legătură cu călăria.

electricitate Efect determinat de prezența sau de mișcarea particulelor încărcate electric.

electromagnet Bucată de metal transformată într-un magnet de electricitatea care trece printr-o bobină înfășurată în jurul metalului.

element chimic Substanță pură care nu poate fi descompusă în alte substanțe mai simple.

elice Parte dintr-o navă sau dintr-un avion care conține mecanismul ce pune în mișcare aparatul respectiv prin rotirea paletelor în jurul unui ax central.

emisferă Jumătate de sferă. Cele două emisfere ale Pământului sunt emisfera nordică și emisfera sudică.

energie nucleară Energie generată de un reactor nuclear.

enzimă Tip de proteină găsită în corp care grăbește ritmul reacțiilor chimice din interiorul și din exteriorul celulelor.

epifită Plantă care crește vertical pe alte plante și nu pe sol, pentru a profita de lumină și de apă.

erbivor Animal care mănâncă numai plante.

eroziune Degradare treptată a rocilor, provocată de vânt sau de apă.

ecuator Linie imaginară trasată în jurul centrului Pământului, la distanță egală de poli.

esofag Tub lung, parte a sistemului digestiv, care transportă hrana din gât în stomac.

estuar Capăt larg al unui râu sau fluviu la vărsarea în mare.

evapora A se transforma din lichid în gaz. Când apa se evaporă, se transformă în vapori de apă.

Ev Mediu Nume dat unei perioade din istorie, care se întinde din 1100 d.Hr. până în 1460 d.Hr. Delimitarea cronologică diferă în funcție de zonele geografice.

F

fagure Rețea de celule hexagonale din ceară, făcută de albine, în care acestea păstrează mierea.

falie Crăpătură sau crevasă în scoarța Pământului, în care plăcile tectonice trec una pe lângă alta.

fanon (os de balenă) Placă dintr-o substanță tare, cornoasă, compusă din cheratină. Aceste plăci se găsesc în gura balenelor cu fanoane și sunt folosite de acestea ca să-și filtreze hrana din apa de mare.

faraon Rege în Egiptul antic.

farmacist Persoană calificată să ofere sfaturi despre medicamente și care se ocupă cu vânzarea acestora.

fertil Capabil să producă ceva. Terenul fertil este bun pentru a planta recolte, iar un animal fertil este capabil să facă pui.

ficat Organ mare, care produce secreția biliară, descompune aminoacizii în hrană, filtrează toxinele din sânge și înmagazinează glicogen, minerale și vitamine.

filosof Cercetător sau gânditor care studiază problemele cunoașterii.

flexibil Capabil de a se îndoi fără să se rupă.

Formula Unu (F1) Cea mai rapidă clasă de întreceri auto. Cuvântul formulă se referă la un set de reguli pe care toate mașinile și piloții trebuie să le respecte.

forțe G Măsură pentru accelerație determinată de gravitația de pe Pământ. Forțele G sunt forțele pe care oamenii le simt când merg în carusel. Forțele G pozitive acționează când caruselul merge în sus și oamenii se simt de parcă ar cântări mai mult decât în realitate. Fenomenul invers are loc când caruselul merge la vale și forțele G negative îi fac să se simtă mai ușori.

fosile Rămășițe vechi ale ființelor vii, păstrate în roci.

fotosferă Suprafață exterioară a unei stele.

frescă Metodă de a picta și rezultatul ei. De obicei, pictura este realizată pe tencuiala încă udă. Poate cea mai celebră frescă renascentistă este cea de la Vatican, de pe tavanul Capelei

Sixtine din Roma, realizată de Michelangelo.

fricțiune Acțiune prin care un obiect se freacă de altul.

fulger Descărcare uriașă de electricitate într-un nor.

G

galaxie Acumulare mare de stele, gaz și praf, ținute la un loc de gravitație.

gaură de respirație Gaură prin care respiră balenele, delfinii și marsuinii, aflată în vârful capului.

gaură neagră Rămășițe ale unei stele care s-a prăbușit în ea însăși. Forța sa gravitațională este atât de mare, încât atrage totul spre ea, inclusiv lumina.

gheară
Unghii lungi, ascuțite și curbate ale unei păsări de pradă.

ghețar Masă de gheață amestecată cu pietre și cu pământ, formată din zăpadă compactată, care nu se topește.

gladiator Luptător profesionist în Roma antică. Gladiatorii erau, de obicei, criminali sau sclavi.

glandă Organ sau țesut din corp, care produce o anumită substanță cum ar fi hormonii (glande endocrine și exocrine).

glifă Caracter sau semn care face parte dintr-un sistem de scriere. Maiașii foloseau glife.

gotic Stil în artă (în special, în arhitectură) popular în Europa de pe la 1140 până în 1500 d.Hr. Multe catedrale mari au fost construite în acest stil. Stilul a revenit la modă în secolul XIX, când numeroase clădiri au fost construite într-un stil care imita goticul.

GPS (Sistem de Poziționare Globală) Sistem folosind satelitul care ajută la navigație și la realizarea de hărți. Sateliții GPS de pe orbita Pământului transmit semnale care sunt preluate de echipamentul GPS receptor, care arată exact poziția receptorului pe Pământ.

grajd Clădire unde sunt ținuți caii sau alte animale.

gravitație Forță fizică de atracție. Gravitația Soarelui atrage Pământul. Gravitația Pământului atrage orice obiect de pe Pământ.

grenadă Bombă mică, aruncată cu mâna.

H

habitat Zonă în care trăiește un animal, precum savana, marea sau pădurea tropicală.

haită Grup de animale care vânează împreună, precum lupii.

harpon Săgeată ghintuită sau suliță folosită la pescuitul peștilor sau la vânarea altor animale marine (balene). Vechii egipteni foloseau harpoane pentru a vâna hipopotami.

heliu Element chimic (simbol He). Este al doilea cel mai ușor și mai puțin reactiv element chimic. Este un gaz nobil.

hibernare Perioadă de somn care ajută unele animale să treacă peste iarnă.

hidrogen Element chimic (simbol H), cel mai ușor gaz, inodor și incolor.

hieroglife Tip de scriere cu pictograme, folosit de vechii egipteni.

hoplit Infanterist cu echipament greu în armata greacă antică.

I

iaht
Vas de navigație ușor și rapid, folosit pentru întreceri sau pentru călătorii.

imperiu Formațiune statală formată din mai multe țări sau popoare diferite, guvernate de un singur conducător sau guvern.

impermeabil Care nu permite lichidelor să treacă prin el. Unele roci sunt impermeabile.

incași Oameni aparținând civilizației inca din America de Sud, care au trăit în Ecuador, Peru și Chile de azi, în secolele XV și XVI d.Hr.

incisiv Unul dintre dinții ascuțiți din față, prezenți la multe animale (inclusiv la om).

incuba A ține ouăle calde până când eclozează puii.

independent Care nu se bazează și nu este controlat de alții.

industrie Afacere sau activitate care produce bunuri sau servicii pentru bani. Mineritul, agricultura, prelucrarea metalelor, manufacturile și băncile sunt câteva exemple de industrii.

inginer Persoană care proiectează sau construiește motoare, mașini, computere sau clădiri.

insectă Nevertebrată cu corp alcătuit din trei părți și cu șase picioare. Majoritatea insectelor au aripi și pot zbura. Există peste un milion de specii cunoscute de insecte.

internet Rețea de linii telefonice și servere care leagă computerele din întreaga lume, permițând schimbul rapid de informații.

intestin Tub mare, parte a sistemului digestiv. Aici hrana este transformată în lichid, iar nutrienții sunt absorbiți în sânge. Omul are două intestine: intestinul gros și intestinul subțire.

Islam Religie bazată pe supunerea față de voința Domnului (Allah). A fost întemeiată de profetul Mahomed, născut în Mecca, în 570 d.Hr. Este una dintre marile religii ale lumii.

Î

încărcătură Sinonim pentru marfă sau bunuri.

încărcătură electrică Proprietate a materiei care determină existența unor forțe electrice între particule.

înmulțire Naștere de pui.

înotătoare Membru lat folosit pentru înot, de exemplu de pinguini.

înotătoare dorsală Aripioară înotătoare verticală care se găsește pe spatele tuturor peștilor și al unor balene și delfini.

K

krill Animale micuțe, asemănătoare crevetților, care înoată în bancuri mari, aproape de suprafața mării.

L

larvă Prim stadiu din ciclul de viață al unei insecte, după ce a ieșit din ou. Omizile și viermii sunt un tip de larve.

lavă Rocă topită (lichidă, fierbinte) care curge la suprafață sau printr-un canal subteran, de exemplu printr-o erupție vulcanică.

legionar Soldat infanterist în armata romană.

liliac Mamifer zburător, de obicei nocturn. Liliecii au oasele degetelor foarte lungi, cu membrane de piele între degete, care formează aripi.

litoral Parte de uscat care se învecinează cu marea.

lume subpământeană Loc unde, conform multor religii și culturi, oamenii merg după moarte. De exemplu, în mitologia antică greacă, lumea subpământeană este lumea morților condusă de Hades. Diferitele religii și culturi au credințe diferite despre ce reprezintă lumea subpământeană și despre cum este aceasta.

lumină ultraviolet (UV) Tip de undă electromagnetică, având lungime de undă mai scurtă decât lumina vizibilă.

lunar Aparținând Lunii.

luncă Zonă joasă, plată, de lângă un râu sau un fluviu și care se inundă frecvent.

lungime de val Distanță dintre un punct pe un val și punctul corespunzător pe următorul val.

M

Mahomed Profet născut la Mecca, în 570 d.Hr., care a

fondat islamul; este cel mai important profet al acestuia și cea mai sfântă figură a lui.

maimuță antropoidă Mamifer care aparține unui grup din care fac parte gorilele, cimpanzeii, urangutanii și oamenii. Maimuțele antropoide au degetul mare opozabil și nu au coadă.

mamifer Animal vertebrat cu sânge cald, care are păr sau blană, dă naștere la pui vii și îi hrănește cu lapte din mamele. Oamenii sunt mamifere.

mandibulă Falcă.

manipula A folosi sau a mișca într-o anumită poziție.

manta Strat mijlociu stâncos al învelișului Pământului, alcătuit din rocă, între nucleu (miez) și scoarță.

manufacturat Produs, mai ales, într-o fabrică.

marin Care aparține sau este caracteristic mării.

marină Vase de război ale unei țări și echipajele lor.

marsupial Mamifer care trăiește în Australia. Puii marsupialelor se nasc subdezvoltați și sunt transportați în marsupiul mamei. Cangurii, wombații, urșii koala sunt marsupiale.

mecanic Persoană care repară sau face mașini.

medieval Privitor la o perioadă din istoria europeană dintre secolele V și XV d.Hr.

mediu Zona în care trăiește un animal sau un om. În sens general, cuvântul se folosește pentru a descrie natura.

membru Mână sau picior.

metamorfoză Schimbare a formei, de exemplu în ciclul de viață al anumitor animale. Broaștele trec prin următoarele stadii, în timpul metamorfozei: ou, mormoloc, broscuță, broască.

meteorolog Cercetător care studiază și face previziuni privind starea și evoluția vremii.

metropolă Oraș foarte mare (cu cel puțin un milion de locuitori care locuiesc în zona centrală) și, de obicei, un important centru cultural.

microscop Instrument care mărește obiecte foarte mici, pentru a evidenția detalii invizibile cu ochiul liber.

microstat Țară mică. Europa are câteva microstate. Acestea sunt Andorra, Monaco, San Marino, Liechtenstein și cea mai mică țară din lume, Vatican.

microundă Tip special de undă electromagnetică, având o lungime de undă foarte scurtă.

migrație Călătorie anuală făcută de unele animale pentru a găsi condiții mai bune de vreme și de hrană și un loc de înmulțire.

miliard O mie de milioane (1 000 000 000).

milion O mie de mii (1 000 000).

mineral Tip de substanță care se găsește în natură. Rocile sunt alcătuite din minerale.

minereu Mineral solid, care conține un metal prețios și se găsește în natură, în scoarța Pământului.

minoici Oameni aparținând civilizației minoice, care au locuit în Creta din 7000 î.Hr. până în 1450 î.Hr.

mlaștină Zonă de teren situată la joasă altitudine, adesea inundabilă.

molar Unul dintre dinții puternici folosiți la mestecat, din spatele gurii, găsit la multe mamifere (inclusiv la oameni).

moleculă Cea mai mică unitate complexă a unei substanțe chimice. Dacă o moleculă este divizată în unități mai mici, substanța chimică nu mai este aceeași.

monedă Bani folosiți, în mod oficial, într-o țară, precum dolarul în SUA, lira sterlină în Marea Britanie și euro în multe țări europene.

moschee Loc de rugăciune pentru musulmani.

motorină Tip de combustibil rezultat din prelucrarea țițeiului, folosit de unele mașini, camioane, bărci sau trenuri.

mumie Corp uman conservat. Poate fi conservat intenționat, ca în cazul mumiilor egiptene, sau natural.

mușchi Tip de țesut al corpului, responsabil de forță și de mișcare.

musulman Adept al islamului.

N

NASCAR (Asociația Națională Americană a Curselor de Mașini de Serie) Asociație sportivă auto din SUA sau tipul de curse organizate de aceasta. NASCAR este al doilea cel mai urmărit sport în SUA.

Națiunile Unite (ONU) Cea mai mare organizație internațională, din care fac parte majoritatea țărilor. A fost fondată în 1945 și promovează pacea și cooperarea între țări. Agențiile ONU activează în domenii precum sănătatea, dezvoltarea economică și drepturile omului.

nativ Când descrie un animal sau o plantă, înseamnă care trăiește, în mod natural, în sălbăticie sau într-un anumit loc. Când se referă la oameni, locuitorii inițiali ai unei țări.

NATO (Organizația Tratatului Atlanticului de Nord) Alianță militară între anumite țări din America de Nord și Europa, înființată în 1949. Sediul său este la Bruxelles, Belgia.

navetă spațială Navă spațială construită pentru a fi folosită de mai multe ori. Prima navetă spațială americană a fost lansată în 1972 și, de atunci, au fost realizate 115 misiuni spațiale.

naviga A-și găsi drumul și a conduce o navă sau un alt vehicul.

nebuloasă Nor de gaz și de praf din spațiu.

necrofag Animal care se hrănește, în principal, cu resturile cadavrelor altor animale.

nectar Substanță zaharoasă produsă de plante. Multe animale se hrănesc cu nectar, dar numai albinele îl transformă în miere.

negustor Comerciant, persoană care cumpără și vinde bunuri.

nerv Mănunchi de celule care transmit informații între sistemul nervos și restul corpului.

nerv optic Nerv care transmite mesajul de la ochi la creier.

nevertebrat Animal care nu are coloană vertebrală. Viermii, insectele, păianjenii, meduzele și stelele de mare sunt nevertebrate.

nocturn Treaz și activ în timpul nopții.

nomad Membru al unei comunități care se deplasează din loc în loc, fără să-și construiască locuințe permanente.

nucleu Cuvânt ce înseamnă centru, mijloc. Nucleul unui atom este partea densă, centrală, care conține protoni și neutroni. Nucleul unei celule vii este centrul său de control și conține toate instrucțiunile necesare pentru a funcționa.

nucleu (sau miez) Centru metalic al Pământului, alcătuit dintr-un înveliș exterior topit și un interior solid.

nunatak Vârf descoperit al coamei montane care iese dintr-un ghețar.

O

observator astronomic Clădire destinată observării spațiului.

obsidian Sticlă naturală, de obicei de culoare verde-închis sau neagră. Poate fi folosit pentru a face lame foarte ascuțite.

omnivor Animal care mănâncă și plante, și carne.

opac Netransparent.

operă Tip de producție teatrală, în care povestea este spusă în întregime sau în parte prin muzică și cântec.

oracol Persoană care prezice viitorul. Cel mai celebru oracol antic grec era la Delfi, unde se găsea o preoteasă care prezicea, în templul lui Apollo.

orbită Cale pe care un corp spațial o urmează în jurul unui alt corp spațial mai mare. Luna orbitează Pământul, iar Pământul orbitează Soarele.

organ Parte a corpului, precum plămânul sau creierul, care are o anumită structură anatomică și îndeplinește o funcție specifică.

organism Orice ființă individuală vie, precum un animal, o plantă sau o ciupercă.

orizont Linie unde cerul și pământul par a se întâlni.

oxigen Element chimic (simbol O). Oxigenul este un gaz prezent în atmosfera Pământului, vital pentru existența vieții și pentru combustie (ardere).

P

padoc Nume al câmpului unde sunt ținuți caii.

pădure Zonă întinsă acoperită de copaci.

pădure tropicală umedă Pădure deasă, cu copaci foarte înalți. Pădurile tropicale umede cresc la tropice, unde este cald tot timpul și plouă zilnic.

paleontologie Ramură a științei care se ocupă cu studiul fosilelor. Studiul dinozaurilor face parte din paleontologie.

pampas Câmpii fertile din America de Sud.

pană Parte din copul unei păsări care îi acoperă corpul. Păsările au multe tipuri de pene. Unele oferă protecție împotriva apei și a temperaturilor scăzute, altele le ajută să zboare. Păsările sunt singurele animale care au pene.

pândă Urmărire de către un animal a prăzii cu grijă astfel încât să n-o sperie.

papirus Material gros ca hârtia, făcut dintr-o plantă asemănătoare trestiei (numită tot papirus) des întâlnită în Egiptul antic. Vechii egipteni foloseau papirusul ca să scrie pe el.

particulă Lucru foarte mic sau parte foarte mică din ceva. Cuvântul este folosit adesea ca termen general pentru a descrie atomii și moleculele, deși poate însemna orice lucru foarte mic.

pasăre Animal vertebrat. Toate păsările au două picioare, sunt acoperite cu pene, au cioc și fac ouă. Majoritatea păsărilor pot zbura.

pasăre de pradă Pasăre care își vânează hrana. Toate păsările de pradă au gheare ascuțite, cioc curbat și văz excelent.

pelerinaj Călătorie făcută în scop religios la un altar sau la un loc sfânt.

pelvis Os în structura bazinului, care leagă picioarele de partea inferioară a coloanei și susține organele din abdomen.

penaj Totalitate a penelor unei păsări sau culoarea și modelul penelor.

penal Referitor la deținuții găsiți vinovați de o infracțiune.

periclitat Despre o ființă vie, care este amenințat cu dispariția.

peristaltism Contracții ale mușchilor din pereții tubului digestiv, care împing mâncarea (bolul alimentar) prin acesta.

pigment Vopsea sau orice altă substanță folosită la colorare.

pionier Persoană care face prima ceva sau se duce prima undeva.

pisică de mare Specie de pește înrudită cu rechinii.

placă Secțiune din scoarța Pământului. Plăcile sunt solide și se mișcă încet pe mantaua semilichidă de sub ele.

plămân Organ de respirat, în formă de sac, care se găsește la mamifere, păsări, reptile și la amfibienii adulți.

plancton Organisme foarte mici care plutesc în ocean și constituie hrană pentru multe organisme mai mari.

planetă Corp mare, sferic, alcătuit din roci sau din gaz, care orbitează o stea. În sistemul nostru solar sunt opt planete principale care orbitează Soarele. În spațiu există și planete pitice.

polen Celule bărbătești reproducătoare ale unei plante.

polenizare Proces prin care plantele sunt fertilizate. Polenizarea are loc când celulele de polen aterizează pe organele femeiești ale unei flori și formează un tub de polen care duce la ovare. Polenizarea este necesară pentru formarea fructelor și a semințelor.

poli Cel mai nordic și cel mai sudic punct al Pământului, Polul Nord, respectiv Polul Sud.

poluare Emanare sau deversare de substanțe dăunătoare în aer sau în apă.

populație Număr de oameni care locuiesc într-o anumită zonă, de exemplu într-un oraș sau într-o țară.

port Loc special amenajat pentru acostarea navelor, de obicei un loc important pentru comerț.

pradă Animale vânate și ucise de alte animale.

prădător Animal care vânează și ucide alte animale pentru hrană.

prehensil Capabil să prindă. Cuvântul este folosit adesea pentru a descrie cozile unor animale.

preistoric Care se referă la vremea de dinainte de existența documentelor istorice scrise.

preot Persoană cu autoritate religioasă. Multe religii au preoți, deși adesea nu se numesc preoți, ci au alte denumiri.

președinte Conducător ales al unei organizații sau al unei țări. România este o țară cu președinte.

primate Grup de mamifere, care include lemurii, maimuțele și maimuțele antropoide (inclusiv omul). Primatele au cinci degete, au unghii și degetul mare opozabil.

profet Persoană sfântă și/sau cineva care poate vedea în viitor.

proiect Plan de execuție sau model detaliat.

proiector Aparat care expune imagini în mișcare, proiectându-le pe un ecran. Proiectoarele sunt folosite în cinematografe pentru a proiecta filme.

promontoriu Zonă de uscat înconjurată de apă din trei părți.

proteină Substanță chimică naturală alcătuită din aminoacizi. Proteinele sunt elementele constitutive ale celulelor și sunt esențiale pentru creșterea materiei vii și repararea țesuturilor. Pot fi obținute din mâncare și constituie o parte importantă a dietei.

prototip Model de încercare.

provincie Zonă distinctă a unei țări sau a unui imperiu. În Imperiul Roman, teritoriile cucerite de Roma se numeau provincii romane.

pupilă Deschidere circulară din centrul irisului, care permite luminii să intre în ochi.

R

rasă Varietate de animale domestice. Există sute de rase de câini și multe rase de cai.

raze X Tip de radiație folosită pentru a evidenția lucruri ascunse sub alte straturi, precum oasele din corpul unei persoane.

recif de corali Comunitate subacvatică alcătuită din organisme precum corali, bureți de mare și moluște. Recifele de corali se găsesc în apele tropicale și găzduiesc multe specii de pești și alte animale marine.

refugiat Persoană care a fost forțată să fugă din propria țară din cauza războiului, a foametei sau a sărăciei. O tabără de refugiați este un campus organizat special ca să găzduiască refugiați până când aceștia se pot reîntoarce acasă sau pot să-și găsească o locuință permanentă.

regurgita A veni mâncarea înapoi pe gât.

relativitate Teorie care spune că timpul, spațiul și masa nu sunt fixe, ci se schimbă în funcție de poziția din care sunt măsurate.

Renaștere Perioadă de înflorire a artelor, a literaturii și a interesului pentru clasicismul antic, care s-a derulat în Europa în secolele XIV–XVI.

reproducere Realizare de copii sau de versiuni noi ale unui lucru. Când ființele vii se reproduc, acestea fac copii. La animale se numește și înmulțire.

reptilă Animal vertebrat cu sânge rece, precum șerpii sau crocodilii. Adesea reptilele au pielea solzoasă. Unele depun ouă, iar altele dau naștere la pui vii.

republică Țară care nu are rege sau regină, ci este condusă de reprezentanți aleși periodic ai poporului. Franța, Germania, SUA, Turcia și România sunt câteva exemple.

retină Membrană internă fotosensibilă a globului ocular. Folosește lumina pentru a forma imagini, care sunt transformate în semnale și trimise la creier.

ritual Set de acțiuni realizate din motive simbolice. Religia presupune multe ritualuri, dar nu toate ritualurile sunt neapărat religioase.

rocă metamorfică Tip de rocă formată când alte roci sunt expuse la temperaturi sau la presiuni mari sau la ambele. Marmura și ardezia sunt exemple de roci metamorfice.

rocă sedimentară Tip de rocă formată când sedimentele sunt comprimate lungi perioade de timp. Gresia și calcarul sunt roci sedimentare.

rocă vulcanică Tip de rocă formată când magma sau lava se răcește și se întărește. Granitul și bazaltul sunt roci vulcanice.

rozător Mamifer mic, precum șoarecele sau șobolanul, care are dinții din față mari pentru a roade.

S

sacrificiu În termeni religioși, sacrificiu înseamnă, de obicei, o ofrandă adusă zeilor, de exemplu uciderea unui animal sau a unui om și oferirea sa zeilor. În termeni generali, înseamnă suferință sau privare de ceva, în speranța obținerii unei recompense.

sacru Sfânt, religios.

sală Parte din teatru, din sala de concerte sau din cinematograf unde stau spectatorii, pe scaune sau în picioare, pentru a auzi și a vedea spectacolul.

salt Cuvânt folosit pentru a descrie săritura unei balene din apă, pentru a respira.

satelit Obiect care orbitează o planetă sau un satelit natural. Luna este satelitul natural al Pământului. Telescoapele care orbitează Pământul sunt sateliți artificiali.

schelet Parte din corpul unui animal care îl susține și îi protejează organele interne. Vertebratele au schelet intern alcătuit din cartilaj sau din os. Nevertebratele au schelete externe, care sunt învelișuri tari, sau nu au schelet deloc.

schimbări climatice Schimbare a climei Pământului sau a climei regionale. Unele schimbări climatice sunt naturale, dar recentele creșteri ale temperaturii globale sunt provocate de activitățile omului.

sclav Persoană care nu este liberă, ci este în proprietatea altcuiva și trebuie să muncească pentru stăpân toată viața. Sclavii nu câștigă bani, pot fi cumpărați și vânduți și sunt adesea rău tratați.

scoarță (sau crustă) Strat exterior al unei planete.

scrib Persoană a cărei slujbă era să scrie diverse lucruri, în special în vremurile când nu toată lumea știa să scrie.

secetă Perioadă lungă de timp în care precipitațiile sunt sub nivelul obișnuit.

sediment Material, precum nisipul, noroiul și particulele de rocă, care se depune pe fundul mării sau este depozitat de vânt, de apă sau de ghețari.

seismolog Cercetător care studiază cutremurele.

semafor Metodă și cod de semnalizare, folosind steaguri ținute în diferite poziții.

senat Adunarea legiuitoare alcătuită din senatori care votează și fac legi. Primul senat a fost constituit în Roma antică. Unele țări moderne, precum Franța, SUA și România, au senate bazate pe modelul roman.

senzor Aparat de detectare a unor informații precum căldura, lumina, mișcarea și sunetul. Animalele și plantele folosesc celule speciale ca senzori.

simbioză Relație între două tipuri diferite de organisme, de pe urma căreia beneficiază amândouă.

simptom Semn de ceva, de exemplu al unei boli. Simptomele răcelii includ febră, dureri în gât și secreție nazală.

simțuri Abilitățile unui organ specializat al corpului de a primi informații din mediul înconjurător și de a răspunde la acestea. Simțurile sunt auzul, văzul, pipăitul, mirosul și gustul.

sistem feudal Sistem social din Europa medievală. Regele împărțea pământ nobililor, în schimbul serviciilor militare. Nobilii îl arendau cavalerilor și altor nobili de rang inferior. Țăranii munceau pământul.

sistem solar Soarele și toate corpurile cerești care îl orbitează: cele opt planete principale, planetele pitice, asteroizii și cometele.

solstițiu Cea mai lungă (solstițiu dc vară) sau cea mai scurtă (solstițiu de iarnă) zi din an, când axa Pământului este la înclinație maximă.

solitar Singuratic.

sonet Tip de poezie cu formă fixă. Un sonet are întotdeauna 14 versuri și respectă câteva reguli de rimă.

spălare și țesălare Animalele au nevoie să fie îngrijite pentru a fi curate, unele îngrijindu-se reciproc ca parte a ritualului de socializare. Îngrijirea este o parte importantă din grija acordată cailor și poneilor.

specie Categorie de animale sau de plante care au anumite trăsături comune specifice.

specie dispărută Specie care a murit sau a dispărut pentru totdeauna.

spionare În legătură cu balenele, se referă la o balenă care își ridică jumătatea superioară a corpului afară din apă pentru a respira și a studia împrejurimile.

stalactită Formațiune ascuțită de calcar, care atârnă în jos din tavanul unei peșteri, ca un țurțure de gheață.

stalagmită Formațiune ascuțită de calcar, care se ridică de pe podeaua unei peșteri.

stea Sferă strălucitoare în spațiu, alcătuită din gaz fierbinte.

strămoș Referitor la un animal, un tip mai vechi de animal din care au evoluat alte animale.

strat Depunere de roci sedimentare.

strat de ozon Strat de gaz ce se găsește în atmosfera superioară a Pământului. Absoarbe razele ultraviolet dăunătoare ale Soarelui.

subducție Fenomen care arată că o placă tectonică a Pământului alunecă sub o alta.

submersibil Tip de submarin folosit pentru studii științifice și industriale. Unele sunt teleghidate ca să exploreze fundul oceanelor.

subtropical Aparținând regiunilor subtropicale, zone ale lumii ceva mai departe de ecuator decât tropicele, dar nu atât de departe ca zonele temperate. Iernile în regiunile subtropicale sunt plăcute și verile fierbinți.

sumerieni Oameni care au trăit în zone ale Mesopotamiei (Irakul de astăzi), din 5000 î.Hr. până în 2000 î.Hr.

supersonic Mai rapid ca viteza sunetului.

suspensie Sistem de arcuri care susține șasiul (caroseria) mașinii.

T

telescop Instrument care captează lumina de la un obiect îndepărtat și o transformă în imagine.

temperatură Cât de cald sau de rece este ceva măsurat în grade Celsius (°C).

temperament Personalitate.

templu Clădire religioasă unde se roagă oamenii. Cuvântul se folosește pentru a descrie clădirile aparținând multor religii, printre care cea a Egiptului antic, a Greciei antice, a Romei antice și a aztecilor, precum și pe cele ale religiilor moderne, precum hinduismul și budismul.

tentacul Parte a corpului lungă, flexibilă, ca un braț, aparținând unor animale precum meduzele și caracatițele, folosită pentru a apuca lucruri. Unele animale folosesc tentaculele pentru a se deplasa sau pentru a-și înțepa prada.

terapie intensivă Îngrijire medicală specială pentru pacienții foarte bolnavi.

teritoriu Zonă aparținând cuiva sau controlată de cineva sau de ceva. Teritoriul unui animal este zona în care trăiește, pe care o tratează ca fiind a lui și o apără. Teritoriul unei țări este pământul pe care îl controlează un guvern.

termal Curent ascendent de aer cald, folosit de păsări pentru a se înălța în aer, în timp ce zboară sau planează.

termometru Instrument de măsurat temperatura.

trăgător de elită Soldat care împușcă alți soldați, unul câte unul, dintr-o ascunzătoare.

topit Lichid.

torace Secțiune mediană a corpului unei insecte, alcătuită din trei părți, de care sunt atașate picioarele și aripile.

tornadă Vârtej puternic de vânt.

tragedie Piesă de teatru sau altă poveste care are un subiect serios și un sfârșit trist. Primele tragedii au fost scrise și jucate în Grecia antică. Au fost foarte populare și în secolele XVI și XVII, iar Shakespeare a scris multe tragedii. Cuvântul este folosit și pentru a descrie evenimente triste din viața reală.

tranșeu Șanț lung și îngust. În timpul Primului Război Mondial, multe lupte aveau loc în tranșee și milioane de soldați au trăit și au murit acolo.

translucid Care permite unei părți a luminii să treacă, dar care nu este complet transparent.

transmisiune Prezentare sau transmitere de programe de televiziune, radio sau internet.

transport aluvionar Fenomen geografic prin care sedimentele (noroi, nisip și pietriș) se deplasează pe o plajă purtate de o apă curgătoare.

tratat Înțelegere oficială între țări. Tratatele se încheie adesea după un război pentru a conveni condițiile păcii, dar pot fi încheiate pentru multe alte motive.

trebuchet Mașinărie medievală de război folosită pentru a lansa pietre către un castel sau un fort inamic.

trib Tip de grup social.

triremă Navă de război antică, având trei rânduri de vâsle.

trompă (proboscis) Parte de gură în formă de tub a unor insecte, de exemplu albinele și fluturii, dar și a unor mamifere (elefant).

tropical Legat de tropice, care sunt regiuni fierbinți ale Pământului, aflate lângă ecuator.

tsunami Serie de valuri mari, lungi, înalte, provocate de un cutremur submarin.

tunet Zgomot sau sunet puternic, determinat de încălzirea rapidă a aerului de către un fulger care îl face să vibreze.

turmă Grup mare de animale. Grupurile de elefanți, de vite și de antilope gnu se numesc turme.

Ț

țară Teritoriu condus de un guvern propriu.

țesut Grup de celule similare sau identice din corp, care lucrează împreună pentru a îndeplini o anumită sarcină.

U

UE (Uniunea Europeană) Grup de țări care se descrie ca fiind o familie de țări europene democratice. A luat ființă când șase state membre au înființat Comunitatea Europeană, în 1952. Astăzi Uniunea Europeană are 27 de state membre.

uger Parte a corpului unei vaci unde este produs laptele.

umanism Sistem de gândire care are în centru omul și nu problemele religioase sau spirituale. Umanismul a apărut pentru prima dată în Europa, în secolul XV.

umiditate Cantitate de umezeală din aer.

unic Singular, care nu este la fel cu nimic altceva.

univers Tot ce există – tot spațiul și tot ce se află în el.

untură Strat gros de grăsime, aflat chiar sub pielea unui mamifer marin, care îl ajută să-și mențină căldura și să supraviețuiască în condiții extreme de frig.

uragan Furtună tropicală puternică.

V

val Acumulare de energie care circulă prin apă sau prin aer sau creastă de pe suprafața unui lichid creată de acea energie.

vapori Picături de apă în aer.

vegetație Plante – totalitatea plantelor dintr-o zonă.

velodrom Arenă sportivă construită special pentru cursele de ciclism.

venin Otravă.

vertebră Unul dintre oasele care alcătuiesc coloana vertebrală a unui animal vertebrat.

vertebrat Animal care are coloană vertebrală. Peștii, amfibienii, reptilele, păsările și mamiferele sunt vertebrate.

vertical Drept.

Vestul Sălbatic Nume dat vestului Statelor Unite ale Americii în timpul primilor coloniști din secolul XIX (cowboy și căutători de aur), înainte de instaurarea legii și a ordinii.

viață de apoi Viață veșnică de după moarte. Majoritatea religiilor și a culturilor cred într-o formă sau alta de viață în lumea de dincolo.

vitamină Tip de substanță chimică necesară, într-o anumită cantitate, corpului și care se găsește în anumite alimente. Fructele și legumele sunt bogate în vitamine.

vizual Care are legătură cu văzul. Un mesaj vizual este un mesaj pe care îl vezi.

vreme Condiții atmosferice: temperatură, umiditate, nori și vânt.

vulcan Deschizătură în scoarța Pământului prin care sunt aruncate în afară roci topite, gaze fierbinți și cenușă.

Indice

E

F

G

H

N

O

P

R

S

Ș

T

Ț

U

V

Mulțumiri

Editorul dorește să le mulțumească celor menționați mai jos pentru permisiunea de a le publica materialele. S-a încercat, pe cât posibil, să fie identificați deținătorii drepturilor de autor. Dacă există omisiuni, acestea sunt neintenționate și ne cerem scuze. Dacă vom fi informați, vom face modificările necesare în edițiile viitoare.

j = jos, c = centru, s = stânga, d = dreapta, s = sus

FOTOGRAFII
10cs Corbis/Michael Weber/zefa; 34jd Kingfisher;
45j Corbis/John Hicks; 47s Corbis/Jose Fuste Raga;
49ss Corbis/Tibor Bognar; 54sd Corbis/L. Clarke;
63sd Corbis/Jeff Taflan/zefa; 63c Roger Ressmeyer/Corbis;
66js NASA/ESA; 66jd NASA; 75cd Corbis/Hulton-Deutsch Collection;
81j Corbis/Simon Marcus; 83c Corbis/Mark Seelen/zefa;
85ss Michael Freeman/Corbis; 87s Corbis/Fiat;
87j Fiat/Reuters/Corbis; 116s Lenfilm/The Kobal Collection;
116j 20th Century Fox/The Kobal Collection/Morton, Merrick;
126j Sutton